Observatoire international des droits linguistiques

Le pluralisme linguistique

L'aménagement de la coexistence des langues

Observatoire international des droits linguistiques

Le pluralisme linguistique

L'aménagement de la coexistence des langues

Sous la direction de Michel Doucet

Actes du colloque tenu à Québec lors du 1er Forum mondial de la langue française, juillet 2012

ÉDITIONS YVON BLAIS

Catalogage avant publication de Bibliothèque et Archives nationales du Québec et Bibliothèque et Archives Canada

Vedette principale au titre :

Le pluralisme linguistique : l'aménagement de la coexistence des langues « Observatoire international des droits linguistiques ».

Textes présentés lors d'une conférence tenue le 3 juillet 2012 à Québec dans le cadre du 1er Forum mondial de la langue française.

Comprend des références bibliographiques.

ISBN 978-2-89730-016-6

1. Droits linguistiques – Congrès. 2. Aménagement linguistique – Congrès. 3. Multilinguisme – Congrès. I. Doucet, Michel, 1955- . II. Université de Moncton. Observatoire international des droits linguistiques. III. Forum mondial de la langue française (1er : 2012 : Québec, Québec).

K3259.A6 2012 344.09 C2014-940586-3

Nous reconnaissons l'aide financière du gouvernement du Canada accordée par l'entremise du Fonds du livre du Canada (FLC) pour nos activités d'édition.

Dépôt légal : 1er trimestre 2014
Bibliothèque et Archives nationales du Québec
Bibliothèque et Archives Canada
ISBN : 978-2-89730-016-6

THOMSON REUTERS

Éditions Yvon Blais, une division de Thomson Reuters Canada Limitée

C.P. 180 Cowansville
(Québec) Canada
J2K 3H6

Service à la clientèle :
Téléphone : 1-800-363-3047
Télécopieur : 450-263-9256
Site Internet : www.editionsyvonblais.com

Nous souhaitons remercier le Forum mondial de la langue française et le gouvernement du Nouveau-Brunswick pour leur soutien financier et logistique.

LES AUTEURS

Noël Kouassi Ayewa

Né en 1952 à Didoko/Divo, République de Côte d'Ivoire. De 1977 à 1979, il est professeur de français de lycée et collège. De 1983 à 1999, il est conseiller Pédagogique Régional de français à la « Direction de la Pédagogie, des Programmes, du Matériel Didactique et de la Formation Continue » du Ministère de l'Éducation Nationale et de la Formation de Base de la Côte d'Ivoire ; puis de 1999 à 2001, il est chercheur à l'Institut de Linguistique Appliquée de l'Université de Cocody/Abidjan. Depuis, il est enseignant du Département des Sciences du Langage de l'UFR-Langues Littératures et Civilisations de l'Université de Cocody.

Michel Bastarache

L'honorable Michel Bastarache est diplômé des universités de Moncton, Montréal, Ottawa et Nice. Pendant onze ans, Me Bastarache a été juge à la Cour suprême du Canada et, de 1995 à 1997, juge à la Cour d'appel du Nouveau-Brunswick. Il a été traducteur juridique, professeur agrégé et doyen à l'École de droit de l'Université de Moncton, et doyen associé de la Section de common law à la Faculté de droit de l'Université d'Ottawa. Il a aussi été directeur général de la promotion des langues officielles au Secrétariat d'État du Canada et a travaillé pour Assomption Compagnie Mutuelle d'Assurance-vie, dont il a été le président et le directeur général. Enfin, il a exercé et exerce toujours comme avocat en pratique privée à Ottawa et à Moncton.

Me Bastarache a reçu plusieurs prix et distinctions tout comme il détient bon nombre de doctorats *honoris causa*. Il a été notamment récompensé à de nombreuses reprises pour sa contribution significative et son engagement envers les communautés francophones et acadiennes du Canada. Il a reçu, entre autres, la médaille d'Officier de la Légion d'honneur décernée par le gouvernement de la République française, en 2003, et a été nommé Compagnon de l'Ordre du Canada, en 2009. Il a également siégé à plusieurs conseils d'administration et comités relatifs à l'éducation juridique et à la pratique du droit. Enfin, en 2010, il a été nommé juge au Tribunal indépendant intérimaire de règlement des différends constitutionnels du Kenya.

Nourredine Bessadi

Nourredine Bessadi est directeur de Babelangues, École de langues, à Béjaia, en Algérie. Il est également enseignant-chercheur au département de français de l'université Mouloud Mammeri de Tiz Ouzou depuis 2009 et a été enseignant vacataire dans les départements de français et de sociologie de l'université Abderrahmane Mira de Bejaia de 2004 à 2009. Ses communications et ses présentations portent essentiellement toutes sur des questions relatives à la langue. Par exemple, « L'accès à la langue du droit comme droit linguistique des berbérophones d'Algérie », « L'aspect identitaire en œuvre dans les textes de lois algériens », « Pour une traduction en tamazight du texte juridique algérien », « Le traducteur juridique algérien face à la difficulté de traduire certains termes juridiques arabes » et « La Communauté en devenir à travers le roman algérien de langue française ».

Annette Boudreau

Annette Boudreau est professeur titulaire au département d'études françaises de l'Université de Moncton et directrice du Centre de recherche en linguistique appliquée à cette même université. Elle mène des recherches sur le rapport entre idéologies, pratiques linguistiques et construction identitaire dans les milieux francophones minoritaires au Canada et plus particulièrement en Acadie ; elle s'est penchée sur le phénomène de l'insécurité linguistique et sur les stratégies mises en œuvre par les locuteurs pour la contrer. Elle a publié plusieurs articles dans des revues spécialisées en France, en Belgique, en Suisse, au Québec et en Acadie. Elle a, en outre, publié ou dirigé conjointement plusieurs ouvrages tels que *Lectures de l'Acadie. Une anthologie de textes en sciences humaines et sociales* et *L'écologie des langues / Ecology of Languages. Mélanges William Mackey, Hommage to William Mackey*.

Ahmed Boukous

Ahmed Boukous est né et réside au Maroc. Il est professeur de l'enseignement supérieur et Recteur de l'Institut royal de la culture amazighe. Il possède un doctorat de 3e cycle en sociologie, de l'École Pratique des Hautes Études, Paris et un doctorat d'État en linguistique, de l'Université Paris VIII.

Ses principales publications sont : *Langage et culture populaires au Maroc* (Casablanca, 1977), *Société, langues et cultures au Maroc* (Rabat, 1995), *Dominance et différence. Essais sur les enjeux symboliques* (Casablanca, 1999), *Phonologie de l'amazighe* (Rabat, 2009), *Revitalisation de l'amazighe. Enjeux, processus et stratégies* (Rabat, 2011). M. Ahmed Boukouss a, en outre, publié de nombreux articles dans les domaines de la sociolinguistique, de l'éducation, de la langue et de la culture amazighes dans des revues nationales et internationales.

Marisa Cavalli

Marisa Cavalli a reçu une formation classique et a obtenu une maîtrise en langues et littératures étrangères modernes, auprès de l'Université des Études de Turin. Pendant 15 ans, elle a été enseignante de langue française à l'école secondaire du premier degré du Val d'Aoste en Italie. Elle est devenue enseignante chargée de recherche auprès de l'Institut Régional de Recherche, d'Expérimentation et de Recyclage Educatifs (IRRSAE) où elle a travaillé pendant 15 ans et, entre 2001 et 2009, auprès de l'Institut Régional de Recherche Educative du Val d'Aoste (IRRE-VDA). Son domaine de travail concernait les problématiques de l'enseignement des langues et du bi-/plurilinguisme, qui sont étroitement liées à la spécificité du Val d'Aoste qui a obtenu en 1948 un Statut Spécial d'autonomie (loi constitutionnelle de l'État italien) en raison de son bilinguisme.

Elle a également développé des réflexions du point de vue sociolinguistique sur l'aménagement linguistique et sur les relations et les dynamiques entre la politique linguistique générale et la politique linguistique éducative, surtout dans les situations minoritaires. Elle a d'ailleurs publié un ouvrage sur ces thématiques en 2005 (*Education plurilingue et plurilinguisme – Le cas du Val d'Aoste*, Paris, Collection LAL, Didier). Actuellement, elle est associée à quelques projets et actions de la Division des Politiques Linguistiques du Conseil de l'Europe (www.coe.int/lang) et est consultante du programme 2012-2015 du Centre Européen pour les Langues Vivantes du Conseil de l'Europe (www.eclm.at).

Patrick Chardenet

Patrick Chardenet est maître de conférences en sciences du langage à l'Université de Franche Comté. Il est détaché auprès de l'Agence Universitaire de la Francophonie à Montréal (Directeur délégué Langue et communication scientifique en français). Enseignant-chercheur en didactique des langues, il a publié depuis 1992, une trentaine d'articles, un ouvrage individuel, co-dirigé quatre ouvrages collectifs et collaboré à sept autres ouvrages. Ses orientations de recherche au sein du Laboratoire de sémiolinguistique, didactique et informatique de l'Université de Franche Comté portent sur l'analyse des échanges plurilingues en ligne et la prise en compte de cette relation dans l'élaboration d'un interlinguisme méthodologique (aménagement des relations entre les langues par des politiques linguistiques ; de dispositifs et de ressources intégrées d'enseignement-apprentissage des langues, en particulier pour l'évaluation des apprentissages).

Très impliqué, il est, entre autres, associé au Centre de recherches sur les discours ordinaires et spécialisés, Université Paris 3 Sorbonne Nouvelle ; membre du comité de direction de Cahiers Français et Société (Belgique) ; membre du comité éditorial de la revue Recherches et Applications / Le français dans le Monde ; conseiller scientifique de la revue Calidoscópio (Brésil) ; conseiller éditorial de la Revue japonaise de didactique du français (Japon) ; conseiller scientifique auprès de la Direction de la Promotion et de l'Enseignement des Langues/Union Latine. Conseiller pour les relations institutionnelles internationales du Forum mondial des Hautes Études et Recherches pour les Apprentissages dans les Centres de Langues de l'Enseignement Supérieur, il participe à des comités de pilotage et des comités techniques de projets internationaux : IFADEM (Initiative francophone pour la formation à distance des maîtres), CECA (Cultures d'enseignement et cultures d'apprentissage), LASCOLAF (Langues de scolarisation en Afrique subsaharienne francophone).

Fernand de Varennes

Fernand de Varennes est diplômé de l'Université de Moncton (LLB), du London School of Economics (LLM) et de l'Université de Maastricht (DrJuris). Fernand de Varennes a été le Directeur du *Asia-Pacific Centre for Human Rights and the Prevention of Ethnic Conflict* à Perth en Australie et est le Rédacteur-en-chef de la revue juridique Asia-Pacific Journal on Human Rights and the Law. Il est Professeur invité à la Faculté de droit de l'Université de Pékin à Beijing en Chine et à l'Université de Prétoria en Afrique du sud.

Michel Doucet

Michel Doucet, c.r. est professeur titulaire à la Faculté de droit de l'Université de Moncton et il en a été le doyen de 1995 à 2000. Il occupe le poste de directeur de l'Observatoire international des droits linguistiques depuis son ouverture, le 1er janvier 2010. En plus de sa carrière universitaire, il poursuit également une pratique de droit active, principalement en matière de droits linguistiques, ce qui l'amène à plaider devant de nombreux tribunaux canadiens dans différentes provinces ainsi que devant la Cour suprême du Canada. De 2002 à 2010, il a également été membre du Tribunal canadien des droits de la personne. Il est aussi médiateur et arbitre en matière de relation industrielle.

Rainer Enrique Hamel

Rainer Enrique Hamel est professeur titulaire de linguistique au département d'anthropologie à l'Universidad Autonoma Metropolitana (UAM), Mexico. Il est également Directeur du Programme de Recherche « Communauté indienne et éducation interculturelle bilingue » à l'UAM. En outre, il est Directeur du réseau latino-américain « Politiques du langage en Amérique latine » de l'Association de Linguistes et Philologues de l'Amérique Latine (ALFAL) et membre de l'Académie des Sciences du Mexique. Ses domaines de recherche portent sur les politiques linguistiques, la sociolinguistique, le bilinguisme, l'éducation bilingue, les langues et la globalisation ainsi que les langues et les champs scientifiques.

Il est professeur invité aux universités de Stanford et UC Santa Barbara (États-Unis), Francfort, Mannheim et Fribourg (Allemagne) et à Campinas et Belem (Brésil). Il est l'auteur de plusieurs livres et de plus de 70 articles scientifiques publiés en espagnol, en allemand, en anglais, en français et en portugais.

Michel Hauser

Michel Hauser est né le 4 décembre 1955 à Porrentruy (canton du Jura, Suisse). Il a obtenu son baccalauréat en 1974, puis une licence ès lettres (histoire) à l'Université de Fribourg (1979). De 1979 à 1981, il a travaillé comme historien auprès de l'Office du patrimoine historique de la République et Canton du Jura et a ensuite été nommé conservateur cantonal des monuments (1981-1995). Depuis 1996, il est chef de l'Office du patrimoine historique de la République et Canton du Jura, service administratif devenu dès le 1er septembre

2003 l'Office cantonal de la culture (www.jura.ch/occ). À ce titre, il est engagé dans plusieurs commissions administratives ; c'est ainsi qu'il est membre du Conseil cantonal de la langue française et qu'il a présidé le groupe de travail ayant préparé le projet de loi cantonale concernant l'usage de la langue française. Il est aussi l'auteur de divers articles et publications ayant trait à l'histoire, l'histoire de l'art et l'architecture, la conservation des biens culturels et la politique culturelle dans le canton du Jura.

José Carlos Herreras

José Carlos Herreras est Professeur des Universités en Linguistique espagnole à l'Université Paris Diderot-Paris 7, où il dirige le Département d'Espagnol et le séminaire de Master 2–Recherche « Politiques linguistiques en Europe ». Il est directeur de collection aux Presses Universitaires de Valenciennes : collection *CAUCES–Revue d'Études Hispaniques* et collection *EUROPE(S)*. Il fait partie du bureau de la Société internationale de Linguistique fonctionnelle (SILF) et du comité de rédaction de plusieurs revues, notamment, *La Linguistique* et *Etudes de Linguistique Appliquée*.

José Carlos Herreras est auteur de nombreux articles et a écrit ou dirigé plusieurs ouvrages portant sur la politique linguistique en Espagne et en Europe, parmi lesquels *Lenguas y normalización en España* (2006), *L'enseignement de l'espagnol en France : réalité et perspectives* (2008) et *L'Europe des 27 et ses langues* (2011).

Rodrigue Landry

Rodrigue Landry (Ph.D., University of Wisconsin) a été professeur en psychologie éducationnelle à la Faculté des sciences de l'éducation de l'Université de Moncton de 1975 à 2002. Il a occupé le poste de directeur du Département d'éducation spéciale de 1979 à 1982 et a été chercheur invité à l'Institut d'études de recherches interethniques et interculturelles à l'Université de Nice en 1982-83. Directeur fondateur du Centre de recherche et de développement en éducation (CRDÉ) de l'Université de Moncton, il a dirigé ce centre de 1989 à 1991. Il a été doyen de la Faculté des sciences de l'éducation de juillet 1992 à juin 2002. Pendant son terme comme doyen, il a coordonné la mise en œuvre d'un programme de doctorat en éducation à l'Université de Moncton dont le thème intégrateur est l'éducation en milieu linguistique minoritaire. S'intéressant particulièrement à la vitalité linguistique des minorités, il a effectué des recherches sur les minorités francophones dans chacune des provinces canadiennes et aux États-Unis, en particulier au Maine et en Louisiane. Au cours des dernières années, il a étudié les facteurs d'autodétermination dans la lutte pour le maintien de la langue française et de l'identité francophone en contexte minoritaire. Il a aussi proposé, récemment, le modèle de l'autonomie culturelle pour identifier les facteurs que doit prendre en charge une minorité pour assurer sa vitalité linguistique. Ses publications et rapports de recherche, au nombre de plus de cent soixante-quinze, portent sur la vitalité linguistique, l'autonomie culturelle, l'éducation en milieu minoritaire, la construction identitaire, le bilinguisme et l'apprentissage scolaire. Il est actif auprès de nombreux organismes gouvernementaux et non gouvernementaux à titre de conférencier ou consultant. Il agit à titre d'expert-conseil dans plusieurs procès ou causes reliés à la revendication de droits linguistiques par les francophones du Canada. Il continue à offrir des cours au programme de doctorat en éducation à l'Université de Moncton. Il a publié avec Serge Rousselle aux Éditions de la Francophonie le livre *Éducation et droits collectifs : au-delà de l'article 23 de la Charte* pour lequel ils ont reçu le Prix France-Acadie en 2003. À titre de directeur de l'Institut canadien de recherche sur les minorités linguistiques, de 2002 à 2012, il a effectué des recherches sur l'éducation en milieu minoritaire, la petite enfance, l'autodétermination du comportement langagier et la vitalité linguistique des communautés.

Serge Rousselle

Serge Rousselle est professeur à la Faculté de droit de l'Université de Moncton depuis 1992. Il en a été le doyen de 2000 à 2004 et a dirigé le Bureau des Amériques de l'Agence universitaire de la Francophonie en 2008-2009. Il est détenteur de baccalauréats en science politique et en droit de l'Université d'Ottawa, d'une maîtrise en droit de l'Université Cambridge et d'un doctorat en droit de l'Université McGill. Il compte à son actif de nombreuses publications et communications dans les domaines des droits linguistiques, autochtones et environnementaux. Très actif au niveau des services à la collectivité, il a, entre autres, été président du Conseil des doyens et des doyennes des facultés de droit du Canada et président de l'Association des juristes d'expression française du Nouveau-Brunswick (AJEFNB) à deux reprises, tout en écrivant de nombreuses chroniques pour différents journaux. Au fil des ans, il a reçu plusieurs distinctions, dont le prix France-Acadie pour son livre « Éducation et droits collectifs » rédigé avec Rodrigue Landry et le prix du Juriste de l'année 2002 au Nouveau-Brunswick de l'AJEFNB pour sa contribution exceptionnelle à l'avancement des droits linguistiques dans la province.

Joëlle Sautois

Joëlle Sautois a obtenu en 2004 le diplôme de Licenciée en Droit de l'Université libre de Bruxelles (ULB), option droit public, avant de suivre les cours du post-master en droit social à la Vrije Universiteit van Brussel. Elle s'est vu confier plusieurs mandats d'assistante en droit constitutionnel et en droit administratif auprès des Facultés de Droit de l'ULB et de l'Université de Mons. Elle dispense, actuellement, à titre de suppléante, le cours de contentieux constitutionnel approfondi en deuxième master à la Faculté de Droit de l'ULB, aux côtés du Professeur de droit constitutionnel, Marc Uyttendaele.

Avocate depuis 2004, elle se consacre aux dossiers intéressant tant le droit constitutionnel que le droit administratif et se spécialise notamment dans le domaine du droit de l'enseignement et de la non-discrimination. Sa langue maternelle est le français, mais elle a fréquenté, à Bruxelles, une école néerlandophone. Elle a eu l'occasion, au cours de sa vie professionnelle, de s'intéresser de très près aux discriminations fondées sur la langue que peuvent engendrer certaines politiques publiques, dans un système fédéral bâti autour des deux grandes communautés linguistiques de Belgique, la Communauté flamande et la Communauté française.

Nicolas Schmitt

Nicolas Schmitt, docteur en droit de l'Université de Fribourg (Suisse), est né à Zurich en 1959. Après avoir terminé ses études, il a rejoint l'équipe fondatrice de l'Institut du Fédéralisme de l'Université de Fribourg en janvier 1985. Depuis lors, il a participé en Suisse et dans le monde entier à des projets liés au fédéralisme et à la décentralisation au sens le plus large, depuis la gouvernance locale jusqu'à l'intégration européenne en passant par le fédéralisme comparé, sans oublier les questions culturelles et surtout linguistiques. Ancien secrétaire/trésorier de l'Association internationale des Centres d'étude du Fédéralisme (IACFS), observateur électoral, il est vice-président de la Fondation Emile Chanoux en charge de la défense du français en Vallée d'Aoste. Il a écrit plus de 60 ouvrages et contributions consacrées à ces divers sujets.

Philippe Suinen

Philippe Suinen est licencié en droit (Université de Liège) et diplômé d'études supérieures en droit européen (Centre européen de l'Université de Nancy). Il est depuis 1998 Administrateur général de

WBI (Wallonie Bruxelles International) et de l'AWEX (Agence wallonne à l'Exportation et aux Investissements étrangers) ainsi qu'Administrateur délégué de l'APEFE (Association pour la Promotion de l'Éducation et de la Formation à l'étranger). Il est également chargé d'enseignement à l'Université libre de Bruxelles, où il dispense le cours relatif à la coopération fédérale belge au développement.

Représentant personnel du Ministre-Président de la Fédération Wallonie-Bruxelles au Conseil permanent de la Francophonie, il y a fortement promu les principes de diversité culturelle et de compétence régulatrice des autorités publiques en matière d'éducation ainsi que le lancement du réseau francophone des acteurs de l'innovation. Il a été, de 1994 à 1998, Directeur de cabinet d'Elio DI RUPO, alors Vice-Premier Ministre du Gouvernement fédéral belge (Communications, Économie, Télécommunications, Entreprises publiques). Désigné en 1999 Wallon de l'année par la Fondation Bologne-Lemaître, il est l'auteur d'un pamphlet sur la protection des minorités (Minorité(s)*, Collection Pierres de taille, Éditions Luc Pire, Bruxelles, 2001).

Michel Wauthion

Né à Bruxelles en 1963, Michel Wauthion est maître de conférences en sciences du langage à l'Université de la Nouvelle-Calédonie. Romaniste de formation, son parcours professionnel commence à Rome où il est lecteur de langue et littérature française de 1987 à 1991. Il est ensuite assistant de recherche à l'Institut de linguistique de l'université de Louvain, où il soutient une thèse de doctorat en 1997 sur la place du français parlé dans la construction du référent linguistique, dans le cadre d'une étude de pragmatique historique sur les traités de savoir vivre, les grammaires et le théâtre. Il rejoint l'Agence universitaire de la Francophonie en 1999, pour laquelle il s'occupe de la coopération universitaire et linguistique dans le Pacifique (Vanuatu, Australie) et en Asie du Sud-Est (Cambodge). C'est dans ce cadre qu'il s'intéresse aux questions de politique et d'aménagement linguistique dans un contexte plurilingue de français langue seconde. Il est responsable de la didactique du français langue étrangère et seconde dans son université et développe divers programmes de recherche en matière d'éducation plurilingue, notamment pour la promotion de l'intercompréhension en langues romanes. Il est attaché de coopération linguistique à l'Institut français d'Israël depuis 2010. Ses principales publications concernent l'aménagement linguistique, les politiques éducatives et l'épistémologie du français. Il se définit volontiers comme un généraliste de la langue française.

Colin H. Williams

Colin H. Williams est professeur à l'Université de Cardiff, au Pays de Galles. Ses champs d'intérêts portent sur les questions de politiques linguistiques, de droits des minorités et démocratie, de relations ethniques et multiculturalisme, de philosophie pacifiste et de « non-violence », de géographie humaine et d'enjeux environnementaux. Il est l'auteur d'un bon nombre de publications dont l'ouvrage *Linguistic Minorities in Democratic Context* (2008) et *minority language promotion, protection and regulation – The Mask of Piety* (2013).

José Woehrling

José Woehrling est Professeur associé à la Faculté de droit de l'Université de Montréal. Ses domaines d'intérêt sont le droit constitutionnel canadien et comparé ; l'aménagement juridique de la diversité culturelle, linguistique et religieuse ; la protection des minorités ; et le fédéralisme.

Eneritz Zabaleta

Eneritz Zabaleta prépare actuellement une thèse de doctorat en droit public sur le thème du « statut juridique de la langue basque – étude de droit comparé » à la faculté pluridisciplinaire de Bayonne, qui est rattachée à l'université de Pau et des pays de l'Adour. Il est également membre du Centre de documentation et de recherches européennes, qui se situe à Bayonne.

Ses champs d'intérêts portent sur les questions de droit linguistique et de diversité culturelle en France et dans le monde ainsi que sur le droit des minorités. Il s'intéresse aussi au droit de la décentralisation en France. Dans le cadre de son doctorat, il est également chargé de mission dans l'Office public de la langue basque qui est chargé de définir et de mettre en œuvre la politique publique en faveur de la langue basque en France. Enfin, il est chargé de cours en tant que vacataire à la faculté pluridisciplinaire de Bayonne.

TABLE DES MATIÈRES

L'ÉTAT ET LE PLURALISME LINGUISTIQUE

Michel DOUCET*

INTRODUCTION

Selon l'Ancien Testament, peu après le Déluge, alors qu'ils parlaient tous la même langue, les hommes entreprirent de bâtir une tour en vue d'atteindre le ciel, domaine de Dieu. Celui-ci les observe et estime que, s'ils y arrivent, rien ne leur sera inaccessible. Il décide alors de brouiller leur langue afin qu'ils ne se comprennent plus, puis les disperse sur la surface entière de la terre, anéantissant leur projet babélique. Le pluralisme linguistique qui en résulte serait-il donc un châtiment divin imposé à l'humanité ? La réponse est évidemment négative. Le pluralisme est, au contraire, un bienfait pour l'humanité et ce sont plutôt les tentatives entreprises pour mettre en péril la coexistence des langues, voire l'existence même de la diversité linguistique, qui constituent le châtiment.

Le pluralisme linguistique et l'aménagement des langues suscitent de nos jours beaucoup d'intérêt auprès des chercheurs et des décideurs politiques. Cet intérêt s'explique sans doute par le très grand nombre de pays qui doivent composer avec la coexistence de nombreuses communautés linguistiques sur leur territoire. Bien qu'elle puisse parfois devenir source de tensions, cette diversité linguistique est surtout une richesse pour le patrimoine humanitaire, car la langue est le reflet d'une vision particulière du monde. Elle forme un écran sur lequel une communauté apprend à comprendre la société qui l'entoure. À cet égard, chaque langue devient alors l'expression culturelle de ses locuteurs. Par conséquent, la disparition d'une langue entraîne inévitablement la disparition d'un élément irremplaçable de notre compréhension de la pensée humaine.

* Professeur titulaire à la Faculté de droit de l'Université de Moncton et directeur de l'Observatoire international des droits linguistiques (www.droitslinguistiques.ca).

Dans un article publié le 7 juin 2012 dans le quotidien *Le Monde*, Rémi Barroux écrivait, en s'inspirant du rapport sur l'avenir durable rédigé par le Programme des Nations Unies pour l'environnement (PNUE), que 8,4 % des langues encore parlées sur la planète sont vouées à la disparition, 17 % sont menacées et près de 9 % sont qualifiées de « vulnérables »[1]. Il n'y a peut-être là rien de nouveau. Depuis le début de l'humanité, de nombreuses langues sont apparues, puis sont disparues. Mais le phénomène actuel de la mondialisation a pour effet d'accélérer ce processus. Plutôt que de favoriser la diversité, elle tend à privilégier une homogénéisation des langues. Comme l'a écrit Boutros Boutros-Ghali :

> Il peut être tentant, en ce domaine, de laisser faire les choses en se rendant aux arguments qui ne manquent pas de faire valoir les tenants d'une oligarchie linguistique. Ceux-ci voient dans la diversité linguistique plutôt un obstacle à la communication et à une meilleure compréhension entre les peuples et entre les cultures. De là à prétende que l'instauration d'une paix mondiale dépend de l'adoption d'une langue unique et universelle, il n'y a qu'un pas[2].

En rejetant cet argument douteux, Boutros Boutros-Ghali écarte également la thèse voulant qu'il existe une hiérarchie des langues, laquelle favoriserait l'établissement d'une distinction entre les langues dites « hautes » et les langues prétendument « basses ». Le rejet de l'homogénéité linguistique nous conduit inévitablement à réfléchir aux politiques étatiques concernant l'aménagement du pluralisme linguistique.

Le besoin de reconnaître la diversité linguistique de la planète et d'en montrer la richesse fait l'objet en ce moment d'une prise de conscience mondiale. Certains vont même jusqu'à défendre la notion de diversité linguistique ou culturelle en invoquant des concepts environnementaux :

> De la même manière que la biodiversité – c'est-à-dire l'immense variété des formes de vie qui se sont développées depuis des millions d'années – apparaît comme indispensable à la survie des écosystèmes naturels, les « écosystèmes culturels » composés d'une mosaïque complexe de

1. R. Baroux, « La planète perd ses langues », *Le Monde*, 7 juin 2012.
2. Boutros Boutros-Ghali, « Préface » dans Michel Bastarache, dir., *Les droits linguistiques au Canada*, 2e éd., Cowansville, Éditions Yvon Blais, 2004 à la p. vii.

cultures de plus ou moins grande influence ont aussi besoin de la diversité pour préserver le patrimoine des générations futures[3].

La diversité culturelle touche donc aux fondements mêmes de l'existence humaine, en assurant à l'être humain sa dignité, sa liberté de créer et sa capacité de s'exprimer en fonction de son individualité et de son appartenance à un groupe auquel il adhère et s'identifie. La Francophonie ne peut pas faire exception à cette réalité. Dans l'espace francophone, il y a lieu de s'interroger, d'une part, sur les rapports qui existent entre la langue française et la langue anglaise et, d'autre part, sur les liens qu'entretient la langue française avec la ou les langues nationales ou minoritaires qui se parlent dans la presque totalité des pays qui la composent.

Le présent livre nous offrira l'occasion de réfléchir aux expériences d'aménagement linguistique vécues dans les différentes régions de la Francophonie, mais également à celles de certains pays ou de certaines régions hors de celle-ci. Ces réflexions nous permettront de mieux apprécier l'importance de la diversité linguistique comme moyen de renforcer dans le monde la place des langues non hégémoniques. Si elle doit demeurer une langue significative sur l'échiquier mondial, la langue française doit s'appuyer à cette fin sur la diversité linguistique et culturelle.

I – L'ÉTAT ET LA RECONNAISSANCE DES MINORITÉS LINGUISTIQUES

Dans de nombreux États, la loi prévoit certaines protections pour les groupes linguistiques. Les garanties qu'ils leur accordent peuvent prendre diverses formes : dans certains cas, il s'agit davantage d'une simple tolérance, tandis que, dans d'autres, un véritable effort de promotion est engagé. On peut, d'ailleurs, regrouper les interventions étatiques sur le terrain des droits linguistiques sous quatre catégories principales : le pluralisme, l'intégration, l'assimilation et la ségrégation.

Le *pluralisme* vise à préserver l'identité des groupes linguistiques au sein d'un État. Dans un tel contexte, ce dernier accepte

3. Voir *Culture, commerce et mondialisation – questions et réponses*, où on répond à la question 18, « Qu'appelle-t-on la diversité culturelle ? », en ligne : UNESCO <unesdoc.unesco.org/images/0012/001218/121896f.pdf>.

d'accorder aux communautés linguistiques une certaine latitude dans l'administration de leurs propres affaires, laquelle pourra aller jusqu'à la reconnaissance d'une autonomie culturelle, c'est-à-dire en leur attribuant le droit de gérer les institutions jugées essentielles à leur essor et à leur épanouissement, et mener même à la désignation de régions autonomes fondée sur des bases linguistiques.

L'*intégration* vise à reconnaître les différents groupes linguistiques qui forment la population d'un État par l'adoption de mesures spéciales, par exemple la reconnaissance de langues officielles. Cette démarche législative a pour objet de permettre aux groupes linguistiques minoritaires de conserver leur langue dans certaines circonstances particulières, notamment dans leurs relations avec l'appareil étatique.

L'*assimilation* vise la création d'une société homogène linguistiquement. Elle exige que les individus membres des groupes linguistiques minoritaires abandonnent leur langue et leur culture pour adopter celles du groupe majoritaire. Cette démarche pourra même conduire à l'adoption d'une langue commune autre que celles que parlent les groupes linguistiques de l'État, y compris le groupe majoritaire.

La *ségrégation* vise, quant à elle, pour le dire tout net, à marginaliser le groupe linguistique minoritaire et à le maintenir forcément dans un état d'infériorité.

Or, toute politique tendant à la protection d'une minorité linguistique suppose qu'elle reconnaît la diversité linguistique. Elle ne peut donc répondre aux objectifs que fixe une politique d'assimilation ou de ségrégation puisqu'elle entend reconnaître et non nier l'existence du groupe ou des groupes minoritaires. Elle se propose d'assurer leur coexistence paisible avec le groupe majoritaire. Toutefois, la reconnaissance de ces droits relève le plus souvent d'un processus lent et laborieux qui se heurte à la conception que la majorité se fait de l'État, dont les composantes individuelles sont considérées comme uniformes et la souveraineté, indivisible. Cette conception conduit la plupart du temps à l'impossibilité pour la majorité de concevoir les minorités linguistiques comme constituant des groupes distincts, puisque, croit-elle, seules deux catégories d'intérêts peuvent coexister dans l'État : d'abord, celle des individus qui s'épanouissent dans l'espace privé ; ensuite, celle de la collectivité que représente dans l'espace public l'État souverain, soit le gouvernement et ses institutions.

Cette conception de l'État ne propose aucune analyse qui pût permettre de justifier l'existence d'un aménagement linguistique particulier capable de satisfaire aux demandes d'un groupe minoritaire. Puisqu'il adopte des politiques et des normes qui s'appliquent à tous les individus, l'État ne peut discriminer contre un groupe linguistique. D'ailleurs, pour la majorité, seule une application uniforme des normes et des politiques peut garantir une égalité réelle. Dans l'éventualité où une spécificité linguistique ou culturelle serait reconnue à un groupe minoritaire, cette reconnaissance ne pourrait être que symbolique et ne devrait pas être interprétée comme établissant une norme juridique contraignable parce que, le cas échéant, elle serait incompatible avec l'idée que le groupe majoritaire se fait de la démocratie.

La communauté majoritaire a souvent bien du mal à comprendre pourquoi le groupe linguistique minoritaire souhaite obtenir une reconnaissance juridique. Pour elle, le concept même de « droits linguistiques » est difficile à saisir, car elle n'a pas besoin de droits, sauf dans des cas exceptionnels, pour protéger sa langue et sa culture. Par les institutions publiques qu'il contrôle, le groupe majoritaire participe pleinement à l'élaboration des règles qui s'appliqueront à tous les citoyens. Pour lui, la société démocratique et égalitaire est celle qui veille à ce que chaque citoyen ait un accès égal au processus de prise de décision dans l'espace public et qui garantit l'existence d'un espace privé au sein duquel chacun peut exercer son autonomie personnelle et procéder à ses propres choix par rapport à ses valeurs. L'État ne doit pas fragiliser cet équilibre, qui est essentiel, suivant cette théorie, à la vie en société.

Or, en acceptant d'accorder des droits au groupe minoritaire, l'État accepte qu'un déséquilibre linguistique existe entre la langue minoritaire et la langue majoritaire. Il accepte également que lui est de ce fait imposée l'obligation positive d'agir de telle sorte à maintenir la langue et la culture de la minorité. Lorsqu'il reconnaît des droits à une minorité linguistique, il tient pour vrai, du moins implicitement, que la règle de la majorité ne peut pas toujours garantir le respect de la spécificité de cette minorité. En effet, la démocratie suppose que l'État tient compte des intérêts tant de la majorité que de la minorité car ses décisions toucheront tous les citoyens. Comment pourrait-il négliger de prendre en considération les intérêts d'un groupe parce qu'il est minoritaire, en particulier s'il a été historiquement victime de préjugés et de discrimination[4] ?

L'État ne peut pas également ignorer que la langue remplit un rôle crucial dans l'identité de l'individu et du groupe et qu'elle rend possible la circulation des valeurs et des traditions qui leur sont propres. Ce sont d'ailleurs ces caractéristiques qui donnent à la langue une certaine valeur politique. Le langage en soi constitue un élément fondamental de l'activité inhérente à l'individu. C'est par la langue qu'il satisfait son besoin de s'exprimer ; c'est par le langage qu'il communique. La langue donne une forme cohérente à la pensée humaine et rend possible l'organisation sociale. Elle est l'expression d'une communauté d'intérêts au sein d'une collectivité. Il n'est donc pas étonnant que les collectivités gouvernées dans une langue qui n'est pas la leur se sentent, en général, lésées dans leurs droits, ce qui risque de devenir source d'agitation politique. De plus, la langue, comme la couleur de la peau, peut devenir une étiquette facilement repérable par ceux qui chercheraient à faire d'un groupe différent un bouc émissaire à l'occasion de débats foncièrement étrangers à la langue et à la race[5].

Puisque la langue peut provoquer une tension politique, la tendance normale pour l'État sera d'intervenir le moins possible dans ce domaine. L'idéal serait même de nier les différences linguistiques et de prôner plutôt une politique d'assimilation ou d'intégration des groupes linguistiques minoritaires. Si, en revanche, l'État décide de préconiser une politique reconnaissant l'hétérogénéité linguistique, les choix qui se présenteront à lui seront influencés par une multitude de facteurs dont l'un des plus importants sera certainement le poids démographique de la communauté minoritaire, lequel déterminera sa force ou sa faiblesse par rapport à la communauté majoritaire. La concentration géographique de la communauté minoritaire sera également un facteur significatif. S'ils sont isolés ou dispersés, les membres éprouveront de la difficulté à faire entendre leur voix et à exercer leur pouvoir politique. L'histoire, elle aussi, est importante puisqu'elle permet d'expliquer certains phénomènes et de créer une certaine cohésion sociale entre les individus. Dans le cas du Canada, par exemple, l'histoire vient justifier politiquement la reconnais-

4. *Vriend c. Alberta*, [1998] 1 R.C.S. 493 au para. 69.
5. R.L. Watts, « Multicultural Societies and Federalism » dans *Rapport de la Commission royale d'enquête sur le bilinguisme et le biculturalisme*, livre 1, *Les langues officielles*, Ottawa, Imprimerie de la Reine, 1967 à la p. xix.

sance du français et de l'anglais comme langues officielles. Le poids politique du groupe minoritaire et sa force économique seront aussi des facteurs dont il faudra tenir compte. Enfin, le groupe minoritaire devra être animé du désir de conserver sa langue, ce qui n'est pas toujours le cas. En effet, à quoi peuvent servir des droits linguistiques quand la communauté minoritaire n'en veut pas ou n'entend pas s'en prévaloir ?

L'État qui souhaite intervenir dans la situation linguistique qui prévaut sur son territoire voudra habituellement trouver une solution qui lui permettra d'assurer l'unité nationale et la cohabitation paisible des différents groupes linguistiques qu'il gouverne. Dans ce cas, il pourra choisir entre une démarche inspirée par la notion de « territoire » ou une autre fondée sur la notion de « personne ». Selon l'approche fondée sur la notion de « territoire », l'usage d'une langue est intimement lié à la concentration de ses locuteurs sur un territoire géographique donné. Ainsi, selon cette conception, les services dans la langue du citoyen ne seront fournis que dans une région ou dans quelques régions qui seront définies géographiquement. La conception territoriale favorise donc l'unilinguisme au sein d'un territoire précis. Elle tire son origine du phénomène qui veut que les locuteurs d'une même langue tendent à se regrouper géographiquement, ce qui devrait normalement faire en sorte que les frontières étatiques coïncideront avec les frontières « linguistiques ». Ainsi, les personnes qui vivent sur un même territoire devraient normalement parler la même langue et ceux qui s'y établissent seront tenus de parler, dans l'espace public, la langue dominante du territoire, l'usage de toute autre langue étant restreint à l'espace privé.

La conception fondée sur la notion de « personne » vise plutôt l'usage possible de plus d'une langue sur un territoire. L'individu n'est plus limité par une région dans l'emploi de sa langue, mais peut, en théorie, exercer son droit partout, sans restriction territoriale.

Cependant, les choses ne sont pas toujours aussi simples, car la notion de « territorialité » n'entraîne pas nécessairement l'unilinguisme et force souvent l'État à prendre en compte les intérêts des autres langues parlées sur son territoire. Par ailleurs, la démarche fondée sur la notion de « personne » est souvent circonscrite par des considérations d'ordre régional, c'est-à-dire que dans certaines régions l'absence de locuteurs de la langue de la minorité rend son usage, bien que reconnu en théorie, impossible en pratique. Quelle que soit la conception adoptée, une chose demeure certaine : l'État qui se trouve dans une situation de pluralité linguistique peut rarement rester neutre en la matière.

II - LES DROITS LINGUISTIQUES

La notion de droits linguistiques est relativement récente. Elle coïncide avec l'apparition du nationalisme, de l'amélioration de l'éducation et de l'urbanisation. Ces droits regroupent les garanties ou les règles relatives à l'usage d'une ou plusieurs langues au sein d'un État. En principe, ces règles fixent les rapports linguistiques dans les relations entre l'État et le citoyen ou, dans certains cas, les relations entre les citoyens eux-mêmes. Or, pour qu'ils puissent exister, ces droits doivent nécessairement être inscrits dans un texte constitutionnel ou législatif ou dans un règlement. Par exemple, le droit à l'enseignement dans la langue de la minorité ou le droit à la prestation des services publics dans la langue de la minorité n'existent que s'ils sont soit reconnus formellement dans un texte constitutionnel ou législatif, soit interprétés comme s'ils en découlaient.

Trois raisons pourraient justifier la protection des langues et, par conséquent, l'octroi de droits linguistiques. Premièrement, les droits linguistiques font partie de la famille des droits fondamentaux et méritent à ce titre, comme c'est le cas pour les droits fondamentaux traditionnels, d'être protégés. Deuxièmement, la reconnaissance de droits pour la communauté linguistique minoritaire est nécessaire afin de renforcer l'unité du pays et de préserver la paix sociale. Troisièmement, puisque le pluralisme linguistique fait partie de la biodiversité, les langues et les cultures qui les incarnent méritent d'être protégées.

A - Les droits linguistiques en tant que droits fondamentaux

La première raison qui justifie la protection des langues minoritaires est fondée sur la théorie selon laquelle les droits linguistiques font partie des droits fondamentaux et, comme les autres droits relevant de cette famille, ils doivent être protégés. Toutefois, cette justification n'est pas nécessairement convaincante. Prenons, en premier lieu, l'objectif des droits fondamentaux traditionnels et comparons-les avec celui des droits linguistiques. Si les droits fondamentaux traditionnels – telles, notamment, la liberté d'expression, la liberté de pensée et la liberté de religion, – sont fondés sur l'individu ou sur des droits de nature individuelle, les droits linguistiques ont pour référence, au contraire, la communauté des locuteurs d'une langue. L'objectif des premiers est donc la protection de l'individu, alors que celui des droits linguistiques vise plutôt la collectivité. Cette dichotomie entre droits individuels et droits collectifs vient compliquer, et même rendre impossible, l'analyse des droits linguistiques en recourant au cadre théorique utilisé habituellement pour analyser les droits fondamentaux traditionnels. Ce cadre théorique peut même être situé aux antipodes de l'objet communautaire, lequel est essentiel aux droits linguistiques. Il peut même arriver que les droits linguistiques reconnus se trouvent en conflit avec les droits de la personne. Prenons comme exemple le dossier de la langue d'affichage au Québec ou dans certaines municipalités francophones hors-Québec. Alors que pour la communauté anglophone une loi ou un règlement régissant l'usage des langues sur l'affichage commercial porte atteinte à la liberté d'expression (droit individuel), pour la communauté francophone, cette loi représente une mesure essentielle pour assurer l'essor et l'épanouissement de sa communauté en situation minoritaire.

Deuxième distinction : les droits fondamentaux traditionnels sont généralement définis comme s'entendant également des normes universelles applicables à tous les individus, ce qui n'est pas le cas pour les droits linguistiques. Ils sont aussi considérés comme constituant des attributs naturels à chacun. L'État n'a pas besoin de les créer, il n'a qu'à les reconnaître et à les garantir puisqu'ils existent naturellement[6], ce qui n'est pas le cas des droits linguistiques car, sans reconnaissance formelle, ils n'existent pas.

Par conséquent, la réponse à la question de savoir si les droits linguistiques sont des droits fondamentaux dépendra de la conception que nous nous en ferons. S'agissant des tenants d'une certaine orthodoxie en matière de droits fondamentaux, pour qu'ils soient reconnus tels, ils devront être garantis aux individus et non aux collectivités. Cette conception est cependant difficile à réconcilier avec la nature des droits linguistiques, qui sont à la fois un phénomène collectif et individuel. Par exemple, notons les propos de la

6. G. Haarscher, « Les droits collectifs contre les droits de l'Homme » (1990) 9 Rev. trien. dr. h. 231.

Cour suprême du Canada dans l'arrêt *Solski (Tuteur de) c. Québec (Procureur général)* en matière de droits constitutionnels relatifs à l'instruction dans la langue de la minorité :

> L'article 23 vise clairement à protéger et à préserver, partout au Canada, les deux langues officielles et les cultures qui s'y rattachent ; son application touche forcément l'avenir des communautés linguistiques minoritaires. Les droits garantis par l'art. 23 sont, dans ce sens, des droits collectifs, ce que reflètent d'ailleurs les conditions assortissant leur exercice [...]. Leur application dépend du nombre d'élèves admissibles [...]. Néanmoins, bien qu'ils présupposent l'existence d'une communauté linguistique susceptible d'en bénéficier, ces droits ne se définissent pas avant tout comme des droits collectifs. Un examen attentif de la formulation de l'art. 23 révèle qu'il s'agit de droits individuels en faveur de personnes appartenant à des catégories particulières de titulaires de droits[7].

Bien qu'elle soit fondamentale pour les individus en tant qu'outil de communication, la langue agit également comme marqueur de l'identité d'un groupe culturel[8]. La première dimension de la langue – comme outil de communication – est la plus reconnue et la plus facile à articuler. La langue forme une partie essentielle de l'identité culturelle de l'individu[9] et c'est cette dernière caractéristique qui rend difficile l'élaboration de normes universelles applicables en matière linguistique, car chaque situation linguistique présente un cas unique. Les communautés linguistiques sont différentes les unes des autres quant à la situation géographique, à la taille, à l'histoire et à la vitalité. Un ensemble de normes universelles applicables à toutes ces communautés linguistiques ne peut pas remplir les besoins uniques de chacune. Sur la scène internationale, les normes linguistiques applicables à tous seront fort probablement minimales. Elles serviront, par exemple, à protéger les communautés linguistiques contre des politiques ouvertement assimilatrices et à prohiber la discrimination fondée sur la langue. Bien qu'elles soient minimales, ces normes demeurent néanmoins significatives, mais elles ne pourront satisfaire les communautés linguistiques nationales qui revendiquent une reconnaissance juridique afin d'assurer leur essor et leur épanouissement.

7. 2005 CSC 14, [2005] 1 R.C.S. 201 au para. 23.
8. L. Green, « Are Language Rights Fundamental ? » (1987) 25 Osgoode Hall L.J. 639 aux pp. 658-659.
9. *R. c. Beaulac*, [1999] 1 R.C.S. 768 au para. 34.

B – Les droits linguistiques comme instrument d'unité nationale

Une seconde justification mise en avant pour justifier la protection des langues minoritaires est qu'elle servira à promouvoir la coexistence pacifique des communautés linguistiques au sein de l'État. Certains États opteront, dans ce cas, pour une politique linguistique assimilatrice, laquelle désignera la langue dominante comme langue de l'État. Cette démarche fondée sur l'homogénéité linguistique sera vue comme la seule qui puisse garantir le fonctionnement efficace de l'État. Les États qui optent pour cette conception estiment que la paix et la stabilité sociale seront mieux servies à long terme par une politique linguistique uniforme. Puisque les politiques visant l'homogénéisation linguistique peuvent être source de tensions et alimenter les conflits, l'application d'une langue commune par l'État risque fort de générer un profond ressentiment chez les membres de la communauté de langue minoritaire.

D'autres États considèrent que la reconnaissance de la diversité linguistique s'avère un mécanisme plus efficace pour préserver l'unité nationale et la promouvoir. Ils estiment que le maintien de l'unité nationale passe par la protection des différences linguistiques et culturelles à l'œuvre sur le territoire. En effet, les minorités linguistiques accordent une priorité particulière à leur langue. Si la langue de la majorité constitue le seul véhicule dont l'État fait usage, la minorité se sentira en péril en tant que groupe linguistique. Elle baignera alors dans un milieu social où seule se parle la langue de la communauté majoritaire. Règle générale, les collectivités gouvernées dans une langue qui n'est pas la leur se disent lésées dans leurs droits et peuvent constituer des foyers d'agitation politique.

La reconnaissance de la diversité linguistique est donc un élément essentiel dans l'édification et dans l'essor paisible de la nation. La meilleure façon pour l'État de promouvoir une identité nationale commune sera d'adopter des politiques qui reconnaissent et saluent les différences linguistiques.

C – Les droits linguistiques comme outil de protection de la « biodiversité »

La protection de la diversité linguistique et culturelle peut elle aussi justifier la reconnaissance de droits en faveur des communautés linguistiques. Cette justification s'inscrit dans le mouvement évoqué précédemment de la protection de la biodiversité. La diversité linguistique et la diversité culturelle représentent deux concepts qui sont inextricablement liés. La langue possède une valeur inhérente en tant que manifestation de la culture collective. Le fait de nier la valeur de la langue des autres revient à dénigrer leur communauté et leur culture[10]. Il s'ensuit que la préservation de la diversité culturelle implique également la préservation et la promotion de la diversité linguistique.

Le thème de l'importance de la préservation de la diversité linguistique et culturelle a fait l'objet de nombreux colloques, séminaires et conférences et a suscité maintes réflexions dans bon nombre de livres et d'articles savants. Les auteurs et les chercheurs proposent des justifications diverses à l'appui de la reconnaissance de l'importance de la diversité linguistique et culturelle dans le développement humain. Certains expliqueront que la perte de cette diversité, comme la perte de biodiversité, produira des effets dévastateurs sur l'espèce humaine parce que cette diversité est précieuse en soi. La diversité linguistique et culturelle favorise la promotion et le développement de l'humanité puisqu'elle tient compte des perspectives et des expériences uniques de chaque communauté linguistique. La diversité linguistique est également importante parce qu'elle est étroitement liée à l'histoire et à la culture de la collectivité. Finalement, la préservation de la diversité linguistique est importante parce que la langue représente un élément essentiel de l'identité de la personne et de la communauté.

CONCLUSION

Affirmer que la langue ne constitue qu'un simple moyen de communication, c'est dire une demi-vérité. La langue est aussi et avant tout le fondement d'une culture particulière, la condition de sa survie et le véhicule de sa propagation. Dans cette perspective, elle ne peut plus être traitée comme accessoire : elle devient l'élément fondamental de la continuité culturelle de la collectivité.

10. D. Rhéaume, « Beyond Personality: the Territorial and Personal Principles of Language Policy Reconsidered » dans A. Patten et W. Kymlicka, dir., *Language Rights and Political Theory*, New York, Oxford University Press, 2003, 271 à la p. 290.

La protection des langues minoritaires exige de la part des États l'adoption d'un régime rigoureux de mesures positives qui aura pour effet non seulement de protéger la survie de la communauté linguistique minoritaire, mais aussi d'assurer sa sécurité linguistique et culturelle. La protection de la diversité linguistique et culturelle répond, à notre avis, au phénomène de la mondialisation et à sa lourde tendance à favoriser l'homogénéité linguistique dans le commerce, les échanges et le domaine culturel.

Afin de protéger les langues et les cultures, les États disposent de nombreux mécanismes. Ils peuvent, d'abord, garantir une protection aux communautés linguistiques minoritaires en adoptant des textes constitutionnels ou législatifs ou en optant tout simplement pour une politique administrative. Ils peuvent, ensuite, assurer une protection fondée soit sur la personnalité ou sur la territorialité, soit sur les deux à la fois. Ils peuvent aussi désigner certaines langues comme langues officielles.

La nature collective des droits linguistiques découle de la conception de la langue comme constitutive d'une activité essentiellement communautaire. S'il entend favoriser l'essor d'une communauté linguistique, l'État se doit d'outrepasser la simple reconnaissance de droits individuels en protégeant comme il se doit la collectivité linguistique.

Puisse le présent ouvrage permettre au public lecteur de comprendre de façon plus approfondie les choix qui s'offrent aux États ou qu'ils ont retenus aux fins d'aménagement de la coexistence des langues ! Ce faisant, nous espérons avoir pu susciter un intérêt renouvelé pour le multilinguisme, cette richesse qui permet aux individus et aux collectivités d'exprimer leur unicité.

Les fondements théoriques de la coexistence des langues dans le monde

AGIR SUR LES REPRÉSENTATIONS. LE CAS DU FRANÇAIS EN MILIEU MINORITAIRE

Annette BOUDREAU*

Le multilinguisme est le désir passionné d'accepter et de comprendre la langue de son voisin et d'opposer à la grande égalisation linguistique sans cesse recomposée par l'Occident, hier avec la langue française, aujourd'hui avec la langue anglo-américaine, la multiplicité des idiomes et leur inter-compréhension.

Édouard Glissant[1]

INTRODUCTION

Lorsque l'on aborde le sujet de la revitalisation d'une langue, on fait référence à l'ensemble des « pratiques mises en œuvre par divers acteurs sociaux (linguistes, militants par exemple) en vue d'opérer un changement dans la configuration politique d'un groupe donné »[2]. Elle est effectivement liée à un certain nombre de facteurs tels sa démographie, ses domaines d'usage, son statut, les politiques linguistiques qui assurent son maintien et sa diffusion, mais qu'en est-il des effets des idéologies linguistiques dans ce processus, élément souvent laissé pour compte et qui pourtant joue un rôle fondamental dans les procédés qui conduisent les locuteurs à adopter une langue plutôt

* Professeure et codirectrice du Centre de recherche en linguistique appliquée de l'Université de Moncton (www.umoncton.ca/umcm-crla/).

1. Édouard Glissant, *Le Discours antillais*, Paris, Gallimard, « Folio-essais », 1998 à la p. 794.
2. James Costa, « Des *derniers* locuteurs aux *néo*-locuteurs : revitalisation linguistique en Europe » (2010) 35-36 Faits de langues 205.

qu'une autre, à revendiquer des droits, à construire une identité linguistique[3] ?

Dans son ouvrage *Pour une écologie des langues du monde*, Calvet propose une théorie globale de la communication sociale qui donne une place importante à la sociolinguistique dans laquelle s'insère l'étude des représentations linguistiques[4]. Calvet, continuant dans la tradition de Lafont, Gueunier et Bourdieu, estime que l'étude des représentations linguistiques s'avère essentielle pour quiconque s'intéresse à comprendre le fonctionnement des langues[5] ; il déclare que pour intervenir sur les pratiques, il faut d'abord agir sur les représentations linguistiques. Boyer et DePietro abondent dans le même sens et considèrent que les représentations linguistiques « doivent être considérées comme constitutives au premier chef des dynamiques sociolinguistiques envisagées et même d'un poids tel qu'elles peuvent parfois en être le levier essentiel »[6]. Ces représentations sont perceptibles dans les discours tenus par les locuteurs eux-mêmes sur leur langue et celle des autres, dans les discours institutionnels et politiques et dans les discours de presse, tant les éditoriaux que les opinions du lecteur[7]. Ces représentations sont fortement liées aux idéologies linguistiques entretenues à l'égard des langues, idéologies parfois inconscientes et qui sont d'autant plus fortes que dissimulées

3. Jan Blommaert, *Language Ideological Debates*, Mouton de Gruyter, Berlin & New York, 1999 ; Monica Heller, « L'écologie et la sociologie du langage » dans A. Boudreau, L. Dubois, J. Maurais, G. McConnel, dir., *L'écologie des langues*, Paris, L'Harmattan, 2002.
4. Louis-Jean Calvet, *Pour une écologie des langues du monde*, Paris, Plon, 1999 [Calvet].
5. Calvet, *ibid.* à la p. 145 ; Robert Lafont, « La diglossie en pays occitan ou le réel occulté » dans Rolf Kloepfer, dir., *Bildung und Ausbildung in der Romania*, München, 1977 ; Robert Lafont, *Quarante ans de sociolinguistique à la périphérie*, Paris, L'Harmattan, 1997 ; Nicole Gueunier, « Nous, quand on parle, on fout un coup de pied à la France » (1978) Bref, n° 14 ; Pierre Bourdieu, *Ce que parler veut dire. L'économie des échanges linguistiques*, Paris, Fayard, 1982 [Bourdieu, *Ce que parler veut dire*].
6. Henri Boyer et Jean-François de Pietro, « De contacts en contacts : représentations, usages et dynamiques sociolinguistiques » dans A. Boudreau, L. Dubois, J. Maurais et G. McConnel, dir., *L'écologie des langues / Ecology of Languages*, Paris, L'Harmattan, 2002 à la p. 120.
7. Chantal Bouchard, *La langue et le nombril. Histoire d'une obsession québécoise*, Montréal, Fides, 1998 [Bouchard, *La langue et le nombril*] ; Annette Boudreau, « La construction des représentations linguistiques : le cas de l'Acadie » (2009) 54:3 Canadian Journal of Linguistics/Revue canadienne de linguistique 439-459 [Boudreau, « La construction des représentations linguistiques »] ; Annette Boudreau, « Discours, nomination des langues et idéologies linguistiques » dans D. Bigot, dir., *Les Français d'ici. Description, représentation et théorisation*, P.U.L., Collection Les Voies du français, 2012 (sous presse).

dans des idées reçues qui sont données comme véridiques et comme allant de soi. Par idéologies, j'entends ici les idées et les croyances qui circulent dans les discours, qui sont reliées à des processus sociaux et historiques et qui témoignent des intérêts politiques des collectivités, institutions ou organismes. Ainsi par exemple, penser que le français serait la langue de la clarté[8], que l'anglais serait la langue des affaires, que le mandarin serait une langue compliquée mais utile sont des idéologies très courantes qui essentialisent les langues et les figent en objets immuables. Ces idées perdurent dans les milieux institutionnels et leur véracité n'est pas remise en question. L'idéologie assez répandue voulant que le français soit la langue de la pensée universelle est fortement liée à une autre, celle voulant qu'il existe une seule variété de français qui soit légitime – une seule façon de la parler dans la francophonie, conception qui a des effets sur la façon dont les locuteurs se représentent leurs pratiques et qui dans plusieurs cas influencent les interactions. Un locuteur qui a appris une variété de français dont la prononciation ou le lexique se différencient des locuteurs provenant des Centres[9] linguistiques pourrait croire qu'il n'est pas un locuteur légitime du français. Les idéologies et les représentations influencent fortement les pratiques linguistiques et sont observables tant dans les interactions que dans les institutions politiques et sociétales.

Pour les personnes qui vivent dans des situations où la langue qu'ils parlent est la langue dominante et où ils n'ont pas à se préoccuper de son statut ni de ses lieux d'énonciation[10] – elles peuvent la parler partout, quand elles veulent et où elles veulent et souvent c'est la seule langue qu'elles entendent[11] –, il peut paraître anodin de s'intéresser aux rapports qu'entretiennent les locuteurs et les institutions avec les différents vernaculaires d'une langue. Pourtant les

8. La phrase célèbre d'Antoine de Rivarol « ce qui n'est pas clair n'est pas français », prononcée à Berlin en 1783 lors de son non moins célèbre *discours sur l'universalité de la langue française* trouve aujourd'hui encore des adeptes et fait partie des nombreuses idées reçues sur la langue qui sont véhiculées dans le discours public.

9. Les Centres peuvent être mouvants – voir Annette Boudreau et Lise Dubois, « Représentations, sécurité/insécurité linguistique » dans S. Roy et P. Dalley, dir., *Francophonie, minorités et pédagogie*, Presses de l'Université d'Ottawa, 2008 à la p. 145.

10. Ils n'ont pas non plus à s'interroger sur la pertinence de parler telle ou telle langue, ni à se préoccuper de la réception de leurs choix.

11. Même si la plupart des régions du monde sont plurilingues, les dominants ou les majoritaires peuvent n'entendre que leur langue n'ayant pas à faire usage des autres.

représentations qui entourent ces vernaculaires ou ces « variétés »[12] de langues sont souvent stigmatisées et en même temps, leur reconnaissance est fortement liée à leur revitalisation étant donné qu'ils constituent la langue du quotidien d'une majorité de locuteurs.

I - IDÉOLOGIES, REPRÉSENTATIONS ET PRATIQUES LINGUISTIQUES

Dans cet article, j'examinerai donc les idéologies qui au cours des siècles en Occident ont contribué à façonner le français comme une entité ***homogène et unique***. J'analyserai les conséquences de cette construction sur les représentations que se font les francophones de leur langue et de celle des autres (ceux qui parlent autrement) dans divers espaces de la francophonie, les rapports de pouvoir qu'elles engendrent et les inégalités sociales qui en découlent.

Je me pencherai exclusivement sur la situation des francophones qui vivent en milieu minoritaire en partant d'exemples puisés à même la situation canadienne qui se transpose à d'autres situations qui offrent des similitudes avec elle. On verra que les représentations sont déterminantes pour le locuteur qui doit décider s'il veut ou peut faire partie de la francophonie. En fait, la question qui se pose est de savoir pourquoi tant de locuteurs francophones ont des hésitations à se dire francophones. Serait-ce parce qu'ils se sentent à l'étroit dans le discours dominant sur le français qui continue à traiter de la langue comme essence plutôt que d'en reconnaître la dimension évolutive ?

Depuis les années 1980, les discours sur la diversité culturelle et linguistique dans la francophonie ont remplacé les discours sur l'homogénéité linguistique – cet ouvrage participe d'ailleurs à cette construction – mais on peut se demander ce que contient ce vocable de la diversité. Que veut dire être francophone ? Que faire des collectivités de francophones sans État par exemple ou encore des francophones qui vivent quotidiennement dans une situation de langues en contact où ils sont minoritaires ? On sait que les emprunts non attes-

12. Je n'entends pas ici variété dans le sens d'une unité homogène et figée. Comment par exemple définir la variété de français québécois ou le français sénégalais, le français belge, suisse ou acadien ? Toutes ces « variétés » sont hétérogènes et il est souvent difficile de fixer les frontières entre elles, mais l'essentiel ici, c'est de comprendre que les locuteurs disposent de différentes ressources qui composent leur répertoire linguistique. Certains traits, les plus emblématiques ou les plus courants, sont souvent relevés comme étant caractéristiques d'un groupe particulier.

tés dans une langue sont particulièrement stigmatisés – j'y reviendrai –, mais alors est-ce que les francophones qui portent les traces de ces contacts, visibles à des degrés divers dans leur vernaculaire, peuvent se considérer comme des locuteurs légitimes ? Si la situation vaut aussi pour d'autres locuteurs comme les Espagnols des différents pays de l'Amérique latine ou les anglophones dont les pratiques linguistiques diffèrent considérablement de celles des Anglais d'Angleterre, la différence entre les représentations que les locuteurs de ces différents pays entretiennent à l'égard de leur vernaculaire tient dans les idéologies à la base de ces pratiques différentielles[13]. En effet, Chantal Bouchard raconte dans son essai *La langue et le nombril* que le français est l'objet de débats quotidiens au Québec et que les locuteurs font souvent des remarques sur la qualité du français parlé. Elle cite comme exemple les paroles d'une locutrice : « Mes félicitations, vous êtes très articulée »[14] et ajoute que ce genre de compliments ne se trouve qu'au Québec[15] où on entretient une véritable obsession sur la langue[16] ; à l'inverse c'est dans la francophonie aussi que l'on trouve moult commentaires négatifs sur la langue, commentaires qui finissent par agir sur les représentations et qui peuvent avoir comme conséquence de délégitimer les locuteurs francophones[17]. Ces discours, abondants dans la francophonie, peuvent s'avérer assez virulents. Par exemple Samuel Vernet, doctorant français[18], a étudié plus de 20 000 messages sur Internet et il a montré que les fautes d'orthographe de blogueurs francophones sont suffisantes pour engendrer des propos assez violents, alors que l'on ne trouve pas les querelles du genre dans les autres langues, du moins

13. Anthony Lodge, *Le français. Histoire d'un dialecte devenu langue*, Fayard, 1997 [Lodge, *Le français*].
14. Bouchard, *La langue et le nombril*, *supra* note 7 à la p. 9.
15. Ce genre de commentaire est aussi fréquent en Acadie et se formule fréquemment comme suit : « Vous parlez bien ? Vous êtes originaire de l'Acadie ? » indiquant la surprise et l'incrédulité.
16. Bouchard, *La langue et le nombril*, *supra* note 7 à la p. 10. Bouchard de connivence avec le lecteur rappelle que si l'on veut être puriste, on ne dira pas d'une personne qu'elle est articulée (ce qui neutralise le commentaire flatteur) et ensuite elle s'interroge sur le pourquoi de ce commentaire tout comme l'ont fait d'autres comme Lodge, *Le français*, *supra* note 13 et Henriette Walter, *Le français dans tous les sens*, Paris, 1988 [Walter, *Le français dans tous les sens*] comme on le voit dans le texte.
17. Boudreau, « La construction des représentations linguistiques », *supra* note 7.
18. Communication donnée par Samuel Vernet de l'Université Stendhal Grenoble III au colloque international sur la francophonie qui s'est tenu à l'Université de Moncton en octobre 2012 et qui avait pour titre : « La construction discursive du « locuteur » francophone en milieu minoritaire. Problématiques, méthodes et enjeux ». La communication avait comme titre : « Rapport à la norme dans les discours métalinguistiques spontanés de Francophones sur Internet ».

pas avec la même férocité[19]. Voici quelques exemples tirés de la communication et qui ne sont pas les plus virulents :

Exemple 1

- Cette loi va drôlement arrondir mes fins de mois...Pour Foutre le SOUK il est bon, espérons que les Turcs de France seront plus intelligents que lui et qu'il garderont leurs points dans les poches.
- Leurs poings, ce serait mieux Monsieur. Apprenez le Français avant de faire des commentaires... (Le figaro.fr, 23/12/2011)

Exemple 2

- Vous, les historiens auxquels vous faites réference, ce sont ceux qui écrivent les manuels scolaires des écoles Algériennes. # L'histoire de France, la vraie ne vous en déplaise, est depuis plusieurs années occultée, falsifiée, trainée dans la boue par le politiquement correct auquel vous semblez trés attaché. # Les Français commencent de plus en plus à s'en rendre compte et ils n'ont plus l'intention de s'en laisser compter par les individus de votre éspece. # Bien le bonjour !
- Commencez par corriger vos fautes d'orthographe, vous pourriez alors peut-être parler au nom des Français ! ! ! ! (Libération.fr 24/12/2011).

Le corpus recueilli par Vernet est à mettre en lien avec les manifestations menées contre les réformes de l'orthographe en France dans les années 1980 où le slogan « Touche pas à mon accent circonflexe » figurait parmi les pancartes des manifestants qui luttaient contre cette réforme en France, événements qui montrent la force de la pensée unique en matière de langue et la difficulté à engendrer toute réforme en français étant donné l'essentialisation que l'on fait de la langue.

Plusieurs chercheurs ont en effet montré qu'il existe chez les francophones une *surnorme*[20] qui souvent paralyse les minoritaires francophones surtout dans leur prise de parole. Culioli, linguiste

19. Monica Heller, sociolinguiste mondialement reconnue qui a étudié les situations linguistiques de plusieurs pays et qui a fait la synthèse du colloque mentionné dans la note précédente a dit avoir peine à imaginer que les fautes dans d'autres langues soient le prétexte à des insultes comme c'est souvent le cas en français.
20. Voir Lodge, *Le français*, *supra* note 13 aux pp. 207-210 pour une discussion sur le sujet. Voir aussi Jean-Marie Klinkenberg, *La langue et le citoyen*, Paris, P.U.F., 2001 à la p. 26.

français, affirme que seuls les locuteurs francophones se demandent constamment : « Est-ce que ça se dit ? Est-ce que c'est bien français ? Est-ce qu'il parle bien français ? »[21], propos repris par Henriette Walter :

> De nos jours, c'est notre propre attitude devant notre langue qui étonne les étrangers lorsqu'ils nous entendent ajouter après certains mots que nous venons de prononcer : « Je ne sais pas si c'est français », ou même « Excusez-moi, ce n'est pas français ». Cette phrase est si courante chez nous qu'elle n'étonne que les étrangers[22].

Selon Lodge, lui-même Anglais, cette attitude prescriptive, très peu répandue chez les locuteurs d'autres langues, est beaucoup plus forte chez les francophones que chez les anglophones ou les hispanophones par exemple, et fait en sorte que les francophones de partout sont hyper conscients de la norme, ce qui a un effet certain sur leur capacité à se dire « francophones ». Pierre Bourdieu, sociologue, a bien montré comment les voix d'autorité ont contribué à définir les lois de formation des prix (ce qui est considéré comme légitime ou non en matière de langues) sur les marchés linguistiques et les conséquences pour les locuteurs qui n'ont pas accès au français légitime ou qui ne le possèdent pas pour des raisons politiques, économiques et sociales.

II - MARCHÉS LINGUISTIQUES ET INSÉCURITÉ LINGUISTIQUE

A - Les marchés linguistiques

Bourdieu, a en effet utilisé la métaphore des marchés pour illustrer le fonctionnement des pratiques linguistiques. Il explique que la langue ou la variété *légitime* (celle privilégiée par l'élite et les institutions) circule sur les marchés officiels des langues (par exemple, les sphères académique et institutionnelle) et que ses détenteurs y acquièrent un *profit de distinction et un capital symbolique.* Ce profit peut se transformer en pouvoir de domination sur ceux qui ne maîtrisent pas la langue légitime, ce qu'il appelle la *violence symbolique*[23].

21. Antoine Culioli, « Peut-on théoriser la notion de "qualité de la langue" » dans Jean-Michel Éloy, dir., *La qualité de la langue ? Le cas du français*, Champion, Paris, 1995 aux pp. 51-52.
22. Walter, *Le français dans tous les sens, supra* note 16 à la p. 18.
23. Bourdieu, *Ce que parler veut dire, supra* note 5 à la p. 36.

Les locuteurs des variétés moins légitimes sont souvent exclus de ces lieux de pouvoir et y sont, dans les cas les plus extrêmes, réduits au silence. La langue illégitime circule plutôt sur les marchés qu'il appelle les marchés francs. La *reconnaissance* de la langue légitime est largement partagée par la population tandis que la *connaissance* de cette variété est très inégalement distribuée.

Il va de soi que les frontières entre ces différents marchés sont loin d'être étanches et que de plus en plus de locuteurs circulent sur ces différents marchés, peu importe leur connaissance de la langue légitime. Bourdieu part de la société française pour construire son étude où les frontières entre les marchés sont plus nettes que dans d'autres milieux. En Amérique du Nord et au Canada français, les frontières entre les variétés de langues et entre les marchés linguistiques sont plus poreuses qu'en Europe, mais il reste que son analyse de l'inégalité sociale, qui résulte de la connaissance ou non de la variété légitime y trouve des échos. Le pouvoir symbolique, lorsqu'exercé auprès de locuteurs conscients de ne pas détenir la langue légitime peut provoquer différents effets ; soit il conduit à des manifestations de contre-légitimité linguistique – utilisation ostentatoire des éléments les plus stigmatisés de la langue, soit il fait perdre tous ses moyens et mène dans les cas les plus extrêmes au silence :

> Mais elle [la violence symbolique] n'est jamais aussi manifeste que dans toutes les corrections, ponctuelles ou durables, auxquelles les dominés, par un effort désespéré vers la correction, soumettent, consciemment ou inconsciemment, les aspects stigmatisés de leur prononciation, de leur lexique (avec toutes les formes d'euphémisme) et de leur syntaxe ; ou dans leur désarroi qui leur fait « perdre tous leurs moyens », les rendant incapables de « trouver leurs mots » comme s'ils étaient soudain dépossédés de leur propre langue[24].

Qu'arrive-t-il si les francophones ne se sentent pas à l'aise de prendre la parole dans l'espace public, complexés qu'ils sont de la qualité de leur langue ? La revitalisation d'une langue dépend de la vitalité ethnolinguistique de ses locuteurs, de leur capacité à naviguer dans les différents marchés linguistiques, autant dans la sphère publique que dans la sphère privée.

24. *Ibid.* à la p. 38.

B – L'insécurité linguistique

Ce sentiment d'illégitimité à l'égard d'une langue (de sa langue surtout) a été théorisé par plusieurs chercheurs qui lui ont donné le nom d'insécurité linguistique[25]. Ce sentiment est très présent dans les endroits où le français est minoritaire, mais pas seulement, et affecte surtout les personnes conscientes de l'existence du français légitime et de ses normes, et qui doivent « performer » sur les marchés officiels des langues. L'hypercorrection[26], la dévalorisation systématique de sa langue[27] en sont les manifestations les plus tangibles. Aujourd'hui, on pourrait croire à un renversement de la situation dans la francophonie puisque les locuteurs s'expriment plus aisément dans leurs différents vernaculaires sans que cela pose problème dans la majorité des situations. En effet, comme je l'ai déjà dit, on constate une plus grande acceptation des accents et la couleur locale des vernaculaires est souvent mise de l'avant comme emblème identitaire, ce qui leur confère des valeurs matérielles et symboliques. Par exemple, l'usage marchand de la *singularité* des pratiques comme faire-valoir d'une *authenticité* langagière est associé à des *profits* sur le marché touristique et culturel des langues – on vient dans tel endroit pour entendre l'accent du coin, pour savourer les particularités linguistiques de la région ; avec l'ouverture sur le monde et la valorisation du multilinguisme, la *fierté* rattachée à celle de parler deux ou trois langues est également source de *profits* sur le marché de l'emploi, sur le marché touristique et dans le champ cul-

25. Michel Francard, « L'insécurité linguistique dans les communautés francophones périphériques. Actes du colloque de Louvain-La-Neuve », 2 volumes, *Cahiers de l'Institut de linguistique de Louvain*, Louvain-La-Neuve, 1993-1994.
26. L'hypercorrection constitue un procédé qui fait en sorte que le locuteur commet des « fautes » alors qu'il cherche à les éviter. L'hypercorrection se manifeste dans les situations formelles de communication – devant les caméras par exemple – et elle est présente chez bon nombre de locuteurs ; elle n'est pas toujours liée à l'insécurité linguistique (voir Françoise Gadet, *Le français ordinaire*, Paris, Armand Colin, 1989 à la p. 25). Cependant, lorsque l'insécurité linguistique est déjà présente chez le locuteur, l'hypercorrection risque d'être plus fréquente, puisque ce dernier a tendance à mettre d'emblée en doute les expressions ou les structures de son vernaculaire. Ainsi, il pourrait éviter de dire « problème » et préférera « problématique » qui semble plus légitime, alors que le terme n'est pas adéquat dans la situation. Il ne s'agit pas ici de souligner un usage qui ne convient pas, mais de souligner le fait que la personne soit embarrassée d'user de son français.
27. Cette dévalorisation se manifeste de diverses façons : le serveur au restaurant qui s'excuse de la qualité de sa langue devant des personnes d'ailleurs ; le chauffeur de taxi qui dit ne pas parler français parce qu'il craint que son vernaculaire ne soit pas acceptable ; le téléphoniste du centre d'appels qui dit ne pas parler le « vrai » français lorsqu'il s'aperçoit qu'il parle à un interlocuteur provenant d'un « Centre » linguistique.

turel[28]. Cependant, ce qui est accepté dans les milieux touristiques et artistiques ne l'est pas nécessairement dans les autres marchés linguistiques officiels de la francophonie et si une certaine violence symbolique s'y exerce toujours, c'est sans doute en raison principalement des discours qui ont circulé sur le français depuis plus de trois siècles[29].

III - DE QUELQUES ÉLÉMENTS DE LA CONSTRUCTION DU FRANÇAIS

Marie-Anne Paveau et Laurence Rosier rappellent que lorsque Pierre Larousse publie le *Grand Dictionnaire universel du XIXe siècle*, il définit ainsi le terme gaulois : « Il est de nos jours un peuple qui se distingue de tous les autres par l'universalité de son génie »[30]. Ce culte du français comme langue universelle atteint son apogée avec le discours d'Antoine de Rivarol en 1783 à l'Académie de Berlin où il prononce sa phrase célèbre citée en début du texte : *Tout ce qui n'est pas clair n'est pas français* et d'ajouter *ce qui n'est pas clair est encore anglais, italien, grec ou latin* tout en affirmant que *la syntaxe française est incorruptible.*

Le français a donc été construit comme la langue de l'esprit, la langue de la distinction, la langue de l'universel surtout depuis l'époque des lumières au 18e siècle ; c'est pendant cette période que le français est présenté comme une langue élective, forcément homogène et pure, où le « *bon* français est également le *beau* français »[31], et que « l'on commence à considérer les formes *écrites* comme l'étalon du *bien parler* »[32]. Françoise Gadet, argumente dans le même sens pour montrer que la standardisation du français lié aux formes écrites est érigée en véritable idéologie :

> La standardisation soumet les locuteurs à une « idéologie du standard » qui valorise l'uniformité comme état idéal pour une langue, dont l'écrit serait la forme parachevée. *Accompagnant toujours la standardisation, cette idéologie est pourtant spécialement vigoureuse en France (et souvent exportée dans la francophonie)*, dont le jacobisme apparaît pro-

28. A. Duchêne et M. Heller, *Language in Late Capitalism. Pride and Profit*, Routledge Critical Studies in Multilingualism, 2012.
29. Lodge, *Le français, supra* note 13 ; Marie-Anne Paveau et Laurence Rosier, *La langue française. Passions et polémiques*, Paris, Vuibert, 2008 [Paveau et Rosier].
30. Paveau et Rosier, *ibid.* à la p. 30.
31. *Ibid.* à la p. 36 ; ce sont les auteures qui soulignent.
32. Lodge, *Le français, supra* note 13 à la p. 222 ; c'est moi qui souligne.

pice à de pareils discours. Le standard est donné comme préférable de façon intrinsèque, forme par excellence de la langue, voire la seule. Il est supposé pratiqué par les locuteurs ayant un statut social élevé, les autres variétés en étant dès lors regardées comme des déviances.

Or, le standard n'est pas une variété parmi d'autres : ni usage effectif ni langue première de qui que ce soit, *c'est une construction discursive sur l'homogène*[33].

Cette conception puriste et homogène de la langue française a façonné les esprits des francophones de partout depuis au moins deux siècles. Jusque dans les années 1970, les discours dominants, imprégnés de cette croyance, donnent peu de place à la variation linguistique même si la diversité et l'hétérogénéité des pratiques font partie du vécu langagier des locuteurs francophones quels qu'ils soient ; plus la distance par rapport à la norme est ressentie (par soi et par les autres), plus elle peut devenir problématique, surtout si le standard est érigé comme la seule norme possible. Pour les locuteurs minoritaires[34] francophones vivant en situation de langues en contact et dont les vernaculaires portent les traces de ces contacts à des degrés variables sur un continuum de pratiques – entre des formes complètement anglicisées et des formes plutôt archaïsantes ou légèrement différentes – il leur est difficile de savoir s'ils peuvent se compter parmi les francophones. Cette interrogation se fait plus aiguë chez les francophones ayant développé une conscience vive de l'existence d'**une** norme à respecter, la même pour tous.

Ces tensions sont bien présentes en Acadie comme on le verra maintenant à l'aide de quelques exemples concrets.

IV - LES CONSÉQUENCES RELIÉES À L'IDÉOLOGIE DU FRANÇAIS UNIQUE

Le français au Canada a évolué de façon très différente de celui du français en France[35] ; ses locuteurs ont entretenu pendant long-

33. Françoise Gadet, *La variation sociale en français*, Paris, Ophrys, 2003 ; c'est moi qui souligne.
34. Ces francophones minoritaires sont souvent bilingues ou trilingues ; ce phénomène est observable dans toutes les situations de langues en contact dans le monde.
35. Claude Poirier, « La langue parlée en Nouvelle-France : vers une convergence des explications » dans R. Mougeon et É. Béniak, dir., *Les origines du français québécois*, Presses de l'Université Laval, 1994, 237 [Poirier, « La langue parlée en Nouvelle-France »] ; Karen Flikeid, « Origines et évolution du français acadien à

temps des représentations négatives à l'égard de leurs pratiques linguistiques en raison des discours dominants qui circulent sur leur langue dans les institutions depuis un siècle et dont la presse a largement rendu compte[36]. Ces discours ont présenté le français comme unique peu importe le statut social des locuteurs, leur lieu d'origine, leurs contacts et ont voulu aligner le français *légitime ou normé* sur celui parlé à Paris dans les classes sociales aisées. Seuls les archaïsmes étaient jugés acceptables parce que rattachés aux origines françaises, mais même là, ils ont été très sévèrement critiqués au Québec à partir du milieu du 19e siècle[37] et en Acadie à partir du milieu du 20e siècle.

L'examen des discours dans la presse provenant de voix considérées comme des autorités en matière de langue montre une volonté de mettre à plat toutes les différences linguistiques jusque dans les années 1960. Au Québec en raison de la mise en place de politiques très volontaristes dans les années 1970 ayant donné une place au français québécois et des nombreuses actions qui se sont greffées à ces politiques, on a pu inverser la tendance. Les Québécois aujourd'hui entretiennent des représentations assez positives à l'égard de leur langue[38], ils prennent la parole et se sont réapproprié leur français, **le français québécois**, ce qui a eu comme effet d'autonomiser davantage les Québécois quant à leurs pratiques linguistiques[39].

---

la lumière de la diversité contemporaine » dans R. Mougeon et É. Béniak, dir., *Les origines du français québécois*, Presses de l'Université Laval, 1994, 275.

36. Bouchard, *La langue et le nombril*, *supra* note 7 ; Chantal Bouchard, *Méchante langue. La légitimité linguistique du français au Québec*, Les Presses de l'Université de Montréal, 2011 [Bouchard, *Méchante langue*] ; Boudreau, « La construction des représentations linguistiques », *supra* note 7.
37. Bouchard, *Méchante langue*, *ibid.*
38. Voir l'article de Dominique Lepicq et Richard. Y. Bourhis, « Attitudes et comportements linguistiques dans les zones bilingues du Canada » dans J. Erfurt, dir., *De la polyphonie à la symphonie. Méthodes, théories et faits de recherche pluridisciplinaire sur le français au Canada*, Leipziger Universitätsverlag, 1996, 89 sur le fait que les Québécois entretiennent des relations plus positives à l'égard de leur vernaculaire.
39. Cette légitimation du français québécois s'est produite en même temps que le Québec a connu des transformations sur le plan social et politique qui ont eu des effets dans toute la sphère sociétale. De nombreux chercheurs ont contribué au processus d'autonomisation du français québécois à l'égard du français de France (voir Poirier, « La langue parlée en Nouvelle-France », *supra* note 35 pour une excellente synthèse).

A – Mondialisation, francophonie et marchés linguistiques diversifiés

Plus les collectivités se développent, plus ses locuteurs sont appelés à prendre la parole dans l'espace public. Dans les communautés où le français est minoritaire, comme c'est le cas dans certaines régions en Acadie, peu d'Acadiens occupaient des postes qui leur donnaient accès au marché officiel des langues qui était principalement occupé par des locuteurs de la langue dominante ; les Acadiens travaillaient surtout en anglais et avaient peu de chance de se produire dans la sphère publique. Depuis que la francophonie s'est mondialisée, de plus en plus d'Acadiennes et d'Acadiens ont pu communiquer avec des francophones de partout. Certains d'entre eux ont été parachutés du marché local – avec le vernaculaire qui est le leur et qui varie selon leur milieu social, leur scolarisation, leur milieu familial et leurs compétences personnelles – au marché national ou international avec plus ou moins de conséquences selon les cas. On a pu entendre certains témoignages où des personnes ont raconté être humiliées en raison de leur français, ce qui les a profondément blessées parce qu'elles se sont présentées dans ces espaces avec leur vernaculaire – un français *maternel* et qu'elles ont développé au meilleur de leurs connaissances dans des conditions sociales particulières. Ces personnes ne connaissent que le français parlé dans les situations informelles de communication, environnement peu propice à l'apprentissage du français considéré légitime.

Une députée acadienne élue au gouvernement fédéral admettait sans réticences sur les ondes de Radio-Canada qu'elle avait peur de faire honte à sa communauté en raison de son français. Elle devait donner l'image de quelqu'un qui connaissait la langue légitime mais son histoire familiale et sociale a fait en sorte qu'elle n'a pas réussi à l'acquérir selon les lois du marché linguistique décrites par Bourdieu. Ce dernier explique que la transgression des lois des marchés[40] peut entraîner des conséquences fâcheuses pour les locuteurs et qu'ils pourront payer un « prix » social important, que celui-ci se manifeste sous forme de rejet ou de railleries. Dans un entretien particulièrement touchant elle a dit avoir pleuré parce que des gens s'étaient moqués de son français et elle précise que la blessure était d'autant plus vive que c'était des francophones qui s'étaient moqués d'elle.

40. La transgression des lois du marché franc peut entraîner aussi des conséquences pour les locuteurs qui ne se soumettent pas aux lois attendues sur ceux-ci. Ainsi quelqu'un qui ne parle pas le vernaculaire ou le français requis sur ce marché peut en être exclu, tout comme c'est le cas sur les marchés officiels des langues.

Des situations semblables se produisent souvent et l'on prendra un autre exemple dans le secteur économique. La nouvelle économie de plus en plus mondialisée met l'accent sur les services, que ce soit dans le tourisme, dans les commerces ou dans les centres d'appels. Les locuteurs qui parlent plus d'une langue sont pressentis comme particulièrement adaptés pour répondre aux besoins d'une clientèle internationale, leur bilinguisme ou plurilinguisme étant considéré un atout dans ce genre d'emplois. Au Canada, plusieurs centres d'appels se sont établis dans des villes où ils trouvaient un bassin de main-d'œuvre bilingue ; les francophones minoritaires ont été massivement recrutés en fonction justement de leur capacité à offrir des services dans les deux langues officielles du pays[41]. Ces derniers ont à communiquer avec leurs clients dans les deux langues et desservent des francophones de partout dans le monde. Or, dans les enquêtes que nous avons réalisées dans un centre d'appels à Moncton au Nouveau-Brunswick, des travailleurs nous ont raconté avoir été victimes de remarques condescendantes à l'égard de leur accent ou de leur parler provenant de détenteurs du « français légitime », peu sensibles à la variation linguistique et inconscients quant aux conséquences de leurs paroles. Certains « travailleurs » ont alors adopté des stratégies pour se soustraire à cette domination : soit ils ont tenté de gommer toute différence linguistique avec des résultats variables selon les individus, soit ils ont affiché une attitude de contre-légitimité linguistique usant de leur vernaculaire, avec toute une panoplie de stratégies entre les deux, avec plus de risques sociaux dans le second cas que dans le premier. Dans un cas précis, une personne a changé d'identité pendant ses heures de travail ; elle s'est donné un nom fictif, un patronyme anglophone, et disait à ses clients qu'elle était anglophone ; elle ajoutait qu'elle s'excusait de son français mais qu'elle était prête à apprendre. Cette démarche l'a protégée des propos désobligeants et a même produit l'effet contraire : on l'a félicitée pour son français, on l'a encouragée à continuer ses efforts alors que « tout ce temps-là, j'étais française », dit-elle.

V – IDÉOLOGIES LINGUISTIQUES ET REVITALISATION

Dans les situations où existent des rapports de domination entre locuteurs de langues différentes, des stratégies vont être adoptées pour neutraliser ou mettre fin à la situation, qu'il s'agisse

41. Lise Dubois, Mélanie Leblanc et Maurice Beaudin, « La langue comme ressource productive et les rapports de pouvoir entre communautés linguistiques » (2006) 118 Langue et Société, Paris, Maison des Sciences de l'homme, 17-41.

d'interventions politiques ou communautaires. Ces interventions ont comme objectif de mettre en place des conditions matérielles et symboliques afin que le groupe minoritaire puisse se développer ; sur le plan matériel, toute une panoplie de services – système d'enseignement, hôpitaux, organismes et associations sont mis en place pour assurer une vitalité au groupe. Sur le plan symbolique, la légitimation rattachée aux pratiques linguistiques des locuteurs et leur perception (valorisation, dévalorisation, stigmatisation) est au cœur du processus, surtout pour les populations qui considèrent celles-ci comme l'élément central qui constitue leur identité. Pour d'autres populations, la langue peut jouer un rôle secondaire dans leur façon de se définir (d'après les coutumes, l'histoire, la musique, la cuisine, etc. – ce qui est le cas pour nombre de sociétés où ces éléments sont très importants), mais au Canada, les francophones se définissent d'abord et avant tout par la langue (ou leurs pratiques linguistiques). Quels sont donc les liens entre ces éléments et les idéologies linguistiques ?

L'idéologie du français homogène a pour effet de créer des catégories ethnolinguistiques – les vrais francophones et les autres – et de nombreux locuteurs en viennent à se poser des questions sur leur capacité ou leur légitimité à se dire francophones. Est-ce que quelqu'un qui vit dans des espaces bilingues ou multilingues peut se dire francophone si ses pratiques linguistiques, reflet de son milieu social, ne correspondent pas au modèle dominant ? Si les francophones sont définis à partir d'un imaginaire linguistique uniforme, un bon nombre d'entre eux seront exclus de l'univers francophone ou s'excluront eux-mêmes. On peut se demander, avec Didier de Robillard, quelles en seront les conséquences pour la Francophonie avec un F majuscule[42] ? Certes depuis 40 ans, on accepte la diversité des accents, du vocabulaire, des expressions locales, mais cette acceptation concerne surtout les archaïsmes – les vieux mots conservés comme des bijoux de famille qui rappellent le lien avec la mère-patrie et qui renvoient à l'imaginaire rêvé de la langue des origines[43]. Les

42. Didier de Robillard, « F comme la guerre des francophones n'aura pas lieu » dans B. Cerquiglini, J.-C. Corbeil, J.-M. Klinkenberg et B. Peeters, dir., *Tu parles ! ? Le français dans tous ses états*, Paris, Flammarion, 2000, 75.

43. Marc Crépon, *Les géographies de l'esprit*, Paris, Bibliothèque Philosophique Payot, 1999 ; Annette Boudreau, « La nomination du français en Acadie ; parcours et enjeux » dans J. Morency, J. de Finney et H. Destrempes, dir., *L'Acadie des origines : mythes et figurations d'un parcours littéraire et historique*, Sudbury, Éditions Prise de parole, 2011, 71 ; Annette Boudreau et Marie-Ève Perrot, « Le chiac, c'est du français. Représentations du mélange français/anglais en contexte inégalitaire » dans Henri Boyer, dir., *Parlures hybrides*, Collection « sociolinguistique »,

emprunts, surtout ceux qui s'entendent[44] et qui font partie du quotidien des personnes qui vivent avec d'autres cultures sont dévalorisés, voire stigmatisés, étant perçus comme le signe tangible de l'assimilation et de l'acculturation des personnes qui en usent. Quels liens peut-on établir entre cette situation et la problématique du symposium sur « le pluralisme et l'aménagement de la coexistence des langues dans l'espace francophone » ?

S'il va de soi que la diversité des langues fait partie de la plupart des espaces de la francophonie, la reconnaissance des différentes façons de parler le français dans la francophonie peine à se réaliser[45], et par ricochet, l'idéologie de l'unicité du français reste à déconstruire si les « *parlants français* » avec leurs particularités linguistiques veulent se reconnaître dans la Francophonie. Il ne s'agit pas ici de faire l'apologie de la diversité et de la variation linguistique dans toutes les situations, mais de mettre en lumière les processus historiques et sociaux qui font que les gens parlent comme ils parlent et montrer que l'idéologie du standard ou du monolinguisme qui n'accepte qu'une seule façon de parler le français peut exclure de nombreux francophones de la Francophonie. On est loin ici d'un relativisme linguistique qui consisterait à accepter toute variation linguistique, ce qui de toute façon ne ferait qu'isoler davantage les locuteurs hors-normes puisque, sur le marché des langues, certaines formes sont valorisées et d'autres non. Les artistes par exemple peuvent user de toutes les ressources de leur répertoire linguistique sans nécessairement en payer un prix social[46]. Au contraire, ils seront la plupart du temps acclamés pour la singularité de leur performance. Les formes régionales mises en scène sont reconnues comme gage d'une vitalité

L'Harmattan, 2010, 51 ; Bouchard, *Méchante langue*, *supra* note 36 ; Bouchard, *La langue et le nombril*, *supra* note 7.

44. Certains emprunts sont intégrés phonétiquement si bien qu'il est difficile de les identifier. Les spaghettis sont l'exemple classique. Pour prendre un exemple récent, lors du gala de l'ADISQ tenu à Montréal en octobre 2012, le chanteur québécois, Fred Pellerin a utilisé le terme la « trail » plusieurs fois dans ses remerciements. Comme le terme est intégré phonétiquement dans le français québécois, il est passé à peu près inaperçu, alors que le « huge » merci de l'Acadienne Lisa Leblanc après avoir reçu son trophée le même soir a été critiqué dans les médias.

45. Jean-François de Pietro, « L'école face aux variétés du français : réflexions à partir de la situation de la Suisse francophone » dans *La langue française dans sa diversité*, Bibliothèque et archives nationales du Québec, 2008, 181 aux pp. 192-193.

46. Même les artistes doivent parfois s'expliquer comme ce fut le cas dans les années 1960 au Québec lorsque Charlebois a présenté son *Osti d'show* et comme ce fut le cas en 2012 pour le groupe de rappeurs acadien *Radio Radio* lorsqu'un débat concernant le français des chansons du groupe a fait couler beaucoup d'encre dans *Le Devoir*, quotidien montréalais.

et comme témoignant de marques identitaires multiples. Le hip hop en est la manifestation la plus spectaculaire. Pour Claudine Moïse, « les groupes de danse hip hop affirment eux aussi leur visibilité sur des bases ethniques et raciales dans une société multiculturelle »[47] et font montre par leur art de leur *authenticité*. Mais les formes hétéroclites des pratiques linguistiques qui sont acclamées dans un spectacle ne sont pas reçues de la même façon lorsque ce sont des locuteurs « ordinaires » qui usent de celles-ci parce que ce sont les seules qu'ils connaissent. Comme l'affirme Woolard, c'est souvent à travers le jugement sur les vernaculaires que se produisent les exclusions, procédé masqué des rapports de pouvoir à l'œuvre[48]. Elle explique que si la discrimination est interdite à l'égard des groupes minoritaires en Amérique du Nord, les Noirs ou les Asiatiques par exemple, celle-ci peut se produire de façon plus subtile, par les jugements sur les « accents » ou les vernaculaires. Il en est souvent ainsi pour les francophones qui vivent en périphérie dont les pratiques peuvent ne pas coïncider avec celles qui sont considérées légitimes.

CONCLUSION

Le français reste l'une des langues importantes dans le monde et comme plusieurs l'ont réaffirmé pendant ce Forum mondial de la langue française tenu à Québec en 2012, la revitalisation des langues autres que l'anglais – langue véhiculaire mondiale en ce moment – est importante pour contrer l'uniformisation du monde. Une langue n'existe pas sans ses locuteurs et la reconnaissance des différentes pratiques linguistiques des francophones de partout dans le monde ne pourra qu'enrichir les cultures qui composent la francophonie. En d'autres mots, ce ne sont pas les liens ontologiques avec une langue qui font que les locuteurs peuvent se définir comme locuteurs d'une langue, mais bien parce qu'ils se construisent comme francophones avec toute la diversité que cela suppose et dans des collectivités dont les conditions sociales et politiques de production du langage varient énormément. Je veux dire par là, avec May[49], que si la langue ne

47. Claudine Moïse, « La danse hip hop d'un bord à l'autre de l'Atlantique » (2006) 60 Études Canadiennes/Canadian Studies, Revue interdisciplinaire des études canadiennes en France 139 à la p. 147.
48. K. Woolard, « Language Ideology as a Field of Inquiry » dans B. Schieffelin, K. Woolard, P. Kroskrity, dir., *Language ideologies. Practice and Theory*, Oxford University Press, 1998, 3.
49. Voir l'introduction de l'ouvrage de Stephen May, *Language and Minority Rights. Ethnicity, Nationalism and the Politics of Language*, New York et London, Routledge, 2012 à la p. 9 pour une discussion très intéressante sur le sujet.

détermine pas l'identité, elle en est un vecteur fondamental pour plusieurs communautés, surtout celles pour qui elle constitue le fondement même de leur existence[50]. Il convient donc de sortir d'une définition essentialiste du locuteur et des langues et ainsi de rompre avec l'idéologie unitariste du français ou avec ce que les anglophones appellent l'idéologie du standard[51].

Ces idéologies sont à la base d'une sélection sociale qui alimente les processus d'inclusion et d'exclusion comme lorsque l'on tente de définir les « vrais francophones » avec le bon accent, la bonne syntaxe et le bon vocabulaire. Cette vision essentialiste des langues a été longtemps confondue avec un nationalisme étroit qui s'est surtout développé à la fin du 19e siècle dans le monde occidental et qui a pensé l'univers en fonction de frontières linguistiques étanches entre les pays, laissant dans les marges tous ceux qui ne parlaient pas la langue de l'État ou encore qui ne la parlaient pas selon le modèle attendu.

En ce qui concerne la francophonie dans son ensemble, il semble essentiel de la penser dans la diversité en tenant compte de l'ensemble des francophones qui la composent et des variétés linguistiques que parlent ses membres, variétés impossibles à étudier sans tenir compte des dimensions sociale, historique et politique qui ont contribué à les construire.

50. C'est souvent le cas de groupes pour qui la langue constitue une frontière qui les distingue d'autres collectivités. La question ici est de savoir pourquoi la langue joue ce rôle, ce qui n'est pas l'objet de cet article.
51. Voir James Milroy et Leslie Milroy, *Authority in Language*, Routledge, 2003.

QUELQUES ÉLÉMENTS DE FONDEMENT D'UN DROIT POUR LA COEXISTENCE DES LANGUES DANS LE MONDE : UN CONTRAT SOCIAL LANGAGIER

Patrick CHARDENET*

... je pourrais vous parler de chez-moi ou d'ailleurs, et vous m'entendriez ailleurs ou chez vous. Que faisons-nous ici ?

Michel SERRES[1]

INTRODUCTION : DE LA PROTECTION AU DROIT, DU DROIT LINGUISTIQUE AUX DROITS LINGUISTIQUES

Les quelques éléments du travail que je soumets ici reposent sur une sollicitation des organisateurs de l'Observatoire international des droits linguistiques à m'exprimer sur la légitimité idéologique de la protection des langues, et sur une hypothèse que si idéologie il y a, elle repose sur ce qui en définit le fonctionnement, c'est-à-dire un « système (possédant sa logique et sa rigueur propre) de représentations (images, mythes, idées ou concepts selon les cas) doué d'une existence et d'un rôle historique au sein d'une société donnée »[2]. Ce faisant, reprenant cette définition d'Althusser, nous entrons dans cette dialectique binaire si bien illustrée par le vers de Pablo Neruda : « Sabrás que no te amo y que te amo puesto que de dos modos es la vida »[3].

---

* Maître de conférences en sciences du langage, Université de Franche Comté.

1. *Petite Poucette*, Paris, Le Pommier, 2012 aux pp. 19-20 [Serres, *Petite Poucette*].
2. L. Althusser, *Pour Marx*, Paris, Maspero, 1966.
3. Soneto XLIV dans *Cien sonetos de amor*, Édition Universitaria, Santiago, 1959.

Double est la façon d'être de la vie. D'un côté, par le maniement des notions et des concepts liés à la culture, à la connaissance qu'elle représente sous des formes d'expression (dont celle du droit), l'idéologie manie des savoirs, d'un autre côté elle se distingue de la science par son orientation pratico-sociale, fonctionnaliste, ou conative, en incitant une collectivité à l'action par les buts et les moyens qu'elle lui donne.

Pour terminer dans cette introduction, sur ce point qu'il m'a semblé nécessaire de faire pour pouvoir répondre à la commande, je dirais que l'idéologie peut être appréhendée comme la définition d'un contexte, la façon dont une collectivité explique et interprète sa situation présente et lui confère une signification (point de vue sociologique). Définition dominante imposée ou partagée ou bien définition minoritaire d'opposition à l'idéologie dominante. Ce qui en définit un fonctionnement dynamique pragmatique et non pas ontologique.

L'hypothèse étant ici que la protection des langues ne peut reposer sur une justification essentialiste, ce qui a pour conséquence que le droit linguistique ne peut donc pas fonder son argumentation sur des valeurs qui ne seraient pas articulées aux fonctions des langues en général et de telles ou telles langues en particulier dans la société humaine globale autant que dans les sociétés locales. C'est-à-dire *in fine*, aux moyens que se donnent ou non ces sociétés pour intervenir consciemment dans le domaine des langues (sur les langues et /ou sur leurs relations).

Plus précisément, je veux dire par là que les hypothèses sur les fondements de l'apparition du langage et des langues, l'histoire des relations entre les langues du monde, leur *status* et leur corpus, montrent que ce qui est en jeu n'est pas une valeur en soi mais un ensemble de caractéristiques contextuelles psychologiques, sociales, économiques, politiques et anthropologiques qui fonde ce que j'appellerais un contrat social langagier où toutes les langues ont une place potentielle dans la mesure où les locuteurs qui les manient décident de les utiliser ou non dans tel ou tel contexte.

La liberté d'expansion de l'usage d'une langue s'arrête-t-elle où commence celle de l'usage d'une autre ? Mon propos est de montrer que non, que ce qui fonde la réalité linguistique est un principe d'unicité plurielle, unicité du langage, variétés et variation dynamiques des langues. Que la seule législation qui vaut sur le fond, est celle qui encourage au plurilinguisme par la valorisation des activités multilingues, en bornant les risques des dominations destructives (celles qui substituent plus ou moins brutalement à des langues en usages, une autre langue au nom d'une rationalité) vs les interactions constructives (celles qui conduisent à des hybridations plus ou moins complexes et profondes).

I - DE QUEL DROIT PARLER DE QUELS DROITS LINGUISTIQUES ?

Hormis la liberté d'expression des discours sociaux, nous pouvons nous interroger sur ce qui autorise la communauté francophone que nous formons, à mettre en avant la problématique des droits linguistiques qui, si nous pensons que leur définition idéologique sous forme contextuelle est justifiée, devrait également être partagée par l'ensemble des communautés linguistiques du monde.

Je remarque avec intérêt que l'intitulé du symposium localise la problématique dans la francophonie des locuteurs (avec un f minuscule), ce qui l'oppose à une Francophonie institutionnelle (avec un F majuscule). Tout est effectivement différent en langue si l'on se place du côté de l'institution ou bien du côté des locuteurs. L'aménagement dont on parle est d'un côté fondé politiquement et de l'autre impliqué par celui qui écoute, lit, parle en continuum et interagit en parlant, écrit en continuum et interagit en écrivant. C'est à la fois la même chose et aussi une chose différente (double est la façon d'être de la vie). Car les locuteurs plus certainement que les institutions sont les premiers aménageurs de langue, aussi bien en qualité qu'en nombre :

- en nombre, outre des phénomènes radicaux liés à des situations de domination dure qui conduisent à une éradication, le choix de parler, d'apprendre et de transmettre dans les sociétés démocratiques est le résultat de déterminations variables parfois inconscientes mais toujours potentiellement conscientes ;

- en qualité, c'est un rapport entre fermetés et souplesses normatives qui fait que la langue évolue ou se fige (l'écart entre les langues internationalisées comme l'anglais, le français, l'espagnol et les langues dites révélées comme l'arabe ou l'hébreux est de ce point de vue très significatif).

En revanche, eu égard au nombre de langues ayant existé jusqu'à ce jour, il y a globalement peu d'expériences institutionnelles d'aménagement linguistique qui aient vraiment réussi. Si la loi pour assurer un statut est utilisée depuis le IXe siècle de manière ponctuelle (le troisième concile de Tours et le concile de Mayence, en 813, ont imposé le roman et le germanique dans la prédication), l'intervention sur le code linguistique lui-même remonterait au premier siècle de notre ère, lorsque l'empereur Claude introduit trois nouvelles lettres dans l'alphabet latin[4]. Mais à l'époque moderne et contemporaine, l'aménagement du statut par la voie législative n'a guère concerné jusqu'ici que la Catalogne, le Québec, le Pays Basque espagnol, l'URSS puis plusieurs des États successeurs de l'URSS, l'Indonésie et Israël. La très grande majorité des langues du monde évoluant en statut et en corpus par le biais démolinguistique des locuteurs qui reste, ne l'oublions pas, le premier vecteur d'aménagement, ce qui lie aujourd'hui, inévitablement les politiques linguistiques des États, à leurs politiques migratoires.

Est-ce à dire qu'il ne faut pas légiférer, je ne pense pas que la question se pose en ces termes mais plutôt en condition d'efficacité de la loi. Sur le code, on a bien vu que la réforme de l'orthographe de 1990 en France (accessoirement adoptée comme recommandation officielle dans toute la Francophonie faut-il le rappeler ?), n'a eu aucun effet tangible d'application et que les règles établies concernant la présence du français dans les organisations internationales sont systématiquement battues en brèche. Sur le corpus, ce sont les lois les plus contraignantes qui ont quelque chance d'être appliquées : Loi 101 au Québec (1977) vs Loi Toubon en France (1994), dans la mesure où les locuteurs sont impliqués.

Disons qu'au mieux, l'aménagement linguistique volontaire peut fonctionner lorsqu'à un projet politique dans un territoire déterminé, adhèrent et s'impliquent les locuteurs citoyens rattachés à ce territoire, ou bien lorsque cet aménagement est le fait de politiques migratoires :

- elles mêmes pro-actives dans une échelle qui va de l'accueil (cas actuels de l'Australie et du Canada), au déplacement planifié ou à l'extermination de populations ;

4. J. Maurais, « Utilité et limites des concepts de statut et de corpus en aménagement linguistique : le cas québécois », en ligne : <http://membre.oricom.ca/jamaurais/StatCorp.htm>.

– ou subies comme dans le cas de l'accueil massif de réfugiés (cas de la transformation de la composition linguistique au Burundi dans les décennies 1990 et 2000 avec l'arrivée massive du ki-swahili[5]).

Si l'ensemble des communautés linguistiques du monde partage ce droit de revendiquer un droit linguistique qui s'applique à un territoire, tout est relativement simple sur le principe tant que les territoires peuvent déterminer des espaces sociaux d'application (éducation, administration, travail, commerce ...).

Mais comment se construit le droit quand l'unité territoriale d'aménagement ou de régulation n'est plus l'État, cet objet impensable[6] « producteur de principes de classement, c'est-à-dire de structures structurantes susceptibles d'être appliquées »[7] qui peut donner l'illusion, un effet symbolique de croyance, mais les lieux objectifs de l'interlocution, le marché réel des langues ?

> L'État est en état (si je puis dire) d'imposer de manière universelle, à l'échelle d'un certain ressort territorial, des principes de vision et de division, des formes symboliques, des principes de classification [...][8]

Comment s'appliquent les droits linguistiques dans des espaces sociaux soumis à la pression de l'internationalisation des échanges ?

II - COMMUNAUTÉS LINGUISTIQUES OU ESPACES D'INTERLOCUTION ?

La communauté est un état de ce qui est commun à plusieurs personnes et du point de vue du droit, la notion qui désigne un groupe de personnes possédant et jouissant de façon indivise d'un patrimoine en commun. Une communauté linguistique est un groupe qui utilise une même langue dont les variétés ne peuvent rien modifier au sentiment d'appartenance.

5. M. Mazunya et A. Habonimana, 2010, *Les Langues de scolarisation dans l'enseignement fondamental en Afrique subsaharienne francophone : cas du Burundi* (résumé institutionnel du rapport-pays), MAEE, AFD, OIF, AUF, en ligne : Agence universitaire de la Francophonie <http://www.bibliotheque.auf.org/doc_num.php?explnum_id=273,20/05/12>.
6. P. Bourdieu, *Sur l'État*, Paris, Raisons d'agir/Seuil, 2012.
7. *Ibid.* à la p. 262.
8. *Ibid.* à la p. 263.

La notion de communauté linguistique s'articule parfaitement avec celles de l'État et des droits linguistiques : à chaque communauté de langue officielle ou de fait, ses droits qu'un État régit. Mais la réalité langagière est plus complexe et rend plus difficile l'expression du droit.

On imagine bien qu'un locuteur puisse appartenir à plusieurs des communautés linguistiques existantes d'un État, généralement à la communauté de la langue officielle et à une communauté linguistique de fait, ce qui pose un premier problème si la communauté linguistique de fait croît plus rapidement que la communauté de la langue officielle.

On imagine moins bien ce qui pourtant s'accroît avec les mobilités spatiales, que dans un État, vivent et travaillent des locuteurs qui appartiennent à une communauté linguistique de fait sans appartenir à la communauté de langue officielle.

Et l'on n'imagine pas suffisamment, ce qui constitue certainement la réalité des échanges quotidiens réels et virtuels, que la notion de communauté linguistique, relativement statique et ancrée (on utilise souvent la notion associée de « racines culturelles » qui plongent dans un terroir aux transformations lentes) ne puisse servir seule à décrire la coexistence des langues dans leur usage.

Cette difficulté à penser l'aménagement des langues hors de l'espace d'État trouve évidemment sa source dans le processus de formation des États-nations[9]. Ainsi l'efficacité relative et l'illusion d'une capacité d'intervention par l'État pouvaient coexister :

- tant que les mobilités spatiales (sur sol) étaient faibles et les mobilités virtuelles (hors sol) quasi inexistantes ;
- ou bien tant que la contrainte linguistique était rendue acceptable dans les contextes politiques fermes soutenus par une idéologie dominante.

9. J.-L. Chiss, « Les linguistes du XIXe siècle, l'"identité nationale" et la question de la langue » (juin 2011) 182 Langages, Théories du langage et politiques linguistiques, pp. 41-53 ; W. Von Humboldt, *Sur le caractère national des langues et autres écrits sur le langage*, Paris, Seuil, 2000.

Aujourd'hui, les flux de population sont en croissance spectaculaire (1 % des 1,76 milliard de la population mondiale en 1900, 3 % des 7 milliards de la population mondiale aujourd'hui). En 1965, il y avait environ 45 millions de personnes qui vivaient hors de leur pays de naissance. En 2002, elles étaient 150 millions ; en 2006, environ 180 millions. En 2009 il y avait environ 30 millions de réfugiés, certaines estimations élèvent ce nombre à environ 50 millions en 2050. Le tourisme est devenu de masse au niveau mondial (25 millions de touristes internationaux en 1950, 897 millions en 2007).

À cela s'ajoutent également en croissance, les mobilités professionnelles courtes et longues, les mobilités pour études (il y avait 108 000 étudiants internationaux dans le monde en 1950, ils étaient 2,9 millions en 2006) mais aussi les phénomènes de délocalisation de services comme celui de la santé. Plusieurs millions de malades d'Europe, d'Amérique du Nord et du Sud, d'Australie, des pays du Golfe, et à moindre échelle, d'Asie et d'Afrique, partent chaque année pour des chirurgies, des soins, vers l'Inde, l'Afrique du Sud, Cuba et certains pays d'Europe centrale. La Thaïlande a reçu 30,000 patients canadiens en 2006.

Ces flux sont massifs en nombres bruts, en expansion en nombres relatifs aux populations totales mais ils sont également variés dans leurs structures : les motifs s'accumulent, les espaces d'origine et d'arrivée et les temps de séjour se diversifient, les classes sociales concernées s'élargissent.

Les géographes ont pu mettre en avant que la mobilité spatiale permet d'accumuler des savoirs sur les lieux et des savoir-faire avec les lieux, dans la démarche d'appropriation des lieux (le capital spatial[10] et les compétences géographiques[11]). Ce qui vaut pour les lieux vaut également pour la démarche d'acculturation qui passe par les processus de compétencialisation[12] en langues et l'extension du répertoire plurilingue.

---

10. J. Lévy, « Capital spatial » dans Jacques Lévy et Michel Lussault, dir., *Dictionnaire de la géographie et de l'espace des sociétés*, Paris, Belin, 2003 aux pp. 124-126.
11. G. Ceriani, R. Knafou et M. Stock, « Les compétences cachées du touriste » (2004) 145 Sciences humaines 28-30.
12. J.-P. Asselin de Beauville, P. Chardenet et A. Rouillon, « Un modèle probabiliste pour la diversité linguistique : le cas de la romanité dialogale » dans D. Álvarez, P. Chardenet et M. Tost, *L'intercompréhension et les nouveaux défis pour les langues romanes*, Paris, AUF/Union Latine, 2011 à la p. 84.

Sur ce matelas spatial où l'accès au monde s'accroît, viennent s'ajouter les mobilités virtuelles. Les accès électroniques aux personnes à l'écrit et à l'oral (voix ou messagerie par téléphone cellulaire, messageries courriel par internet), aux lieux (par le plan et la parole, GPS), aux connaissances (par l'écrit, la parole et l'image sur le réseau web). Avec les mobilités spatiales, l'espace métrique concentrateur[13] est déjà transcendé[14], avec les mobilités virtuelles les centres tendent à disparaître au profit de réseaux, de réseaux de réseaux, de réseaux de réseaux de réseaux ... où les accès sont distribués en voisinages immédiats.

L'espace linguistique global qui se déterritorialise est le produit d'accès[15] alors qu'il était auparavant celui de l'appartenance[16]. On a changé de paradigme, à la quête de l'intégrité des espaces (frontaliers, communautaires, culturels, linguistiques ...), se substitue rapidement celui des réseaux spatiaux (sur sol) et virtuels (hors sol).

Il y avait 7 056 262 035 personnes sur la Terre le jeudi 28 juin 2012 à 14 h 43 min. et 33 s. (Afrique 15,00 % ; Amériques 13,43 % ; Asie 60,33 % ; Europe 10,72 % ; Océanie 0,53 %).

Le nombre total d'internautes dans le monde doublerait tous les cinq ans. C'est ce que constate le service Pingdom, chargé de surveiller le fonctionnement et les performances des sites Web, qui indique qu'entre 2007 et 2012, le nombre d'Internautes est passé de 1,15 milliard à 2,27 milliards d'individus. Un milliard de personnes seraient actuellement sur Facebook et 500 millions sur Twitter.

Dans sa thèse de doctorat, Isabelle Pierozak montre comment « les communautés virtuelles s'actualisent dans et par le linguistique »[17], dans des échanges hiérarchisés, par les habiletés à l'usage de variétés internes aux langues, mais aussi dans l'usage du réper-

13. Serres, *Petite Poucette, supra* note 1 à la p. 19.
14. Les espaces sont organisés selon des modes culturels où existent généralement un ou des centres, une ou des périphéries avec des liens variables en distance et en temps pour les franchir.
15. Quasiment sans frontière (exception faite des quelques pays qui réglementent encore les sorties de leurs citoyens et ceux qui réduisent les accès en bridant le réseau Web).
16. Ce qui provoque logiquement des interrogations identitaires.
17. I. Pierozak, « Mobilité sociale et linguistique dans un microcosme « virtuel », tchats et contacts de langues » dans C. Van Den Avenne, dir., *Mobilités et contacts de langues*, Paris, L'Harmattan, 2005 à la p. 203 [Pierozak, « Mobilité sociale »].

toire de langues dans les forums plurilingues que j'ai pu observer[18]. L'individu mobile est un « être de langue »[19], qui crée des espaces d'interlocution ouverts à des contacts de langues hier improbables si on les rapporte à leurs territoires.

Se développent ainsi des pôles plus ou moins plurilingues, avec des espaces d'interlocution plus ou moins permanents ou plus ou moins éphémères.

Les communautés linguistiques tendent aujourd'hui à se fondre dans le réseau des espaces d'interlocution.

III - COMPRENDRE LA COMPLEXITÉ DES RÉSEAUX D'ESPACES D'INTERLOCUTION

Avant de légiférer, il faut comprendre le fonctionnement de l'objet en question dans la réalité de son contexte. Les langues ne sont :

- ni des biens matériels (même si elles se matérialisent sous des formes variées dans le processus de production des locuteurs et peuvent ainsi servir la production de biens : livres, films, chansons, sous forme d'information, de savoir ou d'art) ;
- ni des biens stables et intègres (le mélange et la variété dominent plus que la norme) ;
- ni des biens privatisables (elles tendent plutôt vers ce qu'on appelle les biens publics mondiaux, objets qui une fois produits ne peuvent faire l'objet d'une restriction d'usage).

L'étude des réseaux[20] s'adapte facilement à la galaxie des langues dans leurs usages par des locuteurs mobiles, sous forme de flux, de pôles et d'espaces d'interlocution. Les travaux de William Turner sur l'imbrication des réseaux humains et technologiques dans la circulation des connaissances pourraient inclure un variable lin-

18. P. Chardenet, « Échanges plurilingues en ligne et construction de l'objet de discours » dans *Carnets du CEDISCOR* n° 8, Les discours de l'Internet : nouveaux corpus, nouveaux modèles ?, coordination F. Mourlhon-Dallies, F. Rakotonoelina et S. Reboul-Touré, Presses de la Sorbonne Nouvelle, 2005 aux pp. 57-73.
19. Pierozak, « Mobilité sociale », *supra* note 17 aux pp. 203-218.
20. A.-L. Barabási, *Linked: The New Science of Networks*, Perseus Books Group, 2002.

guistique[21]. Ces systèmes dits « complexes », sont construits par une multitude d'entités (pôles) liées entre elles (flux). Mais pour les comprendre il ne suffit pas de connaître chacune de ces entités. Les macro-représentations des rapports entre les langues que l'on pourrait caricaturer sous la forme de cartes de territoires bornés par des frontières et drapeaux représentant une langue et des locuteurs stables, se fondent sur un modèle de réseau simple avec échelle : des pôles sont reliés aléatoirement par des flux dont la répartition présente une valeur moyenne. Cette stabilité relative du réseau fait que si l'on peut intervenir sur le statut de telle ou telle langue, on peut penser pouvoir modifier la valeur moyenne et la distribution des langues. C'est sur cette représentation de modèle que le principe d'aménagement linguistique a pu être établi.

Mais il existe un autre modèle, celui qui est mis au jour avec l'expansion et l'extension des mobilités spatiales et virtuelles dans un hypercontexte que Jeremy Rifkin nomme la troisième révolution industrielle qui pose « les bases d'une ère coopérative émergente [...] et le début d'une ère nouvelle caractérisée par le comportement coopératif, les réseaux sociaux [...]. Dans le demi-siècle qui vient, les activités centralisées traditionnelles des entreprises des première et deuxième révolutions industrielles seront progressivement absorbées par les pratiques distribuées de la troisième »[22].

Une ère nouvelle caractérisée par les réseaux spatiaux (homo hypermobilis), les réseaux sociaux virtuels. Il s'agit des réseaux sans échelle où la création de nouveaux liens est moins contrainte physiquement. Autant la cartographie du réseau web que celle des réseaux sociaux en ligne se présentent sous la forme de pôles qui ont beaucoup de liens (hubs) et d'autres pôles qui en ont très peu. Ainsi la structure type des réseaux où apparaissent et disparaissent des espaces d'interlocution est-elle fondée sur une hétérogénéité constitutive : des pôles linguistiques très connectés coexistent avec des pôles moins connectés et d'autres peu connectés dans un fonctionnement global de coexistence.

---

21. W.A. Turner, « E-infrastuctures et la Circulation Internationale des Connaissances », Conférence invitée : International Conference on International Knowledge Circulation, Mexico, 9-11 octobre 2012, en ligne : <http://perso.limsi.fr/Individu/turner/Publications/ E_infrastructure_slides.pdf>.
22. J. Rifkin, *La troisième révolution industrielle*, Paris, Les liens qui libèrent, 2011 aux pp. 16-17.

IV - DE L'AMÉNAGEMENT DU STATUT D'UNE LANGUE À L'AMÉNAGEMENT DES RELATIONS ENTRE LES LANGUES

L'aménagement du plurilinguisme requiert un mouvement d'adhésion consensuelle des citoyens locuteurs que des mesures coercitives risquent de freiner, voire d'aliéner et d'une prise de conscience du capital linguistique dans la formation du citoyen, ce qui commence avec l'école et s'articule avec les politiques linguistiques sectorielles des organisations humaines (celles des administrations, des États, des associations aux niveaux local, régional et global)[23]. Si les lois et les textes réglementaires émanent de la volonté des États, des collectivités territoriales, de réguler des rapports entre langues, ils ne peuvent se limiter comme cela est souvent le cas, à considérer l'espace territorial comme un lieu de pouvoir entre langue(s) officielle(s) et les autres, dans un lien binaire de l'une sur laquelle se portent *in fine* les attentions, avec toutes les autres dont les manifestations mettraient en péril la première.

L'observation d'échanges dans les espaces d'interlocution spatiaux et virtuels montre que de nombreuses langues s'y rencontrent dans des échanges variablement structurés et variablement durables :

- échanges endolingues dans une langue officielle du pays des interlocuteurs ;
- échanges endolingues entre interlocuteurs se trouvant dans des pays différents ;
- échanges exolingues entre interlocuteurs dans un même pays.
- échanges exolingues entre interlocuteurs de pays différents.

Ce qui crée un double mouvement paradoxal :

- un potentiel d'exclusion de langues (d'un côté la mondialisation tend à hiérarchiser les langues, renforçant les dominantes et laissant disparaître les moins parlées et les moins bien équipées – 6 %

23. P. Chardenet, « Langues et savoir : perceptions et réalités du capital linguistique dans la circulation des connaissances », communication sélectionnée : International Conference on International Knowledge Circulation, Mexico, 9-11 octobre 2012.

des langues sont parlées par 95 % des locuteurs comme langues premières) ;

- un potentiel d'exposition aux langues (de l'autre, elle tend à rendre accessible au monde n'importe quelle langue – les 95 % des langues des 6 000 langues du monde parlées par 6 % de la population mondiale).

Dans un contexte d'internationalisation massive des échanges qui n'exclut pas l'échange localisé, il n'y a aucun intérêt à légiférer sur les langues en les séparant : ou bien il faut assumer radicalement d'aller vers des monolinguismes locaux de langues inévitablement minoritaires en situation d'isolement, ou bien valoriser la multiplication et la diversification des langues en contact à tous les niveaux.

Ce qui est donc en question est de moins en moins le statut de telle ou telle langue, que les relations entre toutes les langues sous des formes variables et à commencer par celle de la traduction versus l'imposition irréaliste d'un monolinguisme ou d'un centralisme linguistique. Les langues nationales, comme les nations seront certainement encore pour un temps des pivots mais nous devons nous préparer à reconsidérer les représentations cartographiques et symboliques.

Pour répondre à la question initiale de la justification idéologique, je dirais que la défense d'une langue par la manifestation du droit en relève certainement mais qu'à l'échelle du multilinguisme, il s'agit plutôt d'une revendication pragmatique fondée sur le capital que représente la capacité des locuteurs à s'exprimer dans la langue de leur choix.

LANGUE FRANÇAISE ET MINORITÉS

Philippe SUINEN*

Le monde a autant besoin de diversité culturelle que de biodiversité et la langue constitue un élément essentiel de l'identité.

La déclaration universelle des Droits de l'Homme du 10 décembre 1948, lorsqu'elle prône l'universalité des droits et libertés, indique bien que le principe doit s'appliquer sans distinction aucune, notamment de langue.

En évoquant l'éducation (art. 26.2), la même déclaration lui donne au moins trois objectifs essentiels dont la parfaite complémentarité n'a pas perdu une ride à l'heure actuelle :

- Le plein épanouissement de la personne humaine (celui-ci ne peut se concevoir que dans le respect de sa langue).

- Le renforcement du respect des droits de l'homme et des libertés fondamentales (ce qui implique le respect des autres identités et l'universalisme du socle des droits fondamentaux).

- La compréhension, la tolérance et l'amitié entre toutes les nations et tous les groupes sociaux ou religieux (autrement dit, l'altérité liant à l'affirmation de l'identité, la tolérance et l'ouverture curieuse vers les autres identités).

On voit ainsi se dessiner la trilogie interactive bien connue : DIVERSITÉ – ALTÉRITÉ – UNIVERSALITÉ, qui doit imprégner

* Administrateur général de WBI (Wallonie Bruxelles International) et de l'AWEx (Agence wallonne à l'Exportation et aux Investissements étrangers) ainsi qu'Administrateur délégué de l'APEFE (Association pour la Promotion de l'Éducation et de la Formation à l'étranger).

tout droit des minorités. Le droit à l'identité et dès lors à la diversité s'exprime également, lié à l'altérité, par le fait qu'apprendre une autre langue, c'est se rapprocher d'une autre identité (ou d'autres identités) et bien la (les) comprendre.

Le français est la langue des Lumières et des valeurs universelles. Il doit le rester en jouant, via son organisation internationale, un rôle-pilote en matière de protection des minorités. Cela passe notamment par :

- une conception large de la notion de « minorité ». Ainsi, faisant référence aux travaux de Louis WIRTH, Pap NDIAYE nous confirme qu'une minorité peut être démographiquement majoritaire. Elle est alors un groupe qui « en raison de caractéristiques physiques ou culturelles est soumis à des traitements différenciés dans la société et qui se considère comme l'objet d'une discrimination collective »[1] ;
- l'humilité efficace, en l'occurrence l'acceptation de la pertinence et de la qualité de l'éducation interculturelle bilingue, alliant langue locale (maternelle) et langue internationale proche. Wallonie-Bruxelles participe ainsi à de tels programmes en Bolivie, mariant langue indienne (Aymara, Quichua et Uru) et espagnol. L'intégration de la langue maternelle dans le programme d'éducation induit en effet des résultats meilleurs, ce qui devrait être pris en compte également dans des pays francophones du Sud ;
- plus largement, l'abandon, par les Etats-Nations, de la culture d'homogénéisation monolingue. Une telle culture peut en effet amener des minorités à se sentir négligées, voire méprisées, et à dès lors prendre des couleurs vives et agressives. Ce qui est appelé la globalisation ou la standardisation anglo-saxonne ne fait qu'accentuer de telles réactions. Et la langue se trouve dans la partie la plus visible de l'iceberg...

Quelles sont les recettes devant permettre de faire d'éventuelles difficultés une opportunité de mieux vivre, une réelle valeur ajoutée, ce particulièrement dans ces temps de « glocalisation »[2], là où l'individu est à considérer aussi bien comme un consommateur global,

1. *L'Atlas des Minorités*, Le Monde, hors-série, 2011 à la p. 16.
2. Thomas Courchene, « Glocalization: The Regional/International Interface » (1995) 18:1 Revue canadienne des sciences régionales 1.

à l'échelle du monde et de ses moyens de communications... que comme un citoyen local ou localement actif, conscient de ses appartenances ?

La solution ne doit certainement pas passer par-dessus la tête des minorités. Il faut leur donner les moyens légaux de réaliser elles-mêmes la trilogie interactive diversité-altérité-universalité et le fédéralisme personnaliste peut rencontrer cette préoccupation en ce qu'il peut dépasser la base territoriale en faveur du lien personnel.

Le fédéralisme peut en effet, au niveau des différents Etats-nations concernés, donner une forme institutionnelle aux minorités, ce qui leur permet de prendre en charge les matières où s'exprime leur identité[3]. Mais il organise aussi l'appartenance à l'ensemble. Les quatre principes de base du fédéralisme répondent bien à la problématique des minorités :

- l'autonomie, qui leur donne compétences et pouvoirs ;
- la participation, qui leur permet de participer à la constitution et à l'activité des organes fédéraux ;
- la subsidiarité, facteur de proximité avec le citoyen. Il s'agit de situer les pouvoirs au niveau où ils peuvent être le plus efficacement exercés, ce qui revient à localiser les responsabilités aux niveaux où les problèmes se posent ;
- la suprématie du droit, qui garantit le respect des règles du système grâce au contrôle des tribunaux et de la cour suprême.

Le droit international, qui a fort opportunément reconnu la notion de diversité culturelle au niveau de l'UNESCO, pourrait, quant à lui, définir un socle minimal, une sorte de statut-plancher au profit de chaque minorité. Ce avec les quatre éléments suivants :

- droit à l'utilisation et à l'enseignement de la langue ainsi qu'au service public dans la langue, octroi de compétences exclusives dans les domaines de la culture et de la formation. Constitution d'un conseil paritaire pour la connaissance et la compréhension mutuelles ;

3. Philippe Suinen, *Minorité(s)**, Bruxelles, Éditions Luc Pire, Collection Pierres de Taille, 2001 à la p. 50.

- possibilité, à la demande, de transfert d'autres compétences dans des domaines sociaux et économiques, dans un esprit de meilleure valorisation possible du potentiel endogène et des complémentarités ;

- association de la minorité à des politiques de l'Etat central et fixation d'un quota de représentation dans la fonction publique (à l'instar de l'accord d'Ohrid prévoyant, pour la police macédonienne, un quota de 23 % de membres d'origine albanaise) ;

- droit à des politiques culturelles communes avec des Etats et/ou Régions partageant les mêmes racines. Pouvoir de développer des relations internationales propres en expression positive d'identité.

La construction institutionnelle belge peut, par son architecture et son fonctionnement, inspirer l'une ou l'autre formule intéressante au regard des préoccupations ici exprimées.

Ainsi, la pluralité linguistique de la Belgique y a été prise en compte à l'occasion de la révision constitutionnelle de 1970, instituant les trois communautés culturelles (flamande, française et germanophone), administrées par un Conseil culturel qui leur est propre. Les compétences relevant ainsi, après d'autres révisions, de la Fédération Wallonie-Bruxelles, avec un Parlement et un Gouvernement responsable devant lui, ont pour base géographique la Wallonie (à l'exception du territoire de la Communauté germanophone, autonome elle aussi en matière culturelle, éducative et linguistique), mais aussi le territoire de la Région bilingue[4] de Bruxelles-Capitale. Dans ce dernier cas, la Fédération Wallonie-Bruxelles (nouvelle dénomination de la Communauté française de Belgique), comme la Communauté flamande, déploient sur le territoire bruxellois des politiques ciblées vers les personnes de leur sensibilité linguistique dans des domaines aussi importants que l'éducation, la formation professionnelle ou la culture.

La réalité belge et bruxelloise confirme la faisabilité et l'adéquation d'une telle organisation, où des politiques différentes sont déployées sans heurts sur le même territoire. Sans heurts parce qu'elles s'adressent directement aux personnes et expriment chacune une identité spécifique. On notera toutefois le déséquilibre existant,

4. Bilingue français-néerlandais.

à savoir que cette possibilité existe en faveur de la minorité flamande de Bruxelles, mais non pas des minorités francophones vivant en Flandre.

En outre, la *Convention-cadre pour la protection des minorités nationales* constitue un fait pouvant inspirer d'autres espaces géographiques ainsi qu'une réflexion commune sur l'opportunité de prévoir un aspect véritablement contraignant, au-delà de la simple pression morale. Ladite Convention-cadre évoque ainsi la liberté linguistique comme liberté de recevoir ou de communiquer des informations ou des idées dans la langue minoritaire, sans ingérence d'autorités publiques, sans considération de frontières et sans discrimination dans l'accès aux médias[5].

Toute personne appartenant à une minorité nationale a ainsi le droit d'apprendre sa langue[6] et de l'utiliser librement et sans entrave en privé comme en public, oralement et par écrit[7].

Tout ordre juridique nécessite des mécanismes de prévention et de règlement des conflits, au départ notamment des trois acteurs suivants, à instituer :

- un collège supranational d'experts en prévention, saisissable par les représentants officiels d'une minorité. Il serait doté du pouvoir de réunir les parties et de proposer *in fine* un système de coexistence harmonieuse, qui aurait force de droit ;

- une cour internationale des minorités pour le règlement des conflits ;

- une organisation internationale des minorités, constituée par elles, dotée du pouvoir de saisir les juridictions nationales ainsi que les cours et tribunaux internationaux en cas de violation du droit des minorités (les Nations-Unies et les organisations régionales en cas de lésion grave des intérêts d'une minorité).

En bout de course, et au cas où aucune solution n'est acceptée ou possible, il convient de ne pas considérer l'indépendance comme un tabou. La prolifération étatique vaut mieux que la recrudescence des

---

5. Art. 9.1, en ligne : <http://conventions.coe.int/treaty/fr/Treaties/Html/157.htm>.
6. *Ibid.*, art. 14.1.
7. *Ibid.*, art. 10.1.

tensions internes et l'on sait que le nombre de membres de l'ONU a plus que quadruplé depuis la création de celle-ci. En outre, une minorité opprimée ne fait-elle pas un pas vers la viabilité en commençant à disposer d'elle-même ?

Il est bien clair que la mise en œuvre d'un tel ordre juridique international appelle une organisation mondiale non seulement basée sur des valeurs, mais dotée également de normes pour concrétiser ces valeurs et les faire respecter. Pour reprendre Jürgen HABERMAS, « les droits de l'homme ont besoin d'une insertion institutionnelle dans une société mondiale politiquement constituée »[8].

Et la réflexion de l'Européen que je suis va aussi dans le sens du fédéralisme en prônant une construction européenne suffisamment structurée et démocratique pour pouvoir constituer une préfiguration, certes géographiquement limitée, de cette société et l'une de ses composantes et affronter le défi suivant : « développer un système de négociation normativement impliquée dans la communauté mondiale, afin de résoudre les problèmes les plus pressants auxquels ne manquera pas d'être confrontée une politique intérieure mondiale (l'écologie et le changement climatique, les risques technologiques majeurs, la régulation d'un capitalisme aux mains des marchés financiers, et surtout les problèmes de répartition qui, dans cette société mondialisée fortement stratifiée, frappent les systèmes du commerce, du travail, de santé et des transports)[9].

Pris comme valeur universelle, le respect de la diversité prend une importante dimension supplémentaire avec les flux d'immigration connus par toutes nos sociétés et induisant la création ou le renforcement de minorités. Ce multiculturalisme sans cesse élargi constitue un enrichissement qualitatif, en termes de compétences et de vision ainsi qu'un apport positif, porteur d'innovation, au développement de la société d'accueil. Garantir et rendre tangible cet aspect positif constitue l'une des conditions *sine qua non* au succès de l'interculturalité, étant entendu que les différences de comportement risquent d'être appréciées d'une manière négative en l'absence de conviction quant à la réalité de tels apports, qui donnent une connotation politiquement correcte et reconnue à l'immigration. C'est dans un tel esprit que la Wallonie, via la Cité internationale Wallonie-

8. Jürgen Habermas, *La Constitution de l'Europe*, nrf essais, Gallimard, 2012 à la p. 20.
9. *Ibid.* à la p. 117.

Bruxelles, assure la formation à l'exportation et au partenariat économique de jeunes dont la famille est issue de l'immigration et qui ont gardé le contact avec leur culture et leur pays d'origine. Grâce au stage de prospection sur le marché concerné, l'interculturalité vient ainsi renforcer le professionnalisme et les performances des entreprises wallonnes à l'exportation, notamment sur des marchés francophones comme le Maroc, le Liban ou l'Afrique centrale.

L'existence et la reconnaissance de l'apport positif fourni par la minorité d'immigration sont donc indispensables au renforcement de l'interculturalité comme valeur politique de base et à la gestion fine de l'acceptation réciproque, bien décrite par Bhikhu PAREKH :

> Common belonging is a two-ways process. Immigrants cannot belong to a society unless it is prepared to welcome them, and conversely it cannot make them its own unless they wish to belong to it with all that is entails. Common belonging requires a broad concensus on what is expected of each party, and can only be achieved if they discharge their part of the moral convenant[10].

*

* *

Si l'on veut décliner cette approche dans le cadre de la francophonie internationale, cela donne les points suivants :

- la francophonie internationale est garante de la diversité linguistique et donc du plurilinguisme ;
- elle assure ainsi la promotion de la langue française dans le monde et veille à la protection des minorités francophones ;
- elle organise une plate-forme, voire un Conseil, des minorités francophones et met à la disposition de ces minorités une expertise, notamment juridique ;
- elle accorde une attention toute particulière à la situation des minorités dans le monde, notamment les minorités d'immigration, ce en concrétisation de son attachement à la diversité.

---

10. « Multicultural Society and Convergence of Identities » dans John Erik Fossum, Johanne Poirier et Paul Magnette, dir., *The Ties that Bind: Accommodating Diversity in Canada and the European Union*, Bruxelles, P.I.E. Peter Lang, collection Canadian Studies, n° 16, 2009 à la p. 41.

Il faut se rappeler qu'en s'appropriant la langue française, des intellectuels et des hommes d'action, comme Aimé Césaire ou Léopold Sedar Senghor, en ont fait un outil intellectuel de développement, « une ouverture de soi vers le monde et du monde vers soi »[11]. Il en va de même en Belgique où le français, qui était une part de sa mémoire et de son histoire, est assimilé, encore plus depuis 1970, à l'expression politique d'une communauté et à son affirmation sur le plan international.

Une union géoculturelle, comme la francophonie internationale, constitue véritablement la garantie d'un monde qui gardera toute la richesse de ses diversités... à la condition que se généralise une philosophie de partenariat interculturel de solidarité et d'égalité, où l'identité de chacun s'enrichit des apports de l'autre. Dès lors, en ces temps de mondialisation, la force principale de la francophonie réside dans sa capacité de promouvoir un plurilinguisme fonctionnel conciliant respect des identités et modernité et ralliant tous ceux qui prennent conscience de la menace d'une uniformisation aliénante.

La langue française bénéficie en outre d'un crédit éthique lié à des valeurs de liberté, dignité, démocratie, égalité, tolérance..., ce qui fait d'elle un lieu privilégié de dialogue et de réflexion entre pays sur les migrations et leur apport aux sociétés d'accueil.

11. Béatrice Giblin, « Géopolitique de la langue française » (2007/3) 126 Hérodote, revue de géographie et de géopolitique 3-8.

Les locuteurs francophones et le pluralisme linguistique : la coexistence des langues dans l'espace francophone

Le Québec

L'ÉVOLUTION DE LA POLITIQUE LINGUISTIQUE QUÉBÉCOISE : À LA RECHERCHE D'UN ÉQUILIBRE ENTRE LA DÉFENSE ET LA PROMOTION DE LA LANGUE FRANÇAISE ET LES DROITS DES MINORITÉS[1]

José WOEHRLING*

INTRODUCTION : ORIGINES ET INSPIRATION GÉNÉRALE DE LA POLITIQUE LINGUISTIQUE QUÉBÉCOISE

Les problèmes et conflits linguistiques qui surgissent au Canada, et en particulier au Québec, viennent du fait que les deux principaux groupes en présence – les francophones et les anglophones – constituent chacun *à la fois* une majorité et une minorité, selon le niveau géographique et politique où l'on se place. En effet, les francophones sont majoritaires au Québec, où ils constituent près de 79 % de la population, mais ils sont en minorité dans chacune des neuf autres provinces et dans l'ensemble politique canadien, où ils ne représentent plus que 22 % de la population. Inversement, les anglo-

---

* Professeur associé à la faculté de droit de l'Université de Montréal, courriel : <jose.woehrling@umontreal.ca>.

1. Sur le même sujet, voir également : José Woehrling, « La Constitution du Canada, la législation linguistique du Québec et les droits de la minorité anglo-québécoise » dans Nicolas Levrat, dir., *Minorités et organisation de l'État*, Bruxelles, Bruylant, 1998 aux pp. 561-630 ; José Woehrling et André Tremblay, « Les dispositions de la Charte relatives aux langues officielles » dans Gérald-A. Beaudoin et Errol Mendes, dir., *Canadian Charter of Rights and Freedoms – Charte canadienne des droits et libertés*, Markham (Ont.), LexisNexis Butterworths, 2005 aux pp. 1025-1091 ; José Woehrling, « L'évolution du cadre juridique et conceptuel de la législation linguistique du Québec » dans Alexandre Stefanescu et Pierre Georgeault, dir., *Le français au Québec : les nouveaux défis*, Québec-Montréal, Conseil supérieur de la langue française – Fides, 2005 aux pp. 253-356.

phones constituent la minorité au Québec, mais forment la majorité partout ailleurs au Canada[2]. On présentera donc les principales caractéristiques de la politique linguistique mise en œuvre au Québec[3]. Mais il faut commencer par dire quelques mots des divers types de politiques linguistiques pour constater que celles qui sont en vigueur au Québec, d'une part, et celles mises en œuvre dans le reste du Canada, d'autre part, sont fondées sur des principes fort différents.

Une politique linguistique peut avoir pour but de protéger la langue d'une ou de plusieurs minorités ou, plus rarement, la langue de la majorité. Lorsque l'État intervient pour protéger une ou plusieurs langues *minoritaires*, la politique linguistique consiste à reconnaître un ensemble de « droits linguistiques » aux locuteurs de ces langues, comme leur droit d'utiliser celles-ci dans les communications avec les autorités publiques et celui de faire instruire leurs enfants dans leur langue à l'école publique[4]. La politique linguistique

2. Au Québec, 78,9 % de la population a déclaré avoir le français comme langue maternelle en 2011 comparativement à 79,6 % en 2006. La population déclarant avoir l'anglais comme langue maternelle est pour sa part passée 8,2 % en 2006 à 8,3 % en 2011. Quant à la population ayant déclaré avoir une autre langue que le français ou l'anglais comme langue maternelle, sa proportion était de 12,8 % en 2011 comparativement à 12,3 % en 2006. À l'extérieur du Québec, la part de la langue maternelle anglaise est demeurée relativement inchangée, passant de 73,3 % de la population en 2006 à 73,1 % en 2011. Il en est de même des personnes ayant déclaré le français comme langue maternelle. Leur proportion était de 4,0 % en 2011 comparativement à 4,1 % en 2006. Quant à la part des langues « autres », celle-ci représentait 23 % de la population résidant à l'extérieur du Québec en 2011 comparativement à 22,6 % en 2006. Dans l'ensemble du Canada, en 2011, l'anglais était la langue maternelle de près de 58 % des Canadiens (ou 19,1 millions de personnes), et le français celle de près de 22 % de la population (ou 7,2 millions de personnes), 20 % des Canadiens ont déclaré une langue maternelle autre que le français ou l'anglais. Quant à la langue parlée le plus souvent à la maison, 66 % des Canadiens y parlaient l'anglais et 21 % le français. La proportion de la population ayant déclaré le français comme langue maternelle au Canada a connu une baisse entre 2006 et 2011, passant 22,1 % à 21,7 % (source : www.statcan.gc.ca).
3. La Constitution canadienne n'attribue pas expressément de compétences pour légiférer sur l'emploi des langues. Cette question est réglée par l'entremise du concept de pouvoirs « accessoires », c'est-à-dire que le pouvoir de réglementer les comportements linguistiques dans un domaine quelconque accompagne la compétence relative à ce domaine. Étant donné la nature des compétences attribuées aux provinces, celles-ci possèdent les pouvoirs les plus importants dans le domaine linguistique, notamment ceux qui portent sur l'administration municipale et provinciale, la santé et les affaires sociales, l'éducation, les relations de travail, le commerce, les professions et les contrats. Les compétences de l'État central en matière linguistique sont moins importantes ; elles visent notamment l'administration fédérale, la défense nationale, le service postal, les banques, l'aéronautique, le commerce et les transports internationaux et interprovinciaux ainsi que les télécommunications.
4. Il faut distinguer entre l'usage *officiel* des langues (dans les relations « verticales » entre les citoyens et la puissance publique), pour lequel on considère généralement

du gouvernement fédéral canadien et celles des provinces anglophones du Canada entrent dans cette catégorie. Elles consistent à reconnaître au français, langue minoritaire, un certain statut dans l'éducation publique et, pour certaines provinces, l'Ontario et le Nouveau-Brunswick surtout, dans les communications officielles (tribunaux, administration et fonction publique, lois et règlements, etc.). Une politique consistant à attribuer des droits linguistiques aux minorités recueille facilement l'approbation.

Dans la plupart des pays, la langue qui est parlée par la majorité ne nécessite pas que l'État légifère pour la protéger. Elle s'impose par son propre poids démographique, économique et politique. Mais il existe des situations où la langue majoritaire est concurrencée par une autre langue qui possède une utilité économique et un prestige supérieurs (notamment parce qu'elle est plus répandue au niveau international). Dans de tels cas, c'est la langue de la majorité qui est vulnérable et que l'État doit protéger. Les francophones au Québec se trouvent ainsi dans une pareille situation de groupe majoritaire dont la langue est vulnérable. Inévitablement, pour protéger la langue majoritaire, l'État devra légiférer pour en imposer l'usage et, corrélativement, contrôler ou limiter l'usage de la ou des langues qui lui font concurrence. Car c'est le statut *respectif* des langues et des groupes linguistiques qui est en cause ; il y a conflit ou concurrence entre les langues en présence. Dans un tel cas, la politique linguistique consistera donc, en partie du moins, à obliger ceux qui ne font pas partie de la majorité à utiliser la langue majoritaire dans un certain nombre de situations, ce qui revient à restreindre leur libre choix linguistique et leur droit d'utiliser leur propre langue. C'est ainsi, par exemple, que les immigrants au Québec, même lorsqu'ils sont anglophones, de même que les membres de la majorité francophone, se voient interdire d'envoyer leurs enfants à l'école publique anglaise. Une telle politique, dans la mesure où elle amène à restreindre les droits lin-

---

que l'État peut prescrire une ou plusieurs langues déterminées et interdire les autres, et l'usage *privé* (dans les relations « horizontales » entre particuliers, personnes physiques ou morales), pour lequel l'État doit en principe respecter la liberté de chacun de s'exprimer dans la langue de son choix, ou *liberté linguistique*, implicitement contenue dans la liberté personnelle et la liberté d'expression. Par ailleurs, cette liberté linguistique, pas plus que les autres libertés, n'est absolue ; elle peut être restreinte pour des raisons d'intérêt public (par exemple, la loi peut imposer dans l'étiquetage des produits l'usage d'une langue compréhensible par les consommateurs pour protéger ces derniers). Sur ce point, voir José Woehrling, « Les trois dimensions de la protection des minorités en droit constitutionnel comparé » (2003-04) 34 Revue de droit de l'Université de Sherbrooke 93 aux pp. 121-124.

guistiques individuels, n'est pas toujours facile à défendre du point de vue des droits de l'homme et des droits des minorités. Pourtant, dans le domaine linguistique comme dans le domaine social ou économique, la limitation des droits de certains individus ou de certains groupes peut se justifier lorsqu'elle est nécessaire pour protéger les droits d'autres individus ou d'autres groupes, plus vulnérables. Ici, la limitation des droits de ceux qui parlent la langue la plus forte et la plus prestigieuse, même si elle est minoritaire dans le contexte politique et géographique considéré, est jugée nécessaire pour défendre les droits de ceux qui parlent une langue vulnérable et menacée, bien qu'elle soit majoritaire. La position inverse consisterait à considérer que la concurrence linguistique doit jouer sans entraves et la liberté linguistique individuelle primer, fût-ce au prix de l'affaiblissement, voire de la disparition, de la langue de la majorité.

La mise en œuvre d'une politique linguistique suppose le choix entre deux grands modèles, le principe de *territorialité* et le principe de *personnalité*. En vertu du principe de territorialité, tous ceux qui habitent un territoire donné doivent utiliser la langue officielle de ce territoire dans leurs rapports avec les autorités publiques et pour l'éducation de leurs enfants à l'école subventionnée par l'État (par contre, dans les rapports privés et pour l'école privée non subventionnée, la liberté linguistique devrait primer). L'application de ce principe se caractérise donc par le fait que les individus ne peuvent pas choisir la langue de leurs contacts avec les autorités publiques et de l'instruction de leurs enfants à l'école publique. La solution territoriale est celle qui assure le mieux la stabilité et la sécurité des communautés linguistiques, en séparant les langues en présence et en offrant à chacune d'elles une aire de sécurité linguistique, c'est-à-dire un espace sur lequel elle jouit d'un monopole, ou du moins d'une nette prédominance. Cette solution territoriale a par exemple été adoptée en Suisse et en Belgique et le Québec essaie d'en appliquer certains éléments avec la *Charte de la langue française*[5].

Par contre, le principe de *personnalité* permet aux individus de choisir entre deux ou plusieurs langues officielles pour leurs rapports avec les autorités publiques et l'éducation de leurs enfants à l'école publique. Il exige donc le *bilinguisme (ou multilinguisme)* de l'État et du système éducatif public. Le principe de personnalité peut s'appliquer sur l'ensemble du territoire étatique ou, plus fréquem-

5. *Charte de la langue française*, L.Q. 1977, c. 5 ; RLRQ, c. C-11.

ment, sur les seules parties de celui-ci où les minorités atteignent un certain seuil démographique. Sur le plan sociolinguistique, cette solution maintient le contact et la concurrence entre les langues en présence et permet donc à la langue la plus forte de se développer au détriment de celle qui est plus vulnérable. Le principe de personnalité et son corollaire, le bilinguisme institutionnel, s'appliquent au niveau des institutions fédérales canadiennes et dans certaines provinces anglophones comme l'Ontario, le Nouveau-Brunswick et, dans une moindre mesure, le Manitoba. Évidemment, cela n'entraîne aucune menace pour la langue anglaise, qui prédomine partout en Amérique du Nord.

Les origines de l'actuelle politique linguistique québécoise remontent aux années 1960. À cette époque, l'on commence à constater certaines réalités fort inquiétantes pour les Québécois francophones. D'une part, les immigrants « allophones » (c'est-à-dire qui ne parlent ni l'anglais ni le français) envoient majoritairement leurs enfants à l'école anglaise, plutôt qu'à l'école française ; comme le taux de natalité des Québécois francophones commence à baisser considérablement à la même époque, si ces tendances avaient perduré, la situation majoritaire des francophones au Québec s'en serait trouvée menacée à long terme. D'autre part, le français occupe une position subordonnée à celle de l'anglais dans la vie économique et sociale et les francophones, bien qu'ils soient majoritaires au Québec, se situent au bas de l'échelle des revenus, non seulement en dessous des anglophones mais aussi, parfois, des immigrants. À partir de ces constatations, les objectifs de la politique linguistique se dégageront d'eux-mêmes : le premier sera de ramener les enfants des immigrants à l'école française ; le deuxième consistera à rehausser le prestige et l'utilité de la langue française dans la vie économique et sociale, de façon à inciter les non-francophones à l'apprendre, pour qu'elle devienne la « langue commune » (ou langue de contact) entre la majorité francophone et les non-francophones. Ces deux objectifs ont été poursuivis, de façon plus ou moins systématique et cohérente, par tous les gouvernements qui se sont succédé au Québec depuis 1970 : le gouvernement du Parti libéral, qui a fait adopter en 1974 la *Loi sur la langue officielle*[6] ; le gouvernement du Parti québécois, qui a fait voter en 1977 la *Charte de la langue française*[7] (ou « loi 101 »). D'une loi à l'autre, les buts sont restés les mêmes mais les moyens ont

6. *Loi sur la langue officielle*, L.Q. 1974, c. 6.
7. *Charte de la langue française*, *supra* note 5.

évolué : la loi 101 est plus ambitieuse dans son champ d'action et plus rigoureuse dans ses moyens.

La loi 101 régit le statut des langues dans trois secteurs principaux : les institutions politiques et administratives provinciales, le secteur économique et l'éducation publique. Dans ces trois domaines, la loi a pour objectif de rehausser le statut du français et, pour y parvenir, elle limite les droits traditionnels des anglophones. Cela, comme déjà mentionné, parce que l'on a constaté que les deux langues étaient en situation de conflit et que si on laissait jouer librement la concurrence entre elles, l'anglais finirait par réduire le français à la portion congrue. Les architectes de la politique linguistique québécoise ont par conséquent jugé que, pour renforcer le français, il fallait le faire bénéficier légalement d'un rôle prépondérant – voire exclusif – dans certains domaines. La loi impose donc l'usage du français, généralement en permettant également l'usage d'autres langues, mais parfois en interdisant celui-ci. Elle restreint par conséquent la liberté linguistique individuelle. Il n'est donc pas étonnant qu'elle ait souvent été attaquée sur le fondement des textes constitutionnels ou internationaux qui protègent les droits de l'homme et les droits des minorités. Dans chacun des trois grands secteurs de la politique linguistique québécoise, celle-ci a été partiellement battue en brèche : un certain nombre de dispositions de la loi 101 ont été invalidées par les tribunaux comme incompatibles avec la Constitution canadienne.

I – LA LANGUE DE LA LÉGISLATION, DE LA JUSTICE ET DE L'ADMINISTRATION PUBLIQUE

L'idée qui avait prévalu lors de l'adoption de la *Charte de la langue française* était de faire du français la langue principale – ou parfois la seule langue – de la législation et de la réglementation, de la justice et de l'administration publique. Pour atteindre ce but, on avait restreint – sans le supprimer totalement – le bilinguisme qui existait traditionnellement dans les institutions publiques québécoises. Ainsi, la loi prévoyait que les lois et les règlements ne seraient plus adoptés qu'en français, l'administration fournissant une traduction anglaise non officielle. De même, les jugements devaient être rédigés en français ou être accompagnés d'une version française dûment authentifiée et seule la version française du jugement serait officielle. Ces dispositions ont été déclarées inconstitutionnelles par la Cour suprême du Canada en 1979[8], comme incompatibles avec l'article 133 de la *Loi constitutionnelle de 1867*[9]. Ce dernier, en effet, impose l'usage du français et de l'anglais dans la rédaction des lois et des documents parlementaires, au Québec et au niveau des institutions fédérales canadiennes. En outre, il permet que l'anglais et le français soient utilisés, à volonté, dans les procédures écrites et dans les plaidoiries orales devant les tribunaux fédéraux et les tribunaux du Québec, ainsi que dans les débats du Parlement fédéral et de la législature du Québec[10]. Le fait que les rédacteurs de la loi 101 aient sciemment contredit l'article 133 s'explique notamment parce que de nombreux spécialistes pensaient que celui-ci faisait partie des dispositions constitutionnelles pouvant être modifiées par simple loi provinciale. Cette opinion s'appuyait également sur le précédent manitobain de 1890. Lors de la création du Manitoba en 1870, une disposition semblable à l'article 133 avait été insérée dans la constitution de cette province. Par conséquent, la langue française jouissait à cette époque au Manitoba du même statut constitutionnel que l'anglais au Québec. Or dès 1890 le Parlement manitobain votait une loi faisant de la langue anglaise la seule langue de la législation et de la justice dans cette province. La loi manitobaine n'ayant jamais été déclarée inconstitutionnelle, il était tout à fait logique de penser qu'il allait en être de même pour la loi 101 du Québec. En fait, le chapitre III de la loi 101 et la loi manitobaine de 1890 furent invalidés par la Cour suprême du Canada le même jour, en 1979[11]. Par ailleurs, en

---

8. *P.G. Québec c. Blaikie*, [1979] 2 R.C.S. 1016 [*Blaikie n° 1*] ; voir aussi *P.G. Québec c. Blaikie*, [1981] 1 R.C.S. 312.
9. *Loi constitutionnelle de 1867*, 30 & 31 Vict., R.-U., ch. 3 ; L.R.C. 1985, app. II, nº 5.
10. L'article 133 n'a pas été rendu applicable, en 1867, aux trois provinces anglophones existant à l'époque, si bien que leurs minorités francophones sont restées sans protection constitutionnelle. Cela s'explique par le rapport de force qui existait entre les francophones et les anglophones à l'échelle du Canada tout entier : les Canadiens anglais, majoritaires, se trouvaient en position de forcer le Québec à consentir certains droits à sa minorité anglophone ; les Canadiens français, minoritaires, n'ont pas réussi à obtenir les mêmes garanties en faveur des minorités francophones établies en dehors du Québec. Parmi les provinces admises dans la fédération après 1867, celles où les anglophones étaient majoritaires ne furent pas davantage assujetties au bilinguisme constitutionnel. Seul le Manitoba, créé en 1870, dont la population était composée à l'époque à peu près pour moitié de francophones et d'anglophones, se vit imposer des obligations équivalentes à celles de l'article 133. Cependant, une fois les anglophones devenus majoritaires, la législature manitobaine institua en 1890 l'unilinguisme des lois et des tribunaux et ce n'est qu'en 1979 que la Cour suprême du Canada déclara cette action inconstitutionnelle. Finalement, en 1982, le Nouveau-Brunswick a accepté de s'assujettir à des obligations constitutionnelles similaires à celles prévues dans l'article 133.
11. *Blaikie nº 1*, *supra* note 8 et *P.G. Manitoba c. Forest*, [1979] 2 R.C.S. 1032.

déclarant inconstitutionnel le chapitre III de la loi 101, la Cour a donné à l'article 133 une interprétation qui élargissait davantage l'obligation de bilinguisme, en l'imposant non seulement pour les lois proprement dites et pour les tribunaux judiciaires, mais également pour une grande partie de la législation déléguée (règlements) et pour les tribunaux administratifs.

Les autres dispositions de la loi 101 relatives à la langue des institutions publiques concernent l'Administration et forment le chapitre IV. Sur le plan interne, les rapports des ministères et des organismes qui en dépendent se font en français seulement. Sur le plan externe, l'Administration s'adresse aux personnes morales en français uniquement, mais *peut* s'adresser aux personnes physiques à la fois en français et dans une autre langue. Pour être nommé ou promu à une fonction dans l'Administration, il faut avoir une connaissance du français appropriée à cette fonction. Les organismes municipaux, les services sociaux et les services de santé qui fournissent leurs services à des personnes qui sont en majorité de langue anglaise, et qui sont reconnus comme tels, *doivent* fournir leurs services en français et *peuvent* également les fournir en anglais. En outre, ils *peuvent* utiliser cette langue, à côté du français, dans leur dénomination ainsi que dans l'affichage, les communications internes et les communications entre eux. Il faut souligner que, dans la mesure où ces dispositions permettent aux organismes en cause d'utiliser l'anglais sans les y obliger, il n'en résulte aucun *droit* pour les personnes qui bénéficient de leurs services d'obtenir ceux-ci dans la langue anglaise[12].

II - LA LANGUE DU TRAVAIL, DU COMMERCE ET DES AFFAIRES

Dans ce deuxième domaine, l'objectif de la loi 101 est de franciser la vie économique. Dans ce but, les rédacteurs de la loi ont prévu un certain nombre de prescriptions. Ainsi, les entreprises employant 50 personnes ou plus doivent adopter un programme de francisation ayant pour but la généralisation de l'utilisation du français à tous les

---

12. *Charte de la langue française*, *supra* note 5, art. 29.1 (modifié par la *Loi modifiant la Charte de la langue française*, L.Q. 2000, c. 57). Par ailleurs, la *Loi sur les services de santé et les services sociaux*, L.Q. 1986, c. 106, prévoit que les personnes d'expression anglaise ont le *droit* de recevoir en langue anglaise des services de santé et des services sociaux dans les établissements désignés à cette fin par le gouvernement.

niveaux de l'entreprise, ce qui comporte notamment la connaissance de cette langue chez les dirigeants et les membres du personnel, l'utilisation du français comme langue du travail et des communications internes, dans les documents de travail, les manuels, les catalogues et la publicité de l'entreprise, ainsi que dans les communications avec les fournisseurs, la clientèle et le public. Dans le domaine des relations de travail, la loi interdit d'exiger, pour l'accès à un emploi, la connaissance d'une langue autre que le français, à moins que l'employeur ne prouve que cette connaissance est nécessaire à l'accomplissement de la tâche. De même, un employeur ne peut congédier, mettre à pied, rétrograder ou déplacer un membre de son personnel pour la seule raison que celui-ci ne parle que le français ou qu'il ne connaît pas suffisamment une autre langue. Les employeurs doivent rédiger en français (et peuvent également rédiger dans une autre langue) les offres d'emploi ou de promotion et, de façon plus générale, les communications qu'ils adressent à leur personnel. La même règle s'applique pour les conventions collectives. Les entreprises d'utilité publique, les ordres professionnels et les membres de ceux-ci doivent faire en sorte que leurs services soient disponibles en français. Les avis, communications et imprimés destinés au public, y compris les titres de transport en commun, doivent être rédigés dans cette langue. Les ordres professionnels ne peuvent délivrer de permis qu'à des personnes qui ont du français une connaissance « appropriée à l'exercice de leur profession ». Les inscriptions sur un produit ou sur son emballage et sur un document accompagnant ce produit, y compris le mode d'emploi et les certificats de garantie, doivent être rédigées en français, mais peuvent être accompagnées d'une ou plusieurs traductions, à condition que celles-ci ne l'emportent pas sur le français. De même, les catalogues, les brochures, les dépliants et les autres publications de même nature doivent être rédigés en français, ainsi que les formulaires de demande d'emploi, les bons de commande, les factures, les reçus et les quittances. Les contrats d'adhésion et les contrats où figurent des clauses types imprimées doivent être rédigés en français, mais peuvent être rédigés dans une autre langue si c'est la volonté expresse des parties.

Enfin, la loi 101 prescrivait à l'origine, sous réserve de certaines exceptions, l'usage exclusif du français dans l'affichage public, la publicité commerciale et les raisons sociales. Cette exigence a été considérée par la Cour suprême du Canada comme incompatible avec la liberté d'expression garantie par la *Charte canadienne des droits et libertés*[13] et la *Charte des droits et libertés de la personne*[14] du Québec et comme entraînant une discrimination fondée sur la langue contraire au deuxième instrument. La Cour a considéré comme justifié le fait *d'exiger la présence du français*, mais elle a également conclu que le fait *d'exclure les autres langues* constituait une restriction non justifiable des droits garantis[15]. En outre, dans des constatations du 31 mars 1993, le Comité des droits de l'homme des Nations Unies, institué en application *du Pacte international relatif aux droits civils et politiques*[16], est arrivé à la conclusion que les dispositions de la loi 101 sur l'affichage et les raisons sociales violaient la liberté d'expression garantie à l'article 19 du *Pacte*[17]. À la suite de ces décisions, le gouvernement du Québec a fait adopter en 1993 un nouveau régime dans lequel l'affichage public et la publicité commerciale peuvent désormais être faits à la fois en français et dans une ou plusieurs autres langues pourvu que le français y figure « de façon nettement prédominante ». Quant aux raisons sociales, elles peuvent désormais être assorties d'une version dans une langue autre que le français pourvu que, dans son utilisation, la raison sociale en langue française figure « de façon au moins aussi évidente » que les versions dans d'autres langues.

Globalement, les objectifs visés par la loi dans le domaine du travail, de l'économie et du commerce ont été atteints. L'écart des revenus entre francophones et anglophones a disparu ; les francophones sont mieux représentés sur le marché du travail en particulier aux échelons intermédiaires et supérieurs des entreprises où ils

---

13. La *Charte canadienne des droits et libertés* est contenue dans la Partie I (art. 1 à 34) de la *Loi constitutionnelle de 1982*, annexe B de la *Loi de 1982 sur le Canada*, 1982, R.-U., ch. 11 ; L.R.C. 1985, app. II, n° 44. La *Loi constitutionnelle de 1982* a été adoptée malgré l'opposition expresse du gouvernement québécois de l'époque, formé par le Parti québécois. Depuis 1982, aucun gouvernement du Québec, pas même ceux formés par le Parti libéral, pourtant résolument fédéraliste, n'a donné son accord à *la Loi constitutionnelle de 1982*, qui s'applique cependant au Québec comme au reste du Canada.
14. *Charte des droits et libertés de la personne*, RLRQ, c. C-12. Les tribunaux ont reconnu à cette loi provinciale un statut « quasi constitutionnel », qui leur permet de déclarer « inopérante » toute autre loi québécoise, antérieure ou postérieure, incompatible avec les articles 1 à 38 de la Charte, à moins qu'elle ne contienne une disposition dérogatoire expresse.
15. *Ford c. P.G. Québec*, [1988] 2 R.C.S. 712.
16. *Pacte international relatif aux droits civils et politiques*, (1976) 999 R.T.N.U. 107 (entré en vigueur le 23 mars 1976). Le Comité des droits de l'homme des Nations Unies avait été saisi par des commerçants anglophones du Québec.
17. *Ballantyne, Davidson et McIntyre c. Canada*, communications 359/1989 et 385/1989, 31 décembre 1993 ; constatations reproduites dans (1993) 5 Revue universelle des droits de l'homme 156-162.

n'avaient pas leur juste place avant 1970 ; l'usage du français tend à se généraliser dans la vie des entreprises ; les travailleurs peuvent généralement travailler en français ; les services en français aux consommateurs sont presque partout assurés. Cependant, le bilan n'est pas entièrement positif. Les petites et moyennes entreprises, qui ne sont pas soumises aux obligations de francisation de la loi 101, fonctionnent encore souvent en anglais à Montréal et dans la région montréalaise. Or, c'est dans de telles entreprises que les immigrants trouvent habituellement du travail ; ce phénomène contrarie donc l'intégration des immigrants et leur apprentissage du français. L'avenir soulève certaines inquiétudes : la mondialisation des marchés et de l'information, la pénétration accélérée des nouvelles technologies, les mouvements massifs de migration, la redéfinition du rôle de l'État national dans les grands ensembles économiques sont autant de phénomènes qui rendent plus difficiles la défense et la promotion des langues moins fortes et moins répandues et qui favorisent le rôle de l'anglais, devenu *lingua franca* internationale.

III - LA LANGUE DE L'ENSEIGNEMENT PUBLIC

Dans le domaine de l'enseignement, l'objectif de la loi 101 était à l'origine de limiter l'accès à l'école publique anglaise, au Québec, aux enfants de la minorité anglo-québécoise « de souche ». À cette fin, on avait inscrit à l'article 73 de la *Charte de la langue française* une règle communément appelée « clause Québec », selon laquelle n'étaient admissibles à l'école publique anglaise – primaire et secondaire – que les enfants dont l'un des parents avait lui même reçu, au Québec, son enseignement primaire en anglais, ainsi que les frères et sœurs cadets de ces enfants. En pratique, cette règle avait pour effet d'interdire à trois catégories de personnes d'envoyer leurs enfants à l'école publique anglaise : a) les immigrants, y compris ceux dont la langue maternelle ou usuelle est l'anglais ; b) les francophones ; c) les Canadiens des autres provinces venant s'établir au Québec, à moins qu'une entente de réciprocité n'ait été conclue entre le Québec et leur province d'origine ou que celle-ci n'offre des services comparables aux francophones qui y résident. Cette dernière conséquence a immédiatement été considérée comme inacceptable par les autorités fédérales, qui ont jugé qu'elle était incompatible avec le principe de libre circulation et de libre établissement qui est à la base du système fédéral. Cependant, à l'époque où la loi 101 a été adoptée, rien dans la Constitution canadienne de 1867 ne s'opposait à ce genre de législation. Comme le gouvernement fédéral ne pouvait s'appuyer sur la

Constitution existante pour faire invalider la « clause Québec » de la loi 101, il fit adopter en 1982, avec l'accord des neuf autres provinces et contre l'opposition du gouvernement québécois, une nouvelle loi constitutionnelle dans laquelle figure une disposition expressément conçue pour contrecarrer la *Charte de la langue française*. L'article 23 de la *Charte canadienne des droits et libertés*, adoptée en 1982, établit les critères d'admissibilité aux droits à l'instruction dans la langue de la minorité. Un de ces critères, appelé « clause Canada », consiste à reconnaître le droit à l'éducation dans la langue de la minorité (donc, à l'éducation en anglais au Québec) aux enfants dont l'un des parents a reçu son éducation primaire dans cette langue *au Canada*[18]. Cette disposition permet donc aux Canadiens des autres provinces qui s'établissent au Québec d'envoyer leurs enfants à l'école publique anglaise. C'est dans cette mesure que l'article 23 de la *Charte canadienne* entrait en conflit avec l'article 73 de la loi 101. Deux ans plus tard, la Cour suprême du Canada déclarait la clause Québec inopérante[19].

Mais cela ne changeait rien au fait que les immigrants, quel que soit leur pays d'origine, et les Québécois francophones eux-mêmes, devaient envoyer leurs enfants à l'école publique française. De ce point de vue, la loi 101 continuait donc d'atteindre son but. Or depuis une décision de la Cour suprême du Canada rendue en 2009, ce n'est plus tout à fait vrai. En effet, dans cette décision, la Cour a interprété le paragraphe 23(2) de la *Charte canadienne des droits et libertés* comme permettant à *tous les parents* qui ont fait fréquenter pendant

---

18. Les deux premiers paragraphes de l'article 23 de la *Charte canadienne des droits et libertés*, adoptée en 1982, sont destinés à établir les critères d'admissibilité aux droits à l'instruction dans la langue de la minorité. Un premier critère, contenu à l'alinéa 23(1)(a), a pour effet d'accorder ce droit à tous les citoyens canadiens dont la « première langue apprise et encore comprise » est l'anglais ou le français, selon le cas. Cette disposition est parfois appelée « clause universelle » dans la mesure où elle bénéficie aux personnes venant du monde entier, une fois qu'elles ont acquis la citoyenneté canadienne. La clause universelle s'applique déjà aux neuf provinces anglophones, mais n'entrera en vigueur pour le Québec qu'après autorisation de son assemblée législative ou de son gouvernement. Le deuxième critère d'admissibilité, contenu à l'alinéa 23(1)(b), consiste à reconnaître le droit à l'éducation dans la langue de la minorité (donc, à l'éducation en anglais au Québec) aux enfants dont l'un des deux parents a reçu son éducation primaire dans cette langue *au Canada*. Enfin, le paragraphe 23(2) prévoit que les citoyens canadiens dont un enfant « a reçu ou reçoit » son instruction primaire ou secondaire en français ou en anglais au Canada, ont le droit de faire instruire dans cette langue tous leurs autres enfants. Cette disposition doit faire en sorte que tous les enfants d'une même famille puissent recevoir l'instruction dans la même langue, si leurs parents le désirent.
19. *P.G. Québec c. Quebec Protestant School Boards*, [1984] 2 R.C.S. 66.

un certain temps, par *l'un de leurs enfants*, une école *privée* non-subventionnée anglophone (à laquelle la loi 101 ne s'applique pas), d'envoyer ensuite *tous leurs enfants* à l'école *publique* anglophone, à la seule condition de démontrer une volonté réelle de les faire cheminer dans la langue anglaise[20]. Cette décision permet donc à des parents francophones ou immigrants, qui n'auraient pas normalement le droit d'envoyer leurs enfants à l'école publique anglophone (n'ayant pas eux-mêmes reçu leur éducation primaire en anglais au Canada ou au Québec), d'acquérir un tel droit en leur faisant fréquenter ce qu'il est convenu d'appeler une « école-passerelle ».

Par ailleurs, on commence à se rendre compte que la fréquentation de l'école française n'est peut-être pas suffisante pour franciser durablement les immigrants. En effet, ceux-ci s'établissent en très grande majorité à Montréal et la proportion des élèves allophones est devenue suffisamment importante dans certaines écoles françaises de la métropole pour faire perdre à celles-ci leur capacité d'intégration des nouveaux arrivants. Par ailleurs, la francisation des immigrants dépend également beaucoup de leur insertion dans les activités économiques ; or dans la région métropolitaine de Montréal celles-ci continuent en bonne partie de se dérouler en anglais. Par conséquent, la bataille du français n'est pas encore gagnée à Montréal. C'est pourtant là que se jouera principalement l'avenir linguistique et culturel de la société québécoise toute entière.

Les principales doléances exprimées par les anglophones du Québec contre la politique linguistique québécoise en matière d'éducation portent évidemment sur les règles d'accès aux écoles publiques anglophones. La clientèle de ces écoles a diminué de façon très importante depuis 1977 pour trois raisons conjuguées : le taux de natalité des anglophones est très bas (comme celui des francophones) ; un nombre important de Québécois anglophones ont quitté, et continuent de quitter chaque année, le Québec à destination du Canada anglais, pour des raisons économiques et politiques ; enfin, à cause de la loi 101, la clientèle scolaire anglophone ne peut plus se maintenir ou augmenter grâce à l'apport des immigrants. Les anglophones craignent qu'en deçà d'un certain seuil le nombre diminuant de la clientèle scolaire anglophone ne justifie plus la prestation de certains services.

---

20. *Nguyen c. Québec (Éducation, Loisir et Sport)*, [2009] 3 R.C.S. 208.

Pour terminer, soulignons que la *Charte de la langue française* prévoit en matière d'enseignement un régime particulier pour les Amérindiens et les Inuit auxquels s'applique la *Convention de la Baie James et du Nord Québécois* de 1975, en permettant l'usage des langues amérindiennes dans les écoles primaires et secondaires autochtones et en créant des commissions scolaires (autorités scolaires locales décentralisées) administrées par les autochtones, en particulier les Cris, les Inuits et les Naskapis[21].

IV – LES ASPECTS LINGUISTIQUES DE LA POLITIQUE QUÉBÉCOISE DE L'IMMIGRATION

La politique québécoise de l'immigration constitue un complément important de la politique linguistique. En matière d'immigration, la Constitution canadienne attribue des pouvoirs concurrents au Parlement fédéral et aux législatures des provinces ; en cas d'incompatibilité entre la législation fédérale et les lois provinciales, la législation fédérale l'emporte[22]. Lorsqu'une province désire exercer sa compétence en matière d'immigration, elle doit par conséquent conclure une entente avec les autorités fédérales pour régler les modalités de leur collaboration dans ce domaine. En vertu de l'entente avec le Québec actuellement en vigueur, qui date de 1991, le gouvernement du Canada continue de définir les catégories générales d'immigrants et d'établir les niveaux d'immigration[23], de même qu'il conserve la seule responsabilité des immigrants de la catégorie de la famille et des réfugiés politiques qui font leur demande au Canada. Quant au Québec, il se voit reconnaître la responsabilité

21. *Charte de la langue française*, *supra* note 5, art. 87 et 88. Les autochtones du Québec, qui forment approximativement 1 % de la population totale et se répartissent en 11 nations, sont au nombre de 72 000, dont 8 000 Inuit. Dans six de ces nations, les Algonquins, les Atikameks, les Cris, les Inuits, les Montagnais (ou Innus) et les Naskapis, la majorité parle encore la langue ancestrale.

22. Aux termes du paragraphe 91(25) de la *Loi constitutionnelle de 1867*, le Parlement canadien possède une compétence exclusive sur la naturalisation et les « aubains » (étrangers) ; l'article 95 confère en matière d'immigration une compétence concurrente, avec prépondérance fédérale, au Parlement canadien et aux législatures des provinces.

23. Conformément aux articles 5 à 7 de l'accord de 1991, le gouvernement canadien doit consulter le gouvernement du Québec pour l'établissement des niveaux d'immigration pour l'ensemble du pays. L'accord permet au Québec de recevoir une part de l'immigration canadienne correspondant à son poids démographique (un peu moins de 25 % de la population canadienne totale), avec la possibilité de dépasser ce seuil de 5 % « pour des raisons démographiques ». Cependant, ces principes sont de nature plutôt symbolique, car l'objectif d'accueillir au Québec le quart de l'immigration canadienne n'a été atteint qu'à trois reprises depuis 1945.

exclusive de sélectionner les immigrants « indépendants » (travailleurs, gens d'affaire et « parents aidés ») et les réfugiés qui font leur demande depuis l'étranger. Les critères à partir desquels le Québec sélectionne les immigrants varient selon la sous-catégorie d'immigration ; ils s'articulent autour de préoccupations linguistiques et économiques. La politique consiste en particulier à favoriser l'accueil d'immigrants francophones ou « francophonisables » (c'est-à-dire susceptibles de s'intégrer sur le plan linguistique à la communauté franco-québécoise) et à mettre sur pied des programmes de francisation pour les immigrants qui ne savent pas le français. En outre, l'entente prévoit que les autorités fédérales laissent à celles du Québec la pleine responsabilité des services d'accueil et d'intégration socio-économique, linguistique et culturelle de tous les immigrants qui s'établissent sur son territoire, tout en assumant une partie des coûts que ces services entraînent. Par ailleurs, les autorités fédérales conservent la responsabilité entière des services relatifs à la naturalisation et à l'attribution de la citoyenneté.

CONCLUSION

Depuis 1867, au moment de la création de la fédération canadienne, les francophones ont essayé de faire triompher une vision du Canada fondée sur le principe de la « dualité », c'est-à-dire de l'association égale entre deux « peuples fondateurs », les francophones et les anglophones. Jusqu'au début des années 1960, cette recherche de l'égalité entre peuples fondateurs a amené les Québécois francophones à vouloir maximiser leur participation aux institutions fédérales et à réclamer l'égalité linguistique (sous la forme du bilinguisme) d'un bout à l'autre du Canada. Dans une pareille stratégie, qui liait la survivance du français à l'établissement d'institutions bilingues et biculturelles partout au Canada, les intérêts des Québécois francophones et des communautés francophones des autres provinces coïncidaient en grande partie. Mais les changements démographiques qui se sont produits depuis le milieu du XXe siècle ont rendu ce projet désuet : le nombre des francophones en dehors du Québec est allé en diminuant, le nombre des Allophones partout au Canada est allé en augmentant et le principe du multiculturalisme rend désormais mieux compte de la réalité démographique du Canada que celui de la dualité. Par conséquent, la réalité consiste maintenant dans la coexistence d'un Québec de plus en plus francophone et d'un « reste du Canada » de plus en plus anglophone.

C'est pourquoi, à partir du début des années 1960, les Québécois francophones ont commencé à réclamer plus d'autonomie provinciale. Leur intérêt pour les institutions fédérales a diminué en même temps qu'augmentait leur désir d'exercer plus de pouvoirs dans le cadre des institutions politiques provinciales. Logiquement, cette évolution a amené un certain nombre de Québécois à réclamer l'indépendance politique complète du Québec. Sur le plan linguistique, l'objectif poursuivi par les Québécois francophones n'est plus le bilinguisme pan-canadien, mais la primauté de la langue française au Québec. Celle-ci ne pouvant résulter du jeu naturel de la libre concurrence des langues, qui est défavorable au français en Amérique du Nord, l'État québécois a choisi de légiférer pour imposer l'usage du français et restreindre celui de l'anglais. De ce point de vue, la stratégie linguistique des francophones du Québec devient difficile à concilier avec les intérêts des francophones hors Québec. En effet, dans la mesure où le Québec cherchera à diminuer le bilinguisme sur son territoire, cela pourra servir de prétexte aux provinces anglophones pour faire la sourde oreille aux revendications de leurs minorités francophones. En outre, les francophones qui vivent dans les autres provinces comprennent fort bien qu'une éventuelle sécession du Québec les laisserait dans une situation de très grande vulnérabilité en faisant disparaître aux yeux des Canadiens anglais la principale raison justifiant les politiques de bilinguisme.

Au Canada anglais, on reproche souvent au Québec d'avoir commencé à limiter les droits de sa minorité anglophone au moment même où le statut juridique des francophones hors Québec bénéficiait d'une certaine amélioration, en Ontario, au Nouveau-Brunswick ainsi qu'au niveau des institutions fédérales (et, plus récemment, en matière scolaire, dans toutes les provinces, avec la mise en œuvre de l'article 23 de la *Charte canadienne des droits et libertés*). Cependant, les droits des anglophones du Québec, même limités par la loi 101, restent généralement plus considérables que ceux reconnus aux francophones dans la plupart des autres provinces. De plus, à cause de l'environnement canadien et nord-américain, les anglophones du Québec bénéficient de ressources sociales et culturelles en langue anglaise largement suffisantes, alors que des avantages équivalents n'existent évidemment pas pour les minorités francophones vivant en dehors du Québec. Plus généralement, il ne faut pas oublier que les francophones, même s'ils sont en situation de majorité au Québec, constituent une minorité en perte d'influence au niveau du Canada tout entier. Tous les efforts consentis par les autorités fédérales et certaines provinces pour améliorer le sort des minorités francophones hors Québec n'ont pas réussi à freiner le taux d'assimilation de ces groupes. Même au Québec, où près de 90 % des francophones du Canada sont désormais concentrés, le fait français n'est pas à l'abri des menaces, puisque la tendance naturelle des immigrants sera toujours de vouloir s'assimiler à la communauté anglophone. Après 35 ans de mise en œuvre de la loi 101, on constate qu'à peine un peu plus de la moitié des immigrants reçus au Québec, et dont la langue n'est pas le français, s'intègrent à la majorité francophone en adoptant le français comme langue habituelle. L'autre moitié continue de s'intégrer plutôt à la minorité anglophone.

C'est pourquoi certains défenseurs de la langue française pensent qu'il est devenu nécessaire de renforcer l'efficacité de la politique linguistique du Québec en modifiant la loi 101 et en adoptant des nouvelles mesures, plus énergiques, de protection du français. Ainsi, on discute actuellement des mesures suivantes, présentées comme nécessaires pour renforcer la loi 101 :

En premier lieu, l'extension aux services de garde et au niveau collégial de l'obligation, pour les immigrants et les francophones de souche, de fréquenter le système scolaire francophone plutôt qu'anglophone. À l'heure actuelle cette obligation ne s'applique qu'aux niveaux primaire et secondaire, le choix étant libre entre les systèmes anglophone et francophone aux niveaux collégial et universitaire.

En second lieu, l'extension de l'obligation d'utiliser le français dans le fonctionnement interne et externe des entreprises à celles de plus de 5 employés. Actuellement, cette obligation ne s'applique qu'aux entreprises de 50 employés et plus.

En troisième lieu, l'extension aux écoles privées non subventionnées des dispositions de la loi 101 obligeant les immigrants et les francophones de souche à envoyer leurs enfants à l'école francophone plutôt qu'anglophone. À l'heure actuelle, cette obligation ne s'applique qu'à l'égard des écoles publiques et des écoles privées subventionnées par le gouvernement du Québec. Une telle mesure est considérée comme nécessaire pour neutraliser le jugement de la Cour suprême du Canada qui permet le contournement de la loi 101 par l'entremise des « écoles-passerelles ».

On constate que de telles mesures imposeraient des contraintes supplémentaires et limiteraient davantage la liberté des comportements linguistiques. À ce titre, elles seraient sûrement décriées comme incompatibles avec certaines valeurs libérales et contestées devant les tribunaux. Elles provoqueraient également la critique dans le reste du Canada et risqueraient de servir de prétexte au gouvernement fédéral et à certains gouvernements provinciaux pour se montrer moins généreux envers les minorités francophones vivant en dehors du Québec.

Le Nouveau-Brunswick

L'ACADIE DU NOUVEAU-BRUNSWICK, UNE ANALYSE SELON LE MODÈLE DE L'AUTONOMIE CULTURELLE

Rodrigue LANDRY*

INTRODUCTION

Le présent article propose une analyse de la vitalité de la langue française au Nouveau-Brunswick sur le fondement du concept d'autonomie culturelle. Dans la première partie, nous décrivons brièvement ce concept et nous présentons les principales composantes d'un modèle théorique conçu pour favoriser la revitalisation langagière d'une minorité linguistique par une prise en charge d'un projet de société fondé sur l'autonomie culturelle. Dans la deuxième partie, nous analysons la situation de la communauté francophone du Nouveau Brunswick en effectuant un survol de ses atouts et de ses limites au regard des composantes de l'autonomie culturelle. En conclusion, nous cernerons les défis que devra relever cette communauté de langue officielle, particulière par le fait que la Constitution canadienne la reconnaît officiellement comme égale à la communauté anglophone de la province.

I - QU'EST-CE QUE L'AUTONOMIE CULTURELLE ?

Le concept d'autonomie culturelle est emprunté à Joshua Fishman. Ce sociolinguiste a proposé un modèle qu'il appelle « *reversing language shift* » (RLS)[1], une approche à la revitalisation

* Institut canadien de recherche sur les minorités linguistiques.

1. Joshua A. Fishman, « What is reversing language shift (RLS) and how can it succeed ? » (1990) 11 Journal of Multilingualism and Multicultural Development 5-36 ;

langagière applicable à des groupes linguistiques dont la langue se trouve à diverses phases de « dislocation intergénérationnelle », allant d'une langue morte à différents degrés d'autonomie culturelle. Selon lui, il y a autonomie culturelle quand le groupe peut assurer l'usage de sa langue dans la sphère privée, qu'il peut assurer sa transmission de génération en génération et que cet usage outrepasse la diglossie en étant répandu aussi dans la sphère publique, c'est-à-dire en éducation, au sein de l'appareil gouvernemental, au sein d'autres institutions publiques et dans les médias.

Fishman distingue l'autonomie culturelle de l'autonomie politique. La première découle de tous les efforts de revitalisation déployés par le groupe au sein d'un État, alors que l'autonomie politique représente une solution qui implique la création d'un État en vue de favoriser le maintien de la langue et de la culture. L'auteur ne décrit pas les formes que peut prendre l'autonomie culturelle, mais, définie largement, elle peut comprendre toute solution relativement stable susceptible d'assurer le maintien intergénérationnel d'une langue non seulement dans la sphère privée, mais aussi dans la sphère publique. L'usage d'une langue confiné à la sphère privée produit une situation diglossique, créant une « langue basse » dominée par une « langue haute » qui contrôle la sphère publique et les fonctions formelles de la société. L'autonomie culturelle implique donc la capacité d'assurer d'abord l'usage de la langue dans ce que Fishman[2] appelle la « communauté d'intimité » (du terme allemand *Gemeinschaft*) ou ce qu'il nomme aussi le « noyau foyer-famille-voisinage-communauté », puis son usage dans la sphère publique, c'est-à-dire dans la « société impersonnelle » (ou *Gesellschaft*).

C'est cette insistance sur le besoin d'assurer l'usage de la langue dans la sphère privée avant d'entreprendre des efforts soutenus pour en assurer l'usage dans la sphère publique qui a amené certains à critiquer son approche, la qualifiant de trop étapiste. De plus, on peut lui reprocher de minimiser aussi bien le rôle de l'État et son apport à la vitalité d'une langue, que celui de la scolarisation dans la langue de la minorité[3]. Enfin, dans son modèle RLS, Fishman fait presque

Joshua A. Fishman, *Reversing language shift*, Clevedon, Multilingual Matters, 1991 [Fishman, *Reversing language shift*] ; Joshua A. Fishman, *Can threatened languages be saved*, Clevedon, Multilingual Matters, 2001 [Fishman, *Can threatened languages be saved*].

2. Fishman, *Reversing language shift*, *ibid.* à la p. 6.

3. Rodrigue Landry, « Au-delà de l'école : Le projet politique de l'autonomie culturelle » (2008) 26 Francophonies d'Amérique 147-181 [Landry, « Au-delà de l'école »] ;

abstraction d'une réalité très fréquente en milieu linguistique minoritaire, à savoir celui de l'exogamie, un phénomène qui menace l'usage de la langue minoritaire au sein même du foyer familial[4].

Le modèle de l'autonomie culturelle[5] ne s'oppose toutefois pas au modèle RLS de Fishman, lequel conserve énormément de pertinence et de richesse ; il propose plutôt une démarche complémentaire qui met moins l'accent sur les étapes à suivre pour sauvegarder une langue que sur les acteurs sociaux et les composantes de la vitalité linguistique sur lesquelles ils peuvent agir. Il s'inscrit dans un modèle macroscopique plus global[6] ; celui-ci met en avant une conception de la dynamique intergroupe entre le groupe minoritaire (l'endogroupe) et le groupe majoritaire dominant (l'exogroupe) et stipule que le rapport de force qui s'exerce entre le groupe minoritaire et le groupe dominant met en jeu deux forces contraires.

La première, verticale, s'impose du haut vers le bas et s'apparente au *déterminisme social* ; ce sont les structures sociales qui s'imposent sur la socialisation langagière des individus. À leur tour, ces vécus langagiers déterminent en grande partie le devenir linguistique et culturel de la personne, c'est-à-dire son développement psycholangagier (notamment ses motivations langagières, son identité ethnolinguistique, ses compétences linguistiques et ses comportements langagiers). Par exemple, les membres d'un groupe minori-

---

Rodrigue Landry, « L'État et les minorités linguistiques : la perspective de l'autonomie culturelle » dans *Le statut du français dans l'Ouest canadien : la cause Caron*, Éditions Yvon Blais, (sous presse) ; Rodrigue Landry, Réal Allard et Kenneth Deveau, « Bilingual schooling of the Canadian francophone minority: A cultural autonomy model » (2007) 185 International Journal of Sociology of Language 133-162.

4. Rodrigue Landry, *Petite enfance et autonomie culturelle – Là où le nombre le justifie...V*, Moncton, Institut canadien de recherche sur les minorités linguistiques, 2010 [Landry, *Petite enfance...*].

5. Landry, « Au-delà de l'école », *supra* note 3 ; Rodrigue Landry, « Autonomie culturelle et vitalité des communautés de langue officielle en situation minoritaire » (2009) 11 Revue de la Common Law en français 19-43 [Landry, « vitalité des communautés de langue officielle »].

6. Rodrigue Landry, Réal Allard et Kenneth Deveau, « A macroscopic intergroup approach to the study of ethnolinguistic development » (2007) 185 International Journal of the Sociology of Language 225-253 ; Rodrigue Landry, Réal Allard et Kenneth Deveau, « Un modèle macroscopique du développement psycholangagier en contexte intergroupe minoritaire » (automne 2008) Diversité urbaine 45-68 ; Rodrigue Landry, Réal Allard et Kenneth Deveau, *École et autonomie culturelle. Enquête pancanadienne en milieu scolaire francophone minoritaire*, Ottawa / Moncton : Patrimoine canadien / Institut canadien de recherche sur les minorités linguistiques, 2010 [Landry *et al.*, *École et autonomie culturelle*].

taire qui n'ont pas accès à des écoles dans leur langue se trouvent ainsi privés d'une socialisation langagière extrêmement importante, celle de la scolarisation. Tout le développement psycholangagier des membres du groupe en subissent dès lors les conséquences. Les forces du déterminisme social sont réelles et imposantes ; des analyses empiriques menées dans des communautés francophones canadiennes ont d'ailleurs clairement montré son incidence[7].

Par ailleurs, la relation intergroupe donne la possibilité à une deuxième force, celle-ci étant en opposition à la première. Elle permet au groupe et aux individus de résister au déterminisme social et d'exercer un contre-pouvoir, celui de la résistance et d'actions proactives conduisant à des changements sociaux. Elle se nomme l'*autodétermination*. Les individus peuvent apprendre à s'autodéterminer dans leurs comportements[8] et à se conscientiser aux facteurs qui minent leur vitalité[9], ce qui les amène à adopter des comportements langagiers de valorisation de la langue, d'affirmation de leur identité et de revendication de leurs droits[10]. Collectivement, le groupe comme entité, ayant une forte identité collective, peut lutter contre le déterminisme social par la mise en œuvre de projets favorables à un accroissement de la vitalité du groupe. C'est à ce niveau du modèle macroscopique que se situent les projets d'autodétermination que nous associons à l'autonomie culturelle. L'autodétermination individuelle et l'autodétermination collective ont en commun la prise de conscience que les choses pourraient être différentes si certaines des conditions sociales qui priment leur développement étaient changées. Autrement dit, cette prise de conscience conduit à ce que

---

7. Voir Landry *et al.*, *École et autonomie culturelle*, *ibid.*, pour un aperçu global.
8. Kenneth Deveau, « Construction identitaire francophone en milieu minoritaire Canadien : « Qui suis-je ? », « Que suis-je ? » » (2008) 26 Francophonies d'Amérique 383-403 [Deveau, « Construction identitaire »] ; Kenneth Deveau, Réal Allard et Rodrigue Landry, « Engagement identitaire francophone en milieu minoritaire » dans Joseph-Yvon Thériault, Anne Gilbert et Linda Cardinal, dir., - *L'espace francophone en milieu minoritaire au Canada : Nouveaux enjeux, nouvelles mobilisations*, Montréal, Éditions Fides, 2008 aux pp. 73-120.
9. Réal Allard, Rodrigue Landry and Kenneth Deveau, « Le vécu langagier conscientisant : son rôle dans l'autodétermination du comportement langagier en milieu minoritaire » (2005) 20 Francophonies d'Amérique 95-109 ; Réal Allard, Rodrigue Landry et Kenneth Deveau, « Le comportement ethnolangagier engagé d'élèves d'écoles francophones en milieu minoritaire » dans Réal Bergeron, Lizanne Lafontaine et Ginette Plessis-Bélair, dir., *La place des savoirs oraux dans le contexte scolaire d'aujourd'hui*, Québec, Presses de l'Université du Québec, Collection Éducation Recherche, 2009 aux pp. 75-98.
10. Rodrigue Landry, Réal Allard, Kenneth Deveau et Noella Bourgeois, « Autodétermination du comportement langagier en milieu minoritaire : un modèle conceptuel » (2005) 20 Francophonies d'Amérique 63-78.

Bandura appelle le *déterminisme réciproque*[11]. C'est la conscience qu'ont les personnes et les collectivités de pouvoir agir sur les conditions qui gèrent leur existence. Selon les auteurs du concept de vitalité ethnolinguistique[12], les gens se mobilisent pour changer leur destinée lorsque les choses sont perçues comme injustes ou illégitimes et que la situation est jugée instable, c'est-à-dire changeable. Si l'une ou l'autre de ces conditions est absente, c'est plutôt le *statu quo* ou l'inaction qui est privilégié.

La mise en œuvre d'un projet d'autonomie culturelle est donc un geste collectif d'autodétermination. Mais c'est plus qu'une question de gouvernance ou de droits linguistiques, même si le modèle englobe ces facteurs. L'autonomie culturelle est un projet de société qui vise une synergie d'action entre de nombreux acteurs sociaux dans le dessein de prendre en charge et maîtriser les facteurs qui influent sur la vitalité d'un groupe linguistique.

Le modèle de l'autonomie culturelle (voir la figure 1) se résume à trois grandes catégories d'acteurs sociaux, chacune étant associée à une des composantes de la vitalité linguistique du groupe et les trois composantes agissant sur l'identité collective du groupe. En d'autres termes, chaque catégorie d'acteurs gère une composante de l'autonomie culturelle, chacune étant associée à des facteurs importants qui déterminent la vitalité linguistique du groupe. Ainsi, une politique d'aménagement linguistique[13], selon le modèle de l'autonomie culturelle, ne peut être pleinement efficace que si elle rend optimale une synergie des interventions des acteurs sociaux. Ci-dessous, nous précisons la nature de ces trois catégories d'acteurs sociaux et résumons leur rôle vis-à-vis de chacune des composantes de l'autonomie culturelle. Rappelons qu'un projet d'autonomie culturelle s'entend de tout projet global d'intervention ou d'aménagement linguistique qui s'élabore au sein d'un État en vue de promouvoir la vitalité d'un groupe linguistique. Ainsi, le vaste projet de la « Révolution tranquille » du Québec qui a donné suite à un projet global d'aména-

11. Albert Bandura, « The self system in reciprocal determinism » (1978) 33:4 American Psychologist 344-358.
12. Howard Giles, Richard Y. Bourhis et Donald M. Taylor, « Towards a theory of language in ethnic group relations » dans Howard Giles, dir., *Language, ethnicity and intergroup relations*, New York, Academic Press, 1977 aux pp. 307-334 [Giles *et al.*, « Towards a theory of language... »].
13. Christiane Loubier, *Langues au pouvoir : politique et symbolique*, Paris, L'Harmattan, 2008 ; Bernard Spolsky, *Language management*, Cambridge, Cambridge University Press, 2009.

gement linguistique sous l'égide de la *Charte québécoise de la langue française*, communément appelée la Loi 101[14] est bien un projet d'autonomie culturelle au sens du présent modèle. Nous appliquons ici le modèle à la situation des francophones du Nouveau-Brunswick. Il s'inspire de la sociologie du langage, de la sociolinguistique, des écrits dans le domaine du droit linguistique, de la psychologie sociale du langage, dont les recherches sur le concept de vitalité linguistique, et sur la littérature en matière de revitalisation langagière. Sa présentation sera brève. Il a pour objet d'alimenter la deuxième partie du présent article, laquelle analyse chacune des composantes du modèle au regard de la situation des communautés francophones et acadiennes du Nouveau-Brunswick.

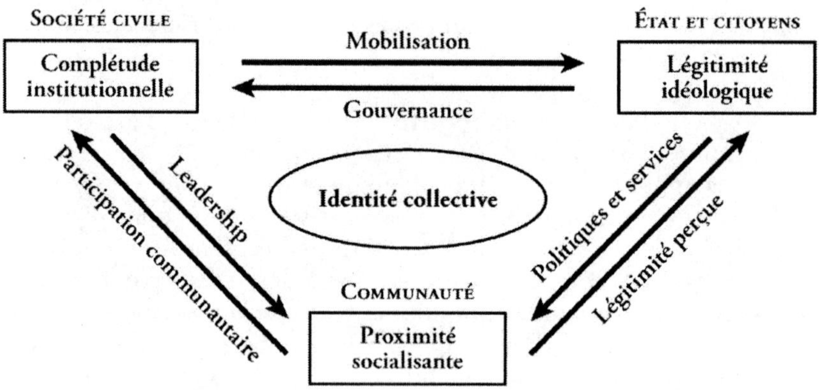

Figure 1. Le modèle de l'autonomie culturelle[15]

Comme le montre la figure 1, l'identité collective occupe le centre du modèle. C'est elle qui permet au groupe de se donner des projets collectifs[16] et d'agir sur sa destinée, mais cette identité est aussi le produit des actions du groupe et des autres acteurs de la société. Les produits de chacune des composantes de l'autonomie culturelle peuvent engendrer des effets sur l'identité collective du

14. Jean-Claude Corbeil, *L'embarras des langues. Origine, conception et évolution de la politique linguistique québécoise*, Montréal, Québec Amérique, 2007.
15. Landry, « vitalité des communautés de langue officielle », *supra* note 5.
16. Raymond Breton, « La communauté ethnique, communauté politique » (1983) 15:2 Sociologie et sociétés 23-37 [Breton, « La communauté ethnique »].

groupe. Plus que la somme des identités personnelles, cette identité collective a une existence en soi qui s'exprime par l'image publique que le groupe manifeste aussi bien dans le discours de ses représentants et de son élite que dans les médias, la littérature, l'éducation et les manifestations culturelles[17]. Dans l'optique de la vitalité linguistique, l'identité collective englobe toute manifestation du groupe comme « entité distincte et active »[18]. Les trois composantes du modèle sont à l'image des piliers d'un trépied qui sous-tend la vitalité du groupe linguistique, l'identité collective étant le support central qui solidifie sa structure tout en étant affaiblie ou renforcée par chacun de ses piliers.

La composante fondamentale de l'autonomie culturelle est la *proximité socialisante*. Elle s'apparente à ce que Fishman[19] nomme le « noyau foyer-famille-voisinage-communauté » ; elle relève de la sphère privée et les acteurs sont les individus et les familles qui constituent la « communauté d'intimité ». Comme toute personne capable d'autodétermination, les parents et les individus agissent de façon plus ou moins autodéterminée et conscientisée[20] dans leur voie langagière. Ce sont les premiers responsables de la transmission de la langue et de la culture à la prochaine génération. Plusieurs variables démographiques associées à la vitalité d'une langue[21] agissent à ce niveau, dont le nombre de membres et leur concentration territoriale, lesquels, à leur tour, agissent sur le degré d'endogamie et d'exogamie du groupe. Le nombre de locuteurs et leur concentration territoriale peuvent aussi être influencés par des conditions économiques qui influent sur la migration hors province de la communauté ou sur la venue de migrants d'ailleurs au pays ou d'immigrants de pays étrangers[22]. Mais rien n'est plus important que la concentration territoriale, condition fondamentale pour assurer la proximité socialisante.

17. Joseph-Yvon Thériault, *L'identité à l'épreuve de la modernité. Écrits politiques sur l'Acadie et les francophonies canadiennes minoritaires*, Moncton, Éditions d'Acadie, 1995 [Thériault, *L'identité à l'épreuve de la modernité*] ; Joseph-Yvon Thériault, *Faire société : Société civile et espaces francophones*, Sudbury, Prise de Parole, 2007 [Thériault, *Faire société*].
18. Giles *et al.*, « Towards a theory of language... », *supra* note 12.
19. Fishman, *Can threatened languages be saved*, *supra* note 1.
20. Landry *et al.*, *École et autonomie culturelle*, *supra* note 6.
21. Giles *et al.*, « Towards a theory of language... », *supra* note 12.
22. Maurice Beaudin et Rodrigue Landry, « L'attrait urbain : Un défi pour les minorités francophones au Canada » (2003) Canadian Issues = Thèmes canadiens, vol. Février aux pp. 19-22 ; Maurice Beaudin et Éric Forgues, *La migration des*

Comme le terme l'implique, le concept de la proximité socialisante résume les conditions qui favorisent dans la sphère privée la socialisation dans la langue. Comme le montre la figure 1, sans la proximité socialisante, les membres ne participent pas aux activités des institutions du groupe et à sa « vie communautaire »[23] et ainsi, sont privés des vécus enculturants nécessaires à leur identité ethnolinguistique[24]. Quand les membres d'une communauté se côtoient comme c'était jadis le cas dans les paroisses canadiennes-françaises[25], la langue est transmise normalement de génération en génération ; la proximité des institutions du groupe constitue un autre facteur favorable à cette transmission[26]. Les faibles concentrations territoriales d'une population favorisent l'exogamie, un facteur qui contribue à une faible transmission aux enfants de la langue de la minorité comme langue maternelle[27].

Toutefois, l'exogamie n'est pas la cause directe de l'assimilation linguistique ; c'est la dynamique langagière choisie par la famille qui a un effet direct sur la socialisation des enfants[28]. De nombreux parents francophones de langue minoritaire en situation d'exogamie choisissent de transmettre la langue minoritaire comme langue maternelle à leur enfant, souvent conjointement avec la langue majoritaire. En choisissant l'école de la minorité pour scolariser leur enfant, ils visent ainsi à créer une « francité familioscolaire » contribuant au bilinguisme additif de leur enfant et au maintien de l'identité francophone[29].

---

jeunes en milieu rural, Moncton, Institut canadien de recherche sur les minorités linguistiques, 2005 ; Maurice Beaudin et Éric Forgues, « La migration des jeunes francophones en milieu rural : considérations socioéconomiques et démolinguistiques » (2006) 22 Francophonies d'Amérique 185-207.

23. Joshua A. Fishman, *Language and ethnicity in minority sociolinguistic perspective*, Clevedon, England, Multilingual Matters, 1989.
24. Landry *et al.*, *École et autonomie culturelle*, *supra* note 6.
25. Roger Bernard, *Le Canada français : Entre mythe et utopie*, Ottawa, Éditions Le Nordir, 1998.
26. Anne Gilbert et André Langlois, « Organisation spatiale et vitalité des communautés des métropoles à forte dominance anglaise du Canada » (2006) 21 Francophonies d'Amérique 105-129.
27. Landry, *Petite enfance...*, *supra* note 4.
28. Rodrigue Landry et Réal Allard, « L'exogamie et le maintien de deux langues et de deux cultures : Le rôle de la francité familioscolaire » (1997) 23:3 Revue des sciences de l'éducation 561-592 [Landry et Allard, « L'exogamie et le maintien de deux langues »].
29. Rodrigue Landry, *Libérer le potentiel caché de l'exogamie : profil démolinguistique des enfants des ayants droit francophones selon la structure familiale*, Moncton, Institut canadien de recherche sur les minorités linguistiques / Ottawa, Commission nationale des parents francophones, 2003 ; Landry, *Petite enfance...*, *supra* note 4 ; Landry et Allard, « L'exogamie et le maintien de deux langues », *ibid.*

Il importe de souligner que, lorsque les conditions ne répondent pas aux bienfaits d'une proximité socialisante optimale, les individus peuvent toujours favoriser la transmission de la langue et de la culture minoritaires, mais il s'agit alors de comportements engagés que manifestent des personnes autonomisées et conscientisées. C'est pourquoi un aménagement linguistique axé sur pareils comportements engagés dans des milieux peu propices nécessiterait la mise en œuvre d'une campagne de marketing social qui serait stimulante et conscientisante[30].

Sans les deux autres composantes, même s'il profite de conditions optimales quant à la proximité socialisante, le groupe est en situation de diglossie[31]. La langue du groupe serait une « langue basse », destinée aux fonctions informelles de la société et privée d'une présence sur la place publique.

La deuxième composante de l'autonomie culturelle est la *complétude institutionnelle*, concept emprunté à Breton[32] et similaire à celui de soutien ou de contrôle institutionnel proposé dans la théorie de la vitalité ethnolinguistique[33]. Les acteurs principaux associés à cette composante sont les membres de la société civile de la minorité qui peuvent exercer un rôle de leadership auprès des membres, mettre en œuvre la gouvernance de la minorité et, au besoin, mobiliser la population. La société civile remplit souvent un rôle d'intermédiaire entre les individus et le gouvernement[34] et exerce un rôle politique par ses organisations sociales et ses institutions. Ces dernières assurent tant la pérennité du groupe que son existence comme entité sociale distincte. Comme le souligne Capra[35], les institutions

30. Landry, *Petite enfance...*, *supra* note 4.

31. Joshua A. Fishman, « Bilingualism with and without diglossia, diglossia with and without bilingualism » (1967) 23:2 Journal of Social Issues 29-38 ; Landry, « Au-delà de l'école », *supra* note 3.

32. Raymond Breton, « Institutional completeness of ethnic communities and the personal relations of immigrants » (1964) 70 American Journal of Sociology 193-205.

33. Giles *et al.*, « Towards a theory of language... », *supra* note 12 ; Jake Harwood, Howard Giles et Richard Y. Bourhis, « The genesis of vitality theory: historical patterns and discoursal dimensions » (1994) 108 International Journal of the Sociology of Language 167-206 ; Richard Y. Bourhis et Rodrigue Landry, « Vitalité communautaire, autonomie culturelle et bien-être des minorités linguistiques » dans Richard Y. Bourhis, dir., *Déclin et enjeux des communautés de langue anglaise du Québec*, Ottawa, Patrimoine canadien, (sous presse).

34. Joseph-Yvon Thériault, *La société civile ou la chimère insaisissable*, Montréal, Québec/Amérique, 1985 ; Thériault, *Faire société*, *supra* note 17.

35. Fritjof Capra, *The hidden connections : Integrating the biological, cognitive and social dimensions of life into a science of sustainability*, New York, Doubleday, 2002.

agissent en tant que « frontières d'identité », permettant à un groupe de gérer sa vie de groupe et d'ouvrir ou de fermer ses frontières. Le modèle de l'autonomie culturelle distingue deux types d'institutions en ce qui a trait à leurs répercussions sur les membres du groupe linguistique. Certaines agissent comme un prolongement de la proximité socialisante et contribuent à la socialisation langagière de base et à la construction identitaire. C'est le cas des établissements d'enseignement, des médias, et, en certains cas, des milieux de travail. Ces institutions constituent des milieux de construction identitaire et impliquent la création de réseaux sociaux durables ou, comme c'est le cas pour les médias, favorisent des expériences langagières et culturelles susceptibles de se maintenir toute une vie. Ce sont des milieux d'intimité et de « solidarité ». Même si les médias sont de nature publique, c'est souvent dans l'intimité des foyers ou des réseaux d'amis qu'ils se consomment. De plus, même si, à notre connaissance, cette question a été peu étudiée, nous formulons l'hypothèse que les médias gérés par le groupe minoritaire tiennent lieu de miroir qui permet aux membres de s'autocatégoriser[36], c'est-à-dire de voir et d'entendre ses semblables tout en s'identifiant à eux.

D'autres institutions agissent davantage comme sources de socialisation secondaire sur la place publique et sont essentiellement des lieux de « statut », pouvant représenter une force symbolique dans les représentations sociales des personnes. Nos recherches montrent que la première catégorie d'institutions exerce un effet qui s'apparente à celui de la famille et contribue à la construction identitaire des personnes, alors que les institutions publiques et tout le paysage linguistique (affiches commerciales et publiques) sont associés à la « vitalité linguistique subjective », c'est-à-dire aux représentations mentales que se font les personnes de la présence et du statut de leur langue dans la société[37]. À leur tour, l'identité et la vitalité linguistique subjective contribuent au désir des personnes d'intégrer la communauté linguistique[38]. L'école demeure l'institution de base,

36. Deveau, « Construction identitaire », *supra* note 8.

37. Réal Allard et Rodrigue Landry, « Subjective ethnolinguistic vitality viewed as a belief system » (1986) 7:1 Journal of Multilingual and Multicultural Development 1-12 ; Réal Allard et Rodrigue Landry, « Subjective ethnolinguistic vitality: A comparison of two measures » (1994) 108 International Journal of the Sociology of Language 117-144 ; Richard Y. Bourhis, Howard Giles et Doreen Rosenthal, « Notes on the construction of a subjective vitality questionnaire for ethnolinguistic groups » (1981) 2 Journal of Multilingual and Multicultural Development 145-166.

38. Rodrigue Landry, Kenneth Deveau et Réal Allard, « Langue publique et langue privée en milieu ethnolinguistique minoritaire : Les relations avec le dévelop-

la pierre angulaire de la complétude institutionnelle, celle-ci constituant non seulement un prolongement de la proximité socialisante comme lieu de socialisation primaire, mais aussi l'institution mère de toutes les autres institutions et le fondement de toute la société civile du groupe[39].

La troisième composante porte le nom de *légitimité idéologique* et a pour acteur principal l'État et ses citoyens. Si nous incluons les citoyens ici, c'est que l'orientation idéologique de l'État envers une minorité linguistique[40] est rarement loin de celle qui anime toute la société et principalement le groupe dominant. De par son orientation idéologique, l'État introduit les politiques de reconnaissance envers la minorité et confirme la légitimité sociale du groupe, qui se traduit dans les politiques, les programmes et les services d'appui de l'État. Évidemment, dans un État fédéral comme le Canada, cette orientation peut varier selon l'ordre de gouvernement considéré[41]. Les minorités dont la légitimité idéologique n'est pas reconnue souffrent de ce que Calvet[42] nomme l'insécurité statutaire, et, comme le montre la figure 1, la « légitimité perçue » des membres de la communauté s'en trouve lésée, leurs comportements langagiers au sein de la famille et sur la place publique étant influencés par les représentations sociales des individus. Le groupe qui se trouve dépourvu de légitimité sociétale peut difficilement s'attendre à ce que ses membres soient enclins à l'intégrer. De nombreux parents hésitent à transmettre à leur enfant une langue non légitime et sans statut. C'est probablement l'un des facteurs qui influent sur la transmission privilégiée de la langue dominante aux enfants par les couples exogames.

Il faut s'empresser d'ajouter toutefois que, dans notre ère de mondialisation, l'État ne contrôle pas tous les facteurs associés à la légitimité d'une langue. L'anglais occupe une place privilégiée

---

pement psycholangagier » (2006) 22 Francophonies d'Amérique 167-184 [Landry *et al.*, « Langue publique et langue privée »].

39. Rodrigue Landry et Serge Rousselle, *Éducation et droits collectifs : Au-delà de l'article 23 de la Charte*, Moncton, Éditions de la Francophonie, 2003 [Landry et Rousselle, *Éducation et droits collectifs*].

40. Richard Y. Bourhis, « Acculturation, language maintenance and language loss » dans Jetske Klatter-Folmer et Piet Van Avermaet, dir., *Language maintenance and language loss*, Tilburg, The Netherlands, Tilburg University Press, 2001 aux pp. 5-37 ; Tove Skutnabb-Kangas, *Linguistic genocide in education or worldwide diversity and human rights*, Mahwah, New Jersey, Lawrence Erlbaum, 2000.

41. Linda Cardinal, *Le fédéralisme asymétrique et les minorités linguistiques et nationales*, Sudbury, Prise de parole, 2008.

42. Louis-Jean Calvet, *Pour une écologie des langues du monde*, Paris, Plon, 1999.

comme langue internationale[43] et son statut comme « lingua franca » explique pourquoi l'anglais est la langue privilégiée dans de nombreuses sphères d'activité. Son pouvoir d'attraction est particulièrement puissant en Amérique du Nord, où son influence est omniprésente[44].

II - L'ACADIE DU NOUVEAU-BRUNSWICK ET L'AUTONOMIE CULTURELLE : UNE ANALYSE

Maintenant que le concept d'autonomie culturelle a été décrit et que ses composantes ont été définies, analysons la situation des francophones du Nouveau-Brunswick selon ces paramètres. À la suite d'un très bref survol de l'historique du Nouveau-Brunswick, nous relèverons des indices de la vitalité du français dans cette province au regard de chacune des composantes de l'autonomie culturelle.

Peu de temps après la dispersion des Acadiens (1755-1763), la Nouvelle-Écosse fut scindée en deux parties par l'Angleterre, créant le territoire du Nouveau-Brunswick en 1784. L'Île-du-Prince-Édouard était devenue une colonie indépendante de la Nouvelle-Écosse en 1769. Étant catholiques, les Acadiens ont eu à subir plusieurs lois répressives envers les « papistes » qui, de surplus, n'offraient aucune protection linguistique[45]. Lorsque, ce qui est aujourd'hui l'Ontario et le Québec, ont formé une union fédérale avec le Nouveau-Brunswick et la Nouvelle-Écosse afin de former le Canada en 1867, aucune protection linguistique n'a été prévue dans la loi fondatrice pour les francophones du Nouveau-Brunswick. Le droit à des écoles confessionnelles conféré par l'article 93 de la *Loi constitutionnelle de 1867* ne s'appliquait pas au Nouveau-Brunswick et, dès 1871, un système d'écoles non confessionnelles était instauré, acte controversé qui mena à certains compromis et à des arrangements locaux concernant l'enseignement religieux et l'usage du

43. David Crystal, *The language revolution*, Cambridge, Polity Press, 2004 ; Abram de Swaan, *Words of the World : The Global Language System*, Cambridge, Polity, 2001 ; Karen Risager, *Language and Culture. Global Flows and Local Complexity*, Clevedon, England, Multilingual Matters, 2006 ; Manfred B. Steger, *Globalization. A Brief Insight*, New York, Sterling, 2009.
44. Rodrigue Landry, « Mondialisation, minorités linguistiques et dominance de l'anglais » (soumis pour publication).
45. Michel Bastarache et Andréa Boudreau Ouellet, « Droits linguistiques et culturels des Acadiens et Acadiennes de 1713 à nos jours » dans Jean Daigle, dir., *L'Acadie des Maritimes, études thématiques des débuts à nos jours*, Moncton, Chaires d'études acadiennes, Université de Moncton, 1993 aux pp. 385-430 [Daigle, *L'Acadie des Maritimes*].

français[46]. Après la deuxième moitié du 19e siècle, les Acadiens des trois provinces maritimes commencent à établir des collèges classiques, organisent des conventions nationales, se donnent une fête nationale, un drapeau et un hymne national, et commencent à constituer des associations, puis, plus tard, dans les années 1930 mais surtout dans les années 1940 et 1950, s'engagent dans le mouvement coopératif pour développer leur économie[47].

Mais c'est à partir de 1969 que les francophones du Nouveau-Brunswick se démarquent vraiment des autres Acadiens des Maritimes. À la suite de la Commission sur le bilinguisme et le biculturalisme (1963-1968) qui a conduit à la dualité linguistique canadienne, le Nouveau-Brunswick, sous le leadership de son premier ministre acadien Louis J. Robichaud, devint la première et toujours la seule province à se déclarer officiellement bilingue. Sa *Loi sur les langues officielles* (1969) fut révisée en 2002 et elle est en voie d'une deuxième révision. En 1981, l'Assemblée législative vote une *Loi sur l'égalité des deux communautés linguistiques officielles au Nouveau-Brunswick* et les principes de cette loi sont inscrits à l'article 16.1 de la *Charte canadienne des droits et libertés* en 1993[48]. C'est le principe de la « dualité linguistique » qui a présidé aux principaux avancements des communautés francophones néo-brunswickoises dans le monde associatif, en éducation, dans les médias et dans la santé, ainsi que dans certains secteurs économiques.

Aujourd'hui les francophones du Nouveau-Brunswick (ils sont 237 000 au recensement de 2011) représentent le quart des francophones de l'extérieur du Québec et environ 85 % de ceux des provinces de l'Atlantique. Ils forment le tiers de la population provinciale, soit le pourcentage le plus élevé après le Québec (les francophones des

---

46. *Ibid.*
47. Jean Daigle, dir., *Les Acadiens des Maritimes : études thématiques*, Moncton, Chaires d'études acadiennes, Université de Moncton, 1980 ; Daigle, *L'Acadie des Maritimes*, *supra* note 45 ; Michelle Landry, *La question du politique en Acadie : Les transformations de l'organisation sociopolitique des Acadiens du Nouveau-Brunswick*, Thèse de doctorat, Université Laval, 2011 [Michelle Landry, *La question du politique en Acadie*] ; Nicolas Landry et Nicole Lang, *Histoire de l'Acadie*, Sillery (Qc), Septentrion, 2001 ; André Magord, *The Quest for Autonomy in Acadia*, Bruxelles, P.I.E. Peter Lang, 2008 ; Thériault, *L'identité à l'épreuve de la modernité*, *supra* note 17.
48. Voir Serge Rousselle, « La route vers l'autonomie culturelle de la communauté acadienne du Nouveau-Brunswick : de l'individuel au collectif » dans ce volume pour une analyse juridique de l'autonomie culturelle au Nouveau-Brunswick [Rousselle, « La route vers l'autonomie culturelle »].

autres provinces et des territoires constituant moins de 5 % de leurs populations respectives). Cette population est fortement concentrée dans le nord et dans l'est de la province[49] : 54 % vivant dans le Nord et constituant en moyenne 77 % de la population de cette région, 33 % vivant dans le Sud-Est, où ils représentent près de la moitié de la population (48,7 %) et 13 % étant dispersés dans le Centre et le Sud-Ouest où ils représentent une faible partie de la population (7,5 %). Qu'en est-il maintenant des chiffres plus représentatifs de la proximité socialisante ?

A – Proximité socialisante

Le francophone typique du Nouveau-Brunswick demeure dans une division de recensement qui est constituée de 35,7 % d'anglophones, de 62,2 % de francophones et de 2,1 % d'allophones : 70 % vivent dans une municipalité constituée d'au moins 70 % de francophones[50]. Le francophone prototype est donc majoritaire sur le territoire habité, même si, en moyenne, il vit dans une province où les anglophones forment la majorité.

Le meilleur indice d'une forte proximité socialisante, comme nous l'avons souligné précédemment, est la transmission de la langue maternelle aux enfants. Au recensement de 2006, le français était la langue maternelle de 81 % des enfants ayant au moins un parent francophone, chiffre qui se situe bien au-delà de la moyenne de 50 % pour l'ensemble des communautés francophones en situation minoritaire (CFSM)[51]. Toutefois, comme le montrent Lepage *et al.*[52], la transmission du français varie beaucoup selon les régions et la structure familiale. Le taux est de 92 % dans le Nord, de 79 % dans le Sud-Est et de 49 % dans le Centre Sud-Ouest. De plus, le taux est très élevé quand les deux parents sont francophones (98 %), alors qu'en situation d'exogamie il tombe à 35 %. Pour l'ensemble des CFSM, ces chiffres sont de 93 % et 24 %, respectivement. L'exogamie des couples

---

49. Jean-François Lepage, Camille Bouchard-Coulombe et Brigitte Chavez, *Portrait des minorités de langue officielle au Canada : les francophones du Nouveau-Brunswick*, Ottawa, Statistique Canada, 2011 [Lepage *et al.*, *Portrait des minorités...*].
50. Réjean Lachapelle et Jean-François Lepage, *Les langues au Canada, Recensement de 2006*, Ottawa, Patrimoine canadien / Statistique Canada, 2010 [Lachapelle et Lepage, *Les langues au Canada*].
51. Landry, *Petite enfance...*, *supra* note 4.
52. *Lepage et al.*, *Portrait des minorités...*, *supra* note 49.

est en hausse et le nombre d'enfants issus de couples exogames est passé de 16 % en 1971 à 32 % en 2006. Ces taux varient aussi beaucoup selon les régions : 16,6 % dans le Nord, 34,4 % dans le Sud-Est et 63,4 % dans le Centre Sud-Ouest[53]. Le chiffre moyen reste toutefois nettement inférieur à celui des CFSM, qui est de 66 %[54].

Les transferts linguistiques sont relativement faibles et n'ont augmenté que très graduellement sur une période de 40 ans : 8,8 % en 1971 et 11,6 % en 2011. Les taux varient selon les régions. En 2006, le taux provincial de 11,2 % se répartit dans une proportion de 4,2 % dans le Nord, de 12,6 % dans le Sud-Est et de 37,2 % dans le Centre Sud-Ouest. Mais la population francophone est décroissante, le nombre d'enfants étant trop faible pour compenser les transferts linguistiques. Le taux de fécondité des femmes francophones est passé du plus élevé chez les francophones hors Québec pendant la période intercensitaire 1956-1961, avec une moyenne de 6 enfants, au plus faible entre 2001 et 2006, avec seulement 1,3 enfant[55]. Selon les démographes, un nombre de 2,1 enfants par famille est nécessaire pour assurer la stabilité de la population. Il y a peu d'apports de l'immigration , seulement 2 % des francophones du Nouveau Brunswick sont nés à l'étranger. De plus, la migration interprovinciale affiche un taux migratoire négatif depuis 1986 ; le nombre de francophones sortant de la province est plus élevé que le nombre de nouveaux migrants dans la province[56].

En somme, la proximité socialisante des francophones du Nouveau-Brunswick est la plus forte de toutes les provinces et des territoires, sauf le Québec. Mais les défis à relever sont à peu près les mêmes que ceux des autres CFSM. Le taux de fécondité est très faible et le taux d'exogamie, même s'il ne représente que la moitié de celui de l'ensemble des CFSM, est croissant et son effet sur la transmission du français langue maternelle aux enfants est négatif, comme chez les autres CFSM. Toutefois, contrairement à d'autres régions du Canada, le Nouveau-Brunswick attire peu de francophones de l'étranger et d'autres provinces et territoires. Le net avantage des francophones du Nouveau-Brunswick est leur forte concentration territoriale. Cette forte concentration se trouve surtout en milieu

53. *Ibid.*
54. Landry, *Petite enfance...*, *supra* note 4.
55. Lachapelle et Lepage, *Les langues au Canada*, *supra* note 50.
56. Lepage *et al.*, *Portrait des minorités...*, *supra* note 49.

rural. Toutefois, une importante proportion de cette population rurale habite des « districts de services locaux » (DSL), ce qui a pour effet que ces collectivités non constituées n'exercent pratiquement aucun pouvoir local et sont fortement dépendantes du gouvernement provincial[57].

Le Nouveau-Brunswick est un peu un microcosme du pays. On y trouve des régions très francophones où l'on ne parle pas l'anglais et des régions bilingues, mais on y trouve aussi, principalement dans le Centre Sud-Ouest et dans le Sud-Est, des municipalités où les francophones sont très minoritaires et où les transferts linguistiques sont très élevés. Le tableau 1, préparé à l'aide des données du recensement de 2001, montre l'« effet urbain » de la vie des francophones du Nouveau-Brunswick. Plus les francophones vivent en contexte minoritaire dans ces milieux urbains, plus leurs enfants grandissent en contexte exogame et plus faible est la transmission du français langue maternelle. La forte proximité socialisante des francophones du Nouveau-Brunswick pourrait graduellement s'amenuiser, si, pour des raisons économiques, les régions à forte concentration se vidaient au profit des milieux urbains majoritairement anglophones. Dans la région de Moncton par exemple, choisir de vivre à Dieppe s'avère plus prometteur que vivre à Moncton ou à Riverview[58]. Pour rendre plus optimale leur proximité socialisante dans des villes comme Moncton, Fredericton et Saint John, les individus et les familles, principaux acteurs de la proximité socialisante, auraient tout intérêt à être sensibilisés à l'importance de vivre à proximité d'autres francophones et de leurs institutions.

57. Michelle Landry, « Le nouveau projet de communautés rurales du Nouveau-Brunswick : une occasion d'acquisition de pouvoirs et d'autonomie pour les Acadiens ? » (2007) 23-24 Francophonies d'Amérique 15-29.

58. Le Grand Moncton est constitué de trois municipalités : Moncton dont la population est constituée de 34 % de francophones, Dieppe (75 %) et Riverview (8 %).

TABLEAU 1
Exemples de l'effet urbain chez les francophones du Nouveau-Brunswick

Villes	Pourcentage des francophones	Enfants issus de couples exogames (%)	Français langue maternelle (%)
Saint John	5	88	24
Fredericton	7	81	35
Moncton	34	60	56
Dieppe	77	20	92
Shédiac	78	18	86
Edmundston	94	9	98
Caraquet	98	2	100

Source : Calculs effectués à l'aide des données du recensement de 2001[59].

B - La complétude institutionnelle

S'agissant de leur complétude institutionnelle, les Acadiens du Nouveau-Brunswick privilégient depuis longtemps la dualité institutionnelle. Ils ont compris que les structures bilingues favorisent peu l'épanouissement de leur langue et de leur culture. Dans une période plus autonomiste, pendant les années 1970, certains ont même rêvé à une province acadienne, découpée à même la carte du Nouveau-Brunswick[60]. Nous résumons ici rapidement les domaines institutionnels que gèrent les francophones et nous analysons la participation communautaire à ces institutions. Le leadership de la société civile est examiné en conclusion.

Le domaine dans lequel les francophones du Nouveau-Brunswick exercent le plus d'autonomie est celui de l'éducation. Dès 1974, avant même l'adoption de la *Charte canadienne des droits et libertés* (1982), le Nouveau-Brunswick a instauré deux divisions au sein du ministère de l'Éducation, chacune ayant un sous-ministre.

59. Landry, *Petite enfance...*, *supra* note 4.
60. Michelle Landry, *La question du politique en Acadie*, *supra* note 47 ; Léon Thériault, *La question du pouvoir en Acadie*, Moncton, Éditions d'Acadie, 1982 [Thériault, *La question du pouvoir en Acadie*] ; Michel Doucet, *Le discours confisqué*, Moncton, Éditions d'Acadie, 1995.

Depuis les années 1970, des conseils scolaires créés sur une base linguistique ont eu plus ou moins d'emprise sur leur mission éducative, ceux-ci ayant même été abolis temporairement à la suite d'une réforme qui les a remplacés par des conseils consultatifs[61]. Récemment, le nombre de conseils scolaires francophones était réduit à trois, leurs services étant davantage centralisés dans trois régions : le Nord-Ouest, le Nord-Est et le Sud, le conseil scolaire de cette dernière région étant aussi responsable des écoles situées dans les régions majoritairement anglophones de Fredericton, Saint John et Miramichi. Dans ces trois villes sont situés des centres scolaires communautaires qui regroupent sous un même toit une école et des organismes communautaires, un modèle de vie communautaire inventé au Nouveau-Brunswick et maintenant répandu dans d'autres CFSM, principalement en milieu urbain[62].

Créée en 1963 par la fusion de collèges classiques, l'Université de Moncton compte trois Campus, un dans le Nord-Ouest, à Edmundston, un dans le Nord-Est, à Shippagan, et le Campus central situé à Moncton, dans le Sud-Est de la province. Regroupant environ 5 000 étudiants, elle offre une grande variété de programmes, dont la formation médicale grâce à un partenariat avec l'Université de Sherbrooke. Elle a été la première université à offrir l'enseignement de la common law en français. Des analyses ont montré que l'Université de Moncton a eu des impacts bénéfiques dans chacune des régions où elle œuvre[63]. Un Collège communautaire comptant cinq campus francophones complémente la formation postsecondaire en français. Une commission sur l'enseignement francophone[64] a proposé récemment que des fonds supplémentaires soient octroyés aux écoles de langue française et que l'accent soit mis sur l'éducation à la petite enfance, fondement de l'autonomie culturelle. Le gouvernement du Nouveau-Brunswick a depuis constitué un comité pour mettre en

61. Rodrigue Landry et Joanne Hansen, *Vers une gouverne parentale efficace en éducation. Rapport du Comité d'étude de la structure de gouverne parentale*, Fredericton, Gouvernement du Nouveau-Brunswick, 1998.

62. Suzanne Harrison, *Les centres scolaires communautaires (CSC) des Maritimes, Relation entre des espaces institutionnels et le vécu langagier d'ayants droit francophones*, Moncton, Institut canadien de recherché sur les minorités linguistiques, 2007.

63. Benjamin Higgins et Maurice Beaudin, *Impact de l'Université de Moncton sur les régions de Moncton, d'Edmundston et de Shippagan*, Moncton, Institut canadien de recherche sur le développement régional, 1988.

64. Gino Leblanc, *L'éducation en Acadie du Nouveau-Brunswick : une voie vers l'autosuffisance linguistique et culturelle*, Fredericton, Gouvernement du Nouveau-Brunswick, 2009.

œuvre les réformes proposées par la commission et a changé le nom du ministère pour celui de ministère de l'Éducation et du Développement de la Petite enfance. Il reste que peu de changements concrets se sont manifestés à ce jour.

Dans le domaine de la santé, il y a eu depuis longtemps des services de langue française dans les régions acadiennes, et même à Moncton, grâce aux collaborations entre les communautés religieuses et la société civile acadienne[65]. Toutefois, le modèle de la dualité institutionnelle n'a jamais pu s'établir de façon aussi définitive qu'en éducation. Un compromis politique récent (dans le cadre d'une poursuite judiciaire réglée hors cour) a établi deux autorités provinciales distinctes : la Régie Vitalité, qui fournit ses services aux francophones dans des établissements gérés par ceux-ci, mais qui doit aussi assurer des services en anglais à ceux qui les demanderaient, et la Régie Horizon, qui gère les établissements de langue anglaise, mais qui doit aussi desservir la population francophone au besoin. Il est généralement reconnu que les établissements anglophones gèrent une partie disproportionnée des soins spécialisés et un plan de rattrapage a été proposé par le gouvernement en décembre 2012.

Depuis longtemps, les Acadiens du Nouveau-Brunswick ont eu des hebdomadaires et au moins un journal quotidien francophone, le dernier étant l'Acadie Nouvelle. Comme beaucoup d'autres régions francophones du pays, ils reçoivent la radio et la télévision de Radio-Canada, celles-ci étant beaucoup trop axées sur la réalité québécoise, voire montréalaise, pour représenter vraiment la population acadienne. Moncton contrôle toutefois un nombre limité d'émissions de Radio-Canada pour la région Atlantique, celles-ci étant orientées surtout vers les nouvelles régionales, mais présentant aussi une variété de contenu culturel. Des radios communautaires et privées connaissent du succès dans les régions francophones et la Télévision Rogers offre un canal francophone pour une variété d'émissions réalisées en français au Nouveau-Brunswick. Les francophones ont aussi accès à TV5 et à plusieurs chaînes québécoises de langue française, s'ils sont abonnés à la télévision numérique.

---

65. Claude Bourque, *Rêves de visionnaires : Historique de l'Hôtel-Dieu / Hôpital Dr Georges L. Dumont*, Moncton, Éditions d'Acadie, 1997 ; Sylvie Ladouceur et Marc Robichaud, *Vivre sa santé en français au Nouveau-Brunswick : Le parcours engagé des communautés acadiennes et francophones dans le domaine de la santé*, Moncton, Institut d'études acadiennes, 2011.

Il existe du théâtre de langue française, principalement dans la Péninsule acadienne et dans la région de Moncton. Le Festival international du cinéma francophone en Acadie qui est présenté annuellement à Moncton depuis près de trente ans connaît un succès stable. Ce n'est que depuis récemment qu'il existe un peu de cinéma de langue française dans le Sud-Est, des films à succès de la France ou du Québec étant présentés sporadiquement. Dans certaines communautés du Nord de la province, le cinéma francophone y est présent depuis plus longtemps, les films américains y étant même souvent présentés en version française. Enfin, des artistes francophones de tout genre se manifestent sur la scène culturelle et il existe plusieurs associations culturelles.

Depuis les années 1980, il existe de nombreuses associations sectorielles et organismes qui ont adopté le modèle de la dualité ; ceux-ci sont parfois dédoublés chez la population anglophone (ex. : l'association des enseignants), mais la plupart sont uniques à la population francophone. Près d'une trentaine d'associations se regroupent au sein du Forum des organismes francophones du Nouveau-Brunswick sous la direction de la Société de l'Acadie du Nouveau-Brunswick, qui se décrit comme « le chef de file de l'épanouissement de la communauté acadienne du Nouveau-Brunswick ». La Société nationale de l'Acadie, une des plus anciennes associations acadiennes, n'exerce plus un rôle politique important, mais son intérêt demeure celui de faire rayonner l'Acadie des quatre provinces de l'Atlantique sur les plans national et international. Nous reviendrons en conclusion sur le leadership et la gouvernance de la société civile acadienne.

Nous avons choisi de ne pas présenter en détail la complétude institutionnelle francophone au Nouveau-Brunswick, car, dans la perspective du présent article, c'est son incidence globale sur la vitalité de la langue française qui nous intéresse. Comme le montre le modèle de l'autonomie culturelle (figure 1), c'est la participation communautaire de la population aux institutions qui importe. Par exemple, il est d'une extrême importance d'avoir des écoles françaises, mais c'est le degré de participation des effectifs potentiels à celles-ci qui est le véritable indicateur de réussite. Le tableau 2 présente des chiffres qui nous permettent d'évaluer le degré de participation communautaire aux institutions de langue française dans les domaines de l'éducation, de la santé, des médias et de la justice.

La plupart des chiffres présentés proviennent de la monographie de Statistique Canada préparée par Lepage *et al.*[66].

TABLEAU 2
Participation institutionnelle des francophones du Nouveau-Brunswick selon les domaines et les régions

	Régions			
Domaines	**Nord (en %)**	**Sud-Est (en %)**	**Centre S-O (en %)**	**Province (en %)**
Éducation				
Maternelles et prématernelles	94	85	60	86
Écoles primaires	92	89	57	85
Écoles secondaires	88	81	54	80
École : total	91	86	55	83
Postsecondaire (projections)	82	75	33	70
Santé				
Médecin de famille	90	80	28	78
Infirmière	93	83	30	81
Information au téléphone	90	82	56	84
Autres	94	77	23	80
Médias				
Radio	58	31	23	44
Télévision	45	13	14	30
Journaux	78	24	21	52
Livres	60	26	19	42
Internet	29	13	12*	21
Justice				
GRC	81	56	57	69
Police municipale	83	29*	17*	63
Avocats	80	61	24*	67

* Coefficient de variation peu fiable

66. Lepage *et al.*, *Portrait des minorités...*, *supra* note 49.

La participation des élèves au système scolaire francophone est nettement supérieure à la moyenne des CFSM. Alors que seulement 50 % (55 % au primaire et 44 % au secondaire) des enfants d'ayants droit[67] fréquentent l'école de langue française chez l'ensemble des communautés francophones et acadiennes[68], le taux est de 83 % au Nouveau-Brunswick (85 % au primaire et 80 % au secondaire). Aussi, les pertes d'élèves au secondaire sont moindres au Nouveau-Brunswick (environ 6 %) que pour l'ensemble des CFSM (20 %). Pour les maternelles et les prématernelles, le nombre élevé d'inscriptions (86 %) est également de loin supérieur à celui des CFSM (53 %). Quant aux projections des parents concernant la fréquentation d'un établissement de langue française pour les études postsecondaires de leur enfant, le chiffre de 70 % est là aussi nettement supérieur à celui de l'ensemble des CFSM (40 %). Notons toutefois la grande variation de ces chiffres selon les régions du Nouveau-Brunswick, cette variation étant fortement associée à la proportion des francophones dans le territoire. Dans le Centre Sud-Ouest, les inscriptions sont plutôt similaires à celles de la moyenne des CFSM.

Dans le domaine de la santé, il s'agit d'environ 80 % des adultes francophones qui reçoivent des soins en français, chiffre qui se compare bien avec la moyenne des CFSM, laquelle est plutôt de l'ordre de de 33 à 36 %. On observe aussi dans ce domaine de fortes variations reliées à la concentration territoriale des francophones.

Quant au domaine de la justice, les deux tiers environ (69 %) disent recevoir des services de la GRC en français, chiffre plus élevé que pour la police municipale (63 %). De même, les deux tiers (67 %) des adultes francophones disent recevoir des services juridiques en français. Ces chiffres varient selon les régions, mais sont généralement moindres que les services de santé et d'éducation. Nous n'avons pas les chiffres équivalents pour l'ensemble des CFSM, mais il serait surprenant qu'ils soient aussi élevés qu'au Nouveau-Brunswick.

---

67. À l'extérieur du Québec, l'article 23 de la *Charte canadienne des droits et libertés* donne aux parents citoyens dont la langue maternelle est le français le droit de faire instruire leurs enfants dans une école gérée par les francophones. Sont « ayants droit » aussi les parents qui ont fait leur scolarisation en français au primaire au Canada ou qui ont un enfant présentement inscrit ou ayant déjà été inscrit à l'école française au primaire ou au secondaire au Canada. Voir Landry et Rousselle, *Éducation et droits collectifs*, *supra* note 39.

68. Jean-Pierre Corbeil, Claude Grenier et Sylvie Lafrenière, *Les minorités prennent la parole : Résultats de l'Enquête sur la vitalité des minorités de langue officielle*, Ottawa, Statistique Canada, 2007 [Corbeil *et al.*, *Les minorités prennent la parole*].

C'est dans le domaine des médias que l'on observe l'usage le moins fréquent du français. Même dans le nord de la province où les populations sont très majoritairement francophones, c'est moins de la moitié des adultes francophones qui regardent la télévision surtout ou uniquement en français (45 %). On écoute un peu plus la radio en français (58 %), probablement en raison des radios communautaires francophones. C'est la lecture des journaux qui s'avère la plus francophone, grâce à l'Acadie Nouvelle et aux hebdomadaires francophones. Internet est le domaine où l'on fait le moins l'usage du français. Dans les autres régions, de 12 à 31 % seulement des adultes francophones consomment des médias surtout ou seulement en français.

De nos jours, comme le montre le phénomène de la mondialisation, l'usage d'une langue ne dépend pas uniquement de la concentration territoriale d'une population, même si ce facteur demeure une influence déterminante. Des influences externes peuvent s'exercer sur la vie communautaire de la minorité et produire un effet sur l'usage d'une langue. Ces influences externes sont plus fortes lorsque la sphère d'activité provient d'une source qui est globale et pénétrante (comme c'est le cas notamment pour les médias), mais elles peuvent envahir les domaines les plus intimes, comme la famille. Par exemple, nous l'avons souligné précédemment, moins la concentration territoriale d'une minorité linguistique est forte, plus les membres de la minorité tendent à avoir comme conjoint un membre de l'exogroupe dominant. Au Nouveau-Brunswick comme ailleurs, l'usage de la langue dans la famille s'en trouve fortement influencée ; 98 % des couples endogames francophones transmettent le français comme langue maternelle à leurs enfants contre seulement 35 % des couples exogames. Il en est de même pour le réseau d'amis et le réseau de connaissances dans le voisinage. Moins la concentration territoriale est forte, plus fortes sont les possibilités d'être en contact avec des personnes ne parlant que la langue dominante. Lorsque la sphère d'activités devient plus étendue par la fréquentation d'établissements et de commerces ou de lieux de travail qui ne sont pas toujours à proximité, plus les possibilités d'être en contact avec la langue dominante sont fortes. Les propriétaires et les employeurs qui gèrent ces lieux institutionnels peuvent être unilingues dans la langue dominante et même provenir de l'extérieur. Les médias constituent un domaine dont l'influence est globale et pénétrante ; ils peuvent provenir de sources très lointaines (les nombreuses chaînes de télévision de langue anglaise du Canada et surtout des États-Unis, par exemple), mais ils pénètrent les lieux intimes des foyers, car c'est souvent dans des lieux d'intimité que ces médias sont consommés. On regarde la télévision et on écoute de la musique seul, en famille ou avec des amis, par exemple.

La proximité communautaire constitue donc un facteur significatif ; c'est la principale source de proximité socialisante et le lieu privilégié pour la transmission de la langue aux prochaines générations. Toutefois, plus la sphère d'activités langagières s'étend à des sources d'influences externes, plus les membres de la minorité sont exposés à la forte « légitimité culturelle » de la langue dominante. Les membres de la minorité sont alors confrontés à deux sources de légitimité ; l'une est reliée aux vécus langagiers de « solidarité » qui proviennent de la proximité communautaire et qui renforcent la légitimité perçue du groupe minoritaire, l'autre ressort de la sphère publique et révèle le « statut » supérieur de la langue dominante[69]. Ces deux sources de légitimité peuvent même être à l'origine de tensions identitaires, les membres de la minorité étant portés à s'identifier aux deux communautés en même temps, la leur, pour des raisons de solidarité et l'autre, pour des raisons de statut. Certains en viennent à préférer l'intégration au groupe majoritaire.

Les résultats néo-brunswickois de l'enquête postcensitaire sur les minorités de langue officielle effectuée par Statistique Canada en 2006 (voir le tableau 3[70]) montrent bien à la fois les effets de la proximité communautaire et ceux de l'influence externe. Certaines données ne sont pas connues pour les régions, car elles ont été intégrées à un indice des comportements langagiers de la sphère publique qui comprend tous les domaines, sauf celui de la famille. Les résultats régionaux ne sont connus que pour l'indice global. Ils révèlent l'importance de la concentration territoriale, même pour les activités langagières de la sphère publique (l'usage unique ou surtout du français variant de 85 % dans le Nord à 28 % dans le Centre Sud-Ouest), mais aussi l'effet des influences externes associé au statut du groupe dominant. L'usage du français à l'échelle provinciale est de 86 % dans le domaine de la famille, les influences externes dans ce domaine se limitant à l'exogamie. À l'autre extrême, pour les médias, là où les influences exogènes révélant le statut supérieur de la langue dominante sont globales et pénétrantes, le taux d'usage du français est

69. Rodrigue Landry, « Légitimité et devenir en situation linguistique minoritaire » (soumis pour publication).

70. Les résultats du tableau 3 proviennent de Lepage *et al.*, *Portrait des minorités...*, *supra* note 49 et de Corbeil *et al.*, *Les minorités prennent la parole*, *supra* note 68.

diminué de moitié à 43 %. On peut noter au tableau 3 que la décroissance dans l'usage du français semble être associée à la force des influences exogènes selon les domaines.

TABLEAU 3
Usage principal du français par les francophones du Nouveau-Brunswick selon la proximité communautaire et les sources d'influences externes

	Régions			
Domaines	**Nord (en %)**	**Sud-Est (en %)**	**Centre S-O (en %)**	**Province (en %)**
Famille				86
Amis				80
Réseau social immédiat				75
Institutions et commerces				72
Travail				60
Médias				43
Indice sphère publique	85	52	28	67

Les résultats des tableaux 2 et 3 correspondent à des indices de l'usage du français par les francophones du Nouveau-Brunswick dans les sphères sociales et institutionnelles. L'usage du français reste très élevé dans le nord de la province où les francophones ont une forte concentration territoriale, mais le tableau 2 fait ressortir la force pénétrante des médias même dans cette région. L'usage du français diminue lorsque la proportion des francophones s'amenuise. C'est le Sud-Est qui est la région la plus typique de l'ensemble des francophones de la province et c'est le Centre Sud-Ouest qui montre le plus les effets d'une population peu nombreuse et dispersée.

Nous l'avons souligné dans la première partie, certaines institutions sont davantage associées à la « solidarité » et ont pour effet de contribuer à la construction identitaire. C'est le cas pour les institutions éducatives, les médias et, dans certains cas les lieux de travail. La participation des francophones à ces institutions est la plus forte dans les institutions éducatives (plus de 80 %), mais montre des signes de faiblesse au niveau postsecondaire (70 %). De même, seulement 60 % des adultes francophones travaillent surtout en français. C'est le domaine des médias, vécu langagier qui est relié à la construction identitaire[71], mais qui provient de sources externes très globales, qui exerce l'effet le plus déterminant sur l'usage de l'anglais.

D'autres aspects de la complétude institutionnelle sont reliés au statut public de la langue et son effet atteint surtout la vitalité subjective des membres de la minorité. C'est le cas des services de santé, des services de justice et des services dans les établissements financiers, commerciaux et gouvernementaux. L'affichage public et commercial est aussi un aspect institutionnel surtout associé au statut de la langue et à la vitalité linguistique subjective[72]. Parmi ces institutions reflétant le statut de la langue, c'est dans les services de santé que l'usage du français est le plus fréquent (près de 80 %), en raison sans doute de la part appréciable de dualité institutionnelle dans ce secteur. Cet usage est moins fréquent dans le domaine de la justice (entre 63 et 69 % selon les secteurs) et dans les autres établissements et commerces (72 %). En ce qui a trait à l'affichage commercial et public, cet aspect n'a pas été mesuré dans l'enquête de Statistique Canada, mais une enquête pancanadienne menée dans les écoles secondaires francophones[73] révèle que seulement environ le quart des jeunes de 11e année perçoivent une présence dominante du français dans le paysage linguistique de leur région. Retenons que, dans tous les aspects de la complétude institutionnelle, les contacts avec le français sont très fortement associés à la concentration territoriale des francophones.

C – Légitimité idéologique

Il ne fait aucun doute que ce sont les francophones du Nouveau-Brunswick qui, à l'extérieur du Québec, ont la plus forte légitimité idéologique grâce au statut officiel de la langue française. Des services francophones ou bilingues sont offerts en principe aux trois

71. Rodrigue Landry, Réal Allard et Kenneth Deveau, « Médias et développement psycholangagier francophone en contexte minoritaire » (été 2007) Canadian Issues/Thèmes canadiens 9-14.

72. Richard Y. Bourhis et Rodrigue Landry, « La loi 101 et l'aménagement du paysage linguistique au Québec » dans Pierre Bouchard et Richard Bourhis, dir., *L'aménagement linguistique au Québec : 25 ans d'application de la Charte de la langue française*, (2002) Revue d'aménagement linguistique, Hors Série aux pp. 107-132 ; Rodrigue Landry et Richard Y. Bourhis, « Linguistic landscape and ethnolinguistic vitality: An empirical study » (1997) 16 Journal of Language and Social Psychology 23-49 ; Landry *et al.*, « Langue publique et langue privée », *supra* note 38.

73. Landry *et al.*, *École et autonomie culturelle*, *supra* note 6.

paliers de gouvernement : fédéral, provincial et municipal (sauf dans les villes majoritairement anglophones). Moncton est la seule grande ville qui s'est déclarée officiellement bilingue, mais les services dans les institutions privées et l'affichage commercial restent anglodominants. L'anglais tend à dominer l'affichage commercial, même dans certaines municipalités majoritairement francophones, notamment du Sud-Est. Seules les municipalités de Dieppe (Sud-Est) et d'Atholville (Nord) ont légiféré sur le statut légitime du français dans l'affichage. La majorité des municipalités préfèrent laisser la décision aux commerçants, certaines offrant un appui à ceux qui désirent rendre leurs affiches bilingues. L'affichage public offert par les services des gouvernements fédéral et provincial est bilingue, mais l'anglais apparaît systématiquement en premier, même dans les régions francophones, rappelant le statut minoritaire du français. Symbole de légitimité, l'affichage commercial et public représente un domaine dans lequel la communauté acadienne a enregistré peu de progrès.

De nombreux droits linguistiques sont conférés aux francophones du Nouveau-Brunswick[74]. Nous avons fait mention précédemment de la *Loi sur les langues officielles* (1969, 2002, et actuellement en révision). Les articles 16 à 20 de la *Charte canadienne des droits et libertés* confirment les mêmes droits relatifs aux services du gouvernement du Nouveau-Brunswick que ceux qui sont reconnus aux Canadiens au palier fédéral. L'article 23 de la *Charte* garantit le droit à l'enseignement en français et à la gestion scolaire comme partout ailleurs au Canada, mais seul le Nouveau-Brunswick reconnaît par sa *Loi sur l'éducation* une véritable dualité institutionnelle dans ce secteur. Une nouvelle *Loi sur les garderies éducatives* est controversée, car elle semble reconnaître la possibilité de garderies bilingues plutôt qu'une véritable dualité institutionnelle concernant la petite enfance. Mais, c'est principalement l'inscription des principes de la *Loi reconnaissant l'égalité des deux communautés linguistiques officielles au Nouveau-Brunswick* (1981) à l'article 16.1 de la *Charte* en 1993 qui semble pouvoir le mieux assurer l'autonomie culturelle de l'Acadie du Nouveau-Brunswick[75]. La jurisprudence relative à cet article est mince (plusieurs causes judiciaires invoquant cet article se sont réglées hors cour) ; alors, on ne connaît pas encore sa véritable portée. Nous ne sommes pas juristes et n'osons pas interpréter sa

74. Voir Rousselle, « La route vers l'autonomie culturelle », *supra* note 48, pour un traitement détaillé de cet aspect.

75. Landry, « vitalité des communautés de langue officielle », *supra* note 5.

valeur juridique, mais, comme on peut le lire ci-dessous, l'article 16.1 semble reconnaître pleinement le droit à des institutions distinctes et offrir à la communauté des droits collectifs, contrairement à la *Loi sur les langues officielles* qui confère des droits individuels. Le paragraphe 16.1 (2) semble aussi attribuer au gouvernement des obligations de mesures positives (comme c'est le cas pour le gouvernement fédéral avec la nouvelle partie VII de la *Loi sur les langues officielles*[76]. À notre avis, l'article 16.1 s'avère plus clairement de nature collective que la partie VII de la *Loi sur les langues officielles* (Canada). Quant au paragraphe (1), il reste à voir quelle est l'étendue du concept d'« institutions culturelles distinctes » et la portée du mot « notamment » lequel semble indiquer que la portée de la disposition pourrait être plus large que sa teneur. Voici le texte de l'article 16.1.

> (1) La communauté linguistique française et la communauté linguistique anglaise du Nouveau-Brunswick ont un statut et des droits et privilèges égaux, notamment le droit à des institutions d'enseignement distinctes et aux institutions culturelles distinctes nécessaires à leur protection et à leur promotion.
>
> (2) Le rôle de la législature et du gouvernement du Nouveau-Brunswick de protéger et de promouvoir le statut, les droits et les privilèges visés au paragraphe (1) est confirmé.

CONCLUSION

Comme le fait remarquer M. Landry dans son analyse sociohistorique, l'Acadie du Nouveau-Brunswick, société apatride, n'ayant ni État ni territoire propre, a connu différentes logiques dans son développement, certaines étant plus autonomistes et d'autres plus intégrationnistes, visant « surtout l'intégration collective du groupe à l'ensemble institutionnel plus large »[77]. La deuxième moitié du 19e siècle est décrite par M. Landry comme ayant une logique autonomiste par la formulation d'un nationalisme acadien (l'époque des conventions nationales et du début de l'institutionnalisation), l'accent étant mis sur le but de se définir et de se différencier à la fois des anglophones et des Canadiens français[78]. La période récente la

76. Voir Michel Doucet, « La partie VII de la *Loi sur les langues officielles du Canada* : une victoire à la Pyrrhus ou un réel progrès ? » (2007) 9 Revue de la Common Law en français 31-84, pour une analyse à ce sujet.
77. Michelle Landry, *La question du politique en Acadie*, *supra* note 47 à la p. 196.
78. Elle s'inspire de Marcel Gauchet, *La condition politique*, Paris, Gallimard, 2005 pour définir une communauté politique comme s'entendant de la capacité de se définir, de s'organiser et d'agir sur soi-même.

plus autonomiste est certes celle des années 1970, qui voit l'arrivée de la SANB et ses revendications pour la dualité en éducation et dans d'autres secteurs de même que la création du Parti acadien en 1972 ; cette période autonomiste a mené les Acadiens à voter pour la revendication d'une province à la Convention d'orientation nationale de 1979 (53 % des participants ont voté pour l'option d'une province acadienne, de loin l'option la plus favorisée[79]). Mais, aucune suite n'a été donnée à ce mandat que les participants ont confié à la Société des Acadiens du Nouveau-Brunswick. Dans sa conclusion, M. Landry est d'avis que l'Acadie du Nouveau-Brunswick d'aujourd'hui se trouve plutôt dans une phase intégrationniste, quoiqu'il y ait toujours « des relents du mouvement d'autonomie »[80]. Ses dirigeants cherchent à assurer pour les francophones l'équivalent de ce que les anglophones de la province obtiennent comme services et qualité de vie, mais proposent peu de projets collectifs propres à l'Acadie francophone.

En somme,

> ... il ne faudrait pas voir en l'histoire de l'Acadie une quête d'autonomie, car la plupart du temps, l'organisation sociopolitique des Acadiens, bien que formée de manière autonome, œuvrait directement à assurer une meilleure intégration, collective plutôt qu'individuelle, à la société hôte. Nous pouvons en effet nous demander si le contraire aurait été possible, compte tenu de la répartition géographique de sa population[81]

Le modèle de l'autonomie culturelle ne prévoit aucun mode d'organisation politique ou de gouvernance particulier, mais propose néanmoins que la gouvernance et la mobilisation des membres de la minorité sous le leadership de la société civile constituent des éléments essentiels à une forte identité collective, celle-ci formant l'assise des projets collectifs de la minorité[82]. Comme le souligne M. Landry :

> Le cas de l'Acadie du Nouveau-Brunswick montre du moins que, ne pouvant pas compter sur un État pour créer les institutions et les cadres nécessaires afin d'assurer le développement, c'est la société civile acadienne qui a été mobilisée pendant plus d'un demi-siècle (début du 20e siècle jusqu'aux années 1970) afin de structurer le vivre

79. Voir Thériault, *La question du pouvoir en Acadie*, *supra* note 60.
80. Michelle Landry, *La question du politique en Acadie*, *supra* note 47 à la p. 196.
81. *Ibid.* à la p. 197.
82. Breton, « La communauté ethnique », *supra* note 16.

ensemble en créant des associations, c'est-à-dire des institutions de la société civile rendues possibles par le droit public englobant des associations qui se doivent d'exercer une influence auprès des gouvernements pour améliorer leur condition d'existence[83].

La société civile francophone d'aujourd'hui, au Nouveau-Brunswick comme dans les autres provinces et dans les territoires, est devenue toutefois dépendante de l'État fédéral, car il est seul à financer une panoplie d'organismes et d'associations qui gèrent les affaires francophones[84]. Cette société civile représente en quelque sorte une extension de la fonction publique fédérale, les organismes et les associations mettant en œuvre les programmes que le gouvernement fédéral accepte de financer. Dans un article récent sur le rôle de la gouvernance dans le cadre d'un projet d'autonomie culturelle[85], il a été proposé qu'un mode électoral élargi serait nécessaire pour que les organismes et les associations francophones, tout en étant financés par le gouvernement fédéral en vertu des obligations que lui impose la partie VII de la *Loi sur les langues officielles*, puissent exercer un pouvoir légitime et se convertir comme fonction publique de la société civile francophone.

Il ne fait aucun doute que les francophones du Nouveau-Brunswick forment la minorité de langue officielle la plus apte à se donner un véritable projet d'autonomie culturelle. Notre analyse montre que, sur chacune des composantes – la proximité socialisante, la complétude institutionnelle et la légitimité idéologique – elle a pris des longueurs d'avance sur toutes les autres CFSM. Néanmoins, elle fait face aux mêmes défis qu'elles dans l'ensemble et affiche les mêmes faiblesses, quoique à un degré moindre. Les principaux acteurs de l'autonomie culturelle dans sa composante de base, à savoir la proximité socialisante, sont les individus et les familles, des êtres autonomes qui n'ont aucune obligation d'intégrer les institu-

83. Michelle Landry, *La question du politique en Acadie*, *supra* note 47 à la p. 201.

84. Éric Forgues, *Du conflit au compromis linguistique : l'État et le développement des communautés francophones en situation minoritaire*, Moncton, Institut canadien de recherche sur les minorités linguistiques, 2007 ; Éric Forgues, « La gouvernance des communautés francophones en situation minoritaire et le partenariat avec l'État » (2010) 29:1 Politique et sociétés 71-90 ; Éric Forgues, « Le partenariat des communautés francophones en situation minoritaire avec l'État : frein ou tremplin à l'autonomie ? » (2012) 1 Minorités linguistiques et société / Linguistic Minorities and Society 180-194.

85. Rodrigue Landry, Éric Forgues et Christophe Traisnel, « Autonomie culturelle, gouvernance et communautés francophones en situation minoritaire au Canada » (2010) 29:1 Politique et sociétés 54-81.

tions de la minorité et de souscrire à son pouvoir ou encore de s'identifier à la « culture sociétale de langue française »[86]. C'est là la principale faiblesse de la dualité institutionnelle, car les membres de la minorité peuvent s'intégrer à un seul ou aux deux ensembles institutionnels, mais ce mode de gouvernance reste nettement supérieur aux institutions bilingues et demeure l'une des formes de gouvernance les plus aptes à permettre la mise en œuvre d'un projet d'autonomie culturelle lorsque la minorité est apatride.

La SANB est confrontée à un défi énorme, pas seulement à gérer le Forum de concertation des organismes acadiens du Nouveau-Brunswick (regroupant une trentaine de membres dans cinq secteurs), mais surtout à rendre sa structure de gouvernance plus représentative de sa population et plus mobilisatrice dans des dossiers de premier plan pour l'épanouissement de l'Acadie francophone. Le défi est moins celui de sauvegarder ses organismes et ses institutions, ceux-ci étant relativement bien protégés par la structure juridique du pays et de la province, mais surtout de maintenir le lien avec sa population de base, les individus et les familles qui assurent la transmission de la langue et la participation aux institutions. C'est là le fondement de l'autonomie culturelle. Comme l'explique M. Landry dans son étude consacrée aux « transformations de l'organisation sociopolitique des Acadiens du Nouveau-Brunswick » :

> Si le pouvoir interne des élites devient trop lourd, trop coûteux ou ne correspond plus aux aspirations de la population représentée, le sentiment collectif et sa cohérence s'affaiblissent, ne laissant alors plus rien aux élites à diriger, ni plus personne à représenter[87].

Notre analyse, nous autorise à affirmer que la structure dirigeante de l'Acadie du Nouveau-Brunswick devra maintenir des liens forts avec sa population de base, population de plus en plus multiethnique et diversifiée, et l'inciter à intégrer une culture sociétale de langue française qui s'exprime dans une complétude institutionnelle reconnue et légitime, tout en trouvant un équilibre optimal entre, d'un côté, une vision intégrationniste qui assure l'équité avec la communauté anglophone et sa place dans la province et, de l'autre, une vision autonomiste lui permettant d'être maître de sa destinée.

---

86. Rodrigue Landry, « Autonomie culturelle, cultures sociétales et vitalité des communautés de langue officielle en situation minoritaire au Canada » (2012) 1 Minorités linguistiques et société / Linguistic Minorities and Society 159-179.
87. Michelle Landry, *La question du politique en Acadie*, *supra* note 47 à la p. 202.

Le Nouveau-Brunswick

LA ROUTE VERS L'AUTONOMIE CULTURELLE DE LA COMMUNAUTÉ ACADIENNE DU NOUVEAU-BRUNSWICK : DE L'INDIVIDUEL AU COLLECTIF

Serge ROUSSELLE*

INTRODUCTION

Par l'adoption de la *Loi sur les langues officielles du Nouveau-Brunswick* en 1969 (*Loi de 1969*), le législateur néo-brunswickois a choisi de reconnaître le statut équivalent du français et de l'anglais, soit les deux langues qu'il officialise, et de conférer des droits relatifs à l'emploi de ces langues dans les institutions provinciales.

De cette première incursion majeure dans le domaine des droits linguistiques au Nouveau-Brunswick, force est de constater l'absence, d'une part, de toute mention relative à l'existence des communautés de langue officielle dans cette province et, d'autre part, de droits qui leur sont propres à titre de bénéficiaires explicites.

Pourtant, il n'en demeure pas moins que les droits individuels en matière de langue visent d'abord et avant tout à favoriser le développement durable des communautés qui se rattachent à une langue donnée. D'ailleurs, quoique cette raison d'être ultime des droits linguistiques ne s'exprimait pas explicitement dans la *Loi de 1969* ni qu'elle n'ait été reconnue, à une certaine époque, dans les décisions des tribunaux, l'évolution législative et jurisprudentielle des droits

* Professeur titulaire, Faculté de droit, Université de Moncton.

linguistiques au Nouveau-Brunswick a rendu cet objectif de plus en plus évident et fondamental au cours des quatre dernières décennies.

En cela, pour apprécier pleinement cette évolution et mieux en comprendre les conséquences pour l'avenir des communautés de langue officielle du Nouveau-Brunswick, ce texte propose d'étudier les droits linguistiques qui ont pris forme depuis 1969 dans cette province, ainsi que la jurisprudence pertinente afin de démontrer l'importance qu'a pris l'aspect collectif de ces droits, entre autres l'obligation positive du gouvernement provincial de favoriser le développement durable de la communauté acadienne (minoritaire) de langue officielle en tenant compte de sa situation et de ses besoins particuliers. Ce faisant, nous pourrons également mieux observer la route juridique parcourue par la communauté acadienne du Nouveau-Brunswick vers l'autonomie culturelle[1].

I - L'ÉVOLUTION LÉGISLATIVE

La *Loi de 1969* constitue, sans contredit, un moment charnière en matière de bilinguisme institutionnel au Nouveau-Brunswick et symbolise un doux retour de l'histoire pour les Acadiens de cette province qui avaient jusqu'alors souffert d'un manque évident de reconnaissance étatique de leur langue et de leur culture. À cet égard, il faut savoir que la *Loi constitutionnelle de 1867*, soit l'acte de naissance du Canada, n'accorde aucune protection linguistique aux communautés francophones et acadiennes qui vivent à l'extérieur du Québec. En réalité, ce texte constitutionnel fait très peu de cas de la question linguistique et les deux seules dispositions qui en traitent, l'une directement, l'autre indirectement, font comme s'il n'y avait pas de francophones à protéger en dehors du Québec, même si, par exemple, les Acadiens ont toujours formé environ un tiers de la population du Nouveau-Brunswick depuis 1867.

Dans cet esprit, s'agissant de l'article 133 de la *Loi constitutionnelle de 1867* qui concerne directement la question linguistique, il prévoit que les lois fédérales et québécoises doivent être adoptées en

1. Ce texte s'inscrit dans la logique et s'inspire d'une analyse similaire réalisée dans le contexte fédéral pour souligner le quarantième anniversaire de la *Loi sur les langues officielles* du Canada : Serge Rousselle, « Les 40 ans de la *Loi sur les langues officielles* : de l'individuel au collectif » dans Jack Jedwad et Rodrigue Landry, dir., *Life After Forty / Après quarante ans : Official Languages in Canada / les politiques de langue officielle au Canada*, Montréal-Kingston, McGill-Queen's University Press, 2011 aux pp. 103-121.

français et en anglais, que chacun pourra faire usage de l'une ou l'autre langue au Parlement fédéral et à l'Assemblée législative du Québec, ainsi que devant les tribunaux fédéraux et québécois. De ce bilinguisme institutionnel embryonnaire et asymétrique au pays, rien n'est prévu concernant les trois autres provinces originelles du Canada que sont l'Ontario la Nouvelle-Écosse et le Nouveau-Brunswick.

Dans le même ordre d'idées, il faut souligner l'article 93 de la *Loi constitutionnelle de 1867*, qui touche indirectement la question linguistique en octroyant aux provinces le pouvoir exclusif en matière scolaire, ce qui comprend notamment la langue d'enseignement. Ainsi, la communauté acadienne du Nouveau-Brunswick s'est retrouvée dépourvue de toute protection constitutionnelle autant dans le domaine du bilinguisme institutionnel que de celui de l'enseignement dans sa langue et elle en subira les contrecoups.

Un siècle plus tard, alors que certains éléments francophones au Québec remettent en question le bien-fondé de la poursuite de « l'expérience canadienne » et que la situation des communautés francophones et acadiennes au pays est pour le moins difficile, voire bien souvent désastreuse, tant au niveau de l'enseignement dans leur langue que face à des appareils gouvernementaux provinciaux faisant généralement fi de leur existence, une Commission royale d'enquête sur le bilinguisme et le biculturalisme est créée en 1963 par le gouvernement fédéral afin de « recommander les mesures à prendre pour que la Confédération canadienne se développe d'après le principe de l'égalité entre les deux peuples qui l'ont fondée »[2].

Dans ses conclusions finales, en 1967 et 1968, cette Commission prend fait et cause pour la dualité linguistique et culturelle au Canada en reconnaissant que celle-ci revêt une très grande importance et constitue un aspect fondamental de l'identité canadienne. En cela, elle recommande, entre autres, d'adopter une garantie constitutionnelle concernant la langue d'enseignement et, d'autre part, d'étendre au Nouveau-Brunswick et à l'Ontario, pour l'essentiel, les droits constitutionnels reconnus au Québec et au fédéral par l'article 133 de la *Loi constitutionnelle de 1867*, tout en préconisant que ces provinces adoptent, tout comme le fédéral, une loi sur les langues officielles[3].

---

2. Rapport de la Commission royale d'enquête sur le bilinguisme et le biculturalisme, *Introduction générale, Livre I Les langues officielles*, Ottawa, 1967 à l'appendice I.
3. *Ibid.* aux para. 270 et 293.

Cette dernière recommandation n'est pas demeurée lettre morte bien longtemps au Nouveau-Brunswick puisque, dès 1969, cette province adopte, à l'instar du gouvernement fédéral[4], sa première loi sur les langues officielles qui sera progressivement mise en vigueur au cours des années qui suivent[5].

Cette *Loi de 1969* marque une étape fondamentale dans la reconnaissance du bilinguisme institutionnel au Nouveau-Brunswick. Aux termes de cette *Loi*, le français et l'anglais deviennent les deux langues officielles du Nouveau-Brunswick et bénéficient d'un statut équivalent de droit et de privilège aux fins des institutions relevant du gouvernement et de l'Assemblée législative de cette province[6]. De plus, cette *Loi de 1969* consacre le français et l'anglais comme langues officielles des débats et travaux de l'Assemblée législative et de ses comités, tout en prévoyant que les procès-verbaux et rapports qui en découlent tout comme l'ensemble des projets de lois, doivent être imprimés dans ces deux langues[7]. Dans cet ordre d'idées, les lois adoptées, ainsi que les prochains recueils des lois révisées doivent être imprimés dans les deux langues officielles et font pareillement autorité[8]. De même, sujet à certaines restrictions qui peuvent s'appliquer, toute publication exigée par une loi et tout texte paraissant dans la Gazette officielle doit être imprimé dans les deux langues, alors que les employés de la fonction publique et des sociétés d'État doivent veiller à ce qu'une personne puisse recevoir les services et communiquer dans l'une ou l'autre langue officielle lorsqu'elle en fait la demande[9].

Cette *Loi de 1969* aborde également les domaines municipal, de l'enseignement et de la justice. Ainsi, d'une part, elle prévoit que « [t]out conseil municipal peut déclarer par résolution que l'une ou l'autre des langues officielles ou les deux peuvent être utilisées dans toute délibération ou à toute réunion de ce conseil »[10]. D'autre part, en matière d'enseignement, elle précise que la langue maternelle d'un

4. *Loi sur les langues officielles*, L.C. 1969, ch. 54.
5. *Loi sur les langues officielles du Nouveau-Brunswick*, L.N.-B. 1969, ch. 14. Il convient de souligner que la mise en œuvre de cette *Loi de 1969* a été pour le moins progressive, puisque plusieurs de ses principales dispositions ne sont entrées en vigueur qu'en 1977.
6. *Ibid.*, art. 3.
7. *Ibid.*, art. 4-6.
8. *Ibid.*, art. 7, 8 et 15.
9. *Ibid.*, art. 9-11.
10. *Ibid.*, art. 12.

enfant doit être sa principale langue d'enseignement et l'autre langue officielle sa langue seconde, tout en permettant des écoles bilingues où les classes sont organisées de façon à respecter la langue maternelle de chacun[11]. Sur ce dernier point, même si cette législation permet à tous les élèves francophones de recevoir leur enseignement dans leur langue maternelle, il faudra attendre quelques années encore avant que ces écoles bilingues assimilatrices pour la minorité acadienne ne disparaissent entièrement[12]. Enfin, dans le domaine judiciaire, cette *Loi de 1969* garantit que « toute personne qui comparaît ou témoigne (devant un tribunal) peut être entendue dans la langue officielle de son choix et ne doit être, en fait, nullement défavorisée en raison de son choix »[13], mais cette disposition ne précisait pas que le tribunal devait comprendre directement cette personne sans l'aide d'un interprète.

Somme toute, en dépit du fait que la Commission royale d'enquête souhaitait que l'adoption d'une telle loi reconnaisse l'égalité de statut et d'usage des deux langues officielles et des communautés – peuples – qu'elles représentent, la loi néo-brunswickoise de 1969 garantit l'égalité des deux langues officielles et met en place certains droits linguistiques individuels, mais ne fait aucune mention de l'existence de deux communautés linguistiques dans la province, encore moins de leur égalité. Ainsi, quoique cette *Loi* constituait un pas majeur dans la reconnaissance d'obligations provinciales en matière de langues officielles et qu'il ne fait aucun doute que son adoption visait les deux principaux groupes linguistiques de la province et plus particulièrement à favoriser le développement et l'épanouissement du groupe minoritaire qui en avait grandement besoin, cela ne ressort pas explicitement du langage utilisé qui s'articule uniquement autour de droits individuels sans aucune mention des communautés qui s'y rattachent nécessairement.

À cet égard, s'il est vrai que les différents droits linguistiques individuels que l'on retrouve dans la *Loi de 1969* n'ont de sens que dans leur portée collective en vue de permettre aux communautés auxquelles ils se rattachent de se développer et de s'épanouir, il faudra attendre encore 12 ans avant que le législateur néo-

11. *Ibid.*, art. 13.

12. Avant que ne disparaissent totalement ces écoles bilingues assimilatrices, dans les années 1970, la province a scindé en deux systèmes parallèles le système scolaire, l'un étant sous la direction administrative d'un sous-ministre francophone, l'autre sous celle d'un sous-ministre anglophone.

13. *Ibid.*, art. 14.

brunswickois ne reconnaisse explicitement le rôle de l'administration provinciale dans le développement durable des communautés de langue officielle sur son territoire. Il le fera par la grande porte, en trois dispositions explicites, par l'entremise d'une importante loi adoptée en 1981, soit la *Loi reconnaissant l'égalité des deux communautés linguistiques au Nouveau-Brunswick*, qui prévoit ce qui suit :

> 1. Reconnaissant le caractère unique du Nouveau-Brunswick, la communauté linguistique française et la communauté linguistique anglaise sont officiellement reconnues dans le contexte d'une seule province à toutes fins auxquelles s'étend l'autorité de la Législature du Nouveau-Brunswick ; l'égalité de statut et l'égalité des droits et privilèges de ces deux communautés sont affirmées.
>
> 2. Le gouvernement du Nouveau-Brunswick assure la protection de l'égalité de statut et de l'égalité des droits et privilèges des communautés linguistiques officielles et en particulier de leurs droits à des institutions distinctes où peuvent se dérouler des activités culturelles, éducationnelles et sociales.
>
> 3. Le gouvernement du Nouveau-Brunswick, dans les mesures législatives qu'il propose, dans la répartition des ressources publiques et dans ses politiques et programmes, encourage, par des mesures positives, le développement culturel, économique, éducationnel et social des communautés linguistiques officielles.

Ainsi, alors que la *Loi de 1969* ne faisait aucune référence aux communautés de langue officielle de la province, cette *Loi de 1981* aborde de front cette question en affirmant l'égalité des deux communautés de langue officielle, mais aussi en reconnaissant, entre autres, le rôle du gouvernement d'assurer la protection de leur égalité, notamment par leurs droits à des institutions distinctes et par des mesures positives qui encouragent leur développement culturel, éducationnel et socioéconomique. Ce faisant, le législateur ne se contente plus de mettre de l'avant des droits linguistiques individuels à dimension collective (dont on ne saurait sous-estimer la valeur), il accorde une importance primordiale à des droits collectifs, une première dans la province et au pays.

Par ailleurs, dans l'optique d'une progression vers l'égalité des deux langues officielles et des deux communautés qui s'y rattachent[14], plusieurs des principes de ces deux lois, l'une contenant des

---

14. Ce principe de progression, qui a d'abord été reconnu dans l'arrêt *Jones c. N.-B. (P.G.)*, [1975] 2 R.C.S. 182 aux pp. 192-193, a par la suite été élevé au rang

droits individuels à dimension collective, l'autre des droits collectifs explicites, ont été ultérieurement élevés au rang constitutionnel.

Ainsi, dans la suite de la *Loi de 1969*, l'entrée en vigueur de la *Charte canadienne des droits et libertés*, en 1982, a permis, par l'entremise du paragraphe 16(2), de constitutionnaliser le principe selon lequel le français et l'anglais, les deux langues officielles de la province, bénéficient d'un statut et des droits et privilèges égaux dans les institutions de la Législature et du gouvernement du Nouveau-Brunswick. De plus, dans l'esprit de la Commission royale d'enquête sur le bilinguisme et le biculturalisme qui recommandait d'étendre au Nouveau-Brunswick, pour l'essentiel, les droits constitutionnels reconnus au Québec et au fédéral par l'article 133 de la *Loi constitutionnelle de 1867*, les paragraphes 17(2), 18(2) et 19(2) de la *Charte* élèvent au rang constitutionnel les exigences du bilinguisme dans les secteurs parlementaire, législatif et judiciaire à l'échelon provincial[15]. Quant à lui, dans la suite de la *Loi de 1969*, le paragraphe 20(2) de la *Charte* constitue une nouveauté constitutionnelle en garantissant le droit du public, au Nouveau-Brunswick, « à l'emploi du français ou de l'anglais pour communiquer avec tout bureau des institutions de la législature ou du gouvernement ou pour en recevoir les services »[16]. Enfin, dans la logique d'une autre recommandation de la Commission royale d'enquête mais sous une forme différente de celle proposée, l'article 23 de cet important document constitutionnel accorde aux parents de la minorité de langue officielle d'une province, soit les parents de langue maternelle française au Nouveau-Brunswick, le droit de faire instruire leurs enfants, là où le nombre le justifie, dans cette langue dans des établissements de la minorité financés sur les fonds publics[17].

---

constitutionnel au paragraphe 16(3) de la *Charte canadienne des droits et libertés*, partie I de la *Loi constitutionnelle de 1982*, constituant l'annexe B de la *Loi de 1982 sur le Canada* (R.-U.), 1982, ch. 11 [*Charte*].

15. *Charte*, *ibid.* aux para. 17(2), 18(2) et 19(2). De façon précise, ces trois paragraphes garantissent les droits suivants : 17(2) « Chacun a le droit d'employer le français ou l'anglais dans les débats et travaux de la Législature du Nouveau-Brunswick » ; 18(2) « Les lois, les archives, les comptes rendus et les procès-verbaux de la Législature du Nouveau-Brunswick sont imprimés et publiés en français et en anglais, les deux versions des lois ayant également force de loi et celles des autres documents ayant même valeur » ; 19(2) « Chacun a le droit d'employer le français ou l'anglais dans toutes les affaires dont sont saisis les tribunaux du Nouveau-Brunswick et dans tous les actes de procédure qui en découlent ».

16. *Ibid.* au para. 20(2).

17. *Ibid.*, art. 23.

Par ailleurs, cette évolution constitutionnelle s'est poursuivie une décennie plus tard par l'inscription dans la *Charte* des principes découlant de la *Loi de 1981* ayant trait à l'égalité des deux communautés linguistiques de la province. Ainsi, depuis 1993, la *Charte* prévoit ce qui suit :

> 16.1. (1) La communauté linguistique française et la communauté linguistique anglaise du Nouveau-Brunswick ont un statut et des droits et privilèges égaux, notamment le droit à des institutions d'enseignement distinctes et aux institutions culturelles distinctes nécessaires à leur protection et à leur promotion.
>
> (2) Le rôle de la législature et du gouvernement du Nouveau-Brunswick de protéger et de promouvoir le statut, les droits et les privilèges visés au paragraphe (1) est confirmé.

Il va sans dire que cet ajout constitutionnel garantit l'égalité des deux communautés de langue officielle et, dans cette optique, notamment le droit à des institutions distinctes nécessaires à leur épanouissement, tout en confirmant le rôle fondamental de la législature et du gouvernement du Nouveau-Brunswick pour y arriver.

Dans cette optique, qui dit droit constitutionnel, dit également obligation pour la province de s'assurer que ses lois y soient conformes. Au niveau des droits collectifs, l'article 16.1 de la *Charte* ne faisant que reprendre les grands principes de la *Loi de 1981* sur l'égalité des deux communautés linguistiques, cette dernière ne nécessitait pas d'être revue et corrigée, quoique cela ne signifie pas, pour autant, qu'en pratique la province respecte pleinement les obligations légales et constitutionnelles qui en découlent dans les différents secteurs d'activités communautaires. Toutefois, au niveau des droits individuels à portée collective, la *Charte* contient de nouveaux droits linguistiques constitutionnels dont la mise en œuvre exigeait de revisiter la *Loi de 1969* pour que celle-ci leur soit conforme. Cela s'est produit en 2002 à la suite de l'arrêt *Charlebois* de la Cour d'appel du Nouveau-Brunswick qui, en décembre 2001, a donné un an au gouvernement provincial pour adapter cette loi à la nouvelle donne constitutionnelle après avoir reconnu l'inconstitutionnalité d'un règlement municipal unilingue anglais de la ville de Moncton. Ce règlement violait le paragraphe 18(2) de la *Charte* qui exige que les « lois » du Nouveau-Brunswick soient adoptées dans les deux langues officielles, ce qui comprend les règlements des municipalités qui ne sont que des créatures de la province[18].

18. *Charlebois c. Mowat et Moncton (Ville de)*, 2001 NBCA 117 [*Charlebois*].

C'est ainsi qu'en juin 2002 une nouvelle *Loi sur les langues officielles*[19] était adoptée, abrogeant du même coup la *Loi de 1969*. À l'instar de la version originale, cette *Loi de* 2002, qui contient plusieurs nouveautés pour répondre aux exigences constitutionnelles de la *Charte*, se concentre sur des droits linguistiques individuels. Cependant, contrairement à la *Loi de 1969*, celle de 2002 ne fait pas abstraction de l'existence des droits collectifs, dont ceux contenus dans la *Loi de 1981* et à l'article 16.1 de la *Charte*. En effet, outre un préambule qui indique qu'il convient d'adopter une loi qui respecte les droits conférés par la *Charte*, dont ceux relatifs à l'égalité des deux communautés linguistiques de la province – ce qui inclut notamment, rappelons-le, le droit à des institutions distinctes nécessaires à leur promotion –, la *Loi de 2002* contient deux dispositions qui viennent clarifier le fait que les droits linguistiques individuels qu'elle contient n'entrent pas en conflit avec les droits collectifs des communautés de langue officielle, mais leur sont complémentaires.

Ainsi, dans une disposition relative à la suprématie de la *Loi sur les langues officielles* sur toutes les autres lois ordinaires en cas de conflit, il est prévu que cette disposition « ne s'applique pas à la *Loi sur l'éducation* et toute autre loi, disposition législative ou mesure visant à promouvoir l'égalité des deux communautés linguistiques ou visant l'établissement d'institutions d'enseignement distinctes ou d'institutions culturelles distinctes »[20]. À cet égard, il faut comprendre que, outre la *Loi de 1981* qui reconnaît explicitement le droit à ces institutions distinctes pour les communautés de langue officielle, la *Loi sur l'éducation* prévoit depuis plusieurs années l'existence, sur tout le territoire de la province, de deux secteurs d'éducation linguistiquement distincts, l'un comprenant des districts scolaires de langue française, l'autre des districts de langue anglaise, chacun ayant des écoles et des classes organisées selon la langue officielle du district et pouvant compter sur leur propre commission scolaire possédant des pouvoirs de gestion[21]. De même, de par la loi, l'Université de Moncton, ainsi que le Collège communautaire du Nouveau-Brunswick[22] et leurs différents campus sont de langue

19. L.N.-B. 2002, ch. O-0.5 [*Loi de 2002*].
20. *Ibid.* au para. 3(2).
21. *Loi sur l'éducation*, L.N.-B., ch. E-1.12, art. 4. Autrement dit, depuis trois décennies, les écoles bilingues assimilatrices sont choses du passé dans la province. De plus, pour information, notons que ces commissions scolaires de langue française portent le nom de conseils d'éducation de district.
22. *Loi sur l'Université de Moncton*, L.N.-B. 1986, ch. 94 ; *Loi sur les collèges communautaires du Nouveau-Brunswick*, L.N.-B. 2010, ch. N-4.05.

française, alors que l'autre communauté de langue anglaise dispose d'équivalents anglophones. Cela dit, l'existence de ces diverses institutions distinctes, qui comprennent des centres scolaires communautaires, s'inscrit en ligne droite avec la protection et la promotion des deux communautés de langue officielle et cela est particulièrement important, est-il besoin de le souligner, au regard du développement durable de la communauté linguistique minoritaire.

Dans ce même ordre d'idées, alors que l'ensemble de la *Loi de 2002* prévoit l'obligation pour les différentes institutions provinciales d'offrir leurs services et leurs publications dans les deux langues officielles, l'article 4 précise que ne sont pas visées « les institutions d'enseignement distinctes et les institutions culturelles distinctes et, sans limiter la portée générale de ce qui précède, le système scolaire de la province, dont les sections française et anglaise du ministère de l'Éducation et du Développement de la petite enfance, y compris les écoles et leurs comités, les conseils et administrations, les centres communautaires, les universités et les collèges communautaires »[23].

Ce faisant, de par ces deux dispositions nouvelles, le législateur néo-brunswickois reconnaît explicitement l'importance du développement durable des communautés de langue officielle et de la dualité linguistique dans la province, et ce, dans le cadre d'une loi qui, pour l'essentiel, contient un grand nombre de droits linguistiques individuels. Au sujet de ces derniers, sans vouloir les énumérer tous, on peut les résumer de la façon suivante en les mettant en parallèle avec les exigences linguistiques de la *Charte*.

Tout d'abord, la *Loi de 2002* consacre le français et l'anglais comme langues officielles de la Législature, les débats et travaux qui y ont cours pouvant se tenir dans l'une ou l'autre langue officielle. Cette consécration par voie de mise en œuvre législative du paragraphe 17(2) de la *Charte* s'accompagne de dispositions qui prévoient des services d'interprétation simultanée, ainsi que la transcription et la traduction des débats et des travaux. De même, cette *Loi de 2002* met en œuvre le paragraphe 18(2) de la *Charte* en prévoyant que les lois et leurs textes d'application seront adoptés et les archives parlementaires tenues dans les deux langues officielles, les deux versions étant d'égale valeur. Puis, elle reprend pour l'essentiel le contenu du paragraphe 19(2) de la *Charte* qui énonce que « [c]hacun a le droit

23. *Loi de 2002*, *supra* note 19, art. 4.

d'employer la langue officielle de son choix dans toutes les affaires dont sont saisis les tribunaux, y compris toute procédure pour les plaidoiries et dans les actes de procédure qui en découlent »[24]. De plus, en précisant clairement que le français et l'anglais sont les deux langues officielles des tribunaux, diverses dispositions imposent entre autres à ces tribunaux de comprendre directement les parties sans l'aide d'un interprète et l'obligation de publier simultanément leurs décisions dans les deux langues officielles lorsque le point de droit en litige présente de l'intérêt ou de l'importance pour le public ou encore lorsque les procédures, en tout ou en partie, se sont déroulées dans les deux langues officielles[25].

Par ailleurs, la *Loi de 2002* met en œuvre les obligations constitutionnelles du paragraphe 20(2) de la *Charte* en assurant au public le droit de communiquer avec les institutions provinciales (ou avec un tiers agissant en leur nom), ainsi que d'en recevoir les services dans les deux langues officielles et d'être informé de ce droit, que ce soit en santé, en matière de services policiers ou autres[26].

Enfin, deux séries de dispositions constituent des nouveautés dans cette loi, l'une eu égard aux municipalités, l'autre concernant la création d'un nouveau poste de commissaire aux langues officielles. S'agissant des municipalités, pour donner suite à la décision *Charlebois*, les cités et les municipalités dont la population de langue officielle minoritaire atteint au moins 20 % sont tenues d'adopter et de

24. *Ibid.*, art. 17.

25. *Ibid.*, art. 24 et 25. Notons ici qu'à l'exception de la Cour d'appel, la province a tardé à mettre en œuvre cette obligation d'une publication simultanée en dépit d'une décision qui ne laissait guère de doute sur l'interprétation qui s'imposait à ces dispositions : *Caraquet (Ville de) c. Ministre de la Santé et du Mieux-être*, 2005 NBCA 34, 282 R.N.B. (2e) 112.

26. *Ibid.*, art. 27-34. Soulignons qu'en matière de santé, compte tenu de l'existence de deux régies ayant des institutions fonctionnant dans leur langue officielle respective, l'article 34 prévoit que, pour autant que soit respectée l'obligation de servir le public dans la langue officielle de son choix, la Loi « n'a pas pour effet de limiter l'usage d'une seule langue officielle par un hôpital ou par un autre établissement tel que défini dans la *Loi sur les régies régionales de la santé* lorsque la langue utilisée est celle dans laquelle l'hôpital ou l'établissement fonctionne habituellement ». À cet égard, il convient de souligner que certaines autres lois contiennent également des droits linguistiques au Nouveau-Brunswick. Ainsi, outre cette *Loi sur les régies régionales de la santé*, L.N.-B., ch. R-5.05, mentionnons la *Loi sur les assurances*, L.N.-B., ch. I-12, qui prévoit l'obligation pour les assureurs d'utiliser des documents rédigés dans les deux langues officielles et qui précise, en son article 20, que « [n]ul assureur faisant affaires dans la province ne peut retenir les services d'un avocat pour agir au nom d'un assuré, sauf si l'assuré a indiqué à l'assureur la langue officielle qu'il désire que l'avocat agissant en son nom utilise ».

publier leurs règlements dans les deux langues officielles, en plus de devoir offrir dans ces deux langues les services et les communications prescrits par règlement. Quant au commissaire aux langues officielles, son rôle est d'enquêter à la suite de plainte ou de sa propre initiative, de présenter des rapports et de faire des recommandations visant le respect de cette *Loi de 2002*, tout en travaillant à la promotion de l'avancement des deux langues officielles dans la province.

Ainsi, somme toute, la législation provinciale en matière de langues officielles a d'abord fait place à des droits linguistiques individuels – droits dont on ne peut sous-estimer la portée collective, comme nous le verrons dans l'interprétation qu'en font les tribunaux – avant de passer à la reconnaissance de droits collectifs pour ces communautés de langue officielle et leur reconnaître le droit à des institutions distinctes nécessaires à leur développement durable. Par la suite, ce sont des droits constitutionnels qui ont suivi le même parcours, de l'individuel au collectif, lors de l'entrée en vigueur de la *Charte* en 1982 et l'ajout constitutionnel de 1993.

Or, cette évolution législative et constitutionnelle a suivi un chemin similaire en matière jurisprudentielle. En effet, au cours de cette même période, comme nous le verrons, les tribunaux sont passés d'une interprétation restrictive des droits linguistiques individuels – qui faisait fi de leur dimension collective – à une interprétation large et libérale axée sur l'importance communautaire de ces droits. Cette dernière interprétation reconnaît que l'objet des droits linguistiques, y compris ceux individuels contenus dans une loi comme celle relative aux langues officielles, est de favoriser le développement durable des communautés de langue officielle et leur égalité réelle. De plus, la Cour suprême du Canada en est venue à reconnaître que, selon la nature et l'objet de certains droits linguistiques garantis, la loi exige parfois, en certains domaines, une autonomie culturelle des communautés de langue officielle afin d'en arriver à une égalité réelle entre elles et mettre fin aux injustices historiques et aux insuffisances systémiques qui perdurent depuis trop longtemps.

II - L'ÉVOLUTION JURISPRUDENTIELLE

S'agissant de l'interprétation judiciaire des droits linguistiques que l'on retrouve dans un texte législatif comme une *Loi sur les langues officielles*, il faut savoir que, pour autant que ceux-ci s'inscrivent dans la suite logique des droits linguistiques reconnus dans la Constitution, ils répondent aux mêmes règles d'interprétation et font partie d'une catégorie de droits dits quasi-constitutionnels qui expriment « « certains objectifs fondamentaux de notre société » et qui doivent être interprétés « de manière à promouvoir les considérations de politique générale qui (les) sous-tendent » »[27]. Pourtant, à leur égard, une trilogie de la Cour suprême du Canada a d'abord retenu l'attention par l'adoption d'une interprétation restrictive de l'ensemble des droits linguistiques au pays[28].

Selon cette trilogie, au cœur de laquelle se trouve l'arrêt *Société des Acadiens*, les droits linguistiques étant fondés sur un compromis politique, leur interprétation exige une retenue judiciaire, d'autant qu'il vaut mieux laisser la progression et l'avancement de ces droits au processus législatif, soit un processus politique, et ce, dans l'esprit du paragraphe 16(3) de la *Charte*[29]. Ainsi, sans égard à la finalité collective et culturelle du droit en cause, la Cour suprême du Canada a jugé que le droit constitutionnel d'un justiciable néo-brunswickois d'utiliser le français ou l'anglais dans toutes les affaires dont sont saisis les tribunaux, prévu au paragraphe 19(2) de la *Charte*, n'inclut pas le droit d'être compris dans la langue officielle de son choix[30]. Dans la même veine, le plus haut tribunal au pays a décidé que le

---

27. *Lavigne c. Canada (Commissariat aux langues officielles)*, [2002] 2 R.C.S. 773 au para. 23 [*Lavigne*] ; *R. c. Beaulac*, [1999] 1 R.C.S. 768 aux para. 21 et 25 [*Beaulac*] ; *Canada (PG) c. Viola*, [1991] 1 C.F. 373 aux pp. 387-388. Cette logique interprétative, développée dans le cadre de la loi fédérale sur les langues officielles, s'inscrit parfaitement dans le contexte de la *Loi de 2002* au Nouveau-Brunswick. Pour s'en convaincre, voici d'ailleurs ce qu'a dit la Cour suprême du Canada dans le contexte fédéral, contexte qui s'applique sans aucun doute à celui néo-brunswickois : « La *Loi sur les langues officielles* est une réponse législative importante à l'obligation imposée par la Constitution canadienne en matière de bilinguisme au Canada. Son préambule fait expressément référence aux obligations linguistiques prévues par la Constitution. Il rappelle le statut d'égalité quant à l'usage du français et de l'anglais dans les institutions du Parlement et du gouvernement du Canada de même que l'universalité d'accès dans ces deux langues au Parlement et à ses lois ainsi qu'aux tribunaux. De plus, le préambule mentionne que la Constitution offre des garanties quant au droit du public d'utiliser le français et l'anglais dans leurs communications avec les institutions du Parlement et du gouvernement du Canada ou pour en recevoir les services. Il ne fait donc aucun doute que la *Loi sur les langues officielles* est une mesure législative prise dans le but de répondre à l'obligation constitutionnelle en matière de bilinguisme. » (*Lavigne*, para. 23).
28. Voir *Société des Acadiens du Nouveau-Brunswick c. Association of Parents for Fairness in Education*, [1986] 1 R.C.S. 549 [*Société des Acadiens*] ; *MacDonald c. Montréal (Ville de)*, [1986] 1 R.C.S. 460 [*MacDonald*] ; *Bilodeau c. Manitoba (P.G.)*, [1986] 1 R.C.S. 449 [*Bilodeau*].
29. *Société des Acadiens*, *ibid*. aux para. 63-68.
30. *Ibid*. au para. 53.

droit constitutionnel de faire usage du français ou de l'anglais dans toute pièce de procédure émanant des tribunaux appartient à son auteur, ce qui signifie que le destinataire d'une sommation unilingue ne détient aucun droit correspondant de recevoir celle-ci dans sa langue[31], faisant ainsi fi de la raison d'être réelle des dispositions linguistiques constitutionnelles en cause qui ne visaient certainement pas à protéger les fonctionnaires de l'État, mais à offrir le choix de langue aux membres des deux communautés linguistiques.

Or, outre qu'en ces matières le législateur néo-brunswickois est intervenu pour corriger la situation et que la Cour suprême a rapidement précisé qu'elle pouvait quand même « insuffler la vie à un compromis clairement exprimé »[32], il a fallu attendre la fin des années 1990 avant que l'approche interprétative restrictive ne soit définitivement mise au rancart. C'est à cette époque que la Cour suprême du Canada a clairement changé son fusil d'épaule en optant pour une interprétation large et libérale fondée sur l'objet des droits linguistiques. Ce faisant, comme nous le verrons, la Cour a ouvert la voie à l'égalité linguistique réelle en reconnaissant l'importance du développement durable des communautés de langue officielle dans l'existence des droits linguistiques, y compris ceux (à première vue) individuels, tout en mettant de l'avant des principes qui ne pourront, au Nouveau-Brunswick, que guider la communauté acadienne vers une prise en main collective de secteurs clés de son avenir identitaire compte tenu des dispositions linguistiques en place.

De toute première importance dans ce changement d'approche interprétative eu égard aux droits linguistiques, on retrouve le *Renvoi relatif à la sécession du Québec*[33]. Dans ce renvoi rendu en 1998, la Cour suprême du Canada reconnaît que, si les dispositions linguistiques sont le fruit de négociations et de compromis politiques, elles n'en demeurent pas moins fondées sur des principes, y compris celui non écrit de la protection des droits des minorités qui influence, entre autres, l'interprétation de la Constitution[34]. Dans la même optique, l'année suivante, elle souligne, dans l'arrêt *Beaulac*, que le fait d'être le fruit de compromis politiques n'est pas propre aux droits linguisti-

31. *MacDonald*, *supra* note 28 ; *Bilodeau*, *supra* note 28.

32. *Renvoi relatif au projet de loi 30*, [1987] 1 R.C.S. 1148, 1176 ; *Mahé c. Alberta*, [1990] 1 R.C.S. 342, 365 [*Mahé*].

33. *Renvoi relatif à la sécession du Québec*, [1998] 2 R.C.S. 217 [*Renvoi relatif à la sécession du Québec*].

34. *Ibid.* au para. 80. Voir aussi *Gosselin (Tuteur de) c. Québec (P.G.)*, [2005] 1 R.C.S. 238 au para. 27 [*Gosselin*].

ques et constate que cela n'a pourtant jamais donné lieu à une interprétation restrictive des autres garanties constitutionnelles[35]. Devant pareille situation, elle conclut « que l'existence d'un compromis politique n'a aucune incidence sur l'étendue des droits linguistique[36] » en prenant bien soin de souligner que « [dans] la mesure où l'arrêt *Société des Acadiens* [...] préconise une interprétation restrictive des droits linguistiques, il doit être écarté »[37]. Ainsi, à l'instar des autres droits constitutionnels,

> [l]es droits linguistiques doivent dans tous les cas être interprétés en fonction de leur objet, de façon compatible avec le maintien et l'épanouissement des collectivités de langue officielle au Canada[38].

Cette dernière citation revêt une importance fondamentale quand on sait que vouloir interpréter les droits linguistiques de façon large et libérale en fonction de leur objet revient à découvrir pourquoi ils existent, à chercher leur justification, pour être mieux à même de les définir et d'en connaître la portée. C'est pourquoi, suivant cette approche, les dispositions en cause doivent être situées dans leurs contextes historique, démographique et social[39].

Dans cet esprit, une analyse générale de la jurisprudence de la Cour suprême du Canada nous enseigne que les droits linguistiques, y compris ceux qui, au premier abord, semblent uniquement de nature individuelle, ont un objet culturel et un objet réparateur, soit un double objet.

D'une part, s'agissant de l'objet culturel des droits linguistiques, la Cour ne cesse de rappeler l'importance au pays de ces droits

35. *Beaulac*, *supra* note 27 au para. 24.
36. *Ibid*. Voir aussi *Arsenault-Cameron c. Île-du-Prince-Edouard*, [2000] 1 R.C.S. 3 au para. 27 [*Arsenault-Cameron*] ; *Doucet-Boudreau c. Nouvelle-Écosse (ministre de l'Éducation)*, [2003] 3 R.C.S. 3 au para. 27 [*Doucet-Boudreau*].
37. *Beaulac*, *supra* note 27 au para. 25.
38. *Ibid*. Voir aussi *Solski (Tuteur de) c. Québec (P.G.)*, [2005] 1 R.C.S. 201 au para. 20 [*Solski*] ; *Renvoi relatif à la Loi sur les écoles publiques (Man.), art. 79(3), (4) et (7)*, [1993] 1 R.C.S. 839 à la p. 850 [*Renvoi manitobain de 1993*] ; *Arsenault-Cameron*, *supra* note 36 au para. 27 ; *Doucet-Boudreau*, *supra* note 36 aux para. 23-24 ; *Hunter c. Southam Inc.*, [1984] 2 R.C.S. 145 ; *R. c. Big M Drug Mart Ltd.*, [1985] 1 R.C.S. 295 [*Big M*] ; *Nguyen c. Québec (Éducation, Loisir et Sport)*, 2009 CSC 47, [2009] 3 R.C.S. 208 au para. 26 [*Nguyen*].
39. Voir, par exemple, *Big M*, *ibid*. à la p. 344 ; *Solski*, *ibid*. au para. 5 ; *Nguyen*, *ibid*. au para. 26. Dans le respect d'une telle approche, force est de constater que l'analyse qui suit est générale, ne s'attardant nullement à chaque disposition linguistique en fonction du contexte qui lui est propre comme l'exige les règles d'interprétation.

pour assurer le développement durable des communautés de langue officielle et de leur culture[40]. En reconnaissant le rôle fondamental que joue la langue comme moyen pour une communauté d'exprimer son identité culturelle, le plus haut tribunal au pays met de l'avant le lien évident qui prédomine entre l'existence des droits linguistiques et la survie culturelle des communautés de langue officielle[41]. En d'autres termes, loin de n'être qu'un simple outil de communication, la langue constitue un élément fondamental de l'identité et de la culture d'une communauté, « la clé du progrès culturel » pour reprendre les mots de la Cour suprême du Canada[42]. Dans cette logique, même si langue et culture ne sont pas synonymes, il n'en demeure pas moins que « le dynamisme de la première est indispensable à la préservation intégrale de la seconde »[43]. Ce faisant, les droits linguistiques « mettent en jeu non seulement des droits individuels, mais aussi la vie des communautés linguistiques et la perception que celles-ci ont de leur avenir »[44] et « toute garantie générale de droits linguistiques témoigne d'un respect et d'un intérêt fondamental pour les cultures qu'expriment les langues protégées »[45].

Devant pareil constat, en confirmant l'objet culturel des droits linguistiques qui cherche à soutenir les deux langues officielles et les cultures qu'elles expriment et représentent[46], la Cour précise que « la protection constitutionnelle des droits linguistiques des minorités est nécessaire pour assurer la solidité et la vitalité des communautés linguistiques minoritaires, composantes essentielles à l'épanouissement du Canada comme pays bilingue »[47]. C'est pourquoi, eu égard

---

40. Voir, par exemple, *Mahé*, *supra* note 32 à la p. 350 ; *Beaulac*, *supra* note 27 aux para. 17 et 25. Dans un vocabulaire plus conforme à celui de la Cour suprême du Canada, il faudrait faire référence au maintien et à l'épanouissement des collectivités de langue officielle et de leur culture au pays.
41. Voir, par exemple, *Ford c. Québec (PG)*, [1988] 2 R.C.S. 712 aux pp. 748 et 749 ; *Mahé*, *supra* note 32 à la p. 362 ; *Beaulac*, *supra* note 27 au para. 17 ; *Renvoi : Droits linguistiques au Manitoba*, [1985] 1 R.C.S. 721 à la p. 744.
42. *Mahé*, *supra* note 32 à la p. 362.
43. *Ibid.*
44. *Solski*, *supra* note 38 au para. 4. En ce sens, la Cour va jusqu'à affirmer l'impossibilité de dissocier les droits linguistiques de préoccupations relatives à la culture véhiculée par la langue (voir, par exemple, *Mahé*, *supra* note 32 aux pp. 362 et 364 ; *Arsenault-Cameron*, *supra* note 36 au para. 26).
45. *Mahé*, *supra* note 32 à la p. 362 ; *Solski*, *supra* note 38 au para. 7.
46. *Beaulac*, *supra* note 27 aux para. 17 et 19 ; *Renvoi manitobain de 1993*, *supra* note 38 aux pp. 830, 839 et 849-850 ; *Mahé*, *supra* note 32 à la p. 362 ; *Doucet-Boudreau*, *supra* note 36 au para. 26 ; *Solski*, *supra* note 38 au para. 23 ; *Nguyen*, *supra* note 38 au para. 26.
47. *Solski*, *supra* note 38 au para. 2.

aux minorités de langue officielle, elle en vient à conclure que l'objectif de les protéger est, entre autres, « atteint par le fait que tous les membres de la minorité peuvent exercer des droits indépendants et individuels qui sont justifiés par l'existence de la collectivité »[48]. Autrement dit, dans le contexte de l'octroi de droits individuels aux bénéficiaires visés, on cherche à soutenir et à renforcer les communautés linguistiques minoritaires[49], garantissant ainsi « à la fois un droit social et collectif et un droit civil et individuel »[50].

Somme toute, devant le fait que la portée collective des droits linguistiques ne fait aucun doute, ce n'est pas sans raison que, en fonction de leur objet, les droits linguistiques doivent toujours être interprétés « de façon compatible avec le maintien et l'épanouissement des collectivités de langue officielle au Canada »[51].

Par ailleurs, s'agissant du deuxième objet des droits linguistiques, il ne faut pas oublier que, comme nous l'avons observé brièvement dans le contexte de la Commission royale d'enquête sur le bilinguisme et le biculturalisme, ces droits ont été voulus et conçus pour contrecarrer une situation déficiente envers ce que l'on peut maintenant appeler les communautés minoritaires de langue officielle au pays. C'est pourquoi, la Cour suprême du Canada a maintes fois reconnu que les droits linguistiques ont été adoptés afin de corriger des inégalités historiques et de mettre fin aux lacunes systémiques auxquelles sont confrontées ces communautés minoritaires[52]. Ce faisant, elle constate que ces dispositions ont également un objet réparateur qui, loin de chercher à renforcer un statu quo inadéquat ou à faire place à un simple accommodement, vise à assurer aux communautés minoritaires de langue officielle une égalité réelle eu égard

48. *Beaulac*, *supra* note 27 au para. 20.
49. *Solski*, *supra* note 38 au para. 28.
50. *Ibid.* au para. 33. Voir aussi *Nguyen*, *supra* note 38 au para. 23.
51. *Beaulac*, *supra* note 27 au para. 25. Voir aussi *Arsenault-Cameron*, *supra* note 36 au para. 27 ; *Solski*, *supra* note 38 au para. 20 ; *Gosselin*, *supra* note 34 aux para. 28-29. À cet égard, il va sans dire que cet objet des droits linguistiques visant la protection des communautés de langue officielle et leur culture s'inscrit parfaitement dans la logique du principe de la protection des droits des minorités qui a été reconnue par la Cour suprême du Canada comme un principe fondamental clé de la Constitution, principe qui façonne l'histoire de notre pays et qui, entre autres, influence son interprétation : *Renvoi relatif à la sécession du Québec*, *supra* note 33 aux para. 79 et s. ; *Solski*, *supra* note 38 au para. 6 ; *Gosselin*, *supra* note 34 au para. 27.
52. *Québec (P.G.) c. Quebec Protestant School Boards*, [1984] 2 R.C.S. 66 à la p. 79 ; *Mahé*, *supra* note 32 à la p. 364 ; *Renvoi manitobain de 1993*, *supra* note 38 à la p. 850 ; *Beaulac*, *supra* note 27 au para. 19 ; *Solski*, *supra* note 38 aux para. 5 et 9.

aux droits linguistiques existants, et ce, afin de favoriser activement leur épanouissement et contrer l'érosion progressive de leur culture[53].

Devant pareil constat, la Cour reconnaît que cette égalité réelle ne peut devenir réalité que si les droits linguistiques en cause créent des obligations positives pour l'État :

> [l]es droits linguistiques ne sont pas des droits négatifs, ni des droits passifs ; ils ne peuvent être exercés que si les moyens en sont fournis. Cela concorde avec l'idée préconisée en droit international que la liberté de choisir est dénuée de sens en l'absence d'un devoir de l'État de prendre des mesures positives pour mettre en application des garanties linguistiques[54].

Dans cette perspective qui vise à faire des communautés de langue officielle de véritables « partenaires égaux »[55], la Cour admet que l'égalité réelle exige que « les minorités de langue officielle soient traitées différemment, si nécessaire, suivant leur situation et leurs besoins particuliers »[56]. C'est pourquoi, prenant appui sur une interprétation fondée sur un double objet visant à soutenir la vitalité linguistique et culturelle des communautés de langue officielle, ainsi qu'à mettre fin aux injustices historiques et aux insuffisances systémiques en la matière, et ce, afin d'en arriver à une égalité réelle, la Cour suprême du Canada en vient à conclure que « les réponses aux questions posées devraient idéalement être formulées en fonction de ce qui favorisera le mieux l'épanouissement et la préservation de la minorité linguistique [en cause] »[57].

---

53. *Mahé*, *supra* note 32 aux pp. 363, 364 et 378 ; *Renvoi manitobain de 1993*, *supra* note 38 à la p. 850 ; *Beaulac*, *supra* note 27 aux para. 23-24 ; *Arsenault-Cameron*, *supra* note 36 aux para. 26, 27 et 31 ; *Doucet-Boudreau*, *supra* note 36 au para. 27 ; *Solski*, *supra* note 38 aux para. 21 et 33. À ce sujet, pour paraphraser la Cour suprême du Canada qui s'exprimait alors sur l'égalité des deux langues officielles du Canada prévue au paragraphe 16(1) de la *Charte* – et qui est l'équivalant exact du paragraphe 16(2) applicable au Nouveau-Brunswick – , il confirme l'égalité réelle des droits linguistiques existants : *Beaulac*, *supra* note 35 au para. 22 ; *Lavigne*, *supra* note 27 au para. 21.
54. *Beaulac*, *supra* note 27 au para. 20 (voir aussi le para. 24).
55. *Mahé*, *supra* note 32 à la p. 364. Voir aussi *Arsenault-Cameron*, *supra* note 36 au para. 26 ; *DesRochers c. Canada (Industrie)*, [2009] 1 R.C.S. 194 au para. 54 [*DesRochers*].
56. *Arsenault-Cameron*, *supra* note 36 au para. 31. Voir aussi *Gosselin*, *supra* note 34 au para. 15.
57. *Renvoi manitobain de 1993*, *supra* note 38 à la p. 850. *Charlebois*, *supra* note 18 au para. 52 (dans cet arrêt, la Cour d'appel du Nouveau-Brunswick fait un excellent

III - LES CONSÉQUENCES DE L'ÉVOLUTION JURISPRUDENTIELLE AU NOUVEAU-BRUNSWICK COMPTE TENU DES DROITS LINGUISTIQUES EXISTANTS

Dans l'optique de prendre la pleine mesure de ces enseignements du plus haut tribunal au pays eu égard à la situation néo-brunswickoise, il convient de s'attarder à deux droits linguistiques qui ont déjà fait l'objet de décisions importantes, soit le droit du public d'employer le français ou l'anglais pour communiquer avec tout bureau des institutions de la province ou pour en recevoir les services, ainsi que le droit à l'éducation dans la langue et dans les établissements de la minorité.

En ce qui a trait au droit du public de recevoir ses services gouvernementaux dans la langue officielle de son choix, il faut savoir que ce droit existe tant au niveau des institutions fédérales que néo-brunswickoises. Dans un cas comme dans l'autre, c'est désormais un droit de source constitutionnelle qui est prévu à l'article 20 de la *Charte*[58], mais qui est mis en œuvre, au fédéral et au Nouveau-Brunswick, par leur loi sur les langues officielles respective[59].

Dans l'arrêt *DesRochers*[60], c'est le pendant fédéral de ce droit qui était en cause, mais le raisonnement de la Cour suprême du Canada que l'on y retrouve est sans aucun doute applicable au Nouveau Brunswick compte tenu de la similarité des garanties linguistiques en vigueur et de leur double objet commun.

Dans cette affaire, il s'agissait de savoir si le gouvernement fédéral, par l'entremise d'une société d'aide au développement des collectivités (SADC), avait respecté ses obligations linguistiques d'offrir ses services de développement économique communautaire en français dans la région de la Huronie en Ontario. De prime abord, compte tenu des principes d'interprétation étudiés et à la lumière

---

résumé des règles d'interprétation applicables aux droits linguistiques aux paragraphes 20 et suivants). Voir aussi *Arsenault-Cameron*, *supra* note 36 aux para. 9 et 51.

58. S'agissant du fédéral, on retrouve ce droit constitutionnel au paragraphe 20(1) de la *Charte* (*supra* note 14), alors que le paragraphe 20(2), comme nous l'avons vu, couvre ce même droit eu égard au Nouveau-Brunswick.

59. *Loi sur les langues officielles*, L.R.C. 1985, ch. 31 (4e suppl.), partie IV ; *Loi de 2002*, *supra* note 19, art. 27-34.

60. *DesRochers*, *supra* note 55.

des dispositions pertinentes, la Cour convient que le fédéral a bel et bien une obligation « de mettre à la disposition du public des services qui sont de qualité égale dans les deux langues officielles »[61]. Pour l'essentiel, il s'agissait donc de découvrir ce qu'on entend par des services de qualité égale.

Pour ce faire, la Cour a d'abord résumé les principes qui doivent guider l'interprétation des droits linguistiques :

> [...] les dispositions pertinentes doivent être interprétées d'une façon compatible avec le maintien et l'épanouissement des collectivités de langue officielle au Canada. D'ailleurs, la Cour a plusieurs fois réaffirmé que le concept de l'égalité en matière de droits linguistiques doit recevoir son sens véritable. L'égalité réelle, par opposition à l'égalité formelle, doit être la norme et l'exercice des droits linguistiques ne doit pas être considéré comme une demande d'accommodement[62].

En se fondant sur ces principes, la Cour reconnaît unanimement que le contenu de l'égalité linguistique en matière de services gouvernementaux doit être défini en tenant compte de la nature du service en cause et de son objet[63]. Sur la base de ces critères, la Cour précise que l'égalité réelle peut exiger l'accès à des services dont le contenu est distinct, car, nous dit-elle, « il se peut que l'élaboration et la mise en œuvre de services identiques pour chacune des communautés linguistiques ne permettent pas de réaliser l'égalité réelle »[64].

Tel était d'ailleurs le cas en l'espèce. Le programme de développement économique communautaire en cause mettait de l'avant une approche par laquelle les collectivités locales, à partir de priorités fixées dans le cadre d'un processus local de planification stratégique,

---

61. *Ibid.* au para. 3 (voir aussi les paragraphes 2, 41 et 45). Soulignons que la région visée est à majorité anglophone (para. 6), mais compte une minorité francophone suffisamment importante pour que l'emploi du français fasse l'objet d'une « demande importante » au sens de la loi. Par ailleurs, mentionnons que l'application de l'article 25 de la *Loi sur les langues officielles* fédérale, *supra* note 59, n'était pas contestée en l'espèce (le gouvernement fédéral a l'obligation de veiller à ce que les services offerts par un tiers respectent ses obligations linguistiques).
62. *Ibid.* au para. 31.
63. *Ibid.* au para. 51.
64. *Ibid.* Compte tenu de cet énoncé, il va sans dire que la Cour reconnaît que, selon les circonstances, l'élaboration et la mise en œuvre de services identiques pour chacune des communautés linguistiques permettent de réaliser l'égalité réelle. Pour un exemple concret qui s'inscrit dans cette logique, voir, par exemple, *Société des Acadiens et Acadiennes du Nouveau-Brunswick Inc. c. Canada*, 2008 CSC 15, [2008] 1 R.C.S. 383.

devaient prendre en main leur avenir économique et déterminer la marche à suivre pour y arriver[65]. En ce sens, de par les objectifs du programme fédéral et la nature des services offerts, la participation des collectivités visées était essentielle à l'élaboration des programmes, ainsi qu'à leur mise en œuvre. C'est pourquoi, dans l'optique d'un accès à des services égaux de développement économique local, les collectivités étaient en droit de s'attendre à un contenu distinct selon leurs priorités respectives, l'institution fédérale ayant l'obligation de « prendre les mesures nécessaires pour que les francophones soient considérés comme des partenaires égaux avec les anglophones dans la définition et la prestation des services de développement économique »[66]. Or, dans une perspective d'égalité réelle en matière de services dans les deux langues officielles, la Cour conclut que, dans la mesure où la SADC locale, « conformément aux objectifs du programme, faisait des efforts pour toucher la communauté linguistique anglophone et l'engager dans l'élaboration et la mise en œuvre de programmes, il lui incombait d'en faire autant pour la communauté linguistique minoritaire »[67].

Ainsi, tout en reconnaissant que le plus haut tribunal au pays précise clairement que son analyse est fonction de la nature du service offert et de ses objectifs, force est de constater que l'égalité réelle peut, d'une part, exiger l'accès à des services dont le contenu est distinct et, d'autre part, obliger nos gouvernements à adapter leurs services pertinents aux besoins et aux priorités des communautés minoritaires de langue officielle afin de contribuer à leur développement et à leur épanouissement. Autrement dit, la Cour suprême du Canada reconnaît que ces communautés doivent parfois participer activement à l'élaboration et à la mise en œuvre de services gouvernementaux distincts qui, de par leur nature et leurs objectifs, touchent directement à la vitalité linguistique et culturelle de ces communautés, l'objectif étant de leur permettre d'identifier leurs besoins et d'indiquer quelles politiques, quels programmes et quelles structures, le cas échéant, répondent le mieux à leur réalité et à leurs priorités, et ce, afin d'en arriver à leur égalité réelle.

Une analyse plus approfondie des droits linguistiques et des droits des peuples autochtones au Canada nous enseigne que ce point de vue correspond pleinement à l'importance qu'accorde la Cour

65. *Ibid.* aux para. 52 et 53.
66. *Ibid.* au para. 54.
67. *Ibid.* au para. 55.

suprême du Canada à une participation équitable des communautés visées, que ce soit par voie de consultation ou encore de gestion et de contrôle, relative à l'exercice de leurs droits[68].

À cet égard, l'exemple clé dans le domaine des droits linguistiques, au Canada, est sans contredit le droit à l'éducation dans la langue et dans les établissements de la minorité linguistique dans chaque province, droit qui est garanti à l'article 23 de la *Charte*. Dans une série d'importantes décisions qui mettent de l'avant une interprétation large et libérale fondée sur le double objet culturel et réparateur de ce droit en vue d'en arriver à des partenaires égaux en éducation[69], la Cour suprême du Canada indique que les établissements en cause étant ceux *de la minorité*, celle-ci a droit à des services et des structures distincts de qualité à tout le moins équivalents à ceux de la majorité, ainsi qu'à un pouvoir exclusif de gestion et de contrôle sur tous les aspects de l'éducation qui concernent sa langue et sa culture.

Ainsi, d'une part, la Cour reconnaît l'importance culturelle pour les minorités de langue officielle d'avoir leurs propres institutions pour assurer leur développement et leur épanouissement identitaire[70]. D'autre part, quant au pouvoir exclusif de gestion et de contrôle de ces minorités, la Cour reconnaît que leur participation à la détermination de ce qui est le plus approprié pour leur vitalité linguistique et culturelle est essentielle, car personne ne connaît mieux qu'elles leurs réalités identitaires et leurs besoins prioritaires[71].

---

68. Serge Rousselle, *La diversité culturelle et le droit des minorités : une histoire de développement durable*, Cowansville (Qc), Éditions Yvon Blais, 2006 aux pp. 280-284 ; Serge Rousselle, « Modifications à la partie VII de la *Loi sur les langues officielles* : l'obligation de consulter » (2007) 9 R.C.L.F. 183, 190 et s.
69. Voir, notamment, *Mahé*, *supra* note 32 ; *Renvoi manitobain de 1993*, *supra* note 38 ; *Arsenault-Cameron*, *supra* note 36 ; *Doucet-Boudreau*, *supra* note 36 ; *Solski*, *supra* note 38.
70. Voir, notamment, *Renvoi manitobain de 1993*, *supra* note 38 aux pp. 849-850, 854-855 et 862-863. De plus, voir, en général, *Mahé*, *supra* note 32 ; *Arsenault-Cameron*, *supra* note 36.
71. Pour un exemple concret à cet égard, voir, par exemple, *Arsenault-Cameron*, *supra* note 36 : « [i]l est évident qu'il doit s'agir des priorités de la communauté minoritaire parce que la détermination de ces priorités est au cœur même de la gestion et du contrôle conférés par l'art. 23 aux titulaires de droits linguistiques minoritaires et à leurs représentants légitimes (para. 51) ; [u]ne autre considération importante est que l'art. 23 était destiné en partie à protéger la minorité contre l'effet des mesures adoptées pour répondre aux besoins de la majorité. Il est donc évident que les parents de la minorité linguistique et leurs représentants sont les mieux placés pour identifier les besoins locaux » (para. 57). Voir aussi *Mahé*, *supra* note 32 à la p. 372 ; *Renvoi manitobain de 1993*, *supra* note 38 à la p. 862.

Ces énoncés fondamentaux sont évidemment d'une importance capitale au Nouveau-Brunswick compte tenu de l'existence de l'article 16.1 de la *Charte* qui, rappelons-le, prévoit clairement non seulement l'égalité des deux communautés linguistiques de la province, mais également leur droit constitutionnel, notamment, « à des institutions d'enseignement distinctes et aux institutions culturelles distinctes nécessaires à leur protection et à leur promotion ».

CONCLUSION

Ainsi, sur la route vers l'autonomie culturelle au Nouveau-Brunswick, cette province est passée de droits linguistiques individuels recevant une interprétation restrictive qui ne tenait pas compte de leur dimension collective à une interprétation large et libérale mettant de l'avant leur double objet culturel et réparateur visant à favoriser le maintien et l'épanouissement des communautés de langue officielle en vue d'en faire des partenaires égaux. Pour ce faire, compte tenu de la nature des services gouvernementaux offerts et de leurs objectifs, la communauté minoritaire acadienne de langue officielle doit parfois pouvoir compter sur des services dont le contenu est distinct et qui répondent aux réalités et priorités qui lui sont propres. De même, elle dispose désormais de droits collectifs lui garantissant notamment son droit à des institutions distinctes, ce qui constitue une reconnaissance juridique et constitutionnelle que, dans les circonstances culturelles qui s'imposent, nul ne connaît mieux qu'elle ses réalités identitaires et ses besoins prioritaires et n'est mieux apte à déterminer ce qui est essentiel à sa vitalité linguistique et culturelle en vue de favoriser son développement durable.

Somme toute, compte tenu de l'exigence relative à l'égalité réelle en matière des droits linguistiques existants, force est de constater qu'au Nouveau-Brunswick ceux-ci s'étalent désormais le long d'un continuum souple allant de l'individuel au collectif. Au début du continuum, nous sommes en présence de droits individuels à dimension collective par lesquels sont garantis des services égaux dans la langue officielle de son choix qui ne nécessitent pas un contenu distinct. Vers le milieu du continuum, il y a ces mêmes droits individuels à dimension collective qui, compte tenu de la nature des services offerts et de leurs objectifs, donnent droit à des services gouvernementaux égaux dont le contenu est distinct et qui tiennent compte des réalités identitaires et des besoins prioritaires de chacune des communautés de langue officielle. Enfin, vers la fin du continuum, on retrouve des droits collectifs par lesquels ces communautés ont droit à des services distincts dans leur langue par l'entremise d'institutions distinctes sur lesquelles elles exercent un pouvoir de gestion et de contrôle exclusif en ce qui concerne la langue et la culture.

Bref, de par ce continuum, il est facile d'apprécier la route parcourue par la communauté acadienne du Nouveau-Brunswick vers l'autonomie culturelle et l'obligation positive correspondante du gouvernement provincial de favoriser le développement durable de cette communauté en tenant compte de sa situation et de ses besoins particuliers. Cette route mène tout droit la communauté acadienne vers une prise en main collective des secteurs clés de son avenir identitaire et il reste maintenant à donner pleinement vie aux dispositions linguistiques en cause afin d'assurer un réel développement durable de la communauté acadienne dans l'esprit des enseignements de la Cour suprême du Canada.

La France

LES CONTRADICTIONS DU PLURALISME LINGUISTIQUE EN FRANCE

Eneritz ZABALETA*

INTRODUCTION

Comment gérer l'altérité, dans un État comme la France, où le principe d'unité revêt une importance particulière ? Comment concilier le pluralisme culturel et les principes d'universalité de la citoyenneté et d'égalité, véritables principes directeurs de l'État-nation français ? L'équation, posée simplement et succinctement, demeure très complexe à résoudre. Elle est à la base de mouvements contradictoires qui reflètent l'ambivalence entre l'attachement au pacte politique hérité de la Révolution, et la volonté d'ouverture à l'altérité et au pluralisme.

La question linguistique n'est qu'une manifestation parmi d'autres des contradictions qui tiraillent le système juridique et politique français. En effet, entre affirmer, d'une part, que : « la langue française est un élément constitutif de l'identité, de l'histoire et de la culture nationales. La réaffirmation du statut du français symbolise l'unité de la République et favorise la complète intégration de tous dans la vie de la cité »[1], et soutenir, d'autre part, que : « la langue basque, euskara, l'une des plus anciennes du continent européen, parlée par les Basques depuis des millénaires, facteur de leur identité, est aujourd'hui présente sur une aire géographique relevant

---

* Doctorant en droit public à l'Université de Pau et des pays de l'Adour, Faculté pluridisciplinaire de Bayonne, Centre de documentation et de recherches européennes.

1. *Circulaire du Premier Ministre du 12 avril 1994 relative à l'emploi par les agents publics de la langue française*, JORF, 20 avril 1994, p. 5773.

d'autorités administratives et de législations très différentes. Il convient aux autorités publiques de ces territoires de définir librement la politique à mener en matière linguistique »[2], la cohérence ne semble pas être frappée du sceau de l'évidence. Pourtant, ces deux affirmations, reflets de deux visions de l'unité de l'État et des politiques à mener en matière de langue, cohabitent aujourd'hui en France. Elles sont le reflet d'un double mouvement ambivalent qui a adossé la langue française, tout d'abord, à la forme unitaire et républicaine de l'État, puis qui, par jeu de miroir avec le phénomène de décentralisation, a amorcé une ouverture, mesurée et inachevée, vers les langues de France[3].

L'attachement à la langue française est le fruit, tout au long de l'histoire, de la construction d'un pouvoir étatique fort et centralisé. Soucieux de renforcer et d'étendre son pouvoir face aux liens de subordination territoriaux et sociaux complexes issus du modèle féodal, le pouvoir royal cherche dans la langue française une source d'unité et de légitimité de son pouvoir. À partir de l'ordonnance royale de Villers-Cotterêts de 1539 qui fait du « langage maternel françois », c'est-à-dire le langage maternel parlé au Royaume de France, à Paris, la langue des actes publics, le lien entre langue française et État français ne cesse de s'affirmer et de se renforcer. Par l'affirmation d'une *lingua franca* l'État cherche à affirmer l'unité de son pouvoir.

La Révolution de 1789 s'inscrit dans la droite ligne de ce mouvement d'unification et de centralisation linguistique. Le français devient ainsi la langue de la nation, nouvelle source de légitimité du pouvoir issu de la Révolution. Désormais, l'unité de l'État ne se réalisant plus par le biais du Roi, mais par l'intermède de la nation, la volonté des révolutionnaires est d'universaliser la maîtrise de la langue française à l'ensemble de la nation française, même si cette universalisation doit entraîner la disparition des autres langues de France. Les langues de France, reliques des localismes féodaux de l'ancien temps, se retrouvent au banc des accusés[4], et des rapports à

2. Projet de politique linguistique, Office public de la langue basque, décembre 2006, en ligne : <www.mintzaira.fr/fileadmin/documents/Documents_OPLB/Hizkuntza_Politika_Proiektua/2006_eep_oplb_hizkuntza_politika_proiektua.pdf>.

3. La création, au sein du Ministère de la culture et de la communication, d'une Délégation générale liée aux langues est révélatrice de ce mouvement contradictoire. À sa création, en 1989, délégation générale à la langue française (DGLF), elle devient en 2001 la délégation générale à la langue française et aux langues de France (DGLFLF).

4. Le député à la Convention et membre du Comité de Salut Public, Bertrand Barère de Vieuzac, affirme dans un rapport rédigé le 8 pluviôse an VIII (27 janvier 1794),

l'Assemblée démontrent la nécessité d'éradiquer leur usage au profit du français[5].

Ce travail d'universalisation de la langue française est accompli lors de la IIIe République. Jusqu'alors, l'État français vit une période d'instabilité politique[6], et la forme républicaine s'impose définitivement, à partir de 1871 et de la proclamation de la IIIe République. Les républicains, soucieux de pérenniser la forme républicaine, vont s'appuyer sur l'école qui devient laïque, gratuite et obligatoire. Par l'instruction publique, les républicains vont propager l'idée républicaine aux écoliers, et vont faire du français, jusque là langue de la nation, la langue des citoyens.

En parallèle à ce mouvement continu et prolongé d'unification linguistique, une prise en compte balbutiante et tardive du pluralisme linguistique se développe en France. À partir de 1982, l'État français, cas d'école d'un État unitaire et centralisé[7], amorce un processus de décentralisation. Progressivement, des compétences sont transférées aux collectivités infra-étatiques, dénommées collectivités territoriales. La culture ne reste pas en marge de ce processus et, peu à peu, les collectivités territoriales se saisissent de compétences culturelles[8]. Sur la base de ces politiques culturelles nouvelles, les collectivités territoriales commencent à affirmer une identité culturelle régionale, qui s'est maintenue dans les territoires malgré le mouvement d'unification politique. La promotion des langues de France rentre dans la logique de cette affirmation d'une identité

sous le régime de la Terreur : « le fédéralisme et la superstition parlent breton ; l'émigration et la haine de la République parlent allemand ; la contre-révolution parle italien ; le fanatisme parle basque. Cassons ces instruments de dommage et d'erreur ».

5. Henri-Jean Baptiste Grégoire, député à la Convention, rédige un rapport le 16 prairial an II (6 juin 1794) qui s'intitule « rapport sur la nécessité et les moyens d'anéantir les patois et d'universaliser l'usage de la langue française ».

6. La France a ainsi été une monarchie constitutionnelle (1791-1792), une République (1792-1804), un Empire (1804-1814), à nouveau une monarchie (1814-1830 puis 1830-1848), à nouveau une République (1848-1852), un second Empire (1852-1871), puis enfin une troisième République (1871-1940).

7. C. Eisenmann, *Centralisation et décentralisation, esquisse d'une théorie générale*, Paris, L.G.D.J., 1948.

8. P.A. Collot, « La décentralisation culturelle » (20 août 2008) 2 Revue du droit public et de la science politique 335 ; J.M. Pontier, « La décentralisation culturelle et la loi du 4 août 2004 » (juillet-août 2005) Revue française de droit administratif 698.

infra-étatique. Au courant des années 1990 et 2000, des instituts culturels locaux[9] et des offices des langues de France sont créés[10].

Confronté à cette affirmation d'une identité infra-étatique, l'État est contraint de s'ouvrir progressivement vers une prise en compte de son pluralisme linguistique. Alors que le droit a contemplé la possibilité d'utiliser les langues de France avec parcimonie, l'État se retrouve partie prenante des nouvelles politiques publiques en faveur des langues de France. Ainsi, en 2006, pour la première fois en France, une politique publique en faveur d'une langue de France, la langue basque, est votée par l'Office public de la langue basque[11]. L'État est membre de cet office à plusieurs titres[12], et se retrouve donc partie prenante de cette politique publique dont l'objectif est d'arriver à des « locuteurs complets »[13] bascophones.

Toutefois, cette ouverture, récente et balbutiante, met la France devant des contradictions évidentes entre l'attachement à son modèle politique et juridique et l'ouverture à son pluralisme culturel. Ces contradictions se révèlent à l'intérieur du droit public français qui apparaît tiraillé entre la consécration constitutionnelle du français et l'ouverture mesurée aux langues de France. Elles se révèlent également au niveau des politiques publiques, où les contradictions actuelles apparaissent de manière plus claire.

I – LES CONTRADICTIONS DANS LA RÉGULATION JURIDIQUE DU PLURALISME LINGUISTIQUE EN FRANCE

Le mouvement centralisateur et unificateur français s'est retrouvé gravé, en ce qui concerne les langues, dans le marbre juridique. Le droit a traduit en règles le consensus politique qui a fait du français la langue de l'État et de la nation. Cependant, ce modèle

9. L'institut culturel basque est créé en 1990, l'institut culturel breton est créé en 1981, et l'institut occitan est créé en 1996.
10. L'office public de la langue basque est créé en 2004, l'office de la langue bretonne est créé en 2010.
11. Projet de politique linguistique, Office public de la langue basque, décembre 2006.
12. L'État est représenté au Conseil d'administration de l'Office avec le Ministère de l'Intérieur (le Préfet des Pyrénées-Atlantiques), le Ministère de l'Éducation nationale (le Recteur de l'Académie de Bordeaux), et le Ministère de la culture et de la communication (le Directeur régional des affaires culturelles, et le Délégué général à la langue française et aux langues de France).
13. Projet de politique linguistique, Office public de la langue basque, décembre 2006.

classique bien défini s'est partiellement fissuré avec l'ouverture progressive au pluralisme linguistique. Ainsi, entre la consécration pleine et entière du français, et l'ouverture partielle et inachevée vers les langues de France, le droit public français apparaît de plus en plus tiraillé, et une conciliation efficace reste encore à imaginer.

A – Les contradictions constitutionnelles du pluralisme linguistique

Longtemps, la suprématie de la langue française par rapport aux langues de France est demeurée implicite en droit français. Certes, à l'ordonnance royale de Villers-Cotterêts avait succédé le décret du 2 Thermidor An II (20 juillet 1794) imposant l'usage du français dans tout acte public, ou, plus récemment, la loi du 31 décembre 1975[14] imposant cet usage pour toute communication relative à un bien et à un service. Toutefois, cette suprématie de la langue française n'avait pas été proclamée dans la Constitution. C'est chose faite depuis la révision constitutionnelle du 25 juin 1992[15] qui insère au sein de l'article 2 de la Constitution l'alinéa suivant : « le français est la langue de la République ». Cette constitutionnalisation du français, faite au nom de la nécessaire protection du français face à l'hégémonie de la langue anglaise, a eu pour conséquence d'affirmer dans la plus haute norme juridique la suprématie de la langue française face aux autres langues, et notamment aux langues de France. Toutefois, cette suprématie s'est heurtée à une reconnaissance constitutionnelle de certaines langues de France, les langues régionales[16].

1 – Les contradictions de la reconnaissance constitutionnelle du français

La reconnaissance constitutionnelle de la langue française a été à la base, à certains égards, d'une contradiction curieuse. Elle est l'exemple révélateur que réviser la Constitution n'est pas un acte anodin et peut engendrer des effets inattendus. Le Doyen Vedel avait coutume de dire qu'en révisant une Constitution, le pouvoir constituant n'agissait pas comme un archer qui, s'il savait viser correcte-

14. *Loi n° 75-1349 du 31 décembre 1975*, JORF, 4 janvier 1976, p. 189.
15. *Loi constitutionnelle n° 92-554 du 25 juin 1992*, JORF, 26 juin 1992, p. 8406.
16. Le droit français n'emploie pas le terme « langues de France » actuellement. Jusqu'à présent c'est le terme de « langues régionales » qui est utilisé dans les textes réglementaires et législatifs.

ment, atteignait le plus souvent sa cible. En révisant la Constitution, le pouvoir constituant agissait plus comme un joueur de billard, réfléchissant à la trajectoire à donner à son coup, mais sans aucune garantie dans la direction finale qu'allait prendre la boule.

En matière de Constitution et de langue, la révision de 1992 illustre parfaitement ces propos. En effet, dans les débats parlementaires qui avaient précédé l'adoption du nouvel alinéa constitutionnel, les députés et sénateurs étaient bien loin des préoccupations concernant les langues régionales. Il était question, lors de la révision de la Constitution précédant la ratification du Traité de Maastricht[17], de « marquer [l]'attachement à la langue nationale »[18] dans un contexte de construction européenne où « le problème des langues va se reposer au niveau européen de manière nouvelle »[19]. La crainte des parlementaires était ainsi de ne pas parler « de langue communautaire, comme il y a un droit communautaire »[20], notamment du fait que « le traité pour l'Union européenne autorise des transferts [de compétences] dans le domaine de la culture à la Communauté »[21]. L'ennemi, pour ainsi dire, n'étaient pas les langues régionales, mais la langue anglaise, qui menaçait de devenir hégémonique avec l'approfondissement de la construction européenne.

Au contraire, les parlementaires de l'époque abordaient avec une certaine bienveillance les langues régionales. Il était ainsi précisé qu' « aucune atteinte ne sera[it] portée à la politique de respect de la diversité de nos cultures régionales qui est un élément essentiel de notre patrimoine national »[22]. Plusieurs voix s'étaient levées pour affirmer la nécessité de reconnaître constitutionnellement le français, tout en précisant que : « cela ne d[evait] pas porter préjudice aux langues régionales et à son développement »[23]. Toutefois, malgré ce souci de respect des langues régionales, les parlementaires n'avaient pas jugé opportun, pour autant « d'inscrire cet attachement [aux

17. Traité sur l'Union Européenne, 7 février 1992, Maastricht.
18. Propos d'Alain Lamassoure, J.O. *Débats*, Assemblée nationale, 12 mai 1992, p. 1020.
19. *Ibid.*
20. Propos de Pierre Mazeaud, J.O. *Débats*, Assemblée nationale, 12 mai 1992, p. 1021.
21. Propos de Xavier Deniau, J.O. *Débats*, Assemblée nationale, 12 mai 1992, p. 1018.
22. Propos de Michel Vauzelle, J.O. *Débats*, Assemblée nationale, 12 mai 1992, p. 1018.
23. Propos de Félix Leyzour, J.O. *Débats*, Sénat, 10 juin 1992, p. 1540.

langues régionales] dans la Constitution »[24]. À l'issue de ce débat, l'alinéa disposant que « le français est la langue de la République » avait été voté à l'unanimité de l'Assemblée nationale et du Sénat, et le projet d'inscrire à sa suite l'expression « dans le respect des langues régionales » resta lettre morte. Le coup était lancé, et la boule prit une trajectoire que d'aucuns jugeraient surprenante.

Malgré l'analyse de certains auteurs de doctrine, qui avertissaient que le nouvel alinéa « vient apporter à la langue française un support juridique qui lui faisait, jusqu'ici, défaut en cas de conflit avec une langue régionale »[25], les effets juridiques de la constitutionnalisation du français ont joué bien plus à l'égard de l'usage des langues régionales que de la langue anglaise.

Le conseil constitutionnel est venu préciser la portée juridique de ce nouvel alinéa constitutionnel. Ainsi, le législateur est dorénavant fondé à imposer l'usage du français dans les domaines aussi variés que l'enseignement, le travail, les échanges et les services publics[26]. Plus généralement, le conseil constitutionnel dégage de l'alinéa constitutionnel un principe général selon lequel l'usage du français s'impose « aux personnes morales de droit public et aux personnes de droit privé dans l'exercice d'une mission de service public »[27], voire même « aux usagers dans leur relation avec l'administration et les services publics »[28].

Autre effet induit de ce nouvel alinéa, désormais, « les particuliers ne peuvent se prévaloir, dans leurs relations avec les administrations et les services publics, d'un droit à l'usage d'une langue autre que le français, ni être contraints à un tel usage »[29]. La voie d'une reconnaissance d'un droit individuel à l'usage d'une langue régionale est ici close.

---

24. Propos de Michel Vauzelle, J.O. *Débats*, Sénat, 10 juin 1992, p. 1540.
25. R. Debbasch, « La reconnaissance constitutionnelle de la langue française » (1992) Revue française de droit constitutionnel 456-468.
26. La *Loi nº 94-665 du 4 août 1994*, JORF, 5 août 1994, p. 11392, fait du français la langue des éléments ci-dessus cités. Le conseil constitutionnel a validé cette disposition : Conseil constitutionnel 94-349 DC du 29 juillet 1994, *Loi relative à l'emploi de la langue française*, JORF 2 août 1994, p. 11 240. Considérant nº 7.
27. Conseil constitutionnel 99-412 DC du 15 juin 1999, *Charte européenne des langues régionales ou minoritaires*, JORF, 18 juin 1999, p. 8964. Considérant nº 8.
28. Conseil constitutionnel 96-373 DC du 9 avril 1996, *Loi organique portant statut de la Polynésie française*, JORF, 13 avril 1996, p. 5724. Considérant nº 91.
29. Conseil constitutionnel 99-412 DC du 15 juin 1999, *Charte européenne des langues régionales ou minoritaires*, JORF, 18 juin 1999, p. 8964. Considérant nº 8.

La jurisprudence du Conseil constitutionnel relative au nouvel alinéa de l'article rejoint celle du Conseil d'État, qui avait statué dans le même sens lors de divers contentieux administratifs. La jurisprudence des juges du Palais Royal se dote ici d'une base constitutionnelle, alors que précédemment le Conseil d'État avait justifié par un principe général de procédure l'irrecevabilité de requêtes rédigées en langue régionale et l'obligation d'usage du français[30]. Faute de texte contemporain, le Conseil d'État avait visé l'ordonnance royale de Villers-Cotterêts de 1539 pour justifier le refus d'acheminer un courrier postal dont l'adresse était rédigée en breton[31]. Le même refus de traiter une demande au trésorier-payeur général rédigé en langue régional était jugé licite, l'objet des demandes ne pouvant être identifié de par leur rédaction en langue régionale[32].

Ainsi donc, et alors que l'objet premier du premier alinéa de l'article 2 de la Constitution n'était pas, dans l'esprit du pouvoir constituant, de limiter les possibilités d'usage des langues régionales, la portée juridique de cet article a conduit à une limitation du régime juridique des langues régionales, par symétrie avec la constitutionnalisation du régime juridique de la langue française. En parallèle à cette constitutionnalisation, l'inscription des langues régionales dans la Constitution en 2008[33] est aussi porteuse de contradictions.

2 – Les contradictions de la reconnaissance constitutionnelle des langues régionales

Si la révision constitutionnelle de 1992 est allée dans le sens de l'affirmation juridique de l'unité linguistique, la place des langues régionales dans le droit français a continué à poser question. La révision de 1992 a sonné comme un aboutissement constitutionnel du processus centralisateur et unificateur français. La reconnaissance de la diversité linguistique de la France a connu un cheminement plus complexe. Longtemps, le débat de cette reconnaissance s'est cristallisé autour de la question de la ratification par la France de la Charte européenne des langues régionales ou minoritaires[34]. À la

30. Conseil d'État, Section nº 65105 du 22 novembre 1985, *Quillevère*, Rec. 333. La même solution a été prise par la Cour de cassation au sujet des pourvois en cassation Cass. Crim. nº 85-96523 du 4 mars 1986 *Turkson*, Bull. Crim. 214.
31. Conseil d'État, nº 100042 du 15 avril 1992, *Le Duigou*, Rec. 704.
32. Conseil d'État, nº 99608 du 10 juin 1991, *Kerrain*, Rec. 652.
33. *Loi constitutionnelle nº 2008-724 du 23 juillet 2008*, JORF, 24 juillet 2008, p. 11 890.
34. *Charte européenne des langues régionales ou minoritaires*, Conseil de l'Europe, Strasbourg, 5 novembre 1992.

suite de la signature par la France de la Charte et des 36 engagements retenus, le 7 mai 1999, le Président de la République de l'époque, M. Jacques Chirac, avait saisi le Conseil constitutionnel sur la question de la compatibilité de la charte avec la Constitution, en préalable à une ratification. Ce dernier avait jugé d'une incompatibilité de la charte avec la Constitution, cette dernière violant « les principes constitutionnels d'indivisibilité de la République, d'égalité devant la loi et d'unicité du peuple français »[35], en conférant « des droits spécifiques à des "groupes" de locuteurs de langues régionales ou minoritaires, à l'intérieur de "territoires" dans lesquels ces langues sont pratiquées »[36].

Pendant longtemps, le débat politique et juridique autour de la reconnaissance des langues régionales dans le droit s'est porté sur la Charte. Au niveau de la doctrine, si certaines voix estimaient que la décision du Conseil était erronée et ne voyaient pas de contrariété entre la Constitution et cette dernière[37], la grande majorité de la doctrine se limita à commenter la décision du Conseil, sans montrer de désapprobation majeure[38]. Toutefois, face à l'importance des principes constitutionnels s'opposant à une ratification de la Charte (principe d'égalité, indivisibilité de la République, unicité du peuple français et article 2), la voie d'une reconnaissance législative des langues régionales a un temps été préférée à la voie d'une ratification de la Charte. C'est ainsi que plusieurs propositions de loi sur les langues régionales ont été déposées à l'Assemblée nationale[39] et au Sénat[40],

---

35. Conseil constitutionnel 99-412 DC du 15 juin 1999, *Charte européenne des langues régionales ou minoritaires*, JORF, 18 juin 1999, p. 8964. Considérant n° 10.
36. *Ibid.*
37. J.-M. Woehrling, « Le droit constitutionnel français à l'épreuve des langues régionales » (2001) 35 Revista de llengua i dret 79-87 ; G. Carcassonne, « Étude sur la compatibilité entre la Charte européenne des langues régionales ou minoritaires et la Constitution », Paris, La documentation Française, 1998.
38. F. Mélin-Soucramanien, « La République contre Babel. À propos de la décision 99-412 DC du 15 juin 1999, Charte européenne des langues régionales ou minoritaires » (1999) Revue du droit public et de la science politique 594 ; J.-E. Schoettl, « La charte européenne des langues régionales comporte des clauses contraires à la Constitution » (1999) Actualité juridique de droit administratif 573 ; P. Fraissex, « La France, les langues régionales et la Charte européenne des langues régionales ou minoritaires » (2001) Revue française de droit administratif 59-85.
39. Proposition de loi n° 3008 relative au développement des langues et cultures régionales, 7 décembre 2010 ; Proposition de loi n° 3055 pour la défense et la promotion des langues régionales, 20 décembre 2010.
40. Proposition de loi n° 213 relative au développement des langues et cultures régionales, 12 janvier 2011 ; Proposition de loi n° 251 relative au développement des langues et cultures régionales, 25 janvier 2011.

faisant suite à un engagement du Gouvernement d'adopter une loi sur les langues régionales[41] lors du premier débat organisé à l'Assemblée nationale sur la question[42]. Ces propositions sont restées, toutefois, lettre morte.

Dans ce contexte où la question de la reconnaissance des langues régionales semblait prendre une voie législative, l'inscription du nouvel article 75-1 disposant que « les langues régionales appartiennent au patrimoine de la France » lors de la révision constitutionnelle du 23 juillet 2008[43] créa une surprise évidente. Alors que, jusqu'à présent, la Constitution avait achevé l'inscription en droit de l'objectif politique d'unité et de centralisation linguistique au bénéfice du français, le texte constitutionnel était le support de l'ambivalence entre cet objectif classique et l'ouverture plus récente de la France au pluralisme linguistique.

Si, comme l'affirmait le Doyen Vedel, réviser la Constitution tenait plus de la frappe d'un joueur de billard, en ce qui concerne la révision de 2008, le pouvoir constituant dérivé avait plus agi comme l'archer lançant sa flèche dans la direction souhaitée et touchant la cible. L'intention du constituant était claire dans cette insertion de l'article 75-1, même si le cheminement le fut moins. Envisagée par l'Assemblée nationale à l'article 1er de la Constitution, c'est-à-dire là où sont présents les principes fondamentaux de la République, la référence aux langues régionales comme élément du patrimoine de la France se fit finalement dans le nouvel article 75-1, sous le titre relatif aux collectivités territoriales, à la suite du veto du Sénat.

Mais, indépendamment de la place où se situe cet article, l'intention du constituant n'en demeura pas similaire. Il s'agissait de : « marquer l'attachement de la France à ce patrimoine, sans pour autant créer de droit pour les particuliers d'exiger de la part des administrations l'usage d'une autre langue que le français ou des droits spécifiques pour des groupes »[44]. Il avait aussi été affirmé que : « le Gouvernement n'a absolument pas l'intention de ratifier la

41. Déclaration du Gouvernement no 876 sur les langues régionales, 7 mai 2008.
42. J.O. *Débats*, Assemblée nationale, 8 mai 2008, p. 1959.
43. *Loi constitutionnelle no 2008-724 du 23 juillet 2008 de modernisation des institutions de la Ve République*, JORF, 24 juillet 2008, p. 11 890.
44. Propos de Jean-Luc Warsmann, J.O. *Débats*, Assemblée nationale, 22 mai 2008, p. 2346.

Charte européenne des langues régionales ou minoritaires »[45] ou qu'« il n'y aura pas de ratification de la charte ! »[46]. Ainsi, le constituant s'apprêtait à voter une disposition constitutionnelle sans aucune portée normative précise. La reconnaissance du pluralisme linguistique en France revêtait une portée purement symbolique[47] et l'article 75-1 avait un effet déclaratif[48], alors que la constitutionnalisation de la langue française était liée à la souveraineté et à la République.

Saisi pour la première fois sur la base de ce nouvel article 75-1, le Conseil constitutionnel confirma l'intention du constituant en disposant que cet article : « n'institue pas un droit ou une liberté que la Constitution garantit »[49]. Le conseil, dans son commentaire de la décision admettait la concordance de vues avec le pouvoir constituant, puisqu'il citait pour justifier sa décision les « travaux parlementaires »[50] qui n'avaient pas tenu à « créer un droit ou une liberté opposable dans le chef des particuliers ou des collectivités territoriales »[51].

Par cette décision, le Conseil constitutionnel confirmait l'étrange procédé ayant abouti à l'article 75-1. La Constitution peut donc abriter des « neutrons constitutionnels »[52] ou encore « bavarde[r] »[53] avec des articles ayant une « portée strictement déclaratoire »[54]. Nous sommes ici bien loin de l'organisation des pouvoirs publics et de la protection des droits des individus, objets premiers, mais apparemment pas uniques, d'une Constitution.

---

45. Propos de Rachida Dati, J.O. *Débats*, Sénat, 18 juin 2008, p. 2939.
46. Propos de Rachida Dati, J.O. *Débats*, Assemblée nationale, 9 juillet 2008, p. 4507.
47. C. Le Bris, « Les langues régionales dans la Constitution » (2009) 3 Revue du droit public et de la science politique 787-816.
48. C. Lavialle, « Du nominalisme juridique, le nouvel article 75-1 de la Constitution du 4 octobre 1958 » (2008) Revue française de droit administratif 1110-1115.
49. Conseil constitutionnel 2011-130 QPC, 20 mai 2011, *Madame Cécile L.*, JORF, 20 mai 2011, p. 8890.
50. Conseil constitutionnel, commentaire de la décision 2011-130 QPC du 20 mai 2011, en ligne : <www.conseil-constitutionnel.fr/conseil-constitutionnel/root/bank/download/2011130QPC ccc_130qpc.pdf>.
51. *Ibid.*
52. M. Verpeaux, « Langues régionales et QPC : l'impossible dialogue » (2011) Actualité juridique de droit administratif 1963-1966.
53. A. Legrand, « Il n'y a pas de droit constitutionnel à l'enseignement des langues régionales » (4 juillet 2011) 27 La semaine juridique – Administrations et Collectivités territoriales 2246.
54. J.-E. Gicquel, « Le Conseil constitutionnel et les langues régionales » (2 septembre 2011) 175 Les petites affiches 15.

Avec ce nouvel article, le pluralisme linguistique s'est donc doté d'une charpente constitutionnelle bien fragile, puisque sa portée normative reste très incertaine, alors que les fondations législatives n'ont, elles, pas été creusées. L'édifice acquiert, de ce fait, une bien étrange allure. D'autant plus que l'édifice législatif et constitutionnel relatif à la langue française n'en manque pas, lui, d'allure. Malgré les apparences, la conciliation constitutionnelle entre la langue française et le pluralisme linguistique reste à réaliser. Le compromis issu de la révision de 2008 n'est qu'une illustration du tâtonnement de la France dans l'ouverture de son modèle juridique et politique à la diversité. Ce même tâtonnement se retrouve en matière législative et conventionnelle.

B – Les contradictions législatives et conventionnelles du pluralisme linguistique

Si le texte constitutionnel retranscrit la difficile conciliation entre le français, juridiquement « tout-puissant », et les langues régionales, symboles d'une ouverture mesurée et inachevée vers le pluralisme linguistique de la France, les mêmes tensions et contradictions apparaissent au niveau de la loi, et en particulier de la loi dite Toubon[55], ainsi que des engagements internationaux pris par la France.

1 – Les contradictions issues de la loi Toubon

La consécration constitutionnelle du français en 1992 comme langue de la République a été suivie par une consécration législative avec la loi du 4 août 1994 dite Toubon qui a posé les grands principes du statut législatif de la langue française. Reprenant la tradition issue de l'ordonnance royale de Villers-Cotterêts, du décret révolutionnaire du 2 Thermidor An II (20 juillet 1794) ou de la loi du 31 décembre 1975[56], cette loi impose l'usage de la langue française dans des domaines très divers en faisant du français « la langue de l'enseignement, du travail, des échanges et des services publics ». Cette loi fait naître la distinction entre la sphère publique très largement entendue, puisque les échanges commerciaux par nature de droit privé sont assujettis à la loi, où « il [est] loisible d'imposer [...]

55. *Loi n° 94-665 du 4 août 1994 relative à l'emploi de la langue française*, JORF, 5 août 1994, p. 11 392.

56. *Loi n° 75-1349 du 31 décembre 1975*, JORF, 4 janvier 1976, p. 189.

l'usage de la langue française »[57], et la sphère privée où le principe de liberté linguistique s'applique[58]. Cette loi renforce le statut juridique de la langue française qui, constitutionnellement était devenue la langue de la chose publique, de la République. Le français devient, avec cette loi, la langue de l'espace public, de l'échange public largement entendu. La loi Toubon vient également confirmer la jurisprudence, parfois ancienne et toujours constante, des juridictions administratives et judiciaires imposant l'usage du français dans des domaines liés aux personnes publiques.

Ce statut clair et précis au bénéfice du français tranche avec le statut législatif du pluralisme linguistique en France. Ainsi, contrairement à l'engagement pris par le Gouvernement en 2008[59], aucune loi sur les langues régionales n'a été votée. Le statut législatif des langues régionales se construit donc par exception au principe général qui est l'usage de la langue française, et domaine par domaine. En matière de langues régionales, la complexité est de mise, au point où certains auteurs parlent de « foisonnement normatif »[60], de « cadre législatif et réglementaire conséquent à défaut d'être homogène »[61]. Une chose est sûre, la donne est plus, en matière de pluralisme linguistique, à la dispersion normative[62], qu'à un statut législatif spécifique.

Plus grave, la consécration législative et constitutionnelle du français fait du pluralisme linguistique une exception légale. Malgré l'article 21 de la loi Toubon qui dispose que : « les dispositions de la présente loi s'appliquent sans préjudice de la législation et de la réglementation relatives aux langues régionales de France et ne s'opposent pas à leur usage »[63], le statut législatif du français a des

57. *Conseil constitutionnel 94-345 DC du 29 juillet 1994*, JORF, 2 août 1994, p. 11 240.
58. J.-E. Schoettl, « La charte européenne des langues régionales comporte des clauses contraires à la Constitution », (1999) Actualité juridique de droit administratif 573-579.
59. Déclaration du Gouvernement nº 876 sur les langues régionales, 7 mai 2008.
60. V. Bertile, *Langues régionales ou minoritaires et Constitutions, France, Espagne, Italie*, Bruxelles, Bruylant, 2009 à la p. 91.
61. L. Malo, « Les langues régionales dans la Constitution française : à nouvelles données, nouvelle réponse ? » (2011/1) 85 Revue française de droit constitutionnel 69-98.
62. Pour plus de précisions sur ce statut, voir F. Benoit-Rohmer, « Les langues officieuses de la France » (2001/1) 45 Revue française de droit constitutionnel 3-29 et H. Moutouh, « Les langues régionales en droit français » (avril 1999) Regards sur l'actualité 33-41.
63. *Loi nº 94-665 du 4 août 1994 relative à l'emploi de la langue française*, JORF, 5 août 1994, p. 11 392.

conséquences sur l'usage des langues régionales. Cela est particulièrement le cas en ce qui concerne l'enseignement. La loi Toubon fait du français la langue de l'enseignement. L'usage des langues régionales, issue de textes législatifs antérieurs à cette loi et en particulier à la loi Deixonne de 1951[64], n'est pas proscrit. Mais il constitue une exception, ce qui conditionne son exercice, qui ne peut être que facultatif[65] et son degré qui ne doit pas aller au-delà « des nécessités de l'apprentissage d'une langue régionale »[66], ce qui revient à exclure de l'école publique les établissements d'enseignement pratiquant la méthode pédagogique de l'immersion en langue régionale[67].

Autre exemple de limitation de l'usage des langues régionales induites par ce statut législatif de la langue française, l'emploi du bilinguisme dans les actes officiels est strictement encadré. Ainsi, même si le Conseil constitutionnel a jugé que l'imposition de l'usage du français « n'exclut pas l'utilisation de traductions »[68], cet emploi de traductions n'est pas libre. Les actes officiels n'admettent, ainsi, pas de traduction dans un document unique. Suite à un litige concernant la délivrance de livrets de famille par la commune de Carhaix, le Gouvernement a ainsi fait savoir qu'« il ne saurait être reconnu de caractère officiel à des documents non rédigés en français, même partiellement »[69] et que les traductions « s'entendent exclusivement des traductions autonomes de textes français »[70].

Il apparaît donc qu'au niveau législatif, la consécration du statut légal de la langue française, corollaire du mouvement d'unité et de centralisation linguistique a conduit à restreindre les voies d'expression légales du pluralisme linguistique, et ce, malgré l'intention expressément prévue dans la loi de ne pas « s'opposer à

64. *Loi nº 51-46 du 11 janvier 1951 relative à l'enseignement des langues et dialectes locaux*, JORF, 11 janvier 1951, p. 483.
65. Conseil constitutionnel 91-290 DC du 9 mai 1991, *Loi portant statut de la collectivité territoriale de Corse*, JORF, 14 mai 1991, p. 6350. Considérant nº 34. Conseil constitutionnel 96-456 DC du 9 avril 1996, *Loi organique portant statut de la Polynésie française*, JORF, 13 avril 1996, p. 5724. Considérant nº 92.
66. Conseil d'État, nº 238653 du 29 novembre 2002, *SNES, UNSA et autres*.
67. Dans cette méthode, les enseignements sont donnés entièrement en langue régionale, à l'exception de l'enseignement de langue française, et la langue régionale est utilisée dans l'établissement en dehors des heures de cours.
68. Conseil constitutionnel 94-345 DC du 29 juillet 1994, JORF, 2 août 1994, p. 11 240. Considérant nº 7.
69. *Réponse du Gouvernement à la question nº 6825 de M. Paul Molac*, J.O., 5 mars 2013, p. 2612.
70. *Ibid.*

l'usage des langues régionales ». La conciliation entre le statut de la langue française et l'ouverture vers le pluralisme linguistique reste à effectuer, d'autant plus que les langues régionales ne bénéficient pas d'un statut légal général, et que les possibilités ouvertes par des textes de loi sont encadrées par le statut légal du français. Cette contradiction permanente entre unité et diversité se retrouve également au niveau des engagements internationaux souscrits par la France.

2 – Les contradictions issues du droit international

La France s'est retrouvée face à ses difficultés de conciliation de son modèle républicain avec l'ouverture au pluralisme et à la diversité culturelle, lors de la ratification de plusieurs textes internationaux. En effet, les standards internationaux visent, de plus en plus, à promouvoir et à protéger le fait minoritaire, d'une part, et la diversité culturelle, d'autre part. Face à ce mouvement différencialiste, la France a tenu à rappeler et à défendre ses principes fondateurs, dans un premier temps.

Ainsi, face aux textes internationaux fondant la vision différencialiste des langues sur la protection des minorités, la France a tenu à rappeler sa position en écartant par des réserves toute référence à des minorités linguistiques[71] ou en refusant de signer des textes relatifs aux minorités nationales[72]. Cette opposition à ces articles ou à ces traités internationaux se base sur les principes fondamentaux de la Constitution, et notamment le principe d'égalité[73] qui interdit toute distinction entre les citoyens. Ainsi, lors du débat autour de la signature de la Convention-cadre de protection des minorités nationales, la France avait envisagé d'intégrer une déclaration interprétative

71. C'est le cas de l'article 27 du Pacte international relatif aux droits civils et politiques de l'ONU, 16 décembre 1966, New York. C'est le cas également de l'article 30 de la Convention internationale des droits de l'enfant de l'ONU, 20 novembre 1989, New York.

72. C'est le cas de la Convention-cadre de protection des minorités nationales du Conseil de l'Europe, 1er février 1995, Strasbourg.

73. Voir les réserves à l'application de l'article 27 du pacte international et de l'article 30 de la Convention internationale qui est ainsi formulée : « le Gouvernement français déclare, compte tenu de l'article 2 de la Constitution [actuellement article 1er de la Constitution], que l'article 27 [et l'article 30] n'a pas lieu à s'appliquer en ce qui concerne la République ». *Loi nº 80-460 du 25 juin 1980 autorisant l'adhésion de la République française au Pacte international relatif aux droits civils et politiques*, J.O., Lois et décrets 26 juin 1980 à la p. 1569 ; *Loi nº 90-548 du 2 juillet 1990 autorisant l'adhésion de la République française à la Convention internationale des droits de l'enfant*, J.O., Lois et décrets, 5 juillet 1990, p. 7856.

résumant sa position et qui stipulait que : « Les principes fondamentaux du droit français, tels qu'ils sont inscrits dans la Constitution, interdisent toute distinction entre les citoyens en fonction de leur origine, de leur race ou de leur religion. L'existence de droits exercés collectivement, fondés sur de telles considérations, ne saurait donc être reconnue en France où le respect des caractéristiques de chaque groupe – religieux, culturel, linguistique ou autre – est assuré par la protection des droits des individus membres de ces groupes ».

Ce refus de reconnaître des droits spécifiques à tout groupe indépendant de la nation, où à tout citoyen particulier commande la position française sur la question des droits des minorités, et des droits linguistiques. Il reflète l'attachement de la France à son modèle d'unification et de centralisation linguistique. Ce positionnement devient progressivement source de difficultés, à partir du moment où la France est confrontée à l'ouverture internationale vers la diversité et le pluralisme culturel.

Le débat autour de la ratification de la Charte européenne des langues régionales ou minoritaires est le reflet de ces difficultés. Plus que dans les mesures prévues par la Charte, le débat autour de cette ratification s'est concentré sur des questions de principe et sur le symbole. À l'image des débats parlementaires qui ont précédé au vote des articles 2 et 75-1 de la Constitution[74], l'attitude autour des langues régionales reflète une apparente bienveillance, personne ne contestant la valeur culturelle et patrimoniale de ces dernières. Toutefois, dès lors qu'il s'agit de prendre des mesures en leur bénéfice, une attention particulière est portée au respect des principes fondateurs de la République.

La décision du conseil constitutionnel sur la compatibilité de la Charte à la Constitution est, à cet égard, très révélatrice. Ainsi, le Conseil a précisé que si la Charte méconnait, notamment dans son préambule, les principes constitutionnels d'égalité, d'indivisibilité de la République et d'unicité du peuple français, « aucun autre des engagements souscrits par la France »[75] n'est contraire à la Constitution, et que par ailleurs ils « se bornent à reconnaître des pratiques déjà mises en œuvre par la France en faveur des langues régionales »[76].

74. *Cf.* A du I.
75. Conseil constitutionnel 99-412 DC du 15 juin 1999, *Charte européenne des langues régionales ou minoritaires*, JORF, 18 juin 1999, p. 8964. Considérant nº 13.
76. *Ibid.*

La question de la reconnaissance du pluralisme linguistique de la France ne pose donc pas un problème dans l'aménagement linguistique à proprement parler, tel qu'il est appliqué en France. Il soulève des difficultés de l'ordre du symbole et de la position de principe de la République française sur cette question.

Ce positionnement de la France sur la question linguistique et culturelle est, cependant, remis en question par les engagements pris par la France elle-même à l'occasion de l'adoption d'autres textes internationaux. Alors qu'au niveau interne la France reste très hostile à la reconnaissance de son pluralisme, que ce soit par la reconnaissance de minorités linguistiques ou que ce soit par la signature d'une charte visant à protéger les langues régionales ou minoritaires[77], et s'oppose à des articles ou textes de droit international pouvant l'amener vers cette reconnaissance, l'attitude n'est pas la même au niveau international.

La France est, ainsi, membre d'organisations internationales promouvant la diversité culturelle et linguistique. C'est le cas, en particulier, de l'organisation internationale de la francophonie qui agit pour : « promouvoir l'usage du français et renforcer son enseignement »[78], en précisant que : « sur la scène internationale comme au sein de l'espace francophone, les actions prennent en compte la cohabitation du français avec d'autres langues »[79].

La France est aussi, et surtout, partie à des conventions internationales qui ont pour objet de promouvoir et de protéger la diversité culturelle. C'est en particulier le cas de la convention pour la sauvegarde du patrimoine immatériel[80] et de la convention sur la protection et la promotion de la diversité des expressions culturelles[81]. En signant et ratifiant ces conventions, la France s'engage à

77. Même si le Conseil constitutionnel a jugé que la Charte créait un droit à l'usage d'une langue autre que le français dans la vie publique au bénéfice de groupes, le rapport explicatif de la Charte affirme que : « la charte vise à protéger et à promouvoir les langues régionales ou minoritaires, non les minorités linguistiques » ou que : « la charte ne crée pas de droits individuels ou collectifs pour les locuteurs de langues régionales ou minoritaires ». Conseil de l'Europe, *Charte européenne des langues régionales ou minoritaires*, Rapport explicatif, STE nº 148.

78. *Actions de l'Organisation internationale de la francophonie*, en ligne : <www.francophonie.org/-Pour-la-langue-francaise-.html>.

79. *Ibid.*

80. *Convention pour la sauvegarde du patrimoine immatériel*, Unesco, 17 octobre 2003, Paris.

81. *Convention sur la protection et la promotion de la diversité des expressions culturelles*, Unesco, 20 octobre 2005, Paris.

prendre des mesures pour protéger et promouvoir son patrimoine et sa diversité culturelle. Ces mesures peuvent, par exemple, être constituées par « l'identification, la recherche, la préservation, la protection, la promotion, la mise en valeur, la transmission [...] ainsi que la revitalisation des différents aspects de ce patrimoine »[82]. Elles peuvent prendre la forme de « programmes éducatifs »[83], et le principe de la reconnaissance de « l'égale dignité et du respect de toutes les cultures, y compris celles des personnes appartenant aux minorités et à celles des peuples autochtones »[84] est posé.

Certes, la force contraignante de ces conventions reste discutable, puisque aucun mécanisme de contrôle juridictionnel n'est mis en place, et que les termes des conventions, qui « invitent » les États parties à prendre des mesures plus qu'elles ne les contraignent, relèvent du droit mou. Il n'en reste pas moins que le signal donné est contradictoire avec le souci de préservation des principes fondamentaux de l'unité et de la centralisation linguistique, au détriment de son pluralisme interne.

Ainsi, la France a été très enthousiaste lors de la signature et de la ratification de la convention sur la diversité des expressions culturelles. Lors d'une lettre envoyée au Président de l'Unesco à l'occasion de la ratification par la France de la convention, le Président de la République de l'époque, M. Jacques Chirac, précisait que : « La France, les États et Gouvernements membres de la Francophonie, l'Union européenne et la communauté internationale ont voulu ce texte parce qu'il apporte des réponses à l'exigence essentielle du respect et de la promotion de la diversité des expressions artistiques et culturelles dans la mondialisation »[85] et que : « La France continuera d'encourager tous les pays qui ne l'ont pas encore fait à la ratifier » ou encore que « faire vivre cette convention sera pour [...] la France une priorité ».

Cet enthousiasme de la France à protéger et à promouvoir la diversité linguistique au niveau international, au nom de la fran-

82. Art. 2-3 de la *Convention pour la sauvegarde du patrimoine immatériel.*
83. Art. 14i de la *Convention pour la sauvegarde du patrimoine immatériel* et art. 10a) de la *Convention sur la protection et la promotion de la diversité des expressions culturelles.*
84. Art. 2-3 de la *Convention pour la sauvegarde du patrimoine immatériel.*
85. *Lettre du Président de la République française au Président de l'Unesco*, 14 mars 2007.

cophonie, contraste avec la grande prudence à reconnaître son pluralisme linguistique interne. Si la France milite pour une transformation du modèle politique et juridique international de façon à mieux prendre en compte la diversité culturelle, elle reste cependant très attachée à son modèle politique et juridique, même si ce dernier peut limiter de manière conséquente l'expression de la diversité linguistique au niveau interne.

Concilier les règles issues du modèle unificateur et centralisateur au bénéfice du français avec l'expression de son pluralisme linguistique n'est pas chose aisée. D'autant plus que la défense de ce modèle se heurte au droit international qui a envisagé la question de la diversité linguistique sous d'autres standards. Enfin, la défense de la francophonie au niveau international, au nom de la diversité des cultures est aussi source de contradictions dans le discours de la France en matière de langues, contradiction qui peut être jugée par d'aucuns comme un double discours. Il n'en reste pas moins que les politiques publiques se sont retrouvées depuis longtemps face à la question de la gestion politique du pluralisme linguistique de la France. Cette gestion, sorte de balbutiement d'une vraie politique publique d'aménagement linguistique, est elle aussi source de difficultés et de contradictions.

II – LES CONTRADICTIONS DANS L'AMÉNAGEMENT DU PLURALISME LINGUISTIQUE EN FRANCE

Si le droit concilie avec difficulté la suprématie juridique du français et la prise en compte du pluralisme linguistique, les politiques publiques ont aussi été confrontées à cette conciliation. En parallèle au mouvement de décentralisation culturelle, des politiques publiques en faveur des langues régionales se sont développées. Le développement de ces politiques publiques est, toutefois, lui aussi source de difficultés et de contradictions.

En effet, la tâche paraît particulièrement malaisée lorsqu'il s'agit de développer une politique en faveur d'une langue autre que le français, alors que le français est constitutionnellement langue de la République, et que la loi prévoit son usage obligatoire dans des domaines aussi variés que l'enseignement, le travail, la recherche, les échanges et les services publics. La fenêtre d'expression de ces politiques paraît, dès lors, bien étroite.

Face à cette difficulté, les politiques linguistiques ont utilisé deux sortes de possibilité. D'une part, le Conseil constitutionnel a ouvert, sur la base du principe de liberté d'expression présent à l'article XI de la Déclaration des droits de l'Homme et du citoyen[86], trois exceptions à l'usage obligatoire du français dans la vie publique au bénéfice de l'enseignement, de la recherche et de la communication audiovisuelle[87]. Cette exception joue aussi au bénéfice des traductions[88].

D'autre part, les autorités de l'État ont développé, toujours par souci du respect du principe général de liberté, une politique de tolérance à l'égard de l'usage des langues régionales dans des domaines autres de la vie publique[89]. Cette politique de tolérance, aux contours particulièrement flous, et qui se dégageraient implicitement de la jurisprudence du Conseil constitutionnel, permettrait donc que : « dans la pratique administrative (ce qui est d'ailleurs d'ores et déjà le cas), une autre langue que le français soit employée lorsque des circonstances particulières ou l'intérêt général le justifient et par accord des personnes concernées »[90].

Cette politique de tolérance traduit, cependant, une ouverture particulièrement précaire vers la gestion politique du pluralisme linguistique en France. Elle est insatisfaisante du point de vue de la cohérence juridique et territoriale. Elle apparaît également comme largement dépassée par certaines politiques publiques en faveur des langues régionales.

---

86. « La libre communication des pensées et des opinions est un des droits les plus précieux de l'Homme : tout Citoyen peut donc parler, écrire, imprimer librement, sauf à répondre de l'abus de cette liberté, dans les cas déterminés par la Loi ». *Déclaration des droits de l'Homme et du citoyen*, 1789, Paris, Article 11.
87. Conseil constitutionnel 99-412 DC du 15 juin 1999, *Charte européenne des langues régionales ou minoritaires*, JORF, 18 juin 1999, p. 8964. Considérant nº 8.
88. Conseil constitutionnel 94-345 DC du 29 juillet 1994, JORF, 2 août 1994, p. 11 240. Considérant nº 7.
89. F. Mélin-Soucramanien, « Le statut des langues régionales ou minoritaires : la « tolérance constitutionnelle » française » dans *Langue(s) et constitution(s), colloque de Rennes des 7 et 8 décembre 2000 (actes)*, Paris, Economica, Presses universitaires d'Aix-Marseille. Voir également F. Benoit-Rohmer, « Les langues officieuses de la France » et H. Moutouh, « Les langues régionales en droit français », *supra* note 62.
90. J.-E. Schoetl, « La charte européenne des langues régionales comporte des clauses contraires à la Constitution », *supra* note 58.

A – Les contradictions de la tolérance à l'égard des langues régionales

Voilà une notion – la tolérance – que tout bon juriste doit appréhender avec précaution et méfiance. En effet, la mission première du droit n'est-elle pas de traduire en règles le pacte social et politique sur lequel se fonde la communauté de destins de plusieurs individus ? Dans un État de droit normalement constitué, la règle de droit permet ou elle défend, elle ordonne, elle établit, elle corrige, elle punit ou elle récompense[91]. Tolérer une pratique, ou chercher dans la règle de droit un implicite ne peut donc être que le révélateur d'une défaillance de l'État de droit. Par conséquent, systématiser sur le fondement d'un implicite un principe de tolérance comme base d'une politique publique ne peut qu'être insatisfaisant. En ce qui concerne les politiques linguistiques en France, la tolérance à l'égard de l'usage de langues autres que le français dans la vie publique est source d'incohérence et d'arbitraire. Elle est également le reflet du caractère précaire et non abouti de l'ouverture de la France à son plurilinguisme.

1 – La fragilité de la notion de tolérance

Sur le papier, l'injonction constitutionnelle est claire. La règle de droit commande l'usage de la langue française dans la vie publique. Pourtant, la réalité est plus complexe. En dehors des exceptions constitutionnellement admises par le Conseil constitutionnel (enseignement, médias audiovisuels et recherche), et sur la base de la possibilité d'inclure des traductions, l'usage des langues régionales s'est répandu à d'autres domaines de la vie publique. C'est en particulier le cas de l'espace public, où progressivement l'usage des panneaux bilingues de signalisation routière, et notamment d'entrée et de sortie d'agglomération, s'est développé sur les territoires où des langues régionales sont usitées.

Toutefois, le relatif implicite, voire le « *no mans land* juridique »[92] qui est à la base de cet usage pose des problèmes de sécurité juridique. La résolution de ces problèmes est, souvent, le fruit d'un contentieux. C'est ainsi que le Tribunal administratif de

---

91. J.E. Portalis, *Discours préliminaire du premier projet de Code civil*, 1801.
92. J.E. Gicquel, « Les langues régionales à l'épreuve des contentieux constitutionnel et administratif » (15 juin 2011) 118 Les petites affiches 17.

Montpellier[93] a ordonné l'enlèvement par la commune de Villeneuve les Maguelonne, des panneaux d'entrée et de sortie d'agglomération en langue régionale, au motif que, par ses dimensions et caractéristiques, ces panneaux ne répondent pas à un motif d'intérêt général puisqu'ils peuvent troubler la sécurité routière et « être confondus avec les panneaux d'entrée d'agglomération de la commune de Villeneuve les Maguelonne portant le nom de la commune en français »[94].

Le juge administratif dégage ici deux nouveaux critères à l'insertion de traductions, puisque celles-ci doivent être justifiées par des circonstances particulières et l'intérêt général. Le juge en vient même à vérifier si la lettre *Ó* présente dans la version occitane du nom de la commune fait partie des signes diacritiques employés en langue française, ou si l'usage de la version occitane du nom de la commune en question est suffisamment ancien et pourvu de fondement historique, afin de statuer sur le respect des conditions particulières, de l'intérêt général et de la sécurité routière dans le litige en question.

L'implicite de la tolérance à l'égard de l'usage des langues régionales dans la vie publique revient à doter les services préfectoraux chargés de contrôler la légalité des actes des collectivités territoriales, et même les juges d'un pouvoir exorbitant du droit commun, voire même d'un pouvoir arbitraire sur la question. Le deuxième degré de juridiction, la Cour administrative d'appel de Marseille, a ainsi rendu un arrêt totalement opposé à la décision du Tribunal administratif de Montpellier, sur le même litige[95]. La cour administrative rappelle ici que : « c'est à tort que le tribunal a limité cette possibilité [d'utiliser des traductions en langue régionale] aux cas où il est justifié de circonstances particulières ou de considérations d'intérêt général, une telle restriction étant dénuée de tout fondement constitutionnel ou légal »[96]. L'atteinte à la sécurité routière n'est, quant à elle, « aucunement démontrée »[97]. Enfin, les considérations sur l'usage historiquement fondé de la version en langue occitane du nom de la commune ou de la lettre *Ó* est « sans incidence sur la légalité de l'acte contesté »[98].

93. TA Montpellier, n° 0903420, 12 octobre 2010, *Mouvement républicain de salut public*.
94. *Ibid.*
95. CAA Marseille, n° 10MA04419, 28 juin 2012, *Comité républicain de salut public*.
96. *Ibid.*
97. *Ibid.*
98. *Ibid.*

Par cet arrêt, la Cour consolide par voie jurisprudentielle la tolérance qui s'applique à l'usage d'une signalisation bilingue[99].

Ces décisions contradictoires ne sont pas sans conséquences sur la sécurité juridique des actes des collectivités territoriales. Sur la question, ce qui semble permis peut ne pas l'être, et ce qui est défendu peut quelquefois être autorisé, ou plutôt toléré. L'affaire de la signalisation routière est révélatrice de la porosité du principe général de liberté. Alors que la faculté d'utiliser des traductions est apparemment clairement exprimée par le Conseil constitutionnel, le législateur s'est senti obligé de légiférer sur la question, en déposant une proposition de loi au Sénat autorisant l'usage de signalisation bilingue en réponse à la décision du tribunal administratif[100]. La proposition ayant été votée au Sénat, elle est actuellement en examen par l'Assemblée nationale.

Si l'usage de traductions est donc bien applicable dans le cas en question, il n'en ressort pas moins que, en ce qui concerne les modalités de cette traduction, ici aussi le flou l'emporte et dote des autorités administratives ou judiciaires compétentes d'un pouvoir d'appréciation très important. L'usage de délivrer, dans la commune bretonne de Carhaix, des livrets de famille bilingues français-breton en est le révélateur. Cette commune, en se basant sur l'autorisation constitutionnelle d'utiliser des traductions, délivre des livrets en un seul format où les informations apparaissent côte-à-côte en langue française et en langue bretonne. Or, suite à un courrier du Procureur de la République de Brest qui estimait que ledit livret était entaché d'illégalité et enjoignait les services de l'état civil de la commune à ne plus en délivrer, un contentieux s'est ouvert. À la suite de ce litige, et en réponse à des questions de plusieurs parlementaires sur le sujet, le Gouvernement a eu l'occasion de préciser la faculté d'établir, pour les documents officiels, des traductions en langue régionale. Le Gouvernement est venu apporter sa propre lecture de la permission constitutionnelle d'utiliser des traductions en précisant que : « les livrets de famille [...] doivent être rédigés en français »[101] et qu'il « ne saurait être reconnu de caractère officiel à des documents non rédigés en

99. J.E. Gicquel, « Les langues régionales et la signalisation bilingue », (20 novembre 2012) 232 Les petites affiches 7.

100. Proposition n° 136 relative à l'installation de panneaux d'entrée et de sortie d'agglomération en langue régionale, Sénat, 26 novembre 2010.

101. *Réponse du Gouvernement à la question n° 6825 du député Paul Molac*, J.O., 5 mars 2013, p. 2612.

français, même partiellement »[102]. Ainsi, les documents officiels traduits dans le même support sont entachés d'illégalité. Par contre, « aucune règle ne s'oppose [...] à la délivrance par les mairies, en sus du livret de famille officiel, d'une traduction bretonne de celle-ci, dépourvue d'effet juridique »[103]. Alors que la permission constitutionnelle ne précisait aucunement une telle disposition, le Gouvernement, usant de son pouvoir absolu d'interprétation, dégage ici un principe de non traduction simultanée des documents officiels.

Les exemples des effets pervers de cette tolérance, qui se meut dans l'informel et le non-dit, sont nombreux. Le juge a pu entacher d'illégalité la délibération formalisant une pratique ancienne de tenue d'un conseil municipal sur deux en français[104]. D'autres pratiques, manifestement illégales, sont tolérées par les autorités locales, comme la célébration de mariages en langue régionale, ou la publication de délibérations des collectivités territoriales en langue française et en langue régionale sur le même support. De plus, alors que des jurisprudences administratives ou judiciaires ont statué sur leur illégalité, des pratiques comme la délivrance de courriers rédigés en langue régionale, ou le traitement de chèques rédigés dans ces mêmes langues, ont encore cours.

Cette tolérance à l'égard de ces usages des langues régionales qui légalement sont très fragiles, mais qui répondent à des considérations politiques et de maintien d'une certaine *paix sociale*, n'est pas uniquement source d'insécurité juridique, puisqu'un jugement ou un changement de critère de l'autorité compétente (préfet, Gouvernement, exécutif des collectivités territoriales...) conduirait à leur remise en cause. Elle porte également atteinte à l'unité de l'application du droit, puisque la tolérance est plus ou moins grande selon les régions où des langues régionales sont parlées. Dans un tel cas de figure, l'autorité compétente applique cette tolérance de manière arbitraire, puisqu'elle est seule juge, faute de règle ou de procédure spécifique, du seuil à appliquer à cette tolérance.

2 – L'arbitraire de la notion de tolérance

Le principal inconvénient de la tolérance à l'égard de l'usage des langues régionales dans la vie publique est que lorsque l'état de fait

102. *Ibid.*
103. *Ibid.*
104. CAA de Marseille n° 10MA02330, 13 octobre 2011, *Commune d'Aléria.*

remplace l'État de droit, les principes les plus élémentaires de ce dernier ne sont plus respectés. C'est en particulier le cas de l'unité du droit, auquel se substitue l'arbitraire de l'administration. Les exemples sont nombreux où une pratique d'usage de langues régionales est tolérée dans une certaine partie du territoire de la République, alors qu'exactement la même pratique est prohibée par l'administration dans une autre partie.

Parfois, cette atteinte à l'application uniforme du droit trouve son origine dans une lecture particulière de différentes dispositions législatives. C'est ainsi que dans la collectivité territoriale de Corse, en se basant sur l'article L 312-11-1 du code de l'éducation qui dispose que : « la langue corse est une matière enseignée dans le cadre de l'horaire normal des écoles maternelles et élémentaires de Corse », l'enseignement de la langue corse, mais également l'enseignement en langue corse est proposé systématiquement à tous les élèves, selon le principe de l'offre. Un tel enseignement n'est pas proposé lorsqu'un refus exprès des parents est signifié. Or, dans les autres territoires de la République où une langue régionale est en usage, un tel enseignement se base sur l'article L 312-10 du code de l'éducation qui dispose qu' : « un enseignement de langues et cultures régionales peut être dispensé tout au long de la scolarité [...] [dans les territoires] où ces langues sont en usage », et sur l'article L 312-11 du même code qui dispose que : « Les maîtres sont autorisés à recourir aux langues régionales dans les écoles primaires et maternelles chaque fois qu'ils peuvent en tirer profit pour leur enseignement, notamment pour l'étude de la langue française ». L'administration dégage de ces deux bases textuelles différentes de la Corse l'application du principe de la demande pour proposer un enseignement de langue régionale dans les autres territoires en question. Alors que les bases textuelles restent muettes sur la question, l'administration dégage de son pouvoir d'interprétation deux modalités d'organisation de l'enseignement de langue régionale bien différentes. Dans le cas de la Corse, l'enseignement est systématiquement proposé en primaire, et le refus exprès des parents doit intervenir pour que cet enseignement ne soit pas délivré à l'enfant en question. Dans les autres territoires, il faut qu'une demande, jugée suffisante par l'administration (notamment en termes d'effectifs), soit présente dans l'établissement pour que l'enseignement soit effectivement proposé.

D'ailleurs, l'impression de toute puissance de certaines administrations sur la question est reflétée par certains comportements d'agents de l'État sur la question. C'est ainsi qu'un inspecteur de l'Éducation nationale s'est senti légitime pour publier une note interne intitulée « cinq raisons pour s'opposer au développement du bilinguisme en langue régionale à l'école publique »[105]. Le flou entourant l'attitude à adopter devant un usage de langue régionale dans la vie publique est, très certainement, à l'origine de ce genre de comportements.

Dans d'autres cas, le pouvoir d'interprétation de l'administration frise l'arbitraire, puisque quand aucune base textuelle spécifique ne peut être mobilisée, l'acceptation ou le refus de tel ou tel usage de la langue régionale dans la vie publique repose sur la seule décision de l'administration. C'est le cas, par exemple, de la mise en place d'un service d'accueil de la petite enfance en langue régionale. Bien souvent, l'accueil de la petite enfance est considéré par les collectivités territoriales comme un service public, et est donc organisé en conséquence. Les services de l'État participent, par le biais des Caisses d'allocation familiales (Caf), au financement de ce service public. Or, les sections départementales sont partagées sur la position à adopter sur cette question. Ainsi, si la Caf du Pays Basque et du Seignanx accepte de financer ces crèches bilingues, voire même des crèches où l'accueil est proposé exclusivement en langue basque, la Caf du Béarn et de la Soule a, quant à elle, refusé de financer une crèche bilingue français-occitan au nom de la violation du principe de non discrimination[106]. Une pratique totalement identique est donc tolérée ou refusée, selon le critère utilisé par l'autorité administrative en question. Devant une même situation, les deux solutions peuvent donc s'envisager, et les collectivités qui voudraient mettre en place un tel accueil n'ont aucune garantie de bénéficier des financements des Caf.

L'exemple du financement des formations continues des agents publics aux langues régionales est un autre exemple de l'atteinte à l'unité du droit. Ainsi, selon un principe constant, et en cohérence avec les dispositions de la loi du 4 août 1994 qui fait du français la langue des services publics, l'organisme qui est chargé de collecter les cotisations des collectivités territoriales pour la formation continue

105. D. Gauchon, « Cinq raisons pour s'opposer au développement du bilinguisme en langue régionale à l'école publique », 24 avril 1997, note nº Biling2doc24/04/97.

106. Toutefois, l'attitude de la Caf s'est assouplie puisqu'en 2010 la crèche « Pimponnet » où les professionnels suivent des formations d'occitan s'est ouvert. De plus, en partenariat avec le Conseil général des Pyrénées atlantiques, la Caf finance des actions de sensibilisation à la culture occitane.

de ses agents, et d'organiser des catalogues de formations, le Centre national de la fonction publique territoriale (CNFPT) refuse de financer des formations linguistiques aux agents. En effet, puisque la langue des services publics est le français, il paraît difficile pour un agent public territorial de justifier une telle formation par des besoins professionnels.

En application de ce principe, le CNFPT refuse de financer plusieurs plans de formations mis en place par plusieurs collectivités territoriales pour l'apprentissage de la langue basque[107]. Ces collectivités territoriales financent donc de leurs fonds propres ces formations. Or, le CNFPT n'applique pas le même principe pour la Collectivité territoriale de Corse, puisqu'il accepte de financer les formations continues des agents de cette collectivité territoriale, et il accepte également de les organiser directement[108]. L'application d'un critère diamétralement opposé dans tel ou tel territoire de la République concernant les formations de langue régionale ne repose sur aucune justification précise. Il est la conséquence de considérations de l'organisme en question qui ne sont nullement vérifiables, puisque le CNFPT n'a pas à se justifier. Or, cette différence de critère aboutit à une situation où les collectivités territoriales se retrouvent devant une rupture d'égalité dans le traitement que leur donne le CNFPT, et où selon le territoire où l'on se trouve les mêmes formations sont financées ou non.

Plus grave, certaines autorités tolèrent des pratiques qui manifestement contreviennent à la loi. Les établissements scolaires proposant un enseignement en langue régionale selon la méthode immersive sont aujourd'hui de statut privé. La jurisprudence ayant estimé que, compte tenu de leur méthode pédagogique[109], ils ne peuvent intégrer l'école publique, les règles relatives à l'enseignement privé leur sont appliquées. En ce qui concerne la prise en charge par les collectivités publiques des dépenses d'investissement de ces établissements, l'article L 151-4-1 du code de l'éducation limite cette prise en charge à 10 % des dépenses annuelles de l'établissement[110].

---

107. Il s'agit du Département des Pyrénées atlantiques, de la commune de Bayonne, de la commune de Biarritz, de la Communauté d'agglomération du Sud Pays basque et de plusieurs communautés de communes.
108. À titre d'exemple, voir « Formation en langue Corse », en ligne : <www.cnfpt.fr/content/formation-langue-corse-0?gl=MzZmZjIxZWY>.
109. Conseil d'État, n° 248192 du 29 novembre 2002, *SNES, UNSA et autres*.
110. L'article L151-4 du code de l'éducation dispose que : « Les établissements d'enseignement général du second degré privés peuvent obtenir des communes,

Or, depuis le début des années 1990[111], des collectivités territoriales du Pays basque détournent la limite légale, soit en finançant au-delà de ces 10 % des bâtiments scolaires, soit en mettant à disposition pour des écoles en langue régionale des bâtiments communaux. Les services préfectoraux ont, depuis, abouti à une sorte d'équilibre hypocrite, puisque dès lors que ces bâtiments scolaires sont dénommés « centres culturels » ou « centre de loisirs », ils n'entreprennent aucune action pour faire constater l'illégalité des actes approuvant ces constructions et les faire cesser. Ainsi, plusieurs bâtiments à destination de ces écoles ont été construits par les collectivités publiques[112], sans que les services préfectoraux ne réagissent, ces services étant même présents lors de l'inauguration officielle de certains bâtiments scolaires illégaux.

Cette situation pose la question de l'uniforme application des dispositions législatives puisque, manifestement, au sein du département des Pyrénées atlantiques, l'article L 151-4-1 du code de l'éducation n'est pas appliqué pour les écoles immersives en langue basque, alors qu'il est strictement appliqué pour d'autres établissements scolaires privés. Par ailleurs, la pratique ainsi tolérée par les services de l'État, une sorte *d'équilibre de la tolérance* se met en place sur le territoire, substituant la situation de fait à la règle de droit. Ainsi, lorsque le nouveau sous-préfet du département a effectué, par voie de courrier, un rappel à la loi concernant le projet de construire par la commune d'Hendaye les bâtiments de la nouvelle école immersive de la commune[113]. Face à la polémique créée par ce rappel à la loi, le sous-préfet a ainsi dû faire, d'une certaine manière, machine

---

des départements, des régions ou de l'État des locaux et une subvention, sans que cette subvention puisse excéder le dixième des dépenses annuelles de l'établissement. Le conseil académique de l'éducation nationale donne son avis préalable sur l'opportunité de ces subventions. ».

111. Le premier cas fameux est celui de la commune de Biarritz qui en 1993 avait décidé de mettre à disposition d'une école immersive en langue basque des locaux qui venaient d'être construits par la commune.

112. Les cas les plus récents sont ceux de l'école immersive de la commune d'Itxassou construit par la commune et inauguré en 2010, ou de la rénovation du collège de Cambo-les-bains pris en charge par le Conseil général des Pyrénées atlantiques et en cours de construction en 2013.

113. « Le préfet envoie un avertissement pour le financement de l'ikastola de Hendaye », en ligne : <www.lejpb.com/paperezkoa/20130126/384669/fr/Le-prefet-envoie-avertissement-pour-le-financement-l'ikastola-Hendaye> ; « Ikastola d'Hendaye : le sous-préfet jette un pavé dans la mare », en ligne : <www.sudouest.fr/2013/01/26/ikastola-d-hendaye-le-sous-prefet-jette-un-pave-dans-la-mare-947518-4018.php>.

arrière, et revenir à la situation d'équilibre antérieur créé par la tolérance de ces pratiques[114].

L'application de cette tolérance, qui ne peut être satisfaisante d'un point de vue juridique, traduit les difficultés de la France pour gérer politiquement son pluralisme linguistique. Alors que la lettre de la règle de droit est très claire sur la question, les relations entre l'État et les collectivités territoriales reposent plus sur une hypocrisie face à des pratiques que chacun sait illégales, et où celui qui est censé faire appliquer la loi feint de ne pas voir. Construire une politique d'aménagement linguistique sur la simple tolérance ne peut être satisfaisant. Cette tolérance est source d'insécurité juridique pour celui qui contrevient, de manière claire ou plus floue, à la loi. Il est aussi source d'un pouvoir exorbitant du droit commun pour celui qui est censé faire appliquer la loi et tolère, sans aucun contrôle ni aucune demande de motivation, certaines pratiques. Le pouvoir tend ici vers l'arbitraire, et l'application uniforme du droit est violée, en vertu de considérations autres que juridiques.

La fragilité d'un tel équilibre de l'implicite et de l'hypocrisie n'a pas tardé à se révéler dans les territoires où les politiques les plus volontaristes en faveur des langues régionales ont commencé à s'appliquer. C'est le cas des politiques publiques appliquées en faveur de la langue basque, où la volonté de promouvoir l'usage de la langue basque apparaît comme particulièrement ambitieuse, que ce soit au niveau de l'étendue et du degré de cet usage. L'État, qui est à la fois à l'origine et partie prenante de ces politiques publiques, se retrouve, encore une fois, face à ses contradictions entre affirmation de la prééminence de langue française et ouverture vers le pluralisme linguistique de la France.

B – Les contradictions dans les politiques publiques linguistiques locales

Dans plusieurs collectivités territoriales, le mouvement en faveur des langues régionales s'est traduit, au cours des années 2000, par la création de plusieurs offices publics ayant pour mission d'élaborer des politiques publiques en faveur de ces langues. L'office le plus ancien et dont les missions sont les plus développées est l'Office

114. « Seaska attend désormais des avancées concrètes », en ligne : <www.lejpb.com/paperezkoa/20130206/386466/fr/Seaska-attend-desormais-des-avancees-concretes>.

public de la langue basque. Cet office, créé en 2004, regroupe tous les acteurs publics ayant des compétences en matière de politique linguistique[115]. C'est ainsi qu'aux côtés des collectivités territoriales, l'État est membre fondateur de cet office[116]. L'office s'était vu confier, lors de sa convention constitutive du 9 juillet 2004, la mission de « concevoir, définir et mettre en œuvre une politique linguistique publique concertée en faveur de la langue basque »[117].

Suite au travail de définition de cette politique publique, le projet de politique linguistique a été voté par le Conseil d'administration de l'Office le 21 décembre 2006[118]. Ce projet de politique linguistique est particulièrement ambitieux, puisque son objectif est d'arriver à des locuteurs bascophones complets. Pour cela, il se propose de travailler sur la transmission de la langue et sur son usage. Les actions prévues pour développer l'usage de la langue soulèvent des difficultés juridiques, compte tenu de l'étendue de l'usage envisagé et de son degré. Cette ambition est le reflet des contradictions de l'État dans l'ouverture à son pluralisme linguistique. En effet, alors qu'il défend l'attachement constitutionnel et législatif à la supériorité de la langue française, il adopte en même temps une politique publique pouvant contrevenir à ce cadre juridique auquel il est attaché.

1 – Les politiques linguistiques et l'étendue de l'usage des langues régionales

Le projet de politique linguistique de l'Office public a fait de l'usage de la langue basque dans la vie publique l'une de ses priorités. Ainsi, un axe de travail se propose de : « promouvoir la présence et l'utilisation du basque auprès des opérateurs publics : institutions,

115. Les membres fondateurs de l'Office public de la langue basque sont l'État, le département des Pyrénées atlantiques, le Conseil régional d'Aquitaine, le Syndicat intercommunal de soutien à la culture basque et le Conseil des élus du Pays basque.

116. Les représentants de l'État à l'Office public sont le Ministère de l'Intérieur (Préfet des Pyrénées atlantiques), le Ministère de la culture et de la communication (Directeur régional des affaires culturelles d'Aquitaine), le ministère de l'Éducation nationale (Recteur de l'académie de Bordeaux) et le commissaire du Gouvernement (Délégué général de la langue française et des langues de France).

117. Convention constitutive OPLB, 9 juillet 2004, en ligne : <www.mintzaira.fr/fr/oplb/statut-juridique.html>.

118. Projet de politique linguistique, Office public de la langue basque, 21 décembre 2006, en ligne : <www.mintzaira.fr/fileadmin/documents/Documents_OPLB/Hizkuntza_Politika_Proiektua/2006_eep_oplb_hizkuntza_politika_proiektua.pdf>.

administrations, services publics »[119]. Sur la base de cet axe de travail, l'Office a voté pour la période 2011-2016 un cadre opérationnel[120] précisant les priorités de son action. Alors que, depuis 2004 jusqu'à 2011, l'essentiel de l'effort avait été porté sur la transmission (petite enfance et enseignement notamment), la priorité du cadre opérationnel est de développer l'usage de la langue basque.

La promotion de l'usage dans la sphère la plus large possible, et notamment dans l'administration et les services publics, fait donc partie des priorités de la politique publique mise en place en faveur de la langue basque en France. C'est ainsi qu'en 2011, l'Office a voté une stratégie de développement de la présence et de l'utilisation de la langue basque dans l'administration, les services publics et parapublics[121].

Force est de constater que la légalité d'une telle stratégie est plus que discutable. En effet, les dispositions de la loi du 4 août 1994 sont très claires : le français est la langue du service public. La jurisprudence du Conseil constitutionnel ne laisse, non plus, aucune place à l'ambigüité en précisant que l'article 2 de la Constitution impose l'usage du français pour les personnes publiques et les personnes privées dans l'exercice d'une mission de service public[122]. Les seules exceptions ouvertes par les juges de la rue de Montpensier concernent l'enseignement, la recherche et les médias et la faculté d'utiliser des traductions. Or, la politique publique de l'Office va au-delà de ces exceptions, puisqu'il se propose de développer, non seulement la présence de la langue basque par l'emploi de traductions, mais également son utilisation dans le service public.

Certes, l'objet de cette politique n'est pas de créer un droit à l'usage de la langue basque au bénéfice des usagers bascophones, ou de mettre en place une obligation d'un tel usage pour les agents publics. Le critère facultatif est, ainsi, ici privilégié. Mais, il ne res-

---

119. *Ibid.*

120. Cadre opérationnel 2011-2016, Conseil d'administration du 20 octobre 2010, Office public de la langue basque, en ligne : <www.mintzaira.fr/fileadmin/documents/Administratif/Erabakien_bildumak/2010eko_urriaren_20ko_Administrazio_Kontseiluko_Erabakien_Bilduma.pdf>.

121. Office public de la langue basque, Conseil d'administration du 21 juillet 2011, en ligne : <www.mintzaira.fr/fileadmin/documents/Administratif/AK-ko_Dokumentuak/2011/Erabakiak_baturik.pdf>.

122. Conseil constitutionnel du 15 juin 1999, *Charte européenne des langues régionales ou minoritaires*, *supra* note 27.

sort pas des dispositions légales, constitutionnelles ou prétoriennes que la dérogation à l'usage obligatoire du français puisse s'étendre au-delà des exceptions expressément prévues par ailleurs. C'est précisément l'objectif de la stratégie mise en place par l'office, puisque tous les opérateurs publics sont visés : du service public hospitalier, jusqu'aux services publics locaux (mairies, administrations, offices de tourisme...), en passant par les grands services publics nationaux (poste, SNCF...) et les services de l'État (justice, préfectures...). La stratégie dépasse ici largement le cadre juridique dérogatoire sur la base duquel s'est développée une certaine tolérance à l'égard de l'usage des langues régionales.

Dans le même esprit, l'Office public a établi une politique de structuration et de développement de l'accueil de la petite enfance en langue basque[123]. Cette structuration et développement se fait par le biais d'une politique de labellisation certifiant d'un usage conséquent et de qualité de la langue basque dans ces structures d'accueil. L'objectif de cette politique est de faire en sorte qu'en tout point du territoire, un maximum d'opérateurs puisse proposer un accueil en langue basque.

Dans ce cas, également, la légalité d'un tel dispositif est discutable, puisque l'accueil de la petite enfance ne fait pas partie des exceptions constitutionnellement admises. Par ces politiques publiques, l'Office public met en place une sorte de formalisation et de structuration de pratiques qui étaient anciennement tolérées par les autorités compétentes. Toutefois, cette formalisation aboutit à une consolidation de ces pratiques, et rend également plus visible une réalité qui était, auparavant cantonnée à l'implicite. La logique de généralisation d'une telle offre sort également du cadre dérogatoire dans lequel se meut l'usage d'une langue régionale dans la vie publique. Les problèmes de légalité soulevés par ces pratiques ne peuvent plus rester dans l'ombre.

À cet égard, les contradictions de l'État apparaissent au grand jour. En effet, l'État est partie prenante des politiques de l'Office public et siège à son conseil d'administration. Toutefois, toutes les politiques ici citées ont été votées à l'unanimité par le Conseil d'administration de l'Office, et ont donc reçu le soutien de l'État.

---

123. Office public de la langue basque, Conseil d'administration du 16 avril 2008, en ligne : <www.mintzaira.fr/fileadmin/documents/Administratif/Erabakien_bildumak/2008/20080416_erabakien_bilduma_releve_de_decision_eep-oplb.pdf>.

L'État a donc voté en faveur de la stratégie pour développer l'utilisation de la langue basque dans le service public et l'administration, alors qu'un tel usage a été jugé par le Conseil constitutionnel contraire à la Constitution[124].

De plus, les délibérations du Conseil d'administration de l'Office public sont soumises au contrôle de légalité. Or, les services préfectoraux chargés de ce contrôle n'ont à aucun moment soulevé les problèmes de légalité de ces politiques, qui sont pourtant évidents. Ces exemples traduisent la difficulté pour l'État de s'engager dans une vraie politique publique d'aménagement linguistique. Alors qu'auparavant, les difficultés d'ordre légal étaient contournées par l'implicite et la tolérance, un tel critère n'est plus tenable lorsque les pratiques illégales d'aménagement linguistique proviennent de politiques publiques décidées dans un cadre formel et votées publiquement.

Pourtant, toutes les politiques précitées n'ont donné lieu à aucun contentieux sur le terrain. En effet, les mesures envisagées par l'Office public répondent à un besoin et à une demande sociale. La société ne voyant pas d'un mauvais œil le développement du bilinguisme[125], les services de l'État se trouvent devant de grandes difficultés pour concilier la réalité sociale locale et le droit applicable. Dans ce cas, le consensus social et politique local en faveur du développement de l'usage de la langue basque, se heurte au consensus politique national qui a fait du français la langue exclusive de la République. La résolution de cette contradiction ne peut s'envisager que dans deux cas de figure. Soit le droit applicable évolue pour prendre en compte le consensus local en faveur du pluralisme linguistique. Soit, à l'inverse, l'État fait en sorte que les pratiques locales disparaissent afin de ne pas violer le droit applicable actuel relatif à la langue.

La situation actuelle ne paraît, de toutes manières, pas tenable. D'ailleurs, les difficultés légales dans l'aménagement linguistique au Pays Basque ne tiennent pas seulement aux domaines où l'usage de

124. Conseil constitutionnel du 15 juin 1999, *Charte européenne des langues régionales ou minoritaires*, *supra* note 27.

125. Il ressort que 94 % de la population du Pays basque en France souhaite que la société soit bilingue français-langue basque. Enquête sociolinguistique 2011, Gouvernement autonome d'Euskadi et Office public de la langue basque, en ligne : <www.mintzaira.fr/fr/actualite/article/resultats-de-lenquete-sociolinguistique-du-labourd-de-la-basse-navarre-et-de-la-soule.html>.

cette langue est prévu. Elles tiennent aussi au degré de l'usage qui est promu par plusieurs personnes publiques, dont l'État lui-même.

2 – Les politiques linguistiques et le degré de l'usage des langues régionales

Si l'ambition de la politique linguistique en faveur de la langue basque pose des problèmes de légalité compte tenu de l'étendue des domaines où le développement d'usage de cette langue, les mêmes problèmes se posent quant au degré d'usage de la langue basque. En effet, traditionnellement, la France a envisagé son ouverture au pluralisme linguistique de manière « modérée et maîtrisée »[126]. Or, les réalités du terrain ne sont pas toujours conformes à cette volonté de modération et de maîtrise.

Face à des pratiques d'usage de langue basque qui vont bien au-delà d'un usage modéré, les collectivités publiques ont dû s'adapter pour gérer politiquement ces situations. C'est ainsi que dans l'accueil collectif des mineurs hors du temps scolaire, les premières modalités d'accueils de loisirs en langue basque ont appliqué le modèle de l'immersion linguistique[127]. Les seuls modèles d'accueil de ces mineurs s'effectuaient exclusivement en langue basque. En ce qui concerne l'accueil de la petite enfance, les premières crèches à proposer un accueil en langue basque ont aussi appliqué le modèle de l'immersion linguistique[128]. Enfin, les premiers établissements scolaires qui proposaient des enseignements en langue basque ont aussi appliqué le modèle immersif[129].

Ces établissements, de statut associatif, sont présents sur le territoire parfois depuis plusieurs années[130]. Lorsque la politique publique d'aménagement linguistique en faveur de la langue basque s'est mise en place, les collectivités publiques ont dû prendre en

126. Propos de la députée Marie-Françoise Brechtel lors du débat sur la loi de refondation de l'école, J.O. *Débats*, Assemblée nationale, 16 mars 2013, p. 2945.

127. Il s'agit des centres d'accueil collectif des mineurs associatifs gérés par l'association Uda Leku qui propose un accueil périscolaire et organise également des colonies de vacances.

128. Il s'agit des crèches associatives Luma et Ohakoa qui accueillent les jeunes enfants entièrement en langue basque.

129. Ce sont les établissements privés connus sous le nom d'Ikastola et qui sont regroupés au sein de la fédération Seaska.

130. Les premières ikastola ont été créées dans les années 1960, les premiers centres gérés par Uda leku dans les années 1980, et les premières crèches bascophones dans les années 1990.

compte cette réalité. Les services de l'État et les collectivités territoriales organisant les services publics locaux en question (accueil des jeunes enfants, accueil collectif des mineurs et enseignement), ont aussi été confrontés à la question de l'intégration de ces acteurs dans le service public.

Or, qu'il s'agisse du service d'accueil des jeunes enfants, ou du service de l'accueil collectif des mineurs, une intégration implicite des ces acteurs dans le service public a été faite. En effet, les services de la Caf qui assurent le financement de ces structures font bénéficier ces structures de leurs financements. Or, la Caf ne finance ces structures que dans la mesure où elles exercent des missions de service public, et que leur organisation pédagogique respecte les principes du service public. En faisant bénéficier ces structures de ses financements, la Caf reconnaît que l'accueil immersif des jeunes enfants et l'accueil de loisirs des mineurs immersif respectent les principes du service public. Les communes ont également entrepris le chemin d'une telle reconnaissance, en faisant bénéficier ces structures de locaux publics, par exemple.

Dans la suite logique de cette reconnaissance par les services de l'État, l'Office public de la langue basque a intégré ces structures dans ses politiques d'aménagement linguistique. L'accueil immersif des jeunes enfants fait ainsi partie du dispositif de structuration et de développement mis en place par l'Office en 2008[131]. De plus, actuellement il n'existe pas de dispositif analogue concernant l'accueil de loisirs en langue basque des mineurs. Mais, la mise en place d'un tel dispositif fait partie des priorités définies dans le cadre opérationnel 2011-2016 de l'Office, et le même raisonnement guidera la réalisation de ce dispositif.

En ce qui concerne l'enseignement, la question de l'intégration du modèle immersif dans le service public de l'éducation s'est également posée. Dans ce cas là, cette intégration, qui avait été prévue par le Gouvernement en 2001 par voie de circulaire[132], avait été censurée par le Conseil d'État qui avait estimé que la méthode de l'immersion

131. Office public de la langue basque, Conseil d'administration du 16 avril 2008, *supra* note 123.

132. En 2001, le Ministre de l'Éducation nationale de l'époque, M. Jack Lang, avait prévu d'intégrer les écoles de Bretagne pratiquant la méthode d'immersion linguistique Diwan dans l'école publique.

linguistique allait « au-delà des nécessités d'apprentissage d'une langue régionale »[133]. Les établissements scolaires appliquant la méthode de l'immersion linguistique ne peuvent donc pas faire partie du service public de l'éducation.

Toutefois, malgré ce veto prétorien à l'intégration de la méthode immersive dans l'école publique, le service public de l'éducation applique, en Pays Basque, une méthode s'y approchant fortement. Ainsi, depuis 2007, une expérimentation a lieu dans les écoles maternelles publiques de Saint-jean-pied-de-Port et d'Ascain où 75 % des enseignements sont délivrés en langue basque. Certes, ces pratiques sont mises en place par le biais de l'expérimentation, mais à la lumière de l'arrêt du Conseil d'État de 2002, il fait peu de doutes qu'un tel modèle n'est pas compatible avec le service public de l'éducation, puisqu'il dépasse les nécessités d'apprentissage d'une langue régionale[134].

Ces trois exemples sont révélateurs des contradictions de l'État dans la gestion de son pluralisme linguistique. En effet, des doutes sérieux peuvent être soulevés concernant les financements accordés aux structures d'accueil immersives. Ni l'accueil collectif des mineurs, ni l'accueil des jeunes enfants ne sont expressément prévus par les dérogations constitutionnelles à l'usage obligatoire du français dans le service public. Compte tenu de la jurisprudence du Conseil d'État en ce qui concerne l'enseignement, qui lui est prévu comme cas de dérogation, des doutes sérieux peuvent être émis en ce qui concerne le degré d'usage de la langue basque par ces structures pour les considérer comme partie intégrante du service public. Par conséquent, le fondement légal des financements assurés par la Caf est très compromis.

Enfin, l'expérimentation d'un enseignement en langue basque à 75 % dans l'école publique peut, elle aussi, être largement soumise à caution. Eu égard à la jurisprudence actuelle, il est plus qu'incertain de considérer qu'un tel enseignement ne puisse aller au-delà des nécessités d'apprentissage d'une langue régionale.

---

133. Conseil d'État, n° 238653 du 29 novembre 2002, *SNES, UNSA et autres*.
134. Le Conseil d'État avait, ainsi, censuré également le modèle d'enseignement bilingue à parité horaire allait aussi au-delà des nécessités d'apprentissage des langues régionales, puisqu'il ne permettait pas de s'assurer qu'une partie des enseignements autres que celui de français, s'effectuait en langue française.

Les services de l'État et l'Office public de la langue basque sont bien conscients des difficultés juridiques inhérentes à ces pratiques. Or, il est à souligner qu'aucun contentieux particulier n'a été constaté à l'encontre de ces structures et de leur intégration, formelle ou déguisée, dans le service public. Au contraire, ces structures connaissent un succès certain, et sont même en développement ces dernières années[135]. Ce développement est le reflet de l'acceptation par la société de cette méthode immersive, et du besoin social auquel répondent ces structures.

L'attitude des services de l'État à l'égard de ces structures ne peut se comprendre sans mesurer ce besoin et cette acceptation sociale. La reconnaissance de ces structures comme partie intégrante du service public est la réponse des services locaux de l'État à cette réalité de terrain. L'instauration, par voie d'expérimentation, d'un enseignement public en langue basque à 75 % du temps scolaire est la réponse de l'Éducation nationale à une demande locale. Ces réponses relèvent de la bonne gestion de la réalité locale. Elles vont, toutefois, à l'encontre du droit applicable, et une conciliation apparaît impossible en l'état actuel du droit. La rigueur de l'analyse juridique ne peut conduire qu'à constater l'illégalité de ces pratiques, même si les services de l'État leur ont donné une certaine reconnaissance comme service public. La résolution de cette contradiction entre la rigueur juridique au bénéfice du français et la gestion politique du pluralisme linguistique reste encore à réaliser.

CONCLUSION

Nous l'avons vu, résoudre toutes les difficultés issues des contradictions de la France dans la gestion de son pluralisme linguistique est, en l'état actuel du droit, impossible. Le propos n'est pas de jeter l'opprobre sur le droit de la langue en France. Celui-ci traduit en règles le pacte classique issu de la Révolution et du modèle républicain français.

Toutefois, si l'attachement à ce modèle politique et juridique peut se comprendre, la situation actuelle ne peut perdurer. L'ou-

135. Les centres gérés par Uda Leku sont au nombre de trois, et les effectifs accueillis sont en augmentation chaque année. Pour les crèches Luma et Ohakoa, il existe actuellement trois structures qui ont été ouvertes face à la saturation du premier, puis de deuxième centre. Enfin, il existe actuellement 34 ikastola et ces dernières cinq années, une ikastola a été ouverte chaque année.

verture au pluralisme linguistique en France est encore partielle et inachevée. La cohérence juridique appelle deux solutions : soit la France renonce à cette ouverture au nom de ses principes fondamentaux. Soit, au contraire, elle consent à trouver un point d'équilibre entre son modèle constitutionnel et l'ouverture au pluralisme linguistique.

Le sens de l'histoire et du droit international inclinent plutôt vers la deuxième solution. L'objet n'est pas de faire de la France un État fédéral où le multiculturalisme à l'excès reviendrait à remettre en cause toute son identité constitutionnelle. L'objet est plutôt d'adapter son modèle, sans renoncer à ses fondements que sont les principes constitutionnels d'égalité, d'indivisibilité de la République et d'unicité du peuple français. Si, par analogie à la devise de l'Union européenne, l'unité peut se concevoir dans la diversité, la France ne doit pas avoir peur de voir son unité voler en éclat au nom de la prise en compte de sa diversité.

Le processus d'ouverture de la France à son pluralisme est inachevé. La France a tout à gagner, à achever cette ouverture et à inventer son propre modèle de gestion de sa diversité, sans se satisfaire de la politique d'implicite et de tolérance qui, loin de résoudre les contradictions actuelles, contribue à les perpétuer et à les aggraver. La gestion apaisée de son patrimoine linguistique ne peut constituer qu'une richesse et un atout pour son présent, et également son futur.

La Belgique

La Belgique, ou le pays du compromis et du paradoxe

Joëlle Sautois*

INTRODUCTION : La Belgique, ses trois communautés linguistiques reconnues et ses minorités

Au terme de plusieurs réformes institutionnelles, la Belgique est devenue un État fédéral[1] qui abrite plusieurs communautés linguistiques, dont trois sont reconnues constitutionnellement. Il s'agit de la Communauté flamande, dont la langue officielle est le néerlandais, de la Communauté française et de la Communauté germanophone.

Ces trois dénominations font référence à des réalités institutionnelles et factuelles bien plus complexes et paradoxales qu'elles ne le laisseraient entendre *a priori*[2].

Territorialement, les Communautés se superposent aux Régions wallonne, flamande et de Bruxelles-Capitale, ces dernières

---

* Avocate au Barreau de Bruxelles. Assistante en droit constitutionnel et chercheuse auprès du Centre de droit public de l'Université Libre de Bruxelles. L'auteur tient à remercier Marc UYTTENDAELE, Professeur de droit constitutionnel à l'Université Libre de Bruxelles, pour les précieuses conversations relatives à la présente contribution et les conseils prodigués en ces occasions.

1. Pour une synthèse de l'histoire de la naissance de cet État fédéral, voy. M. Leroy, *De la Belgique unitaire à l'État fédéral*, Bruxelles, Bruylant, 1996.
2. Il faut, pour comprendre le statut constitutionnel des communautés, analyser notamment « la dialectique entretenue par les articles 4, 30, 129 et 130, §§1er, alinéas 1er, 5° et 2, de la Constitution » (N. Bonbled et P. Vandernoot, « Les droits des minorités » dans M. Verdussen et N. Bonbled, dir., *Les droits constitutionnels en Belgique. Les enseignements de la Cour constitutionnelle, du Conseil d'État et de la Cour de cassation*, vol. 2, Bruxelles, Bruylant, 2011 à la p. 1638).

recouvrant elles-mêmes quatre régions linguistiques, en sorte que les citoyens ne se trouvent jamais dans une situation univoque en fonction de leur lieu de vie en Belgique.

Demander à un Belge ce qu'il est plus précisément au sein de son pays, c'est s'attendre, forcément, à des réponses extrêmement diversifiées, entre, notamment : le néerlandophone habitant au nord du pays, en Région flamande, correspondant à la région de langue néerlandaise ; le francophone habitant au sud du pays, en Région wallonne, laquelle recouvre les régions unilingues francophone et germanophone ; le francophone ou le néerlandophone habitant en région bilingue de Bruxelles-Capitale ; le francophone habitant en Région flamande, en région de langue néerlandaise, mais autour de Bruxelles, dans une commune avec ou sans facilités linguistiques en sa faveur ; le néerlandophone habitant en Région wallonne, en région de langue française, dans une commune avec ou sans facilités linguistiques ; etc.

Ce qui est certain, c'est que chacun se définira, le plus souvent, d'abord en fonction de sa langue maternelle ou usuelle et ensuite en fonction de son lieu de vie, ce qui permettra de déterminer le degré de difficulté avec lequel cette première langue sera utilisée au quotidien, dans les relations privées comme dans les relations avec les pouvoirs publics.

L'identité linguistique des Belges est encore rendue plus difficile à cerner, sans doute davantage au sein de la capitale, lorsqu'il s'agit de vérifier le degré avec lequel chacun maîtrise les autres langues nationales.

À l'évidence, l'évolution des uns et des autres à l'école ou au travail s'avère plus ou moins facilitée en fonction de leur niveau de bilinguisme.

Quoi qu'il en soit de la grande variété des profils linguistiques qui caractérisent sa population, s'agissant en tout cas du critère de la langue maternelle, la Belgique est un pays qui n'est composé à cet égard que de minorités linguistiques.

Chacun s'y trouve, à un moment donné, dans cette position.

En effet, avec d'autres[3], nous pensons que peuvent être qualifiés de minorités nationales, parce que le droit belge les reconnaît comme telles ou les protège :

- les francophones, où qu'ils se trouvent sur le territoire national, car ils sont numériquement inférieurs ;
- pour la même raison, les germanophones, où qu'ils se trouvent sur le territoire national ;
- les néerlandophones dans les régions unilingues de langue française et de langue allemande, ainsi que dans la région bilingue de Bruxelles-Capitale, où ils sont numériquement inférieurs.

Tout le système institutionnel belge se caractérise par la nécessité d'assurer une protection à géométrie variable aux trois communautés linguistiques ainsi identifiées.

Si les bénéficiaires de cette protection sont normalement des groupes par essence minoritaires, en certaines circonstances propres à la Belgique, cette protection a été conçue afin d'éviter qu'une majorité culturelle ou linguistique ne subisse la loi d'une minorité, ressentie comme dominante.

Évoquer de manière exhaustive l'aménagement de la coexistence des langues en Belgique, fût-ce uniquement sous l'angle juridique, et ce, dans le cadre d'une contribution dont les contours sont limités, relève assurément de la gageure.

Le clivage linguistique et la question du statut des « minorités » linguistiques sont à ce point consubstantiels à l'État fédéral belge qu'une parfaite compréhension de la manière dont le système institu-

---

3. X. Delgrange et S. Van Drooghenbroeck, « La signature de la convention-cadre sur la protection des minorités nationales et les mesures de protection des minorités contenues dans les lois spéciales » (2002) 2-4 A.P.T. 276. Voy. aussi *ibid.*, « Le conseil de l'Europe voit la Belgique en minorité(s) », *Journ. jur.* 2002, 1re partie : liv. 11, 5, 2e partie : liv. 15, p. 10 ; A. Alen, « La convention-cadre pour la protection des minorités nationales et la Belgique » dans *Liber Amicorum Jean-Pierre de Bandt*, Bruxelles, Bruylant, 2004 aux pp. 773-790 ; J.-Cl. Scholsem, « Quel avenir pour la Convention-cadre pour la protection des minorités nationales en Belgique ? » (2008/3) C.D.P.K. 577 et s. ; N. Bonbled et P. Vandernoot, « Les droits des minorités », *supra* note 2 aux pp. 1657 et s., spéc. à la p. 1665 ; P. Vandernoot, « La Convention-cadre pour la protection des minorités nationales, la Cour européenne des droits de l'homme et la Belgique » (2012) J.T. 628-629.

tionnel y répond en droit requerrait en effet l'exposé du contenu de plusieurs précis de droit constitutionnel belge.

Ceci s'explique par le fait que tant l'élaboration d'une législation linguistique que le processus de recomposition de l'État, réalisé à partir de 1970, trouvent leur source dans les différends communautaires et linguistiques qui ont divisé le pays depuis sa création, notamment autour du sort à réserver à la capitale, Bruxelles.

En cohérence avec les objectifs d'un colloque qui a pris place au sein d'un Forum mondial de la langue française, l'auteur se contentera ici humblement de brosser à quelques grands traits le tableau belge, dont les vertus parfois surréalistes ont souvent été admirées.

La Belgique est, en effet, réputée pour être le pays du compromis, recherché constamment, et parfois laborieusement, au terme de crises de plus en plus longues, entre ses différentes communautés linguistiques. Au prix, il est vrai, d'une extrême complexité institutionnelle, ce pays est à ce jour parvenu à donner une solution pacifique à la coexistence de différents groupes linguistiques, parmi lesquels le groupe minoritaire francophone s'est longtemps considéré comme supérieur.

La langue, spécialement le dualisme français-néerlandais, constitue ainsi un élément central de l'histoire de Belgique (**I**), du système fédéral belge (**II**) et du modèle de conflit et de pacification qui en est résulté (**III**).

I – LA LANGUE, ÉLEMENT CENTRAL DE L'HISTOIRE DE BELGIQUE

Le français est historiquement la langue d'une minorité bourgeoise francophone aux mains de qui se trouve le pouvoir politique et, jusqu'en 1898[4], il sera la seule langue officielle du royaume.

Numériquement majoritaires, les Flamands revêtent, longtemps, et paradoxalement, les traits d'une « minorité nationale »

4. Année d'adoption de la loi du 18 avril 1898 relative à l'emploi de la langue flamande dans les publications officielles, dite « loi d'égalité » ou loi « Coremans-De Vriendt », publiée au *Moniteur belge* le 15 mai 1898, et dont l'article 1er prévoit que « les lois sont votées, sanctionnées, promulguées et publiées en langue française et en langue flamande ».

largement méprisée par l'élite francophone, tant d'un point de vue socio-économique que s'agissant de sa langue, par ailleurs non homogène[5].

Mais l'histoire de Belgique est notamment celle de

> la progressive affirmation d'une Flandre démographiquement majoritaire, économiquement et socialement en retard, linguistiquement brimée et qui peu à peu prendra, de la fin du XIXe siècle à la fin du XXe siècle une place prépondérante dans le pays, et exigera une autonomie correspondante[6].

Avec le déclin économique du sud du pays et le succès du mouvement culturel flamand, la tendance semblerait aujourd'hui s'être inversée. Mais, même si le néerlandais a considérablement évolué en termes de prestige social, l'idée que le français reste la langue supérieure, que le néerlandais n'est pas une belle langue et ne doit être étudié que pour des raisons socio-économiques subsiste auprès de nombreux francophones.

La Communauté flamande continue en conséquence de lutter pour une plus grande autonomie au sein de l'État belge, voire pour son indépendance, s'estimant ralentie à tous points de vue par le poids de cette minorité francophone qui ne ferait pas même l'effort d'apprendre le néerlandais.

Cette polarisation a peut-être connu son paroxysme le plus aigu avec l'avènement, lors des dernières élections législatives fédérales de 2010, d'un parti flamand ouvertement séparatiste[7] qui a mené la Belgique au bord de la crise de régime avant d'être finalement écarté de la formation du gouvernement au bénéfice d'une large coalition.

Les yeux des Belges sont désormais rivés sur les résultats de cette formation politique lors des prochaines élections fédérales et régionales de mai 2014.

---

5. Sur le fait que, de leur côté, « les Wallons estimaient avoir un droit inaliénable de ne connaître que le français sans que cela entrave leur carrière administrative ni les empêche de revendiquer un contingent équivalent dans la fonction publique », voy. E. Witte et J. Craeybeckx, *La Belgique politique de 1830 à nos jours*, Bruxelles, Éditions Labor, 1987 aux pp. 140-141.
6. A. Molitor, « La première phase des nouvelles réformes » (1988) A.P.T. 269.
7. La Nieuw Vlaamse Alliantie (N-VA).

Dans les textes juridiques, l'histoire de la lutte du mouvement flamand est illustrée par la liberté linguistique inscrite dans la Constitution et les diverses législations linguistiques.

Aux côtés du droit à l'égalité et à la non-discrimination et du droit à l'épanouissement culturel, on trouve ainsi, surtout, la liberté de l'emploi des langues consacrée dès 1831 par l'article 30 :

> L'emploi des langues usitées en Belgique est facultatif ; il ne peut être réglé que par la loi, et seulement pour les actes de l'autorité publique et pour les affaires judiciaires.

C'est toutefois « peu dire que cette disposition ne traduisait pas la volonté d'assurer une position équivalente au français et au néerlandais dans l'État ». Il fallait plutôt y voir « le souci de garantir la liberté et l'égalité linguistiques dans les relations personnelles tout en réservant le français à la sphère publique, en réaction à la politique des Hollandais »[8].

En outre, l'article 30 a été interprété comme pouvant bénéficier également aux fonctionnaires publics, et non exclusivement aux particuliers, ce qui revenait à garantir, de fait, aux fonctionnaires publics appartenant à l'élite francophone le droit constitutionnellement protégé d'être unilingues.

Or, « lorsque non seulement le citoyen mais aussi le fonctionnaire public peuvent invoquer à leur profit la liberté dans l'emploi des langues, le citoyen qui entre en relation avec l'autorité aura toujours le dessous »[9] ; il aura seulement le droit de s'exprimer dans sa langue sans pour autant avoir le droit d'être compris[10].

---

8. B. Dejemeppe, « Mise en perspective historique et grandes orientations de la loi du 15 juin 1935 concernant l'emploi des langues en matière judiciaire » dans X., *La langue du procès*, Anvers, Intersentia, 2011 à la p. 2.
9. J. Clement, « L'emploi des langues en matière administrative, les facilités et la résolution Nabholz du Conseil de l'Europe. Pas de langue, pas de liberté ? » (2003) 3-4 A.P.T. 191. Voy. aussi A. Mast, « De grondwetsherziening van 1980 » (1981-82) R.W., 1106, qui évoque la naissance d'un État unitaire « waarvan het Frans, onder de vlag van de vrijheid, in feite, de officiële taal was ».
10. N. Bonbled et S. Weerts, « La liberté linguistique » dans M. Verdussen et N. Bonbled, dir., *Les droits constitutionnels en Belgique. Les enseignements jurisprudentiels de la Cour constitutionnelle, du Conseil d'État et de la Cour de cassation*, vol. 2, Bruxelles, Bruylant, 2011 à la p. 1107.

Cet unilinguisme officiel français des débuts de l'État belge couvrira les 40 premières années de son existence[11].

Les Flamands, qui pouvaient légitimement soutenir que, « dans un contexte de discrimination sociale, la liberté dans l'emploi des langues aggravait les disparités »[12], devront donc lutter encore pour obtenir des lois spécifiques permettant de préserver plus collectivement leurs droits linguistiques.

C'est seulement avec la loi de 1873 réglant l'emploi du flamand en matière répressive que « la courbe de l'histoire commencera à s'infléchir lentement [...] vers l'égalité de statut du néerlandais »[13]. Faut-il le dire, ce n'est que le 4 juin 1959 que la Chambre des représentants approuvera le texte néerlandais de la Constitution, rédigée exclusivement en français en 1831[14]. Le néerlandais mettra en réalité plusieurs décennies avant de pouvoir s'introduire dans tous les secteurs clés que peuvent être l'armée, les institutions judiciaires, l'administration et l'enseignement[15].

La première série de lois linguistiques obtenue à la fin du XIXe siècle a simplement pour vocation de faire reconnaître le néerlandais à côté du français dans les domaines de la justice pénale, de l'administration et de l'enseignement officiel secondaire, et ce uniquement en Flandre, qui devient donc bilingue, tandis que la Wallonie demeure unilingue et rétive à toute perspective de connaissance du néerlandais dans l'exercice des charges publiques[16].

11. *Ibid.* à la p. 1105.
12. L. Domenichelli, *Constitution et régime linguistique en Belgique et au Canada*, Bruxelles, Bruylant, 1999 à la p. 27.
13. N. Bonbled et S. Weerts, *supra* note 10 à la p. 1105.
14. Elle n'aura force de loi dans les deux langues qu'en 1967, une fois adopté l'article 140 de la Constitution (*Mon. b.*, 3 mai 1967) – devenu l'article 189. Voy., à ce propos, P. de Stexhe, *La révision de la Constitution belge 1968-1971*, Bruxelles, Larcier, Namur, Société d'études morales, sociales et juridiques, 1972 aux pp. 335-337. Le Code civil a obtenu force de loi dans les deux langues en 1961. Le Code pénal ne sera traduit qu'en 1963.
15. À propos de la législation linguistique en matière d'enseignement, non abordée ici, il est permis de renvoyer à l'étude de Y. Houyet, « La législation linguistique régissant la matière de l'enseignement dans le contexte constitutionnel fédéral belge » (2002/4) R.B.D.C. 379-423. Il faut savoir, néanmoins, que la néerlandisation de l'enseignement moyen, technique et universitaire est devenue un enjeu crucial du flamingantisme de la fin du XIXe siècle (E. Witte et J. Craeybeckx, *supra* note 5 à la p. 137).
16. A. Alen et K. Muylle, *Handboek van het Belgisch staatsrecht*, Malines, Kluwer, 2011 aux pp. 304-305.

Il a été précisé que le jour où, enfin, les administrations seraient flamandes, les Flamands seraient les premiers à demander que la liberté des citoyens soit respectée et que ceux qui désireraient employer le français dans leurs rapports avec l'administration voient leurs droits garantis[17].

L'état d'esprit est alors à la protection des droits linguistiques de chacun, où qu'il se trouve en Belgique, sans exclure qu'il soit « fait montre d'indulgence »[18] à l'égard des particuliers d'expression française en Flandre[19]. C'est d'un pays bilingue partout que rêvent les Flamands dits « minimalistes »[20] – « loyaux envers la Belgique unitaire »[21].

Ce rêve n'est pas partagé par les francophones.

Dans ce contexte, la loi du 31 juillet 1921 établit un statut linguistique en matière administrative, dont le gouvernement exposera plus tard qu'il présente lacunes et imperfections[22].

Dans les administrations centrales, comme dans celles de la province de Brabant et de l'agglomération bruxelloise, la connaissance élémentaire du néerlandais est désormais exigée dans le chef

17. J. Clement, « L'emploi des langues en matière administrative, les facilités et la résolution Nabholz du Conseil de l'Europe. Pas de langue, pas de liberté ? » (2003) 3-4 A.P.T. 192, et les références citées.
18. *Ibid.* à la p. 192.
19. Voy. A. Méan, *La Belgique de papa. 1970 : le commencement de la fin*, Bruxelles, Pol-His, 1989, p. 28 : « Il n'y a donc pas, à l'origine du mouvement flamand, de sentiment anti-belge. Les Flamands demandent simplement que leur langue soit placée, en Flandre, sur pied d'égalité avec le français. »
20. Par opposition aux « activistes » qui, par opportunisme, se sont engagés auprès des Allemands, et aux « frontistes », « ainsi appelés parce qu'ils combattaient sur le front de l'Yser (et qui) se rendirent populaires en prêchant la révolte contre les officiers de l'armée belge qui continuaient à donner leurs ordres en français aux soldats flamands » (A. Méan, *supra* note 19 aux pp. 38-40 ; voy. aussi M. Leroy, *supra* note 1 à la p. 20). « Heureusement pour le mouvement flamand, tous les flamingants n'avaient pas collaboré avec les Allemands. Le groupe qui refusa de collaborer avec l'occupant et qui ne souhaitait pas subordonner les intérêts flamands à l'Allemagne était même numériquement plus important (...). L'action de ceux-ci au sein du gouvernement et des partis (...) fit en sorte que l'establishment patriotique fransquillon ne put, après 1918, discréditer l'ensemble du mouvement flamand. » (E. Witte et J. Craeybeckx, *supra* note 5 à la p. 147).
21. P. Wynants, « Origines, caractères et évaporation du fédéralisme en Belgique » dans *Liber Amicorum Jean-Pierre de Bandt*, Bruxelles, Bruylant, 2004 à la p. 1009.
22. Projet de loi relatif à l'emploi des langues en matière administrative, Exposé des motifs, *Doc. parl.*, Ch., sess. 1930-1931, n° 197, p. 1.

des agents francophones. Les avis des administrations de l'État et des provinces doivent être rédigés dans les deux langues.

Au niveau local, la loi de 1921 introduit le principe de *territorialité* linguistique optionnelle dans le chef de l'autorité locale, les droits linguistiques des particuliers étant légalement liés au choix, par l'administration locale, de la langue de ses services, permettant ainsi le maintien d'une Wallonie unilingue et d'une Flandre où les autorités « acceptent » de communiquer en néerlandais.

Qu'en est-il de la capitale du pays, Bruxelles ?

Avec la loi de 1921, l'agglomération bruxelloise compte 17 communes, dont deux flamandes.

Ce nombre peut encore être revu par arrêté royal, en fonction du résultat du recensement décennal[23], et du « choix » consécutif éventuel du conseil communal concerné de changer de rôle linguistique pour ses services intérieurs et pour sa correspondance administrative[24].

> Hieruit besluiten wij dat in het Brusselse de taalvrijheid van het individu aan de gemeentelijke autonomie werd ondergeschikt gemaakt[25].

Sous le bénéfice de cette faculté, l'agglomération bruxelloise est donc gratifiée d'un statut où le français conserve en pratique un rôle dominant et peut donner lieu à changement de langue dans le chef de l'administration, entérinant ainsi une francisation de la région qui abrite la capitale.

---

23. Qui a lieu depuis 1889.
24. À ce sujet, voy. R. De Groof, « De kwestie Groot-Brussel en de politieke metropolisering van de hoofdstad (1830-1940). Een analyse van de besluitvorming en de politiek-institutionele aspecten van de voorstellen tot hereniging, annexatie, fusie, federatie en districtvorming van Brussel en zijn voorsteden » dans E. Witte, A. Alen, H. Dumont, P. Vandernoot et R. De Groof (réd.), *De Brusselse negentien gemeenten en het Brussels model / Les 19 communes bruxelloises et le modèle bruxellois*, Bruxelles, De Boeck et Larcier, 2003 à la p. 54.
25. L. Sieben, « De Brusselse problematiek tijdens het interbellum. Een schets aan de hand van de taalwetgeving » dans X, *Le problème de Bruxelles depuis Val Duchesse (1963)*, t. 1, Bruxelles, VUB Press, 1989 à la p. 34.

La loi du 28 juin 1932 relative à l'emploi des langues en matière administrative[26] sédimente le principe de territorialité en posant le principe de l'emploi, par l'administration, de la langue de la région.

Elle instaure le bilinguisme des administrations locales à Bruxelles[27].

En vue de l'application de la loi, il est prévu que l'agglomération bruxelloise comprend les 16 communes qu'elle énumère[28].

Cependant, une fois encore, le recensement décennal peut avoir pour conséquence de faire changer le statut linguistique des autorités locales en fonction de la langue de la majorité ainsi décelée. La loi lie désormais directement l'octroi de droits linguistiques aux particuliers au volet linguistique du questionnaire à compléter à l'occasion du recensement décennal – et non plus au choix de l'administration en fonction du résultat de ce recensement.

Conséquence, en 1954, l'agglomération bruxelloise s'étend à trois communes[29] – encore que celles-ci auraient dû légalement passer sous statut intégralement francophone[30].

Par peur des réactions dans le mouvement flamand, pour qui la francisation emporte l'expansionnisme et l'expansion emporte à son tour la francisation[31], le gouvernement retarde jusqu'en 1954 la

26. *Mon. b.*, 29 juin 1932.

27. Pour une comparaison entre le régime de 1921 et celui de 1932, voy., par exemple, L. Sieben, *supra* note 25 à la p. 37.

28. Il s'agit des communes d'Anderlecht, Auderghem, Bruxelles, Etterbeek, Forest, Ixelles, Jette-Saint-Pierre, Koekelberg, Molenbeek-Saint-Jean, Saint-Gilles, Saint-Josse-ten-Noode, Schaerbeek, Uccle, Watermael-Boitsfort, Woluwe-Saint-Lambert et Woluwe-Saint-Pierre.

29. Il s'agit de Berchem-Sainte-Agathe, Evere et Ganshoren.

30. Voy. A. Méan, *supra* note 19 à la p. 63, où sont reproduits les propos du ministre de l'Intérieur de l'époque, Pierre Vermeylen : « La loi prescrivait à l'époque », explique M. Vermeylen, « que la langue de la commune devait être exclusivement le français ou le néerlandais si plus de cinquante pour cent de la population déclarait parler la première ou la seconde de ces langues. Un certain bilinguisme externe n'était prévu que si la minorité linguistique de la commune atteignait trente pour cent. Or, le recensement de 1947 avait révélé que, dans trois communes du Brabant flamand – Ganshoren, Evere et Berchem-Saint-Agathe –, les francophones avaient dépassé la barre des cinquante pour cent. Toute l'administration flamande de ces communes aurait donc dû être remplacée par une administration exclusivement francophone... C'est pourquoi j'ai proposé au Parlement de rattacher ces trois communes à l'agglomération bruxelloise afin de leur appliquer un régime bilingue (...). »

31. Voy. not. L. Sieben, *supra* note 25 à la p. 39.

publication des résultats du recensement de 1947[32]. À partir de cette date, le mouvement flamand s'oppose radicalement au principe d'une frontière évolutive et réclame la fin du volet linguistique du recensement[33].

Ce sera chose faite avec le vote de la loi du 24 juillet 1961[34], dont l'article 3 prévoit que :

> par dérogation aux dispositions de la loi du 28 juin 1932 sur l'emploi des langues en matière administrative, le recensement général de la population de 1961 ne comporte aucune question relative à l'emploi des langues ; les effets du recensement linguistique, effectué le 31 décembre 1947, sont prorogés jusqu'à ce qu'une loi y mette fin.

L'opposition flamande au volet linguistique du recensement peut se comprendre.

Dans la mesure où cette communauté linguistique, dominée socialement, a dû attendre trop longtemps une application correcte des lois linguistiques ainsi acquises, sa radicalisation en a été d'autant plus importante.

Cette radicalisation signe le progrès tangible de projets qui tournent le dos a ces politiques linguistiques jugées inefficaces, et qui consacrent l'option d'une délimitation territoriale rigide, laquelle convient tant au groupe linguistique dominé, soucieux de permettre l'essor de sa communauté et du monolinguisme sur un territoire protégé qu'au groupe linguistique dominant, hostile à tout bilinguisme individuel et à l'hétérogénéité de son territoire.

32. Dont le résultat continue d'être contesté. Voy. par exemple une proposition de loi spéciale visant à fixer définitivement la frontière entre la Flandre et la Wallonie, déposée le 24 novembre 2008 par des sénateurs issus du Vlaams Belang (*Doc. parl.*, sess. 2008-2009, nº 4-1018/1) : « Le recensement linguistique de 1947 a eu lieu deux ans après la fin de la deuxième guerre mondiale, à un moment où l'establishment belge avait réussi à stigmatiser le mouvement flamand. En de nombreux endroits, les autorités locales ont exercé des pressions illicites sur la population. Beaucoup de citoyens se sont crus obligés, par crainte de représailles ou poussés par un « patriotisme » déplacé, de renier leur identité flamande. Les résultats de ce recensement ont dès lors donné une image faussée de la réalité. »

33. Voy., à propos du recensement de 1947, M. De Mestenaere, « De talentelling van 1947 » dans X, *Le problème de Bruxelles depuis Val Duchesse (1963)*, t. 1, Bruxelles, VUB Press, 1989 aux pp. 175 et s.

34. *Mon. b.*, 1er août 1961.

L'expression « frontière linguistique » est employée pour la première fois à l'occasion de l'adoption de la loi du 8 novembre 1962 modifiant les limites des provinces, arrondissements et communes[35]. Pour Bruxelles et sa périphérie, la solution sera apportée par la loi du 2 août 1963 sur l'emploi des langues en matière administrative[36], laquelle concrétise l'arrêt porté à l'extension de la région centrale au fur et à mesure de sa francisation, phénomène qualifié de « tâche d'huile » par la Flandre.

Par exception, seules six communes périphériques de la région bilingue dont fait partie la capitale[37] sont dotées d'un statut distinct, sur la base d'un compromis dégagé au cours d'un « conclave » politique, accord qui comporte l'obtention de facilités administratives pour les francophones de ces communes, ainsi qu'un enseignement maternel et primaire disponible en français[38].

À noter que sont également concernées par ce système de protection, les dix communes situées le long de la frontière linguistique[39], les deux communes malmédiennes[40] et les neuf communes situées dans la région de langue allemande.

---

35. Et modifiant la loi du 28 juin 1932 sur l'emploi des langues en matière administrative et la loi du 14 juillet 1932 concernant le régime linguistique de l'enseignement primaire et de l'enseignement moyen (*Mon. b.*, 22 novembre 1962). Elle sera coordonnée avec la loi du 8 novembre 1962 par arrêté royal du 18 juillet 1966 portant coordination des lois sur l'emploi des langues en matière administrative (*Mon. b.*, 2 août 1966).
36. *Mon. b.*, 22 août 1963.
37. Kraainem, Wezembeek-Oppem, Rhode-Saint-Genèse, Linkebeek, Drogenbos et Wemmel.
38. Sur la vision distincte à propos de ces mesures – destinées à faciliter l'adaptation des francophones en milieu flamand ou, au contraire, incitants à revendiquer plus de droits comme, par exemple, un statut identique aux Flamands de la capitale – voy. E. Witte et J. Craeybeckx, *supra* note 5 aux pp. 425-426.
39. Voy. art. 8, 3° à 10 des lois coordonnées sur l'emploi des langues en matière administrative. Il s'agit des communes de Messines (arrondissement d'Ypres), d'Espierre et Helchin (arrondissement de Courtrai), de Bas-Warneton, Comines, Dottignies, Herseaux, Houthem, Luingne, Mouscron, Ploegsteert et Warneton (arrondissement de Mouscron), de Renaix (arrondissement d'Audenaerde), de Flobecq (arrondissement d'Ath), de Biévène (arrondissement d'Halle-Vilvorde), d'Enghien, Marcq et Petit-Enghien (arrondissement de Soignies), de Fouron-le-Comte, Fouron-Saint-Martin, Fouron-Saint-Pierre, Hestappe, Mouland, Remersdaal et Teuven (arrondissement de Tongres). Il faut relever que cette énumération a été faite dans la loi avant la fusion des communes. Certaines d'entre elles constituent aujourd'hui des entités uniques.
40. Il s'agit d'un certain nombre de communes – à savoir Bellevaux-Ligneville, Bévercé, Faymonville, Malmedy, Robertville et Waimes – situées dans l'arrondissement de Verviers et dans la région unilingue de langue française, mais dans

Le gouvernement de l'époque perçoit dans « la réglementation équitable de l'emploi des langues en matière administrative dans l'agglomération bruxelloise », un problème « essentiel » qui ne se limite pas à respecter la population qui y vit :

> [E]n tant que capitale et siège des administrations centrales, Bruxelles doit être le trait de liaison entre la Wallonie et la Flandre, ouverte à la fois aux deux cultures nationales. Elle ne pourra conserver cette position privilégiée que si elle est disposée à faire l'effort voulu pour que les deux communautés linguistiques puissent y vivre en harmonie et sur un pied d'égalité parfaite[41].

Il n'en demeure pas moins que c'est une loi ordinaire à finalité purement linguistique qui fixe les contours géographiques de Bruxelles[42], sans qu'il soit tenu compte de considérations économiques, sociales ou culturelles qui auraient pourtant pu donner au territoire bruxellois « les dimensions qui permettent l'élaboration de politiques cohérentes, rationnelles et équilibrées »[43], preuve s'il en est que le clivage linguistique et communautaire est sous-jacent à tous les compromis qui fondent l'existence et le maintien des institutions essentielles de l'État belge, tels que sa capitale.

Même d'un point de vue purement linguistique, pourtant, il est question, sans doute davantage dans les milieux francophones, d'un découpage « arbitraire »[44], qui ne s'entend pas en fonction de la langue usitée en fait, mais en fonction de celle qui doit être utilisée en droit[45]. Les lois de 1962-1963 contrarient d'ailleurs singulièrement les francophones de Bruxelles, dans la mesure où elles sont contraignantes et les enserrent dans un « carcan »[46] géographique.

---

lesquelles il existe d'importantes minorités germanophones (voy. art 7, 2° des lois coordonnées sur l'emploi des langues en matière administrative).

41. Projet de loi, exposé des motifs, *Doc. parl.*, sess. 1961-1962, n° 331/1, p. 5.
42. F. Delpérée, F.-X. Dubois et C. Frémault-de Crayencour, « La Région bruxelloise, son ressort et ses institutions » (1998/4) A.P.T. 262.
43. *Ibid.* à la p. 264.
44. M.-Fr. Rigaux, « Annales bruxelloises (décembre 1970 – janvier 1989) » dans R. Andersen, G. Brouhns, F. Delpérée, F. Jongen, M.-F. Rigaux, H. Simonart et M. Verdussen, *La Région de Bruxelles-Capitale*, Bruxelles, Bruylant, 1989 à la p. 18, note de bas de page 1.
45. En ce sens, à propos des régions linguistiques consacrées constitutionnellement en 1970 par l'adoption de l'article 3bis devenu l'article 4 de la Constitution, voy. F. Gosselin, *L'emploi des langues en matière administrative*, Bruxelles, Éditions Kluwer, 2003 à la p. 16, et les références citées.
46. Slogan du F.D.F. (E. Witte et J. Craeybeckx, *supra* note 5 à la p. 437).

En réalité, ces dispositions vont approfondir le fossé entre le Nord et le Sud[47].

Elles expliquent la naissance, en 1964, du F.D.F., à l'époque Front démocratique des Bruxellois francophones[48] et contribuent à créer « un début d'attachement à une région bruxelloise spécifique puisque, jusqu'alors, vu son rôle de capitale, Bruxelles s'était surtout identifiée à l'État belge »[49].

Le 18 février 1970, le Premier Ministre Gaston EYSKENS propose à la Chambre des représentants d'amorcer les débats utiles pour apporter une solution globale aux problèmes communautaires. La réforme de la Constitution proposée contient de nombreux dispositifs majeurs pour l'avenir des institutions nationales, tels que le principe de la sonnette d'alarme, la parité linguistique au conseil des ministres et la création des groupes linguistiques à la Chambre et au Sénat[50].

Le plan du Gouvernement comporte 35 points[51].

Aux côtés des trois communautés culturelles néerlandaise, française et allemande – les deux premières étant appelées à être dotées plus rapidement que la troisième du pouvoir d'adopter des décrets, actes de nature législative de force juridique égale à une loi – il est proposé que le pays comprenne trois régions : la région flamande, la région wallonne et la région bruxelloise.

Il est préalablement prévu que la Belgique sera divisée en quatre régions *linguistiques*, dont les frontières ne pourront être modifiées que moyennant l'adoption d'une loi à majorité spéciale. Parmi ces quatre régions, la région bilingue de Bruxelles-Capitale s'étend sur le territoire des 19 communes fixées en vertu des lois linguistiques de 1962-1963.

Il est donc proposé de « constitutionnaliser le carcan »[52] et de « bétonner » la frontière linguistique, ce qui sera entériné avec

47. P. Wynants, *supra* note 21 à la p. 1011.
48. Aujourd'hui Fédéralistes démocrates francophones (depuis le 24 janvier 2010).
49. A. Méan, *La Belgique de papa. 1970 : le commencement de la fin*, Bruxelles, Pol-His, 1989 à la p. 74.
50. Voy. *infra*, Chapitre III.
51. *Ann. parl.*, Ch., n° 41, séance du mercredi 18 février 1970, spéc. aux pp. 3 à 5.
52. A. Méan, *supra* note 19 à la p. 146.

l'adoption, la même année, de l'article *3bis* de la Constitution[53], devenu son article 4 en 1994 : y est inscrite la division linguistique concrètement intangible du territoire du royaume.

Cette disposition, combinée à une relecture actualisée de l'article 30 de la Constitution et aux autres dispositions constitutionnelles qui consacrent la compétence des communautés s'agissant de la langue, offre l'occasion de dresser les constats suivants :

- si une liberté absolue d'employer la langue de son choix dans tout domaine privé non expressément énuméré par la Constitution est aujourd'hui garantie, sous réserve des relations sociales et, selon certains, de lois qui auraient par exemple pour objet de protéger la sécurité, la santé publique ou les consommateurs[54], il n'en va pas de même dès que l'on sort de la sphère privée ;

- en effet, le législateur fédéral peut régler l'emploi des langues pour les actes de l'autorité publique et pour les affaires judiciaires ;

- et les communautés peuvent régler l'emploi des langues dans les matières administratives et pour ce qui concerne l'enseignement dans les établissements créés, subventionnés ou reconnus par les pouvoirs publics ;

- en sorte que la liberté d'emploi des langues dans sa dimension publique est inexistante, car les textes qui peuvent la régler sont tous basés sur le principe de territorialité et la priorité au bénéfice de la langue officielle de la région dans les trois régions linguistiques unilingues.

La liberté proclamée dans la Constitution se résume, en fait, à celle d'utiliser la langue officielle et majoritaire de la région dans laquelle on se trouve, sauf facilités linguistiques dans les quelques communes qui bénéficient de ce statut.

Il a donc été mis fin au système de protection des minorités « à la carte » qui avait été institué en 1921 et 1932. Seuls, désormais, les habitants d'un certain nombre de communes, énumérées limitative-

53. Adopté le 24 décembre 1970, devenu l'article 4 de la Constitution.
54. Pour un exposé de la problématique, voy. N. Bonbled et S. Weerts, *supra* note 10 aux pp. 1118 et s.

ment dans la loi, peuvent bénéficier de facilités linguistiques, à savoir du droit de s'entretenir avec l'administration et de recevoir de celle-ci des informations dans une langue autre que celle de la région.

Ainsi, dès 1932, la minorité francophone de Flandre a été abandonnée : elle a perdu dans la sphère publique flamande toute protection juridique et a dû se contenter de droits linguistiques purement individuels dans la sphère privée. La réciproque est cependant vraie, évidemment, sur le territoire unilingue wallon, le tout sous réserve de facilités linguistiques accordées dans certaines communes dont le nombre a été bétonné, facilités dont on débat aujourd'hui encore du caractère transitoire ou absolu.

Les minorités bénéficiaires de facilités linguistiques, spécialement celle qui habite dans les communes flamandes dont le régime linguistique doit lui garantir des facilités linguistiques, sont en effet particulièrement sujettes à polémiques.

Le débat politique belge est par exemple régulièrement ranimé autour du sort de circulaires administratives édictées par deux ministres du Gouvernement flamand en 1997 – on les appelle communément les circulaires *Peeters* et *Martens* – aux fins d'interpréter le régime fédéral d'emploi des langues en matière administrative, et les facilités linguistiques que celui-ci organise notamment dans certaines communes de la région de langue néerlandaise[55].

Les francophones voient, dans l'interprétation donnée dans ces circulaires à la réglementation fédérale, une règle qui ne s'y trouve pas, à savoir que le régime des facilités serait appelé à être transitoire au point que les administrations flamandes ne devraient s'adresser en français aux administrés que pour autant que ceux-ci en expriment chaque fois le désir.

Pour les auteurs des circulaires, en effet, il ne serait nullement prévu par la loi que l'expression ponctuelle du désir d'obtenir un document en français engendrerait la présomption éternelle que l'administré concerné souhaite communiquer en français avec son administration localisée en région de langue néerlandaise.

---

55. Pour une synthèse récente, voy. N. Bonbled et P. Vandernoot, « Les droits des minorités », *supra* note 2 à la p. 1638.

Il s'agit là d'un exemple parmi d'autres des tracas communautaires persistants qu'engendrent, contrairement à ce que leur nom aurait laissé espéré, les facilités linguistiques au bénéfice des minorités.

II - LA LANGUE, ÉLÉMENT CENTRAL DU FÉDÉRALISME BELGE

La protection des minorités linguistiques en Belgique n'est pas seulement organisée au travers de l'octroi de droits spécifiques dans ce domaine.

Il faut en effet se rendre compte de la portée de l'aménagement des institutions belges en faveur de certaines d'entre elles. L'approfondissement du fédéralisme belge est en réalité l'aménagement suprême de la coexistence de celles-ci au sein d'un État encore unitaire.

Ainsi les institutions fédérales belges sont-elles structurées essentiellement autour du dualisme linguistique français-néerlandais.

Les francophones de Belgique disposent, dans les sphères fédérales du pouvoir, de diverses protections pour les prémunir d'une domination des néerlandophones arithmétiquement majoritaires, en leur garantissant de participer au processus décisionnel, voire en leur conférant un droit de veto.

L'on citera à tout le moins les mécanismes suivants[56] :

- la répartition de chacune des deux chambres du Parlement fédéral en deux groupes linguistiques, auxquels il est notamment fait appel pour l'adoption de lois à majorité spéciale, requérant des quorums spécifiques et impliquant donc un droit de veto au bénéfice de chacun de ces groupes ;
- le système dit de la « sonnette d'alarme » qui permet à un groupe linguistique, aux trois quart de ses membres, de suspendre l'adop-

56. Pour un inventaire plus exhaustif, voy. N. Bonbled et P. Vandernoot, « Les droits des minorités », *supra* note 2 aux pp. 1676 et s.

tion d'un texte législatif dont il considèrerait qu'il est de nature à porter gravement atteinte aux relations entre les communautés ;

- la parité linguistique au sein du Conseil des ministres, le premier ministre étant éventuellement excepté du décompte et devant, dans ce cas, se comporter en « asexué linguistique » ;

- la parité linguistique au sein des juridictions suprêmes que sont la Cour constitutionnelle, le Conseil d'État et la Cour de cassation, sachant que seule la première est appelée à siéger en formation bilingue dans toutes les affaires qu'elle traite.

La conception du modèle fédéral belge repose également sur la recherche constante d'une solution de compromis autour de la ville de Bruxelles et de son agglomération.

Les deux communautés linguistiques ont en effet une capitale commune, territoire de mixité et source de conflits mais, sans doute, motif majeur du maintien de l'unité du pays moyennant son aménagement fédéral.

À la naissance du pays, pour rappel, Bruxelles est simplement une ville originellement flamande. Elle cherche, depuis déjà plusieurs décennies, à annexer ses huit anciens faubourgs médiévaux, dont elle a été séparée en 1795, dans la foulée de la Révolution française[57].

Ce sont donc l'histoire et la géographie qui, de fait, regroupent quelques communes autour d'une plus grande ville du cœur de la Belgique, lorsque celle-ci devient indépendante.

57. Les huit villages de Saint-Josse-ten-Noode, Schaerbeek, Ixelles, Saint-Gilles, Forest, Anderlecht, Laeken et Molenbeek étaient, jusqu'en 1795, assujettis à l'autorité de la Ville de Bruxelles, avec laquelle ils formaient une entité économique, politique et juridique (R. De Groof, « De kwestie Groot-Brussel en de politieke metropolisering van de hoofdstad (1830-1940). Een analyse van de besluitvorming en de politiek-institutionele aspecten van de voorstellen tot hereniging, annexatie, fusie, federatie en districtvorming van Brussel en zijn voorsteden » dans E.Witte, A. Alen, H. Dumont, P. Vandernoot et R. De Groof (réd.), *De Brusselse negentien gemeenten en het Brussels model / Les 19 communes bruxelloises et le modèle bruxellois*, Bruxelles, De Boeck et Larcier, 2003 à la p. 14).

Seule la ville de Bruxelles – et non les communes qui l'avoisinent – est toutefois honorée du titre de capitale du nouveau royaume indépendant[58], au travers de l'article 126 de la Constitution[59].

La zone qui abrite la capitale du pays attise tout à la fois hostilité et convoitise, sentiments contrastés que partagent tant les Flamands que les Wallons.

Tous y voient le lieu d'influence, celui que les effets de la centralisation privilégient, où il est bon de mener sa carrière lorsqu'on en a les moyens. S'y côtoient davantage les gouvernants, les fonctionnaires et autres élites, que les agriculteurs du nord ou les ouvriers du sud. C'est en effet la capitale, qui monopolise la direction de la vie économique[60], le carrefour où se rencontrent Flamands et Wallons, mais où les premiers doivent, s'ils veulent y évoluer et s'y faire comprendre, se plier à l'usage du français dans les hautes sphères, tandis que les seconds abandonnent volontiers leur patois wallon éventuel pour une langue qu'ils maîtrisent au demeurant.

Bruxelles est le lieu où le français domine et où la discrimination linguistique envers les Flamands va bon train.

Largement francisée, certes, Bruxelles n'est pourtant pas considérée comme comprise dans la notion de « Wallonie » qui commence à être utilisée en réaction à l'éveil du mouvement flamand[61]. La vision qu'elle suscite au sud du pays est traduite dans l'un des premiers slogans du mouvement wallon en 1897 : « La Wallonie aux Wallons, la Flandre aux Flamands et Bruxelles aux Belges ! »[62].

58. Th. Bombois, « Article 194 » dans M. Verdussen, *La Constitution belge. Lignes & entrelignes*, Bruxelles, Le Cri Édition, 2004 à la p. 441. Voy aussi M. Van der Hulst, « Brussel als hoofdstad van de federale staat en van de Vlaamse Gemeenschap » dans E. Witte, A. Alen, H. Dumont et R. Ergec (réd.), *Het statuut van Brussel / Bruxelles et son statut*, *supra* note 57 à la p. 629, et les références à Huytens et Thonissen citées , ainsi que M.-Fr. Rigaux, « Annales bruxelloises (décembre 1970 – janvier 1989) » dans R. Andersen, G. Brouhns, F. Delpérée, F. Jongen, M.-F. Rigaux, H. Simonart et M. Verdussen, *La Région de Bruxelles-Capitale*, Bruxelles, Bruylant, 1989 à la p. 17.

59. Devenu l'article 194 lors de la coordination de la Constitution le 17 février 1994.

60. *Ibid.* à la p. 208.

61. Voy. ci-dessous, le titre 3, relatif aux lois linguistiques et, notamment E. Witte et J. Craeybeckx, *supra* note 5 aux pp. 135-141, pour une évocation du flamingantisme culturel.

62. Cité par F. Périn, *Histoire d'une nation introuvable*, Bruxelles, Éd. Paul Legrain, 1988 à la p. 103.

Les Belges en question, ce sont les titulaires d'emplois publics ou les hommes politiques, ainsi que les habitants de la capitale, ces « métis », parlant un « jargon innommable »[63], ces « endormis qui prêchent la soumission » – aux Flamands – « au nom de la fraternité »[64].

> Bruxelles était une ville flamande à l'origine. Avec le temps, elle est devenue une ville francophone. Mais la géographie, elle, n'a pas changé – Bruxelles n'a pas changé de place !
>
> Elle est devenue francophone à cause de la primauté accordée au français, la seule langue officielle en Belgique pendant longtemps. Bruxelles est donc devenue francophone de fait. Parce que le français était la langue officielle et parce que, plus tard, les lois linguistiques ne seront pas toujours appliquées de façon très correcte par certaines communes bruxelloises[65].

En outre,

> [L]es Bruxellois d'expression néerlandaise n'étaient pas pour autant des flamingants. Lors des élections, ils portaient leur voix sur des candidats connus des différents partis, qui n'étaient que rarement favorables à la cause flamande. Dans les écoles, les administrations communales menaient une véritable politique de francisation. [...] Il est exact, d'autre part, que les Flamands – indépendamment de la pres-

63. « Une seconde espèce de Belges s'est formée dans le pays, et principalement à Bruxelles. Mais elle est vraiment peu intéressante. Elle semble avoir additionné les défauts de deux races, en perdant leurs qualités. Elle a pour moyen d'expression, un jargon innommable dont les familles Beulemans et Kakebroek ont popularisé la drôlerie imprévue. Elle est ignorante et sceptique. Elle a pour idéal un confortable médiocre. Elle ne croit à rien, est incapable de générosité ou d'enthousiasme, soupçonne toujours chez autrui le mobile bas et intéressé, abaisse par la « zwanze » toute idée qui la dépasse. Certains laudateurs de cette platitude en ont voulu faire une vertu : le « middelmatisme », mot aussi laid que l'état d'esprit signifié. Le patriotisme de ces middelmates est nul, ils accepteraient bénévolement toute domination qui ne dérangerait point leurs aises coutumières. Cette population de la capitale, dont quelques échantillons épars existent en province, n'est point un peuple : c'est un agglomérat de métis. » (J. Destrée, « Lettre au Roi Albert Ier », 1912, disponible en version intégrale sur le site <http://www.histoire-des-belges.be>, dernière consultation le 16 juillet 2013).
64. F. Périn, *supra* note 62 à la p. 114, citant un discours de Jules Destrée. Les Bruxellois ne seront plus, dans ce discours, les Belges de l'ancien slogan, puisque, selon les termes bien connus utilisés par Jules Destrée dans sa lettre à Albert Ier (voy. note précédente), le Roi règne sur deux peuples : « Il y a en Belgique des Wallons et des Flamands, il n'y a pas de Belges. »
65. X. Mabille, « La crise des cent jours », propos recueillis par P. Bouillon dans *Chronique de la Belgique. Du néolithique à l'époque contemporaine*, Paris, Éditions Chronique, 2012 aux pp. 427-428.

sion économique et sociale – n'étaient pas convaincus de l'importance de leur propre langue et de leur propre culture[66].

En réalité,

> [L]es trois composantes du problème « communautaire » (sont) présentes en germe dans les années qui précèdent immédiatement la Première Guerre mondiale : un mouvement flamand combatif, les débuts d'un courant wallon fédéraliste et la région de Bruxelles, source de nombreux problèmes ultérieurs[67].
>
> Des origines à nos jours, les problèmes communautaires se résument, en effet, toujours au même schéma : l'opposition entre deux peuples de langue et de culture différentes, aux évolutions économiques souvent divergentes, et la lutte pour une grande ville, située dans la partie flaman[68].

La capitale, cette « métaphore de la complexité belge »[69] ce « point d'intersection du fédéralisme belge »[70] a donc été conçue progressivement comme le miroir inversé des institutions fédérales.

Des garanties réservées à la minorité francophone au niveau fédéral y ont en effet été transposées au bénéfice de la minorité flamande.

Ainsi en va-t-il de la division de l'assemblée parlementaire régionale en deux groupes linguistiques, de la parité linguistique au sein du gouvernement – à ceci près que son président ne doit pas être « asexué » linguistiquement –, et du mécanisme de la sonnette d'alarme.

En outre, les flamands de Bruxelles sont devenus la minorité la mieux protégée du royaume avec une surreprésentation garantie au sein du Parlement régional bruxellois, puisqu'un poids plus important est accordé aux votes émanant des électeurs qui votent pour une liste néerlandophone, leur permettant d'obtenir, quoi qu'il arrive, 17 sièges dévolus au groupe linguistique néerlandais sur les 89 places disponibles au parlement.

---

66. E. Witte et J. Craeybeckx, *supra* note 5 aux pp. 192-193.
67. E. Witte et J. Craeybeckx, *supra* note 5 à la p. 141.
68. A. Méan, *supra* note 19 à la p. 20.
69. M. Uyttendaele, « Bruxelles, capitale de l'altérité » (2011/1) 136 Pouvoirs 137-149.
70. M. Reuchamps, « La parité linguistique au sein des 'gouvernements' bruxellois » (2008) 2 Rev. Dr. ULg. 183.

Par ailleurs, au prix d'une démultiplication fonctionnelle des élus qui composent le parlement régional bruxellois, chaque groupe linguistique est appelé à constituer les organes des commissions communautaires française, néerlandaise et commune, appelées à exercer, sur le territoire de la région bilingue de Bruxelles-Capitale, des compétences appartenant en règle aux Communautés.

Les commissions communautaires, destinées, certes, à permettre aux Communautés de prolonger leur action à Bruxelles, au-delà de leur propre région linguistique, ont néanmoins fait de la région bruxelloise « un lieu politique complexe à raison de l'amoncellement, sur son territoire, d'un ensemble d'autorités publiques »[71] : y interviennent une multitude de législateurs internes (jusqu'à six, en fonction de la matière), ce qui la rend illisible pour les citoyens.

C'est, en effet, notamment pour résoudre l'épineux problème bruxellois qu'à un niveau subnational, le fédéralisme belge a superposé au concept de régions celui de communautés.

Le concept de régions relève d'entités territoriales clairement circonscrites, comme dans les États fédéraux classiques. Les trois Régions flamande, wallonne et de Bruxelles-Capitale, sont habilitées, sur ces territoires, à légiférer dans plusieurs domaines tels que l'économie, l'emploi, le logement, les transports, les pouvoirs subordonnés.

Le concept de communauté – prolongé donc par celui de commission communautaire à Bruxelles – est bien moins clair.

Certes, les trois Communautés, flamande, française et germanophone, sont investies du pouvoir de légiférer dans les matières culturelles (dont font partie la défense et l'illustration de la langue), l'enseignement (dont celui des langues), les matières personnalisables, mais aussi l'emploi des langues dans les matières administratives, l'enseignement et les entreprises. Ces pouvoirs s'exercent dans chacune des trois régions unilingues, sous les quelques réserves – importantes – exprimées par la Constitution[72].

71. F. Delpérée, F.-X. Dubois et C. Frémault-de Crayencour, « La Région bruxelloise, son ressort et ses institutions » (1998/4) A.P.T. 258.

72. Ainsi, pour l'emploi des langues, dans la région bilingue de Bruxelles-Capitale et dans la région de langue allemande (sauf, pour cette dernière, s'agissant de

On pourrait donc se contenter de constater que le système fédéral belge repose simplement sur une subdivision de la nation en deux types d'entités, les communautés et les régions, qui se superposent.

Mais la notion de Communauté, « premières des garanties reconnues aux principales communautés linguistiques que compte la Belgique »[73], cumule les caractéristiques paradoxales qui la rendent particulièrement difficile à appréhender.

La première d'entre elles est qu'aujourd'hui encore, c'est la majorité de la population belge, pour les raisons historiques qui viennent d'être évoquées, qui est la première demanderesse de protection sur les plans linguistique et culturel.

La majorité flamande au niveau national se comporte donc comme une minorité, ce qui ne lui est du reste pas interdit[74]. Le concept de communauté est donc traditionnellement rattaché à l'expression d'une revendication culturelle flamande, pourtant arithmétiquement mieux représentée en Belgique.

Deuxième paradoxe fondamental : comme nous l'avons déjà relevé, le concept de communauté, contrairement à ce que l'on pourrait croire, ne recouvre pas un ensemble de personnes ayant en commun une langue et une culture. Les communautés disposent en effet, au travers de la définition de la force obligatoire des normes qu'elles adoptent, d'une aire territoriale. À tout le moins faut-il admettre que « le champ d'application spatial des décrets qu'elles adoptent est limité » par la référence faite constitutionnellement aux régions linguistiques[75].

Ainsi, pour rappel, en matière d'emploi des langues, pour ne parler que des Communautés flamande et française, leurs normes – les décrets – ont respectivement force de loi dans les régions de langue néerlandaise ou de langue française, à l'exception des communes à statut linguistique spécial qui continuent de relever de la compétence de l'autorité fédérale.

l'emploi des langues dans l'enseignement), c'est l'autorité fédérale qui demeure compétente. Tel est également le cas des communes à facilités, pour lesquelles le pouvoir fédéral doit, en outre, légiférer à la majorité spéciale.

73. N. Bonbled et P. Vandernoot, « Les droits des minorités », *supra* note 2 à la p. 1675.

74. P. Vandernoot, « La Convention-cadre pour la protection des minorités nationales, la Cour européenne des droits de l'homme et la Belgique » (2012) J.T. 628-629.

75. N. Bonbled et P. Vandernoot, « Les droits des minorités », *supra* note 2 à la p. 1682.

Dans les autres matières – dont la culture et l'enseignement – les décrets flamands et francophones ont force de loi respectivement dans les régions de langue néerlandaise et de langue française (mais, à Bruxelles, ils s'appliquent à l'égard des institutions unilingues relevant de la Communauté concernée).

Il apparaît donc que l'aire territoriale des Communautés flamande et française correspond en principe à la région linguistique concernée et que leurs décrets ne peuvent en principe s'appliquer ailleurs que sur ce territoire.

Ce deuxième paradoxe peut toutefois être résolu par le recours à l'histoire et s'expliquer par la recherche cumulée, en Flandre, d'une autonomie culturelle pour les Flamands combinée, par souci de protection de cette culture, à la défense stricte des principes de territorialité et de primauté de la langue néerlandaise dans cette région linguistique.

Il s'agit, autrement dit, d'assurer « une aire de sécurité culturelle à une population dont l'identité a été niée dans le passé »[76].

L'exception à cette stricte territorialité a été maintenue pour Bruxelles, où est institutionnellement consacré cette fois le principe selon lequel une communauté tend plutôt à regrouper des personnes reliées par une même culture et/ou une même langue, indépendamment du territoire où elles se trouvent.

Il s'agit ici en d'autres termes de rencontrer les aspirations des Flamands en leur permettant de bénéficier à la fois du droit du sol et du droit des personnes pour, d'abord, garantir l'intégrité radicale du territoire flamand – le nord du pays – et, ensuite, permettre néanmoins à la Flandre de développer des politiques dans les domaines culturel, de l'enseignement et de l'aide aux personnes qui puissent être dédiées à la seule minorité flamande de Bruxelles, sous couvert du concept de communauté.

La compétence des communautés sur le territoire régional bruxellois, à l'égard des institutions qui, en raison de leur activité ou

76. P. Vandernoot, « 'Droit du sol', libertés et protection des minorités dans le fédéralisme belge » dans *Liber Amicorum Robert Andersen*, Bruxelles, Bruylant, 2009 à la p. 826.

de leur organisation, relèvent de l'une ou l'autre d'entre elles, combinée à l'intervention des commissions communautaires bruxelloises, illumine donc le double sens – territorial et très relativement personnel – que revêt ce concept en Belgique.

Le troisième paradoxe que l'on peut identifier dans ce contexte, c'est que ce sont les citoyens du sud du pays, qui n'étaient pas les premiers demandeurs de la création des communautés culturelles qui, une fois celles-ci créées, ont cherché à défendre une conception non territoriale de leurs compétences.

À l'occasion d'affaires qui ont donné lieu à plusieurs arrêts de la Cour constitutionnelle, la Communauté française a été amenée à défendre une vision du concept de communauté comme se rattachant non pas à un territoire mais aux personnes, en sorte qu'elle s'est déclarée habilitée à intervenir dans le financement d'une association sans but lucratif de promotion culturelle francophone établie dans les communes de la périphérie, localisées en région de langue néerlandaise.

Elle a été « rabrouée » par la Cour constitutionnelle qui a jugé que la défense de sa culture ne pouvait amener la Communauté française à assurer, à la place de la Flandre, et sans préjudice des compétences réservées à l'autorité fédérale en matière d'emploi des langues, la protection de la minorité francophone installée en région de langue néerlandaise[77].

III – LA LANGUE : ÉLÉMENT CENTRAL DU MODÈLE BELGE DE CONFLIT ET DE PACIFICATION

Le clivage linguistique qui a présidé à la création des institutions fédérales et fédérées belges a également justifié la mise sur pied d'outils destinés à prévenir ou, à défaut, régler les différends.

Si le principe de loyauté fédérale, inscrit dans la Constitution, et la possibilité pour les entités fédérées de coopérer entre elles assurent au fédéralisme belge des dehors constructifs, force est de constater que celui-ci est davantage fondé sur des relations défensives entre

77. À ce propos, voy. M. Verdussen, « Les frontières de l'espace Wallonie-Bruxelles et la protection des minorités » (2008/1) C.D.P.K. 261, et les références citées, notamment à l'arrêt de la Cour dit « arrêt Carrefour ».

partenaires de l'État et sur la mise sur pied corrélative d'outils de règlement des conflits[78].

Peuvent être ainsi résolus des conflits d'intérêts et de compétences.

Lorsqu'une communauté développe, sur son territoire, une politique qui heurte les droits ou les intérêts de la minorité linguistique qui y vit, l'autre communauté dispose de la possibilité de dénoncer la situation soit sous la forme d'un recours à la Cour constitutionnelle[79], soit sous la forme d'une procédure politique de règlement de conflit d'intérêts.

Le recours à la Cour constitutionnelle n'est toutefois possible que s'il est démontré qu'il y a violation d'une règle répartitrice des compétences ou d'un droit garanti par la Constitution.

Depuis quelque temps, la Cour accepte de contrôler expressément le respect, par chaque entité fédérée, du principe de loyauté fédérale – inspiré du droit constitutionnel allemand – qui, en ce sens, constitue un mécanisme de protection des minorités linguistiques[80].

L'arbitrage de la Cour constitutionnelle, composée notamment selon une parité linguistique, est régulièrement mobilisé par une Communauté contre l'autre pour des considérations d'ordre linguistique.

On peut par exemple citer le recours du Gouvernement de la Communauté française dirigé contre un décret de la Région flamande qui, par une réforme de son Code du logement, a entendu imposer aux candidats à la location d'un logement social l'obligation de démontrer leur disposition à apprendre le néerlandais.

Aux côtés d'associations de défense des droits de l'homme, le Gouvernement de la Communauté française voyait dans cette obligation une atteinte au droit au logement. Son action s'expliquait sans

78. Voy. E. Vandenbossche, éd., *Évolutions dans le fédéralisme coopératif belge*, Bruges, La Charte, 2013.
79. Pour un bref historique de la création de cette juridiction, voy. par exemple M.-Fr. Rigaux et B. Renauld, *La Cour constitutionnelle*, Bruxelles, Bruylant, 2008 aux pp. 23-29.
80. Voy. J. Sautois, « Le concept de loyauté fédérale et la sixième réforme de l'État » dans E. Vandenbossche, éd., *supra* note 78 aux pp. 79 et s.

doute aussi parce qu'initialement, le projet flamand consistait à imposer la connaissance du néerlandais aux candidats à un logement social, et non la simple disposition à apprendre cette langue.

Ainsi adoucie et rabaissée au rang d'obligation de moyen, l'obligation prévue par le législateur flamand a été validée par la Cour constitutionnelle, qui a cependant précisé à l'occasion des deux arrêts rendus dans cette affaire qu'une telle obligation ne pouvait avoir de portée dans les communes à facilités, où les locataires ne sont jamais obligés d'utiliser cette langue dans leurs rapports avec l'autorité administrative bailleresse des logements sociaux, et encore moins dans leurs rapports avec les autres particuliers[81].

Il est remarquable que, dans le cadre de procédures menées devant la Cour constitutionnelle, l'arbitrage préjudiciel de la Cour de justice de l'Union européenne soit de plus en plus mobilisé, même s'il n'est théoriquement censé profiter qu'aux Européens et aux Belges qui ont fait usage de leur liberté de circulation.

Son intervention contribue à ébranler l'application parfois trop stricte que le système belge permet de réserver aux principes de territorialité et de la primauté de la langue de chaque région linguistique, très protégés jusqu'ici sous le bénéfice de l'arrêt rendu par la Cour européenne des droits de l'homme le 23 juillet 1968 dans l'affaire relative à certains aspects du régime linguistique de l'enseignement en Belgique, à l'occasion de laquelle a été validée la politique flamande tendant à décourager la création ou le maintien d'écoles où l'enseignement se dispenserait en français[82].

La réforme, par la Flandre, de sa politique foncière et immobilière, réalisée par un décret du 27 mars 2009, a ainsi été jugée contraire au droit européen par un arrêt rendu par la 1re chambre de la Cour de justice le 8 mai 2013[83], à l'occasion duquel la possibilité de subordonner l'achat d'un bien immobilier dans certaines communes flamandes au constat de l'existence de « liens suffisants », avec celles-ci a été jugée contraire aux libertés garanties par le Traité.

81. C.C., arrêts nº 104/2007 du 12 juillet 2007 et nº 101/2008 du 10 juillet 2008. Voy., à ce propos, N. Bernard, « L'arrêt *Wooncode* de la Cour constitutionnelle du 10 juillet 2008 : quand l'arbre (linguistique) cache la forêt » (2008) J.T. 689-698.

82. À ce propos, voy. N. Bonbled et P. Vandernoot, « Les droits des minorités », *supra* note 2 aux pp. 1742 et s.

83. Dans les affaires jointes C-197/11 et C-203/11.

Parmi les parties à cette affaire, le Gouvernement de la Communauté française dénonçait une volonté des autorités flamandes de n'accorder le droit d'acquérir des immeubles qu'aux Flamands, à l'exclusion des francophones.

L'intervention européenne peut encore aboutir à remettre en cause des solutions nationales anciennes, comme par exemple la législation flamande en matière d'emploi des langues en matière sociale, datant de 1973, récemment mise à mal par la Cour de justice dans un arrêt du 16 avril 2013[84].

Les équilibres communautaires sont donc non seulement précaires en interne, mais ils sont encore fragilisés à l'intervention ponctuelle d'une juridiction internationale.

CONCLUSION : LES PARADOXES DU COMPROMIS

Alors qu'un compromis suscite en principe un accord, et alors qu'un accord concrétise en principe la fin d'un litige, la Belgique est sans doute l'un des pays qui, depuis qu'il est entré dans le mouvement du fédéralisme centrifuge, se nourrit de compromis dont les termes contiennent, chaque fois, les germes d'un nouveau désaccord, lequel appellera à son tour la négociation d'un nouveau compromis...

Les « compromis à la belge », fameux dans le monde entier pour avoir permis, à ce jour, d'éviter la dislocation d'un pays en raison du clivage linguistique fondamental qui le caractérise, est aussi la formule qui pourrait expliquer, à terme, la concrétisation d'une telle rupture.

Car en effet, les solutions institutionnelles extrêmement complexes qui ont été imaginées pour contenter les revendications antagonistes des deux grandes communautés linguistiques que forment les Flamands et les francophones de Belgique, tout en formalisant néanmoins la division de la nation dans les textes comme dans les faits, alimentent paradoxalement, au fil des réformes, les revendications de plus en plus séparatistes de certains.

---

84. Arrêt rendu en grande chambre dans l'affaire C-202/11. Voy. à ce propos P. Minsier, « La Cour de justice de l'Union européenne ouvre la boîte de Pandore de l'emploi des langues dans les relations sociales. Commentaire de l'arrêt du 16 avril 2013 », à paraître à la *JLMB*.

Certes, le fédéralisme bipolaire et à double strate qu'ont consacré les accords institutionnels successifs répond à des revendications qu'il était impératif de rencontrer, mais son aboutissement, par la mise en exergue institutionnelle de la division du pays qu'il a engendrée, est peut-être paradoxalement à l'origine de la volonté de certains de pousser davantage la porte du séparatisme.

Le ciment du compromis semble en effet s'être transformé en un plâtras fragile, à mesure que le temps s'est écoulé entre le moment où l'autonomie culturelle des communautés a été consacrée et les plus récentes échéances électorales qu'a connues le pays, d'autant que le droit européen vient, mine de rien, bouleverser certains équilibres nationaux au gré d'arrêts qui mettent quelque peu à mal cette autonomie et le principe de territorialité qui la protège normalement.

Seul l'avenir dira si la manière dont la coexistence des langues a été pacifiquement aménagée en Belgique aura donné tort ou raison à ceux qui en déduisent la fin imminente du pays.

La Suisse

Le pluralisme linguistique en Suisse : au-delà des idées reçues

Nicolas SCHMITT*

INTRODUCTION

À l'heure où le multiculturalisme est à l'honneur, ces quelques pages n'ont d'autre but que de rappeler à quel point il est délicat de faire cohabiter des langues différentes sur un même territoire. La langue appartient aux éléments les plus intimes de l'être humain, et à ce titre il n'est pas surprenant que tout ce qui la concerne se révèle particulièrement émotionnel.

Dans ce contexte, l'expérience suisse ne manque pas d'intérêt quand il s'agit d'illustrer la difficulté de cet exercice de cohabitation. La Suisse est pourtant un pays dans lequel on célèbre tout à la fois les montres, le chocolat, les banques – hélas oui – mais également le multilinguisme et la capacité à préserver la paix des langues. Mais c'est quand on se donne la peine de regarder de plus près la manière dont s'opère ce « petit miracle », qu'on se rend compte à quel point celui-ci est loin d'être évident, d'autant plus qu'il est marqué par des conditions historiques et géographiques très favorables.

Certes, la manière dont le plurilinguisme est vécu en Suisse permet à la minorité francophone (romande) de bénéficier d'un statut très enviable, et personne ne s'en plaindrait. Mais pour bien comprendre la situation, il convient de distinguer entre la dimension constitutionnelle, qui traduit une aspiration très idéaliste, et la réalité concrète sur le terrain, qui l'est nettement moins, sans pour

* Institut du Fédéralisme, Université de Fribourg (Suisse).

autant susciter la critique. Contexte institutionnel et réalité vécue forment les deux faces de la même monnaie, et ce paradoxe mérite d'être mieux connu.

Pour ce faire, trois éléments doivent être rappelés. Premièrement, le multilinguisme suisse est surtout une création constitutionnelle ; dans les faits, et notamment en raison du fédéralisme, le pays est plutôt une juxtaposition de territoires monolingues[1]. Deuxièmement, la préservation du multilinguisme et des langues menacées requiert une volonté politique sans faille, faute de quoi il est toujours une langue pour jouer les ogresses... Troisièmement – mais on quitte ici le strict domaine linguistique – la préservation de la paix des langues en Suisse est une leçon pour de nombreux pays qui, au lieu de reconnaître la richesse de leur diversité, tentent de créer de manière artificielle un « nationalisme » qui ne rime à rien.

De son côté, la Suisse s'est montrée dès le début consciente de ne pas former naturellement une « nation suisse » au sens où l'on pourrait entendre la « nation française »[2], la « nation allemande » ou même la « nation américaine ». Chacun sait à quelles tragiques extrémités ce nationalisme a pu conduire, suivant en cela la célèbre formule de Romain Gary : « Le patriotisme, c'est l'amour des siens ; le nationalisme, c'est la haine des autres ». Tout au contraire, la diversité, le multiculturalisme et le plurilinguisme représentent les pierres angulaires de l'identité suisse. C'est ce que l'on entend par le concept de « *Willensnation* » : la Suisse ne forme une nation que par la *volonté* de ses citoyens de former une communauté nationale, et non par celle de ses autorités de forger artificiellement une telle identité.

1. Contrairement à des images plus « kaléidoscopiques » véhiculées notamment à l'étranger. Par exemple Manuel Meune, « La mosaïque suisse : les représentations de la territorialité et du plurilinguisme dans les cantons bilingues » (2010) 29:1 Politique et Sociétés 115, en ligne : <www.erudit.org/revue/ps /2010/v29/n1/039958ar.pdf>.
2. « L'article préambule » de la Constitution française du 27 octobre 1946 (dans sa version consolidée au 28 octobre 1946) comportait plusieurs références à la Nation, comme celle-ci : « La nation assure à l'individu et à la famille les conditions nécessaires à leur développement ». Du point de vue terminologique, la Constitution de 1958 est moins « nationale » mais contient la formule « Le Peuple français a adopté (...) la loi constitutionnelle dont la teneur suit (...) » (voir, en ligne : <www.legifrance.gouv.fr>). La Constitution allemande (« *Grundgesetz* ») de son côté fait référence au peuple allemand (« *das Deutsche Volk* »). Quant à la Constitution américaine, elle commence par la célèbre formule « *We the People* ». En revanche, on ne trouve pas une seule fois le terme « peuple » dans la constitution suisse de 1999.

En matière linguistique, cette diversité s'incarne dans le principe constitutionnel de l'égalité des langues :

Art. 4 *Langues nationales*
Les langues nationales sont l'allemand, le français, l'italien et le romanche.

Le principe de liberté de la langue est également reconnu[3] :

Art. 18 *Liberté de la langue*
La liberté de la langue est garantie.

Mais quand on y regarde de plus près, ces dispositions constitutionnelles deviennent un peu illusoires, parce qu'en fait le pays est composé de quatre zones linguistiques qui parlent certes quatre langues différentes mais n'ont que peu de contacts entre elles. La vie quotidienne du pays est essentiellement monolingue. Les décisions de politiciens ou des pères fondateurs de la Confédération ne sont pas en cause ici, mais simplement la réalité géographique : d'un point de vue linguistique, la Suisse représente un morceau d'Allemagne au Nord, un morceau de France à l'Ouest, un morceau d'Italie au Sud, avec quelques fragments de Romanche saupoudrés sur le canton des Grisons. De la sorte, le célèbre peintre Ben n'avait pas complètement tort en brossant un tableau proclamant : « La Suisse n'existe pas »[4].

Dans les faits, c'est le principe de territorialité qui va jouer le rôle le plus important[5]. Sur les 26 cantons, il n'y en a que quatre à ne pas être monolingues. Avec trois bilingues et un trilingue.

Cette composition permet évidemment de limiter les tensions linguistiques aux rares zones précisément situées sur une frontière linguistique. Heureusement d'ailleurs, car même avec si peu de zones potentiellement conflictuelles, l'expérience montre que les questions linguistiques restent extrêmement sensibles.

---

3. Mario Borghi, « La liberté de la langue et ses limites » dans D. Thürer, J.-F. Aubert et J.-P. Müller, *Verfassungsrecht der Schweiz / Droit constitutionnel suisse*, Schulthess, 2001 aux pp. 607 et s. [Borghi, « La liberté de la langue et ses limites »].
4. Pour voir l'œuvre en cause, qui a fait scandale lorsqu'elle a été exposée dans le pavillon suisse de l'exposition universelle de Séville : <lausanne.olx.ch/la-suisse-n-existe-pas-iid-61667058>.
5. Voir l'article 70 ci-dessous.

Par chance, les *Pères fondateurs* de la Suisse fédérale moderne en 1848, de même que la grande majorité de leurs successeurs, n'ont cessé de cultiver cette culture de la diversité. Par chance aussi, il ne s'est jamais trouvé en Suisse de leader politique ayant réussi à dresser les minorités, notamment linguistiques, les unes contre les autres, cela expliquant peut-être ceci. Il faut dire que le fédéralisme très décentralisé pratiqué en Suisse est peut-être le meilleur moyen d'éviter les tensions, les dimensions « ethniques » (au sens le plus large) étant toujours éclatées entre plusieurs cantons aux identités à la fois fortes et différenciées.

Pour de nombreuses questions relevant de la protection des minorités dans le monde, ou encore de la décentralisation, il semble bien que la volonté politique soit encore le meilleur moyen d'y parvenir. L'expérience prouve malheureusement que celle-ci fait souvent défaut. Par chance, cela n'a pas été le cas en Suisse.

I - LE FÉDÉRALISME EN SUISSE

Pour les lecteurs habitant dans un État centralisé (ils forment la grande majorité des États de la planète), rappelons que le fédéralisme est le terme décrivant un système de gouvernement dans lequel le pouvoir est réparti entre *deux niveaux*, l'État central (appelé Confédération en Suisse, bien que celle-ci ne soit pas, formellement parlant, une confédération) et des états-membres (appelés cantons en Suisse[6]).

Cet élément qui semble évident à tous les Suisses – mais qui ne l'est jamais pour des personnes vivant dans des pays centralisés – revêt une importance considérable pour la question qui nous occupe. En effet, la répartition des compétences organisée par l'article 70 de la Constitution fédérale a pour conséquence que la question de la langue relève de la compétence des cantons[7].

6. La terminologie est fort variée, l'État central peut également s'appeler fédération, Bund, Commonwealth etc., et les États membres États, provinces, régions ou encore Länder. Voir, pour une présentation subtile et didactique de cette diversité, Ronald Watts, « Comparaison des régimes fédéraux », 3e éd., Kingston, 2002.

7. Pour une interprétation détaillée de cette disposition dans le contexte de la répartition des compétences entre Confédération et cantons, voir Adriano Previtali, « L'encouragement du plurilinguisme en Suisse, l'exemple du domaine scolaire » (2000/4) AJP/PJA 379 ; pour lui, la nouvelle disposition ne change pas fondamentalement la répartition des compétences en la matière.

Art. 70 *Langues*
1 Les langues officielles de la Confédération sont l'allemand, le français et l'italien. Le romanche est aussi langue officielle pour les rapports que la Confédération entretient avec les personnes de langue romanche.
2 Les cantons déterminent leurs langues officielles. Afin de préserver l'harmonie entre les communautés linguistiques, ils veillent à la répartition territoriale traditionnelle des langues et prennent en considération les minorités linguistiques autochtones.
3 La Confédération et les cantons encouragent la compréhension et les échanges entre les communautés linguistiques.
4 La Confédération soutient les cantons plurilingues dans l'exécution de leurs tâches particulières.
5 La Confédération soutient les mesures prises par les cantons des Grisons et du Tessin pour sauvegarder et promouvoir le romanche et l'italien.

Dès lors, le fédéralisme va profondément transformer le système, qui passe d'un multilinguisme fédéral à un monolinguisme cantonal, ce dernier se révélant dans les faits beaucoup plus important pour la vie quotidienne des citoyens[8].

II - LA « CONSTITUTION » LINGUISTIQUE EN SUISSE

L'évolution historique des dispositions constitutionnelles relatives aux langues en Suisse fait comprendre la complexité croissante tout à la fois de la matière et de sa gestion[9].

A - Naissance des dispositions constitutionnelles

Si le plurilinguisme peut aujourd'hui être considéré comme un élément-clé du système politique suisse, il n'en a pas toujours été ainsi. L'ancienne Confédération des XIII cantons (1513 – 1798) était presque exclusivement germanophone, à l'exception (partielle) du canton de Fribourg. On y trouvait certes quelques territoires « romans » mais seulement dans des zones subordonnées et pas au titre de canton de plein droit. Après l'invasion de Napoléon en 1798 et l'introduction de l'égalité des citoyens devant la loi, le pays a com-

8. Previtali a bien décrit cette « corruption de l'idéal bilingue » dans un article au titre évocateur, « Le plurilinguisme suisse entre droit et réalité » (2005/2) Bulletin de Législation XIX à la p. XXV [Previtali, « Le plurilingusime suisse »].
9. En français : Jean-François Aubert et Pascal Mahon, « Petit commentaire de la Constitution fédérale de la Confédération suisse du 18 avril 1999 » Schulthess, Zurich/Bâle/Genève, 2003.

mencé à prendre conscience de son aspect multiculturel. Durant la « République helvétique » (1798 – 1803), les lois étaient écrites en trois langues. Cette égalité entre les langues a été abandonnée à la fin de la République helvétique, et après la chute de Napoléon en 1815 l'allemand est redevenu l'unique langue officielle. Mais néanmoins l'idée d'égalité entre les langues avait marqué les esprits, et elle a fini par être institutionnalisée lors de l'instauration du système fédéral en 1848.

Les constitutions de 1848 et 1874 ont donc intégré une disposition garantissant l'égalité entre les trois langues nationales, disposition qui a été complétée d'une manière fort intéressante. En 1938, de manière à renforcer l'unité nationale au cours d'une période troublée où la Suisse s'est retrouvée quasiment encerclée par les forces de l'Axe, les autorités ont proposé un référendum constitutionnel visant à reconnaître le romanche comme quatrième langue nationale (quoique pas comme langue officielle pour des raisons techniques faciles à comprendre)[10]. Le 20 février 1938, avec un score quasiment stalinien de 91,6 % de oui, les citoyens suisses ont suivi leurs autorités. Ce processus, qui consiste à insister sur la diversité pour renforcer l'unité, est la meilleure preuve que la préservation de la diversité linguistique et culturelle a représenté le fondement même de la cohésion nationale.

Une autre modification des dispositions constitutionnelles relatives aux langues s'est déroulée au cours des années 1990. Son but consistait à entériner la possibilité de prendre des mesures destinées à faciliter la communication et les échanges entre communautés linguistiques, mais également à sauvegarder l'italien et le romanche (une base constitutionnelle s'est avérée ici nécessaire puisque la nouvelle disposition contredisait le principe voulant que les questions linguistiques relèvent des cantons).

---

10. Le romanche (parfois aussi appelé rhéto-romanche) est parlé uniquement dans le canton des Grisons, le seul canton trilingue de Suisse, où il est langue officielle aux côtés de l'allemand et de l'italien (Verfassung des Kantons Graubünden vom 18. Mai / 14. September 2003 ; GS 110.100, art. 3). Le romanche n'est d'ailleurs pas une langue à proprement parler, mais une juxtaposition de cinq dialectes. Les mouvements migratoires et le développement de l'économie ont considérablement augmenté le nombre de locuteurs germanophones dans le canton, de sorte que le romanche est en voie de disparition, d'autant plus qu'il ne bénéficie pas du soutien d'une grande communauté nationale à l'extérieur du pays (telle que la France, l'Allemagne ou l'Italie pour les trois autres langues nationales).
Voir l'Arrêté fédéral révisant les articles 107 et 116 de la constitution fédérale de 1874 (reconnaissance du romanche comme langue nationale), en ligne : <www. admin.ch/ch/f/pore/va/19380220/ det124.html>.

La « mise à jour » de la Constitution fédérale en 1999 a entraîné une sensible modification formelle de ces textes. Ainsi, la disposition relative aux quatre langues nationales est devenue un article pour soi (art. 4), de même que les dispositions relatives à la protection de la diversité linguistique (art. 70). Par ailleurs, les deux principes de territorialité et de liberté de la langue, qui n'avaient jusqu'alors été garantis que par la jurisprudence du Tribunal fédéral[11], ont été inscrits dans deux dispositions spécifiques, respectivement les articles 70, al. 2 et 18. De la sorte, depuis le 1er janvier 2000, ce ne sont pas moins de trois articles constitutionnels qui sont nécessaires pour régler la cohabitation des langues en Suisse.

Les quatre zones linguistiques de la Suisse

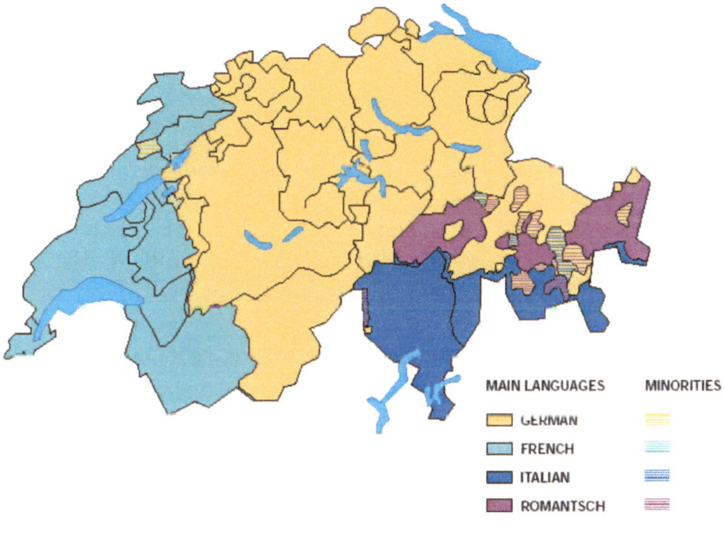

Les quatre langues nationales parlées en Suisse sont l'allemand (63,7 %), le français (20,4 %), l'italien (6,5 %) et le romanche (0,5 %) – chacune d'elles présentant théoriquement une importance identique. Les 8,9 % restant s'expriment dans d'autres langues[12]. Si les trois

---

11. Christine Marti-Rollin, « La liberté de la langue en droit suisse », thèse, Zurich, 1978. Voir C – Principe de territorialité vs Liberté de la langue ci-dessous.
12. Ce qui représente plus que l'italien et le romanche réunis. Le statut de ces langues allophones de plus en plus nombreuses sera un casse-tête pour les autorités. Voir à Genève la Pétition pour l'introduction du portugais dans l'enseignement post-obligatoire genevois, du 10.12.2012 ; P 1851 (10340-2012), en ligne : <www.ge.ch/grandconseil/data/texte/P01851.pdf>.

versions officielles d'une loi divergent, le juge doit choisir celle qui représente le mieux l'idée exprimée par le législateur, puisqu'aucune langue n'a la préséance sur les autres. Les locuteurs romanches peuvent utiliser cet idiome lorsqu'ils s'adressent à l'administration fédérale, ce qui en fait une langue semi-officielle. La Confédération se doit de préserver la diversité linguistique. Selon l'article 70, al. 3 CF, elle est obligée de fournir une assistance financière aux quatre cantons bi- et trilingues de manière à les aider à supporter les coûts engendrés par le multilinguisme (enseignement bilingue, traductions, publication des lois en plusieurs langues etc.).

Mais il serait faux de concevoir le pays comme une mosaïque de langues. En fait, ces dernières sont réparties en fonction du principe dit de territorialité. Comme on le voit sur la carte ci-dessus, la Suisse est divisée en trois grandes zones linguistiques, une germanophone à la frontière avec l'Allemagne, une francophone à la frontière avec la France et une italophone à la frontière avec l'Italie, sans oublier quelques vallées du seul canton des Grisons où l'on parle romanche.

En Suisse, le multilinguisme ne signifie pas que les gens sont habitués à communiquer indifféremment en plusieurs langues, pas plus qu'ils ne s'intéressent à plusieurs cultures. La Suisse représente plutôt une certaine forme de « plurilinguisme social ». Elle est composée de quatre communautés linguistiques relativement homogènes, qui communiquent assez difficilement les unes avec les autres et font preuve d'un intérêt très limité pour la culture de leurs voisins. La réalité se différencie dès lors sensiblement des principes inscrits dans la Constitution ; elle représente même, d'une certaine manière, une corruption de cet idéal[13].

B – Les principes régissant la question des langues en Suisse

Si l'on tente de traduire en principes la constitution linguistique telle qu'elle résulte de sa longue évolution historique, alors on peut dire que la constitution linguistique de la Suisse est basée sur quatre principes[14] :

---

13. Previtali, « Le plurilinguisme suisse », *supra* note 8.
14. Daniel Thürer et Thomas Burri, « VIII. Zum Sprachenrecht der Schweiz », en ligne : <www.ivr.uzh.ch/institutsmitglieder/thuerer/forschung/MinderheitenschutzThuererBurri.pdf>.

- l'égalité des langues ;
- la liberté de la langue ;
- la territorialité des langues, et
- la protection des langues minoritaires.

Le principe d'*égalité* (art. 4 CF) signifie qu'au niveau fédéral les quatre langues nationales disposent d'un statut identique : elles sont légalement identiques, même si dans la réalité la prépondérance de l'allemand est incontestable.

Selon le principe de *liberté de la langue* (art. 18 CF), tous les Suisses ont le droit d'utiliser la langue qu'ils préfèrent, et surtout leur langue maternelle, mais dans la réalité la géographie et la jurisprudence se sont alliées pour donner la préséance au principe de *territorialité*, qui finit par représenter la pierre angulaire du système linguistique suisse. De la sorte, les quatre régions linguistiques demeurent exclusivement monolingues. Même dans les régions où passe la frontière des langues, les territoires (districts, communes) demeurent monolingues de chaque côté de cette frontière souvent qualifiée de *Röstigraben*.

En vertu du principe de *territorialité*, les autorités fédérales et cantonales ne doivent pas tenter de modifier la frontière linguistique actuelle (qui d'ailleurs selon les études archéologiques n'a pas bougé depuis près de 2 000 ans). Mais ce n'est pas le gouvernement fédéral qui définit ces frontières linguistiques, ce sont les cantons, qui peuvent également déléguer ces tâches aux communes.

Quant au quatrième principe, celui de la protection des langues minoritaires (qui représente d'une certaine manière une entorse au fédéralisme), il signifie que les autorités fédérales ont le devoir de préserver les quatre langues nationales et de protéger les langues les plus menacées, à savoir l'italien et le romanche (mais pas le français).

C – Principe de territorialité vs Liberté de la langue

Juridiquement, la problématique des langues en Suisse tourne autour des relations parfois délicates entre la territorialité et la liberté de la langue, un sujet émotionnel sur lequel il convient de s'aventurer avec précaution, en dépit du fait que les problèmes en la matière ont toujours été circonscrits.

Le principe de territorialité est parfois contesté et parfois encensé, et tant ses thuriféraires que ses contempteurs peuvent faire valoir d'excellents arguments[15]. Il n'empêche que son bilan demeure paradoxal. S'il a contribué à la stabilité linguistique et à la paix des langues en Suisse, il a également empêché l'émergence des langues latines dans les cantons germanophones, notamment suite au célèbre Arrêt du Tribunal fédéral BGE/ATF 91 I 480, *Association de l'école française*[16]. Dans le même ordre d'idées, la petite commune grisonne de St. Martin, dont la population est à 80 % germanophone, n'a pas été obligée de créer de classes en romanche[17] ; le TF a décidé que cette commune n'était pas non plus obligée de rembourser l'écolage des enfants fréquentant une école romanche voisine (BGE/ATF 100 Ia 462, *Derungs*). Finalement, c'est aussi en vertu de ce principe que la petite commune germanophone de Bosco-Gurin au Tessin ne fait l'objet d'aucune protection particulière, ce qui est critiqué par le Conseil de l'Europe.

D – Le principe de territorialité dans la jurisprudence récente du Tribunal fédéral

Le Tribunal fédéral suisse (TF) a longtemps maintenu une jurisprudence très stricte, notamment en ne déduisant pas du principe de territorialité l'obligation pour les cantons de mettre en place des politiques visant à la protection des langues minoritaires ; la question a

---

15. Pour une présentation magistrale, voir Alexandre Papaux, « La langue de la justice civile et pénale en droit suisse et comparé (Belgique, Espagne, Finlande et Canada) – Étude de politique linguistique, de droit constitutionnel et de procédure », thèse, Bâle, 2012. Mais cet auteur se montre critique : Alexandre Papaux, « Droit scolaire et territorialité des langues : bilan critique de la jurisprudence récente du tribunal fédéral » (2003) 40 Revista de Llengua i Dret 149.
16. *BGE / ATF 91 I 480, affaire Association de l'École française.* Dans cet arrêt déjà ancien, mais qui a fait grand bruit, le Tribunal fédéral devait se prononcer sur l'utilisation de la langue française pour l'enseignement dans une école privée installée dans la ville de Zurich, une ville germanophone. Ce faisant, la Cour a mis l'accent – ce qui a suscité des débats passionnés – sur la préservation de la langue allemande à Zurich au détriment du français (en stricte application du principe de territorialité). Il est dès lors surprenant de voir combien de francophones considèrent que le principe de territorialité représente la panacée pour la protection des langues minoritaires, alors qu'il a permis d'interdire l'usage du français dans l'enseignement dans un canton alémanique.
17. Mario Borghi et Adriano Previtali, « L'insegnamento in romancio e della lingua romancia nelle regioni di diffusione tradizionale di tale idioma » (2003/3) ZGRG 101.

été laissée ouverte dans l'arrêt BGE/ATF 116 Ia 345ss (350) *Bar Amici*[18].

Mais au fil du temps, si l'on tient compte notamment de trois arrêts de principe (*Althaus*, *Amrein* et *F. contre Office AI de Fribourg*)[19], le TF a légèrement adouci sa position et opéré une sorte de glissement de la territorialité des langues vers la liberté de la langue, en se basant notamment sur des critères économiques qui ne font pas forcément l'unanimité[20].

Cela dit, on se rend compte que les litiges ayant été portés jusqu'à la juridiction suprême concernent des situations très spécifiques (essentiellement liées à la détermination des cercles scolaires et à la fréquentation des écoles) géographiquement limitées aux quelques endroits en Suisse où deux langues se touchent le long de la frontière linguistique. Cette constatation est inquiétante, car elle tend à démontrer que la paix des langues n'existe que là où les langues ne se rencontrent pas...

III - DES CANTONS MONOLINGUES ET BILINGUES

En raison du principe de la territorialité de la langue, sur les 26 cantons que compte la Suisse, 22 sont monolingues, trois sont bilingues français allemand et un seul est trilingue (allemand, italien et romanche).

A - Trois cantons bilingues...

Les cantons de Fribourg, de Berne et du Valais sont les seuls cantons bilingues que compte la Confédération. Leurs langues offi-

18. Voir Borghi, « La liberté de la langue et ses limites », *supra* note 3 aux pp. 607 et s., note 44.
19. Affaire *Althaus* : ATF 122 I 236ss = JdT 1998 I 66ss. Affaire *Amrein* : ATF 2P.112/2001, également publié dans (2001) RFJ 366 avec deux notes jurisprudentielles d'Augustin Macheret (p. 375) et de Barbara Wilson (p. 380). Affaire *F. v. Office AI Fribourg* : BGE/ATF 136 I 149. Pour un commentaire de ce dernier arrêt, voir Adriano Previtali, « Quelques réflexions de nature constitutionnelle relatives à l'influence de l'art. 17 al. 2 de la Constitution fribourgeoise sur la langue de la procédure cantonale » (2010) RFJ/FZR 202-211 ; l'arrêt lui-même est publié dans *ibid.* à la p. 164.
20. Pour une présentation détaillée de la question, voir Nicolas Schmitt, « Principles and Criteria of the Jurisprudence of the Swiss Federal Tribunal concerning Linguistic Questions » dans Institut d'Estudis Autonòmics, dir., *Jurisprudències constitucionals en matèria lingüística : principis i criteris*, Barcelone, 2011 aux pp. 11-40.

cielles sont l'allemand et le français, mais là encore le principe de territorialité fait que les deux langues ne se mélangent pas sur le territoire cantonal. Il y a toujours des territoires officiellement francophones et des territoires officiellement germanophones, même au niveau des districts, et même si au niveau local, dans la pratique, il existe parfois une certaine souplesse[21]. La situation n'a jamais dégénéré pour atteindre des niveaux de tension comme ceux qui existent en Belgique, dans la commune des Fourons par exemple[22].

Dans les parlements cantonaux, les députés s'expriment dans la langue de leur choix : allemand, suisse-allemand ou français. Traditionnellement, les lois sont discutées en allemand à Berne et en français dans les cantons de Fribourg et du Valais. Elles sont ensuite traduites et promulguées dans les deux langues. La rédaction proprement bilingue demeure exceptionnelle (ce fut le cas pour la rédaction de la Constitution bernoise). Dans les autres domaines (justice, éducation, administration) la langue de la commune ou du district s'impose. Font exception les administrations cantonales situées dans les capitales cantonales (Bern/Berne, Fribourg/Freiburg et Sion/ Sitten), qui répondent dans la langue du citoyen qui les contacte, français ou allemand. C'est la transposition au niveau de ces cantons du principe appliqué au niveau fédéral : bilingue au centre et monolingue à la périphérie.

B – ...et un canton trilingue, celui des Grisons

L'allemand, l'italien et le romanche représentent les trois langues officielles du canton des Grisons (Graubünden/Grigioni/ Grischun en V.O.). Il compte 231 communes, qui peuvent être officiellement germanophones (quelque 60 %), romanches, italophones ou mixtes (quelque 30 communes se sont ainsi déclarées mixtes). La commune de Bivio a la particularité d'être trilingue. Le monolinguisme germanophone s'est imposé assez facilement dans les communes germanophones, mais le monolinguisme italophone a plus de peine à s'imposer dans les municipalités italophones et romanches.

21. À titre d'exemple, la commune de Fribourg est officiellement francophone, mais vu l'existence d'une importante minorité germanophone nombre d'officialités s'y font quand même en allemand. En sens inverse, la commune de Morat, également dans le canton de Fribourg, est germanophone mais tient à se montrer très tolérante envers sa petite minorité francophone.

22. Stéphane Tendon, « Pourquoi une crise linguistique « à la belge » n'est pas possible en Suisse », en ligne : <www.domainepublic.ch/articles/9717>.

Quant au monolinguisme romanche, force est de constater qu'il a été supplanté par le bilinguisme germanophone et romanche.

Au parlement cantonal, les trois langues sont autorisées, mais l'allemand prédomine avec plus de 80 % des interventions. Les débats se déroulent en allemand, et les discussions en italien ou en romanche sont extrêmement rares. Le protocole des séances est rédigé en allemand uniquement. Les lois sont habituellement écrites en allemand avant d'être traduites en italien et parfois en romanche, mais la nouvelle loi sur les langues[23] oblige le canton à proposer des versions « équivalentes » des textes légaux. En règle générale, l'administration cantonale, de même que les tribunaux, utilise l'allemand. Elle répond cependant aux citoyens dans la langue de leur choix, pour autant bien entendu qu'il s'agisse d'une des deux autres langues officielles du canton. Il existe des écoles allemandes, italiennes et romanches. L'apprentissage d'une deuxième langue est obligatoire. Il s'agit de l'italien dans les écoles germanophones, de l'allemand dans les écoles italophones et romanches, et du romanche dans les communes mixtes. Celles-ci déterminent la langue de l'enseignement. Les germanophones vivant dans une commune romanche suivent l'enseignement en allemand, mais ils doivent suivre des cours de romanche comme seconde langue. De leur côté, les locuteurs romanche doivent apprendre l'allemand comme seconde langue.

IV – LA NÉCESSITÉ DE LA VOLONTÉ POLITIQUE : QUELQUES ILLUSTRATIONS

La Suisse est censée former un pays plurilingue, mais nous avons vu que dans la réalité il s'agissait plutôt d'une juxtaposition de cantons monolingues. Depuis des décennies, les autorités se sont (dans l'ensemble) sagement efforcées de ne pas mettre d'huile sur le feu linguistique et de préserver la paix des langues[24]. Voici quelques exemples de cette volonté politique, que l'on rencontre à tous les niveaux de l'État mais qui s'avère parfois curieusement absente ou fort difficile à mettre en œuvre. Là aussi, cette constatation fait res-

23. Voir D – Une nouvelle loi sur les langues contraignante dans le canton des Grisons ci-dessous.

24. Pour une comparaison entre la Suisse et la situation qui prévaut en Belgique relativement au fédéralisme : Nicolas Schmitt, « Towards a World Federalism – Switzerland and Belgium as Two Contradictory Examples » dans Daniele Archibugi/Guido Montani, dir., *European democracy and Cosmopolitan Democracy*, The Altiero Spinelli Institute for Federalist Studies, Ventotene, 2011 aux pp. 275-291.

sortir la difficulté de promouvoir le multilinguisme ; quand on voit ce qui se passe en Suisse, où le cadre juridico-politique est très favorable, on comprend aisément que la question puisse dégénérer dans des environnements moins propices.

A – Quand la volonté politique vient de l'extérieur – la charte européenne des langues régionales ou minoritaires

Bien que la Suisse ne fasse pas partie de l'UE, elle est membre du Conseil de l'Europe depuis 1963. Le 8 octobre 1993, le Conseil fédéral a signé la *Charte européenne sur les langues régionales ou minoritaires*, une convention dont le but est de promouvoir l'utilisation des langues régionales et minoritaires dans la vie publique, notamment l'éducation, la justice, l'administration, les services publics, les médias, la culture, la vie économique et associative, aussi bien que la coopération transfrontalière. Dans sa déclaration accompagnant le dépôt des instruments de ratification le 23 décembre 1997, le gouvernement a fait savoir que, conformément à l'article 3, al. 1 de la *Charte*, les langues auxquelles devaient s'appliquer un certain nombre d'articles de cette dernière (avant tout les articles 8 à 14), étaient l'*italien* et le *romanche*, langues choisies aux termes de l'article 2, al. 2 de la *Charte*[25].

Cette *Charte* est entrée en vigueur le 1er avril 1998, mais elle ne crée pas pour autant de nouvelles obligations à charge de la Confédération ou des cantons. Selon le Département fédéral de l'intérieur[26], il était judicieux pour la Suisse de signer cette *Charte* pour montrer que de la sorte le pays entendait faire face à ses responsabilités internationales et exprimer de manière concrète sa solidarité avec d'autres pays européens, ce qui est parfaitement en accord avec la nouvelle constitution suisse entrée en vigueur le 1er janvier 2000.

B – La volonté politique au niveau national – la nouvelle loi sur les langues et sa (trop) longue gestation

Pour tenir compte du nouveau cadre constitutionnel instauré par la Constitution de 1999 et plus particulièrement par son article

25. Pour toute information à ce propos, voir le Conseil de l'Europe, en ligne : <http://conventions.coe.int>.
26. « Message concernant la Charte européenne des langues régionales ou minoritaires », en ligne : <www.admin.ch/cp/f/329B7AAC.7A1C@gs-edi.admin.ch.html>.

70, al. 5, l'administration fédérale a élaboré une loi destinée à appliquer la nouvelle politique linguistique. Néanmoins, le 28 avril 2004, le Conseil fédéral a décidé de ne pas soumettre ce texte au parlement. Le gouvernement a justifié cette décision par des contraintes budgétaires et la nécessité de réaliser des économies. Mais le parlement ne s'est pas laissé faire et par le truchement d'une intervention parlementaire (Levrat 04.429, Loi fédérale sur les langues nationales), il a décidé de préparer son propre projet. Une fois encore, le Conseil fédéral s'y est opposé, motivant son attitude par des raisons dues cette fois au fédéralisme (la protection des langues minoritaires dépendant exclusivement des cantons, aucune loi fédérale ne saurait s'y ingérer), en plus des restrictions budgétaires[27]. Mais en dépit de l'opposition gouvernementale, la « Loi sur les langues, LLC » (loi fédérale sur les langues nationales et la compréhension entre les communautés linguistiques) a fini par être adoptée par le parlement le 5 octobre 2007, soit plus de sept ans après l'entrée en vigueur de la nouvelle Constitution. Il a fallu encore près de trois ans de travail pour mettre au point son ordonnance d'application, de sorte que la loi est entrée en vigueur le 1er janvier 2010 et l'ordonnance d'exécution le 1er juillet 2010[28].

L'ordonnance réglemente quatre grandes questions : (1) l'utilisation des langues officielles au sein de la Confédération et la promotion du multilinguisme dans les services publics ; (2) les mesures destinées à promouvoir la compréhension mutuelle et les échanges ; (3) le soutien aux cantons plurilingues ; et (4) la sauvegarde et la promotion de la langue et de la culture italienne et romanche.

C – Au niveau cantonal, l'exemple de Fribourg

Le canton de Fribourg cherche à tirer parti de son bilinguisme[29]. Ainsi, dans un message du 2 avril 1996, le gouvernement cantonal rappelle son attachement au bilinguisme de l'Université, même si celui-ci coûte cher et complique l'organisation des cours :

27. Critique contre cette décision scandaleuse : Adriano Previtali, « Della presunta inutilità della nuova legge federale sulle lingue nazionali » (2004/2) LeGes 177.
28. Tous ces textes peuvent être trouvés sur le site de la Confédération suisse : <www.admin.ch>. La LLC porte le n° 441.1 et l'ordonnance d'application le n° 441.11.
29. Bernhard Altermatt, *La politique du bilinguisme dans le canton de Fribourg/ Freiburg (1945-2000)*, Fribourg, 2003 aux pp. 180 et s.

> L'une des caractéristiques et des forces de notre Université est son bilinguisme. L'article 6 [de la nouvelle loi] tend à souligner cet aspect, en prescrivant à l'Université de favoriser la compréhension entre des personnes de différentes langues et de différentes cultures [...] Le caractère bilingue de l'Université représente un grand avantage [...] L'Université de Fribourg est l'une des rares en Europe dans laquelle les étudiants peuvent effectuer l'intégralité de leur cursus à la fois en français et en allemand. Même si cela rend parfois l'organisation des cours compliquée et si cela requiert des moyens considérables, cette possibilité doit être encouragée au service d'une meilleure compréhension entre deux des principales communautés au niveau national, mais également européen. C'est un des atouts, mais aussi une des responsabilités de la haute école et du canton.

Toujours dans le cadre universitaire, il faut relever la création en 2007 de la « Fondation pour la recherche et le développement du plurilinguisme » et de l'« Institut de plurilinguisme », soutenus par l'Université et la Haute école pédagogique. Ces efforts ont été soulignés par le Rapport 2009 de la Suisse relatif à l'application de la Charte sur les langues minoritaires.

Il n'empêche que la volonté politique n'est pas toujours facile à mettre en œuvre. Dans le canton de Fribourg, cela se traduit par la difficulté des efforts visant à introduire l'apprentissage d'une deuxième langue par immersion : un projet dans ce sens a été rejeté en votation populaire en l'an 2000[30].

D – Une nouvelle loi sur les langues contraignante dans le canton des Grisons

Le 1er janvier 2004, la nouvelle constitution du canton des Grisons est entrée en vigueur[31]. Elle contient une importante disposition consacrée aux langues, son article 3 :

> **Art. 3** *Sprachen*
> 1 Deutsch, Rätoromanisch und Italienisch sind die gleichwertigen Landes- und Amtssprachen des Kantons.

30. Le projet préconisait une immersion d'environ 10 % pour tous les élèves qui devait être introduite en l'espace de huit ans, mais il a été rejeté en votation populaire. Voir Claudine Brohy, « Le Concept fribourgeois « Promotion de la langue partenaire » » (1998) 4 Babylonia 29-31.

31. *Supra* note 9.

> 2 Kanton und Gemeinden unterstützen und ergreifen die erforderlichen Massnahmen zur Erhaltung und Förderung der rätoromanischen und der italienischen Sprache. Sie fördern die Verständigung und den Austausch zwischen den Sprachgemeinschaften.
> 3 Gemeinden und Kreise bestimmen ihre Amts- und Schulsprachen im Rahmen ihrer Zuständigkeiten und im Zusammenwirken mit dem Kanton. Sie achten dabei auf die herkömmliche sprachliche Zusammensetzung und nehmen Rücksicht auf die angestammten sprachlichen Minderheiten.

Cette disposition signifie que les communes ne sont plus aussi libres qu'auparavant dans la détermination de leur langue officielle. Aux termes de l'alinéa 3, elles doivent prendre en compte les minorités établies et discuter avec le canton. Cette disposition devrait avoir un impact (que l'on espère positif) sur les communes abritant une faible communauté romanche. De manière à permettre une véritable application de cette injonction constitutionnelle, le canton s'est doté d'une véritable « loi sur les langues »[32]. Il faut noter que l'adoption de cette loi fait suite à deux précédentes tentatives infructueuses en 1981 et en 1985, qui traduisent elles aussi la difficulté d'imposer la volonté politique et la persévérance qui est nécessaire.

Dans le passé, le système linguistique du canton était marqué par une très forte autonomie communale. Le canton des Grisons étant celui dans lequel les communes bénéficient traditionnellement de la plus large autonomie en Suisse, celles-ci étaient libres de choisir une langue officielle parmi les trois que compte le canton. La nouvelle loi ne devrait pas révolutionner le système, mais elle prévoit quand même de diviser le canton en un certain nombre de communes monolingues et de communes bilingues. Pour appliquer de manière dynamique le principe de territorialité dans le canton, la répartition des communes se réalisera selon les données fournies par le dernier recensement de la population. Seront considérées comme monolingues les communes dans lesquelles la minorité linguistique représente moins de 10 % de la population, et bilingues celles dans lesquelles la minorité représente entre 10 et 50 %. Les communes ont l'obligation de définir leur langue officielle dans ce que l'on peut considérer comme la Constitution communale, la *Gemeindeordnung*.

32. Sprachengesetz des Kantons Graubünden (SpG) vom 19. Oktober 2006 ; GS 492.100. Sprachenverordnung des Kantons Graubünden (SpV), vom 11. Dezember 2007 ; GS 492.110.

V – L'ÉMERGENCE SOURNOISE D'UNE MIXITÉ PORTEUSE DE DANGER

L'encouragement du plurilinguisme peut receler des paradoxes. L'un d'eux réside dans la possibilité pour l'anglais de se glisser dans les interstices laissés ouverts par le multilinguisme.

Les deux langues les plus menacées de Suisse sont l'italien et le romanche. Pour renforcer l'*italianité* au sein du pays, un certain nombre de personnalités tessinoises se sont associées pour créer une université, parce qu'il n'y avait pas auparavant d'université de langue italienne. Cependant, en vertu du principe de territorialité et parce que le Tessin est un canton italophone, l'enseignement dans cette université est exclusivement italophone, bien qu'elle se donne également pour but d'améliorer le multilinguisme, spécialement en anglais. L'USI (Université de Suisse Italienne) en sa qualité de seule université italophone hors d'Italie, s'attache à l'illustration et à la défense de la culture suisse italienne dans les cercles universitaires helvétiques, et elle entend servir de pont culturel vers l'Italie, surtout en raison de ses collaborations avec les universités de Lombardie. La connaissance de l'allemand et du français est encouragée, et bien que la langue officielle de l'USI soit l'italien, plusieurs cours et des programmes entiers de masters sont enseignés en anglais. Cela signifie que le bilinguisme dans les universités suisses peut conduire à encourager l'anglais au détriment des langues nationales[33]. Paradoxalement, dans le domaine de l'enseignement supérieur, qui est si important dans le façonnement des élites du pays, la mixité touche avant tout l'anglais bien plus que les langues nationales.

Le système de Bologne cache un effet pervers et auquel ses concepteurs n'avaient peut-être pas pensé. À bien y réfléchir, l'idée de flexibilité présidant au processus de Bologne peut se révéler contre-productive pour les langues minoritaires. Quel étudiant anglais, français ou allemand souhaiterait-il faire un séjour linguistique en basque, en galicien ou en gallois ? Dès lors, Bologne déploie un effet

33. Dans ce contexte, il faut relever que la faculté de droit de l'université de Fribourg est la seule à proposer un enseignement bilingue complet en français, en allemand ou bilingue français-allemand. Voir Nicolas Schmitt, « The Swiss Paradox: Monolingual Higher Education in a Multicultural Environment » dans Xabier Arzoz, dir., *Bilingual Higher Education in the Legal Context – Group Rights, State Policies and Globalisation*, Martinus Nijhiff Publishers, Leiden/Boston, 2012 aux pp. 77-99.

dangereusement uniformisateur dans les efforts que font nombre d'universités pour attirer de nouveaux étudiants.

Un ultime problème naît de la globalisation de l'éducation supérieure. Les universités étant conçues comme des prestataires de services au niveau global, de nouvelles opportunités sont offertes à celles qui pratiquent une langue internationale comme l'anglais. À l'évidence, cela peut se révéler problématique pour les universités pratiquant des langues minoritaires, surtout dans un contexte bilingue. Pourquoi proposer un master de droit commercial en français ou en italien alors que le même master en anglais attirera plus d'étudiants ? Les universités espagnoles du Pays basque, de Catalogne et de Galice sont frappées de plein fouet par ce processus ; elles tendent à s'intéresser de plus en plus au « marché » latino-américain, nombre d'universités en Amérique du Sud ne proposant ni master ni doctorat. Chaque année, une demi-douzaine de thèses de doctorat sont défendues par ces étudiants « importés », alors que les thèses en langues locales stagnent[34].

CONCLUSION

De ce qui précède, on peut retenir deux éléments intéressants, l'un concernant la Suisse au sens étroit, et l'autre une réflexion plus générale.

En Suisse même, le droit ne correspond pas/plus vraiment à la réalité sociologique[35]. Le droit protège certaines langues minoritaires alors qu'il existe des langues beaucoup plus parlées qui ne bénéficient d'aucune protection. Le droit encourage la diversité linguistique, mais les communautés linguistiques nationales restent très hermétiques. Que faire ? Et quel rôle faut-il donner à l'anglais ? Plusieurs cantons alémaniques souhaitent voir son enseignement à l'école supplanter celui du français. Cela dit, changer un système

---

34. Le processus est identique en Galice, où le nombre de thèses défendues en portugais par des Portugais ou des Brésiliens dépasse sensiblement celles qui sont écrites en galicien. Voir l'étude d'Alba NOGUEIRA LÓPEZ dans Xabier Arzoz, dir., *Bilingual Higher Education in the Legal Context – Group Rights, State Policies and Globalisation*, Martinus Nijhiff Publishers, Leiden/Boston, 2012. Voir également Nicolas Schmitt, « La mixité linguistique dans les cantons suisses : une approche comparée de Bosco-Gurin à La Coruña » dans *Les Cahiers de l'Orient*, Actes du Colloque « Francophonie, fédéralisme et institutions », 2011, nº 103 aux pp. 132-137.
35. Previtali, « Le plurilingusime suisse », *supra* note 8.

aussi patiemment forgé est irréaliste, et dès lors il faut bien s'en contenter. En dépit des efforts faits pour la reconnaître ou même l'encourager, la mixité linguistique reste très peu développée en Suisse, et paradoxalement l'amorce de mixité entre langues nationales risque d'être occultée, voire supplantée, par d'autres mixités avec d'autres langues, à commencer par l'anglais.

Une illustration de la complexité de la situation est donnée par la situation de la commune de Bosco Gurin au Tessin. En raison du principe de territorialité, la petite minorité germanophone vivant au fond d'une vallée reculée du canton du Tessin (italophone) n'a pas droit à la moindre mention dans la constitution cantonale. Elle représente pourtant le seul endroit du Tessin où l'on parle allemand, plus précisément un dialecte appelé le walser. Le deuxième Rapport du comité d'experts concernant l'application de la *Charte sur les langues régionales et minoritaires* du 22 septembre 2004 a d'ailleurs stigmatisé cet état de fait (p. 10) :

> L'allemand (walser) est en train de disparaitre dans la commune de Bosco Gurin [...]. Le Comité d'experts invite les autorités suisses compétentes à pendre de toute urgence des mesures pour soutenir l'allemand (walser) dans la commune de Bosco-Gurin et promouvoir les relations avec les autres groupes parlant l'allemand (walser) en Suisse et dans les pays voisins.

Si l'on entend s'inspirer de l'expérience suisse au niveau international, il apparaît que la protection des langues minoritaires est vraiment une tâche délicate. Dans un contexte aussi favorable que la Suisse, avec une constitution reconnaissant pas moins de quatre langues nationales et une situation géographique découpant le pays en grandes zones linguistiques, les points de contact entre langues sur l'étroite frontière linguistique sont plus souvent des zones de frictions que de rencontres. Au surplus, les efforts déployés pour encourager le multilinguisme peuvent cacher des paradoxes. Par exemple, ils peuvent profiter plus à l'anglais qu'aux langues nationales. Est-il dès lors surprenant que les problèmes linguistiques soient des sources de conflits à travers le monde ?

Dans un domaine aussi émotionnel, sans la persistance inlassable et inflexible d'une volonté politique positive et tolérante (et encore...), rien ne se fait. Les langues entrent en guerre, et sur ce champ de batailles les plus fragiles risquent de mourir.

La Suisse

LA *LOI CONCERNANT L'USAGE DE LA LANGUE FRANÇAISE*, DE 2010, DANS LA RÉPUBLIQUE ET CANTON DU JURA (SUISSE)

Michel HAUSER*

INTRODUCTION

Il s'agit, à l'occasion de ce colloque, de réfléchir sur le pluralisme linguistique, plus précisément sur l'aménagement de la coexistence des langues dans les espaces francophones qui sont les nôtres.

On a vu, avec la communication de M. Nicolas Schmitt[1], ce qu'il en est de la Suisse et de la coexistence des langues dans ce pays fédéraliste articulé sur quatre communautés linguistiques officiellement reconnues.

Le sujet de ma contribution, quant à lui, se rapporte non pas à l'ensemble de ce pays, mais à l'un des cantons constitutifs de la Confédération helvétique, celui du Jura, clairement et majoritairement francophone. Il en ira non pas d'une approche universitaire de caractère globalisant ou théorique, mais de la présentation, de manière très pratique, d'une démarche législative récente pour la défense et l'illustration de la langue française à l'échelle d'une petite entité politique. Ce sujet, qui – on le verra ou le rappellera – n'est certes pas inédit, peut contribuer cependant à la réflexion que l'on mène à propos des locuteurs francophones et du pluralisme linguistique.

---

* Chef de service, Office de la culture de la République et Canton du Jura, Suisse.

1. Voir, dans ce volume, Nicolas Schmitt, « Le pluralisme linguistique : au-delà des idées reçues » [Schmitt, « au-delà des idées reçues »].

I - LE CONTEXTE HISTORIQUE

La République et Canton du Jura est le dernier né des 23 cantons constitutifs de la Confédération suisse. Cet État, situé au nord-ouest de la Suisse, est entré en souveraineté en 1979. Sa création découle d'un long processus, communément appelé « la Question jurassienne », qui plonge ses racines loin dans le temps, en tout cas jusqu'en 1815, moment où les Puissances du Congrès de Vienne rattachèrent l'ancien Evêché de Bâle à la Suisse et, pour ce faire, le donnèrent au Canton de Berne.

Ce « mariage de raison » a bien vite connu des turbulences, dès le 19e siècle, jusqu'à susciter un mouvement résolu d'autonomie cantonale, à partir de 1947, qui prendra de l'ampleur au point de provoquer une série de plébiscites, en 1974-1975. De ceux-ci découle la création du canton du Jura. Or, cette « Question jurassienne » a procédé en bonne part de considérations culturelles et identitaires, parmi lesquelles le paramètre linguistique a eu grande importance. En effet, la partie originelle et « principale » du Canton de Berne est de langue allemande, si bien que le Jura, de 1815 à 1979, constitua une minorité linguistique dans ce canton (et ce qui reste actuellement du Jura – la partie méridionale – dans ce Canton de Berne est d'autant plus minoritaire depuis la création, au nord, du Canton du Jura). Ainsi donc, l'attachement à la langue française a soutenu et justifié même la lutte pour l'indépendance cantonale.

D'une revendication fondée d'abord sur le particularisme régional et l'histoire, le fer de lance du combat autonomiste jurassien, Roland Béguelin, secrétaire général du Rassemblement jurassien, mouvement populaire indépendantiste constitué en 1947, fit passer progressivement la cause sur un autre plan, celui de la défense et illustration du Jura en tant que minorité ethnique. C'est sous son impulsion que se constituera la Conférence des peuples de langue française, regroupant des mouvements de lutte tels Wallonie libre, l'Union valdotaine, le Mouvement national des Québécois et, bien sûr, le Rassemblement jurassien, cela dans le contexte de l'émergence de la francophonie.

La République et Canton du Jura, petit État de quelque 70 000 habitants, est donc entrée en souveraineté en 1979, dotée en propre d'une Constitution qui indique, à son article 3 : « Le français est la langue nationale et officielle de la République et Canton du Jura ».

Pour souligner la portée de cet ancrage constitutionnel, on peut reprendre les considérations émises par l'autre ténor du mouvement autonomiste jurassien, Roger Schaffter, lors des débats de l'Assemblée constituante qui ont conduit, à l'été 1976, à la rédaction et à l'adoption de cet article 3 de la charte fondamentale :

> On peut [...] dire que notre langue a été le tremplin de notre résistance et de notre réhabilitation. C'est un fait historique qui doit être inscrit en tête de notre Constitution. Nous affirmons d'abord que le français est notre langue nationale, c'est-à-dire celle de notre peuple, qui lui doit sa forme de pensée, son art de vivre, en un mot sa culture et les mille richesses de l'esprit et du cœur. Nous fixons ensuite que cette langue est notre langue officielle, c'est-à-dire celle de notre État, de notre République. Il n'y a aucune agressivité, dans une Confédération plurilingue, dans le fait de dire ce que nous sommes et ce que nous entendons rester[2].

C'est en s'appuyant notamment sur cette base constitutionnelle que Roland Béguelin, agissant désormais en tant que député, a déposé en 1985 une motion parlementaire intitulée tout simplement *La langue française*. Celle-ci avait la teneur suivante :

> Le Gouvernement est chargé d'établir un projet de législation en matière linguistique et de le soumettre au Parlement de la République et Canton du Jura.
>
> Ce projet portera notamment :
>
> – sur la création du Conseil de la langue française ;
>
> – sur l'utilisation du français s'agissant des inscriptions extérieures (enseignes, panneaux, etc.) ;
>
> – sur la langue de travail et sur la sauvegarde des intérêts des consommateurs (prospectus, modes d'emploi, etc.) ;
>
> – sur les notions requises en langue française pour l'obtention de l'indigénat jurassien[3].

Il est certain qu'alors, Roland Béguelin voulait surtout prémunir le Jura contre les risques de germanisation. On en veut pour

2. *Journal officiel de l'Assemblée constituante de la République et Canton du Jura*, nº 7, 1976, p. 14 (séance du 24 juin 1976).
3. *Journal des débats du Parlement de la République et Canton du Jura*, nº 12, 1985, p. 266 (séance du 12 septembre 1985).

preuve ce qu'il disait quant à lui lors des débats de l'Assemblée constituante jurassienne à l'été 1976 : « Le Jura s'enfonce comme un coin dans des territoires de langue allemande. Le canton de Berne au sud, les cantons de Soleure et de Bâle à l'est, l'Alsace au nord-est, le placent dans une position que ne connaissent ni Genève, ni Vaud, ni Neuchâtel. [...] Tout comme le canton du Tessin, l'État jurassien devra pouvoir légiférer si la protection de notre langue l'exige. La France elle-même vient de se doter d'une loi excellente à ce propos »[4].

Cette proposition a été traitée en séance du Parlement du 12 septembre 1985. Sa première partie (à savoir le principe d'établir un projet de législation en matière linguistique) a été acceptée sous la forme contraignante de la motion, la deuxième partie (Conseil de la langue, utilisation du français dans l'affichage, langue de travail, sauvegarde des intérêts des consommateurs, notions requises en langue française pour l'obtention de l'indigénat jurassien) sous la forme moins impérative du postulat.

En fait, cette motion, dans l'immédiat, n'a pas eu de suite bien concrète. Un groupe de travail a bien été constitué au début de l'année 1986, mais il s'est heurté à diverses difficultés (de la maladie de son président à la complexité du sujet, soulignée par les juristes consultés au niveau de l'État fédéral suisse), si bien qu'il n'a rendu son rapport que tardivement, après avoir esquissé un projet de loi sans le mener à terme. Donc, à fin 1992, le Gouvernement cantonal – organe exécutif, composé de 5 membres – a proposé au Parlement – organe législatif, comprenant 60 membres – de ne pas légiférer du tout, considérant essentiellement qu'une intervention du législateur au plan cantonal ne se justifie que dans « les cantons à problèmes » (bilingues ou trilingues, comme Berne, Fribourg, le Valais, les Grisons) ou les cantons soumis au risque de germanisation (tel le Tessin). Mais le Parlement, le 24 août 1994, a refusé de classer cette motion, contre l'avis réitéré du Gouvernement qui ajoutait des craintes liées « à la prospérité économique »[5], en perspective de l'accueil d'entreprises allemandes, britanniques ou américaines dans le Jura. Et depuis lors, périodiquement, le sujet est revenu sur le devant de la scène du Parlement, lequel a plusieurs fois refusé le classement de la motion Béguelin de 1985.

4. *Journal officiel de l'Assemblée constituante de la République et Canton du Jura*, n° 7, 1976, p. 15 (séance du 24 juin 1976).

5. *Journal des débats du Parlement de la République et Canton du Jura*, n° 12, 1994, p. 340 (séance du 24 août 1994).

C'est en 2006, à la suite d'une nouvelle intervention d'un député sur le sujet linguistique, que le Gouvernement a promis de remettre la motion Béguelin sur le métier...

II - LES CONDITIONS D'ÉLABORATION DE LA LOI

La promesse gouvernementale de 2006 a été suivie d'effets, comme il se doit. Ainsi donc, le 2 octobre 2007, le Gouvernement a constitué un groupe de travail, composé de six personnes et placé sous la présidence du soussigné. Le mandat de ce groupe a été défini comme suit : « formuler des propositions au Gouvernement pour l'établissement d'un projet de législation en matière linguistique et pour toutes mesures utiles dans le sens de la motion parlementaire no 207, du 28 mars 1985, relative à la langue française ». Une première séance de travail s'est tenue en novembre 2007. Et l'on a repris le sujet, plus de 20 ans après le dépôt de la motion Béguelin (cela constitue peut-être un record au plan parlementaire, du moins en ce qui concerne le canton du Jura, un record certes peu glorieux, mais qui n'est pas totalement négatif pour autant...).

Dès la première des six séances qu'il a tenues entre novembre 2007 et la fin de l'année 2008, le groupe de travail, de fait, a été logiquement amené à s'interroger sur la pertinence de la démarche en regard de l'actualité. Depuis 1985, en effet, les circonstances qui avaient inspiré ou guidé l'auteur de la motion ont évolué. L'informatique et l'internet, notamment, ont bousculé l'usage des langues. Si les risques de germanisation, qui sous-tendaient la motion, se sont estompés, la prolifération des anglicismes s'est accrue au point de concurrencer partout la langue française, y compris dans les actes et pratiques des administrations.

Etait-il donc opportun de légiférer en matière linguistique, par rapport à la situation de 1985 ? Le groupe de travail a répondu affirmativement, conforté qu'il fut par les constats qu'il a pu faire en lorgnant du côté de l'étranger (Québec, France, voire Belgique). Du reste, légiférer en matière linguistique n'équivaut pas à aller dans le sens contraire de l'histoire, comme certains peuvent le prétendre et ne se gênent pas de le faire. La politique des langues est désormais pratiquée universellement et s'inscrit pleinement dans l'air du temps, ainsi que cela a pu être rappelé encore lors du Sommet de la francophonie tenu à Québec à l'automne 2008, au moment même où le groupe de travail concluait ses délibérations.

On s'est aussi interrogé, bien évidemment, sur le sens qu'il y a à légiférer dans un petit canton, alors que les nouvelles menaces qui pèsent sur notre langue (qu'il s'agisse de la publicité, de la presse écrite et plus encore parlée, de l'industrie du divertissement, du monde de l'économie et du travail, etc.) relèvent ou procèdent de la globalisation et de la mondialisation. On a estimé que le Jura, par son histoire notamment, peut jouer un rôle pionnier, du moins au plan suisse (et du reste des perspectives ou velléités de démarches analogues, en matière de législation linguistique, sont apparues depuis lors dans au moins deux autres cantons romands, Genève et Vaud). On relèvera encore qu'au même moment la Confédération elle-même légiférait en la matière, dans une perspective évidemment plurilinguistique, puisque c'est le 1er janvier 2010 qu'est entrée en vigueur la *Loi fédérale sur les langues nationales et la compréhension entre les communautés linguistiques*[6].

Le groupe de travail, ainsi donc, a pris le parti de se concentrer sur l'aspect législatif, considérant que là se trouvait l'essentiel, les autres aspects de la motion Béguelin, acceptés sous forme de postulat, étant secondaires.

On s'est donc attelé à l'élaboration d'un projet de loi. L'apport du juriste du groupe fut en l'occurrence des plus précieux et suscita des délibérations aussi intenses qu'intéressantes. L'idée, en fait, fut de ne pas procéder par interdits ou par ukases, voire répression, mais plus par incitation, par encouragements et autres dispositions positives. Donc, promotion et illustration plus que sauvegarde et défense. Et il s'agissait bien évidemment de prendre en considération aussi des principes tels que le respect des libertés (liberté des langues, liberté de commerce), le respect de la territorialité (le canton du Jura – il faut y prendre garde – compte une commune germanophone : Ederswiler). Enfin, on n'a pas eu la prétention de préparer une loi sur la langue française, mais bien plutôt sur l'usage de cette langue, à l'échelle et dans le contexte du canton.

Le groupe de travail remit son rapport – donc son projet de loi – à son mandant, le Gouvernement cantonal, au début de l'année 2009, le 8 janvier. Se succédèrent alors plusieurs étapes devant conduire à l'aboutissement du processus législatif :

6. Schmitt, « au-delà des idées reçues », *supra* note 1.

- le Gouvernement, le 3 février 2009, prit acte de ce projet et chargea le groupe de travail d'élaborer un projet de message à l'adresse du Parlement ;

- le 10 juin 2009, le Gouvernement se prononça sur le projet de message qui lui avait été proposé et le valida ;

- le 17 juin 2009, le dossier fut présenté en conférence de presse et mis en consultation auprès des organismes usuellement contactés en pareils cas (les partis politiques, les communes, les associations patronales et syndicales, les principales associations culturelles susceptibles d'être concernées) ;

- le 7 janvier 2010, le soussigné, agissant non plus en tant que président du groupe de travail mais en tant que responsable de l'Office cantonal de la culture, service administratif chargé du suivi du projet, rendit au Gouvernement la synthèse des résultats de la consultation publique, constituée de 56 dossiers de réponses, dont 29 en provenance de communes. La principale question qui avait été posée en l'occurrence était libellée comme suit : « le principe de la promulgation d'une telle loi a-t-il votre assentiment ? » Les réponses positives furent au nombre de 38, contre 14 négatives et 4 réponses sans avis ou partagées. On retrouva lors de cette consultation les arguments auxquels on pouvait s'attendre et que l'on avait déjà pu lire ou entendre aux lendemains de la conférence de presse du mois de juin 2009. Du côté des avis favorables : il s'agit d'une démarche courageuse, pionnière, fidèle à l'esprit jurassien ; il est bon, à son niveau, d'affirmer son identité et de s'opposer à la mondialisation à tous crins ; c'est une proposition qui manifeste tact et esprit d'ouverture ; on pourrait même aller plus loin, en ajoutant que l'État participe de la solidarité et de la coopération entre les États et peuples ayant le français en partage. Du côté des opposants : il s'agit d'une loi à densité normative faible ou symbolique ; il y a de plus grandes urgences, économiques et sociales, que celle de légiférer au plan linguistique ; c'est à contre-courant, inutile, voire coûteux ; une directive interne à l'administration cantonale suffirait, par exemple en reprenant les recommandations fédérales relatives aux anglicismes[7] ; mieux vaut s'ouvrir vers la région voisine de Bâle, germanophone, et promouvoir l'apprentissage des langues étrangères ; cela laisse à penser que l'administration cherche du travail !

7. Voir le site Internet <http://www.bk.admin.ch/dienstleistungen/db/04813/04815>.

- durant la première moitié de l'année 2010, le Gouvernement a d'abord pris acte des résultats de la consultation et procédé en conséquence à quelques ajustements du projet, principalement à propos des attributions du Conseil de la langue française, l'un des éléments clés du dispositif prévu ; puis il a soumis le dossier pour examen à l'une des sept commissions parlementaires permanentes, en l'occurrence celle de la formation ;

- les délibérations en plénum du Parlement se sont déroulées en deux lectures, la première le 20 octobre 2010, la deuxième le 17 novembre 2010, dans un contexte d'ailleurs plutôt favorable puisque c'était le moment où se tenait en Suisse, à Montreux, le 13e Sommet de la Francophonie. Le projet de loi fut accepté clairement, par 53 voix sur 60 en première lecture, par 52 voix en deuxième lecture. Un député particulièrement convaincu et effectivement convainquant a même cité alors ce mot qu'il attribua au pape Paul VI : « le français permet la magistrature de l'essentiel »[8].

III - LE TEXTE LÉGAL

Relativement court et condensé, le texte de la nouvelle loi peut être intégralement transcrit ci-après :

Loi concernant l'usage de la langue française

du 17 novembre 2010

Le Parlement de la République et Canton du Jura,

vu les articles 3 et 42, alinéas 2 et 3, de la Constitution cantonale,

arrête :

SECTION 1 : Dispositions générales

But et champ d'application

Article premier [1] La présente loi a pour but de favoriser l'usage de la langue française et d'en promouvoir le rayonnement sur le territoire cantonal.

8. *Journal des débats du Parlement de la République et Canton du Jura*, nº 18, 2010, p. 946 (séance du 20 octobre 2010).

[2] En particulier, elle vise à développer le recours à la langue française dans tous les domaines de la vie courante.

Principes
a) En général

Art. 2 [1] La présente loi s'inscrit dans le respect de la liberté de la langue, du principe de la territorialité des langues, ainsi que dans le respect des minorités et de la diversité linguistique.

[2] En particulier, la liberté de la langue et les droits des administrés domiciliés ou ayant leur siège dans une partie du territoire cantonal qui n'est pas de langue française, ainsi que les droits des collectivités publiques concernées, ne sont pas touchés par la présente loi.

b) Dispositions spéciales

Art. 3 Les dispositions spéciales, notamment celles de procédure, sont réservées.

Terminologie

Art. 4 [1] Les termes utilisés dans la présente loi pour désigner des personnes s'appliquent indifféremment aux femmes et aux hommes.

[2] Dans la présente loi, le terme :

a) « autorité » désigne tout organe de l'État et ses membres ;

b) « Département » désigne le département auquel est rattaché l'Office de la culture ;

c) « administré » désigne toute personne ou groupement de personnes ou de biens, indépendamment de son statut juridique, qui a des contacts avec une autorité ;

d) « autres organismes » désigne :
- les communes, les autres collectivités publiques et les établissements de droit public ;
- les groupements de personnes ou de biens, indépendamment de leur statut juridique, dans lesquels l'État dispose au moins d'une participation majoritaire, qui se voient confier par lui l'exécution de tâches publiques ou qui bénéficient de prestations financières de sa part.

SECTION 2 : Langue des autorités

Généralités

Art. 5 [1] Le français est la langue des autorités.

[2] Celles-ci sont tenues d'en faire un usage correct, compréhensible et de qualité.

[3] Elles tiennent compte de ses adaptations régulières à l'évolution de la science et des techniques.

Communication **Art. 6** [1] Quel que soit le mode employé, les autorités communiquent en français avec les administrés, entre elles et en leur sein.

[2] Les administrés communiquent en français avec les autorités.

Autres organismes **Art. 7** Les autorités veillent à ce que les autres organismes appliquent les dispositions de la présente section par analogie.

Exceptions **Art. 8** Sont réservées les communications qu'une autorité, un autre organisme ou un administré diffuse dans une langue autre que le français, notamment si le droit fédéral ou cantonal, en particulier l'article 2, la protection d'un bien de police, des motifs d'information ou de nature technique, des rapports de droit privé ou encore la courtoisie l'exigent ou le permettent.

SECTION 3 : Promotion de la langue

Généralités **Art. 9** [1] L'État promeut l'usage du français.

[2] À cette fin :

a) il assure un enseignement qui permet la maîtrise et suscite l'amour de la langue française ;

b) il soutient l'usage du français par toute personne dans la sphère publique (dans le respect notamment de la liberté économique), en particulier lorsqu'une personne communique dans les médias, sur son lieu de travail ou dans les rapports avec le consommateur ;

c) il soutient la création et les diverses formes d'expression culturelle en langue française ;

d) il veille à ce que les administrés qui bénéficient de prestations de l'État utilisent le français dans les activités qui se rapportent à ces prestations ;

e) il édicte des recommandations, en particulier afin d'éviter les anglicismes inutiles ou choquants ;

f) il lance toute initiative en vue de promouvoir l'usage d'un français de qualité ;

g) il développe des échanges intercantonaux et internationaux relatifs à la langue française.

3 Il a égard au plurilinguisme, notamment quand il s'agit des langues nationales.

Patois

Art. 10 L'État peut également prendre des mesures pour valoriser le patrimoine lié au patois.

SECTION 4 : Autorités compétentes

Chancellerie d'État

Art. 11 La Chancellerie d'État coordonne l'application de la section 2.

Conseil de la langue française
a) Constitution

Art. 12 1 Un Conseil de la langue française (dénommé ci-après : « le Conseil ») est institué.

2 Le chef de l'Office de la culture en fait partie. Le Conseil comporte de six à huit autres membres, dont quatre sont proposés par le Bureau du Parlement. Les membres sont nommés par le Gouvernement pour la durée de la législature. Leur mandat est renouvelable.

3 Le Gouvernement désigne le président.

4 Le secrétariat du Parlement assure le secrétariat du Conseil.

b) Attributions
1. Générales

Art. 13 Le Conseil a les attributions suivantes :

a) il se prononce, à la demande du Gouvernement ou du Département, sur toute question relative à la langue ;

b) il peut saisir le Gouvernement ou le Département de propositions relatives à la langue, notamment en application de l'article 5, alinéa 3, et de la section 3, ou lorsqu'il est nanti d'une demande d'un administré, d'une autorité ou d'un autre organisme ;

c) il examine les projets législatifs conformément à l'article 14 ;

d) il conseille la Chancellerie d'État dans l'application de l'article 11 ;

e) il coordonne ses actions avec les organismes de gestion de la langue française en Suisse et à l'étranger ;

f) il présente au Gouvernement un rapport annuel sur ses activités ;

g) il traite les objets que le Gouvernement lui confie.

2. Projets législatifs

Art. 14 [1] Une délégation du Conseil, composée au moins de son président et des quatre membres proposés par le Bureau du Parlement, examine les projets de révisions constitutionnelles et de lois après la première lecture du Parlement.

[2] Le Bureau du Parlement peut lui soumettre également d'autres textes, notamment les projets de décrets d'une certaine importance.

[3] L'examen porte sur la rédaction française. Des modifications d'ordre matériel des projets sont exclues.

[4] La délégation du Conseil conduit son examen de sorte qu'elle n'entrave pas la procédure législative.

[5] Elle consulte le Service juridique et, au besoin, le président de la commission parlementaire à qui le projet est attribué.

c) Fonctionnement

Art. 15 [1] Les membres du Conseil sont soumis aux dispositions sur le secret de fonction applicables aux agents publics.

[2] Les frais de fonctionnement du Conseil sont imputés au budget et aux comptes de l'Office de la culture. Dans ce cadre budgétaire, le Conseil peut avoir recours à des experts.

[3] Au surplus, les dispositions relatives aux commissions cantonales s'appliquent au Conseil.

SECTION 5 : Dispositions finales

Dispositions d'exécution

Art. 16 Le Gouvernement peut édicter les dispositions nécessaires à l'exécution de la présente loi.

Modification du droit en vigueur

Art. 17 Le règlement du Parlement de la République et Canton du Jura du 16 décembre 1998 est modifié comme il suit :

> Article 46
> Abrogé.

Référendum facultatif

Art. 18 La présente loi est soumise au référendum facultatif.

Entrée en vigueur

Art. 19 Le Gouvernement fixe l'entrée en vigueur de la présente loi.

Delémont, le 17 novembre 2010

AU NOM DU PARLEMENT DE LA
REPUBLIQUE ET CANTON DU JURA

Le président : Michel Juillard
Le secrétaire : Jean-Baptiste Maître

IV - L'APPLICATION : PREMIERS CONSTATS

Cette loi est en entrée en vigueur le 1er février 2011. C'est ensuite seulement qu'a pu être constitué le Conseil de la langue française, nommé le 5 septembre 2011. Ainsi donc, on en est aux premiers mois de mise en œuvre concrète de la loi. Il est de la sorte prématuré de dresser des bilans, mais l'on peut déjà poser quelques constats :

- L'élaboration et l'adoption de cette loi ont eu pour premier effet de sensibiliser la société jurassienne – ou de la sensibiliser à nouveau, après le reflux consécutif à la fin des années de revendication autonomistes – à l'importance de sa langue et à l'attention qu'il convient de lui vouer encore et toujours. Le processus d'élaboration d'une loi, du moins dans le contexte suisse, a le don de mobiliser de larges franges de la société civile. Préconiser une loi, plutôt qu'un acte plus strictement ou simplement administratif, implique d'associer à la réflexion de larges éventails de la population, des députés, représentants du peuple, qui sont à l'origine (motion) comme à la conclusion (décision parlementaire), aux fonctionnaires en passant surtout – à la faveur du processus de consultation publique – par des représentants de divers organismes politiques, administratifs, culturels et professionnels. La préparation et la mise en application de cette loi n'ont certes pas soulevé les passions dans la population jurassienne (les forts moments de la revendication autonomiste des années 1960-1970, qui convoquait d'abondance la culture française, sont révolus). Toutefois, l'attachement des Jurassiens à leur langue est indubitable et s'exprime volontiers, à en juger notamment par les courriers de lecteurs paraissant régulièrement dans la presse régionale pour dénoncer tout particulièrement les menaces croissantes d'anglicisation. On constate au demeurant que l'adoption de la nouvelle loi a sensibilisé tout particulièrement les milieux de l'administration cantonale, plus attentifs désormais à l'usage de la langue dans leurs actes de tous les jours à destination des citoyens.

- Le Conseil de la langue française, dès le début de ses activités à fin 2011, a entrepris de remplir ses missions non pas en partant à la chasse aux anglicismes ou en cherchant à s'ériger en une sorte de police de la langue, mais en entamant un processus d'information. Il entend ainsi fournir soutien et outils à l'administration et aux collectivités publiques en vue de développer une réflexion de qualité sur le français et les questions de langue en général. Il le fait en particulier par une présence sur la toile (www.jura.ch/clf), inaugurée lors de la Semaine de la langue française du printemps 2012.

- Le Conseil veut aussi jouer un rôle d'éveilleur à la faveur de toutes les opportunités qui se présentent. Ainsi la soirée littéraire qu'il organise à l'occasion exceptionnelle de l'organisation d'une arrivée d'étape du Tour de France cycliste à Porrentruy le 8 juillet 2012.

- Enfin, il est à noter que cette démarche législative a eu d'ores et déjà le don de capter l'attention de divers milieux politiques et scientifiques, en Suisse et à l'étranger.

EN MANIÈRE DE CONCLUSION

Il faut bien reconnaître – et les gens du métier n'ont pas manqué de le souligner déjà[9] – que d'un point de vue strictement juridique, cette Loi cantonale jurassienne sur l'usage de la langue française a une portée essentiellement déclamatoire. On a pu gloser déjà, en particulier, sur l'une de ses clauses les plus notables (article 9, chiffre 2, lettre a), qui introduit pour la première fois la notion d'amour – en l'occurrence l'amour de la langue française – dans la législation cantonale ! Mais d'autres lois cantonales – la loi sur la famille ou la loi sur le sport – sont elles aussi, pour une bonne part du moins, des lois d'intention, d'ordre essentiellement politique et ne présentant donc pas une densité normative absolue. Ce qui importe, c'est que cette loi énonce des orientations et perspectives étatiques. D'ailleurs, il s'agit bel et bien d'une loi, non pas d'une directive, de recommandations ou d'une autre démarche simplement incitative. La barre est donc placée au plus haut, si l'on s'en réfère à l'échelle des normes juridiques destinées à la communauté citoyenne. Ce degré d'importance s'explique à la fois par des considérations historiques et culturelles, auxquelles les citoyens jurassiens, majoritairement, sont sensibles,

9. Jean-Christophe Kübler, « Les déclarations d'intention dans les lois jurassiennes. Une critique » (2010) 20:1 Revue jurassienne de jurisprudence, Porrentruy 1-32.

et par des raisons d'ordre pratique, dès lors qu'il s'agit de donner corps à une disposition constitutionnelle.

Ne serait-ce pas délicat, voire dangereux ou « contre-productif » (comme le disent volontiers nos concitoyens suisses allemands), en définitive, que d'inscrire la défense et l'illustration de notre langue dans une loi ? Le groupe de travail chargé de l'élaboration du projet s'est interrogé sur cet aspect des choses, bien évidemment. Il a considéré, au-delà du mandat impératif qui lui était assigné (« formuler des propositions pour l'établissement d'un projet de législation »), que le passage par la voie législative était le plus pertinent, à l'instar de ce qui s'est fait notamment en France, au Québec et en Belgique, pour autant que la loi soit consacrée à l'usage de la langue et non à la police de la langue, pour autant encore qu'elle prenne en compte les diverses libertés (de la langue, du commerce et de l'industrie, des minorités, etc.). Il ne s'est pas agi non plus, par cet acte législatif, d'instiller plus ou moins subrepticement une sorte de nationalisme privilégiant une langue, mais de faire valoir, en somme, les atouts de la diversité des langues dans un contexte qui n'est pas des plus favorables. Force est en effet d'observer que les conditions « environnementales » ne sont guère propices, ni au plan fédéral, avec une « majorité germanophone » qui, pour reprendre les termes de Nicolas Schmitt dans le résumé de sa contribution sur le pluralisme linguistique en Suisse, « pèse d'un poids écrasant sur la vie politique et économique du pays », ni surtout au plan international, avec les pressions de la mondialisation d'une part, l'essor des nouvelles technologies de la communication d'autre part, lesquelles favorisent le déploiement de la langue anglaise et tendent à une sorte de nivellement culturel nocif au maintien de la diversité ethnolinguistique des populations.

Il n'y a pas contradiction, bien au contraire, entre l'adoption de cette loi et la politique d'ouverture que la République et Canton du Jura entend mener et qu'elle doit même mener, notamment au regard de son histoire et de sa position géographique. Un canton suisse comme celui-ci, petit en taille et en population, périphérique dans le contexte national, d'essence plus rurale qu'urbaine, doit, s'il entend exister et prospérer, pratiquer une politique d'ouverture par rapport aux régions, langues et cultures voisines. Gage de présence sur la scène nationale et internationale, une telle démarche implique cependant, au préalable, d'affirmer la volonté de défendre et d'illustrer ce qui fait la spécificité jurassienne. La langue française, à cet égard, est primordiale. La politique d'ouverture n'a vraiment de raison d'être que dans la mesure où elle se fonde sur le respect et la promotion des caractères propres d'un pays ou d'une région. C'est là l'esprit de cette loi...

Le Maghreb

GESTION DE LA DIVERSITÉ LINGUISTIQUE AU MAGHREB

LE CAS DE L'AMAZIGHE

Ahmed BOUKOUS*

INTRODUCTION

L'objet du présent texte est de décrire la situation de l'amazighe (« le berbère ») au Maroc dans un environnement politique et juridique favorable aux droits culturels et linguistiques. Nous examinerons de manière spécifique le fondement juridique sur lequel s'appuie la constitutionnalisation de l'amazighe, les défis, les enjeux et les stratégies à l'œuvre dans le processus de sa revitalisation dans le cadre du projet de son institutionnalisation. À travers le cas spécifique de l'amazighe, nous visons à expliciter et discuter les conditions de possibilité de la revitalisation des langues minorées dans un contexte global marqué par la précarisation de ces langues, leur attrition et leur mise en danger[1]. Dans ce cadre général, le présent texte développe une analyse focalisée sur quatre axes : (i) les fondements de la légitimation dans le cadre des droits humains ; (ii) le sens et les défis de la constitutionnalisation ; (iii) les problèmes de la gouvernance du bilinguisme officiel et enfin (iv) les enjeux du processus de mise en œuvre institutionnelle. Eu égard aux contraintes éditoriales,

* Président de l'Institut royal de la culture amazighe (IRCAM).

1. J.A. Fishman, *Can Threatened languages be Saved ?*, Clevedon, Multilingual Matters, 2000 ; T. Tsunoda, *Language Endangerment and Language Revitalization. An introduction*, Berlin, Mouton de Gruyter, 2005 ; R. Landry, K. Deveau et R. Allard, « Au-delà de la résistance. Principes de la revitalisation ethnolangagière », Communication présentée au 73e Congrès de l'ACFAS, Université du Québec à Chicoutimi, 2005.

l'analyse ici proposée ne peut être détaillée, pour un examen plus exhaustif, le lecteur peut consulter *Revitalisation de la langue amazighe*[2].

Pour les besoins de l'intelligibilité de ce texte, rappelons que l'amazighe constitue la langue autochtone du Maghreb. Sa masse parlante est estimée à près de 40 millions de locuteurs disséminés à travers un vaste espace compris, d'est en ouest entre la côte atlantique et la frontière égypto-libyenne, et du nord au sud de la rive méridionale de la Méditerranée au Sahel. Une assez forte communauté est également présente dans la diaspora, notamment en Europe occidentale. Sur le plan sociolinguistique, l'amazighe est une langue douée d'autonomie structurale par rapport aux langues avec lesquelles il est en contact ; il bénéficie d'une vitalité ethnolinguistique portée par une communauté de plus en plus consciente de son identité ; enfin, il connaît depuis une décennie, surtout au Maroc et en Algérie, un processus de revitalisation timoré dans un environnement politique pourtant de plus en plus favorable. Sur le plan constitutionnel, l'amazighe a le statut de *colangue* officielle au Maroc, à côté de l'arabe, et celui de langue nationale en Algérie.

I - L'AMAZIGHE : APPROCHE DROITS HUMAINS

Le fondement juridique constitue un argument invoqué dans le discours amazighiste pour légitimer la revendication de l'égalité des langues et des cultures au Maroc. Cet argument est développé dans un certain nombre d'écrits[3] et mis en avant dans des communiqués émanant de la société civile. L'invocation du fondement juridique est en rapport avec les droits culturels et linguistiques tels qu'ils sont posés dans l'environnement international marqué par un climat d'inquiétude quant au devenir des cultures et des langues du monde, notamment celles qui sont en danger de mort. Les facteurs explicatifs de ce climat sont essentiellement la tendance à la réduction de la diversité culturelle et linguistique à l'échelle planétaire, la stigmatisation du pluralisme culturel et linguistique par les idéologies et les politiques dominantes, et les bouleversements provoqués par

2. A. Boukous, *Revitalisation de la langue amazighe*. Défis, enjeux et stratégies, Rabat, Publication de l'Institut royal de la culture amazighe, 2012.
3. R. Phillipson, dir., *Rights to Language, Equity, Power and Education*, New york, Routledge, 2000 ; S. Saad-Zoy et J. Bouchard, dir., *Droits culturels au Maghreb et en Égypte*, UNESCO, 2010.

l'emprise de la globalisation sur les équilibres communautaires et intercommunautaires.

Dans ce contexte, la revendication culturelle et linguistique se fonde sur le droit international en matière de reconnaissance et d'implémentation des droits culturels dans le cadre des instruments normatifs internationaux, notamment :

- la Charte des Nations Unies et la Déclaration universelle des droits de l'homme adoptée en 1948, notamment dans son article 27 ;

- la Convention internationale sur l'élimination de toutes les formes de discrimination adoptée par les Nations Unies en 1965, y compris la discrimination culturelle et linguistique ;

- la Charte africaine des droits de l'homme et des peuples (OUA) ;

- la Déclaration universelle sur la diversité culturelle (UNESCO, 2001) ; et

- la Convention sur la protection et la promotion de la diversité des expressions culturelles (UNESCO, 2005).

En dépit de cet arsenal normatif, les droits culturels sont encore vus par nombre d'États comme des droits mineurs ou, pire, comme un alibi utilisé par certaines élites qui politisent la quête identitaire en mobilisant l'ethnicité dans la lutte pour le pouvoir et le contrôle de l'État, d'où les réticences à les approuver et à les ratifier. Il faut dire que la confusion définitoire qui entoure les outils conceptuels de la théorie des droits culturels n'aide pas à cerner le champ et à élargir le cercle des adeptes. Avec ce fondement juridique, la question linguistique amazighe bénéficie, néanmoins, de la légitimité d'un référentiel normatif international qui lui assure une certaine légitimation pour être crédible dans les domaines de l'éducation, de la culture, des médias et de l'administration publique. Ce fondement juridique donne une force au discours amazighiste en le plaçant d'emblée sur le terrain du droit international et des valeurs universelles, et en l'extrayant de la gangue du discours de la « spécificité » et de « l'authenticité » qui le rive au passé et aux représentations idéologiques négatives.

II - L'AMAZIGHE : APPROCHE POLITIQUE

Les enjeux qu'induit le positionnement des forces en présence dans le champ politique marocain en matière de gestion de la question linguistique interpellent l'État, la classe politique et la société dans sa globalité. Il faut rappeler que le problème de la culture et de la langue amazighes a constitué pendant longtemps un tabou dans le Maroc postcolonial, en réaction à « la politique berbère de la France sous le protectorat »[4] qui a tenté d'exploiter la « spécificité berbère » mise en pratique dans le cadre de ce que l'on appelle « le dahir berbère ». En effet, dans sa volonté de construire un État-nation centralisé, l'État indépendant, avec la collaboration du *mouvement national*, a développé et mis en pratique une conception de l'État qui voit dans *l'amazighité* un danger réel ou potentiel pour l'unité du pays, son *arabité* et/ou son *islamité*.

Les phobies et les appréhensions suscitées sont aujourd'hui, en principe, dépassées avec l'officialisation de l'amazighe. La Constitution marocaine de 2011, parmi ses nombreux apports à la démocratisation des institutions, a consacré l'amazighe langue officielle dans son article 5 dans les termes suivants :

> L'arabe demeure la langue officielle de l'État. L'État œuvre à la protection et au développement de la langue arabe, ainsi qu'à la promotion de son utilisation. De même, l'amazighe constitue une langue officielle de l'État, en tant que patrimoine commun à tous les Marocains sans exception. Une loi organique définit le processus de mise en œuvre du caractère officiel de cette langue, ainsi que les modalités de son intégration dans l'enseignement et aux domaines prioritaires de la vie publique, et ce afin de lui permettre de remplir à terme sa fonction de langue officielle.

Dans le cadre de l'exercice du droit à la vigilance, il est possible de faire une analyse textuelle de cet article sur le plan lexico-sémantique pour en déduire le statut et les fonctions de l'amazighe par rapport à ceux de l'arabe et aussi pour prendre la mesure de l'effectivité de ce nouveau statut de l'amazighe. Il n'en demeure pas moins que nous sommes en présence d'un événement historique majeur pour l'amazighe eu égard au passé lointain et récent marqué par l'exclusion de l'amazighe. Faudrait-il rappeler la situation de précari-

4. R. Montagne, « La politique berbère de la France » (1934) 33 Journal of the Royal African Society 338.

sation avancée que l'amazighe a connue durant plusieurs décennies après l'indépendance du pays. Présentement, l'on voit émerger les prémices d'une évolution dans les lois, les mentalités, les positionnements et les comportements. Ce sont là quelques indices qui peuvent être interprétés comme des signes de légitimation. Citons, notamment, les discours royaux depuis 2001 qui reconnaissent la place qui revient à l'amazighité dans l'identité nationale. D'autres indices sont tout aussi significatifs : l'enseignement de l'amazighe qui couvre le primaire et aborde le supérieur, son intégration dans le paysage médiatique par la création de la chaîne de télévision « TV 8 Tamazighte », les réalisations de l'Institut Royal de la Culture Amazighe (IRCAM) en matière d'aménagement et de promotion de la langue et de la culture, l'affirmation d'un sentiment identitaire positif au niveau sociétal, sentiment relayé par la société civile à travers des ONG de plus en plus présentes sur la scène sociopolitique. La tendance à la constitution d'associations à caractère politique, au sein de la mouvance amazighe, est une nouvelle donne qui pourrait entraîner une reconfiguration du champ politique en faisant de l'*amazighité* un réel enjeu de société.

III – L'AMAZIGHE : GOUVERNANCE DE LA DIVERSITÉ LINGUISTIQUE

En revenant au texte de la Constitution qui déclare que l'amazighe est une langue officielle, « un patrimoine commun à tous les Marocains sans exception », l'on comprend que le Maroc a fait le choix du bilinguisme officiel, évitant ainsi d'assigner à l'amazighe et aux amazighophones le statut de minoritaires. Le droit international propose *grosso modo* deux principes pour la gestion de la problématique de l'implémentation du bilinguisme officiel, le principe de la personnalité et le principe de la territorialité. Le principe de la personnalité se décline en deux modalités, celle qui se fonde sur les droits personnels non territorialisés et celle qui se base sur les droits personnels territorialisés. Examinons succinctement ces types de bilinguisme officiel :

(i) Le bilinguisme officiel fondé sur les droits personnels non territorialisés est garanti par la loi sur l'étendue du territoire national, donc sans limite territoriale, à tous les citoyens appartenant à des groupes linguistiques dont la langue est reconnue comme officielle, quel que soit leur lieu de résidence. Ce type de bilinguisme est pratiqué dans des pays comme l'Afrique du Sud, la Norvège, l'Eire, la Nouvelle Zélande, la Tanzanie, le Canada fédéral et à Bruxelles. En théorie, la mise en œuvre du principe de la personnalité conduit à garantir aux citoyens locuteurs d'une langue officielle le droit d'utiliser cette langue et de bénéficier du service public dans cette dernière dans les domaines de l'éducation, des médias et de la vie publique en général et ce sur tout le territoire national. Cela reviendrait, dans le cas de l'amazighe, à faire en sorte que l'État puisse assurer au citoyen amazighophone l'exercice de ses droits linguistiques à la fois dans les régions amazighophones et dans les espaces arabophones et dans tous les secteurs de la vie publique. Ce qui veut dire que ces droits accompagnent le citoyen sur tout le territoire national. Cette option exige des ressources humaines capables de gérer le bilinguisme de façon efficiente et des ressources financières suffisantes pour une mise en œuvre effective de l'officialité de l'amazighe.

(ii) Quant au bilinguisme officiel fondé sur les droits personnels territorialisés, il est pratiqué dans les pays dont la loi reconnaît l'autonomie des régions, pour tous les membres d'une communauté linguistique dont la résidence est concentrée dans une région ayant des frontières marquées sur les plans linguistique et culturel. Dans ce type de bilinguisme, c'est la *co-officialité* qui est de rigueur au plan régional. Cela implique que la langue officielle de l'État central, utilisée sur l'étendue du territoire national, cohabite avec la langue officielle spécifique à la région concernée. Ce modèle se rencontre dans les États qui ne reconnaissent *de jure* qu'une seule langue officielle centrale, celle de l'État central, mais qui adoptent une politique de décentralisation linguistique par la reconnaissance officielle des langues régionales.

(iii) Une autre option est celle de la territorialité telle qu'elle est mise en œuvre dans le modèle adopté par la Confédération helvétique. Son application présuppose l'existence d'entités spatiales historiques, culturelles et linguistiques bien individualisées et distinctes par des spécificités intrinsèques. Chacune de ces unités a sa langue officielle propre et ses expressions culturelles particulières lesquelles sont intégrées dans toutes les institutions cantonales. Pour résumer, le modèle suisse adopte le monolinguisme au niveau cantonal : l'allemand, le français, l'italien et le romanche sont langues officielles, chacune dans son espace propre. En revanche, au niveau des institutions confédérales, l'exercice du plurilinguisme est, en théorie, de rigueur. Dans la réalité, c'est le bilinguisme allemand-français qui est pratiqué en raison de la dominance de ces deux langues, dominance qui découle de manière *naturelle* de la force économique des deux communautés qui les parlent. Ce qui, de toute évidence, constitue la particularité du modèle suisse, c'est l'autonomie des langues cantonales ; il s'agit de langues qui ont leur propre autonomie structurelle, leurs fonctions et leurs attributs sociolinguistiques spécifiques. L'application du principe de la territorialité, à la manière helvétique, à la gestion de l'amazighe, peut s'avérer inadéquate eu égard au *fait que les variétés régionales*, en l'occurrence les trois grands dialectes (*tachelhite*, *tamazighte* et *tarifite*), sont des réalisations d'une même langue, l'amazighe. Il s'agit certes d'une langue marquée par une certaine variation dans ses structures phoniques, morphosyntaxiques et lexicales, à l'instar de toutes les langues du monde, mais une langue dont l'identité structurale est établie[5].

La gestion territoriale de la langue et de la culture amazighes soulève quelques questions. En effet, si la territorialisation fournit un espace naturel ayant des fondements historiques, culturels et socio-économiques qui assurent les conditions effectives de la sauvegarde, de la transmission et de la promotion de la langue et de la culture amazighes dans sa diversité, il est aussi un fait qu'elle renforce l'éclatement de fait de la langue et de la culture amazighes en dialectes et parlers, ce qui pourrait empêcher la standardisation d'une langue commune ; en outre elle conduit *de facto* à ignorer les communautés amazighophones enclavées dans les agglomérations arabophones et notamment en ville. Il est possible du reste de concevoir un modèle qui fait le *mix* des avantages respectifs du principe de la personnalité avec l'application de la modalité de la territorialisation et celle de la non-territorialisation. À la lumière de l'examen des différentes alternatives de gestion territoriale de la question amazighe, il appert que, sans volonté politique effective, sans engagement réel de l'État et sans le consensus de toutes les parties engagées dans la problématique linguistique et culturelle, les initiatives de revitalisation de l'amazighe ne peuvent être qu'un cautère sur une jambe de bois ou slogans sans consistance. Outre le choix de politique générale, le choix du cadre de gestion de la question culturelle et linguistique amazighe est crucial. Question grave : en termes de gouvernance du bilinguisme officiel, deux voies sont possibles : celle qui consiste à adopter le principe des droits personnels non territorialisés impli-

5. A. Basset, *La langue berbère*, Handbook of African Languages, London, Oxford, 1952.

quant le bilinguisme officiel arabe–amazighe au niveau national, et celle qui se fonde sur le principe des droits personnels territorialisés dans le cadre de la « régionalisation avancée »[6] ou de l'autonomie régionale et qui consiste à accorder les droits de la langue officielle étatique à l'arabe et les droits de la langue officielle régionale à l'amazighe. Chacune des deux options comprend des risques. Dans le cadre de la première option, l'effectivité de l'égalité des droits entre l'arabe et l'amazighe est improbable dans la mesure où l'amazighe fonctionnera *de facto* comme une langue officielle minorée, les exemples sont nombreux à travers le monde. Dans le cadre de la seconde option, le renforcement de l'émiettement dialectal de la langue ainsi que le morcellement de l'amazighité sont assurés. En tout état de cause, le non-choix serait celui du flou politique et juridique, un flou préjudiciable à la diversité linguistique en général et à l'amazighe en particulier.

On voit donc combien le choix d'une politique de bilinguisme arabe-amazighe est malaisé du fait des enjeux qu'il implique et des positionnements où l'utopie idéologique prend le pas sur la politique du possible et de l'efficience. La condition *sine qua non* de l'efficience demeure l'impératif d'une analyse concrète de la situation concrète qui prévaut au Maroc, une situation marquée par la diversité culturelle et linguistique régionale et les pesanteurs de l'histoire et de la sociologie politique et culturelle. Ces pesanteurs se reflètent clairement dans les déclarations, les chartes et les pactes des associations régionales qui revendiquent l'autonomie régionale.

IV – L'AMAZIGHE : DÉFIS DE L'INSTITUTIONNALISATION

Ce détour par le droit et les pratiques au niveau international, en matière de gestion du bilinguisme officiel, est utile pour expliciter les défis et les enjeux auxquels fait face l'institutionnalisation de l'amazighe. Si l'officialisation est assurément l'acte juridique qui légitime l'amazighe, se pose alors la question de l'opérationnalisation de cet acte car c'est la mise en œuvre de la loi organique qui permet de juger de l'effectivité de la reconnaissance officielle de l'amazighe. En effet, de nombreux exemples à travers le monde montrent qu'il ne suffit pas que l'officialité d'une langue soit inscrite dans la Constitution pour qu'elle garantisse l'effectivité du statut. Il faudrait, en

6. Royaume du Maroc, Commission consultative de la régionalisation, « Rapport sur la régionalisation avancée », 2011.

outre, qu'elle puisse assurer, dans les politiques publiques, les fonctions et les usages de la langue officielle à toutes les langues qui ont ce statut, de façon indifférenciée, dans les institutions étatiques et dans les rouages de la vie économique, sociale et culturelle, à l'échelle nationale et à l'échelon régional.

Le non-choix entre les modèles de gestion politique de l'amazighe, ou un choix par défaut, risque de grever à terme les chances de l'amazighe de bénéficier de son statut de langue officielle. À l'étape présente, l'enjeu politique est celui de l'institutionnalisation de l'amazighe à travers la mise en œuvre des dispositions et des mécanismes prévus dans la Constitution. Il s'agit, d'une part, des lois organiques devant garantir l'effectivité du statut de langue officielle dévolu à l'amazighe aux côtés de la langue arabe et, d'autre part, des institutions qui ont en charge la mise en œuvre de la politique linguistique et culturelle dont les principes sont déclinés dans la Constitution. Dans cette optique, sont appelés à jouer un rôle essentiel le *Conseil national des langues et de la culture marocaine* et les institutions qui le composent, notamment l'*Académie Mohammed VI pour la langue arabe* et l'*Institut royal de la culture amazighe*, en collaboration avec le *Conseil supérieur de l'enseignement et de la recherche scientifique* et les départements ministériels concernés, notamment l'Éducation nationale, la culture et les médias. Il semble évident que l'issue du processus d'institutionnalisation de l'amazighe dépend de la volonté politique des forces en présence dans les structures de l'État, à savoir le Palais, le Gouvernement et le Parlement.

La prise en charge institutionnelle de la revitalisation de l'amazighe, dans le cadre des politiques publiques, présuppose une vision qui garantit l'exercice autonome des droits linguistiques. Cela implique, notamment, l'émergence d'un leadership intégré dans le tissu des élites politiques, un leadership à même de concevoir une stratégie et une politique permettant de produire de nouveaux symboles mobilisateurs qui transcendent les solidarités mécaniques et les allégeances interpersonnelles, qui adopte de nouveaux modes d'organisation et de nouvelles formes de revendications, et qui s'engage dans un large répertoire d'actions collectives. Bref, il paraît nécessaire qu'émerge une élite politique qui n'ambitionne pas seulement la mobilisation de l'ethnicité dans la lutte pour la participation au pouvoir et au contrôle de l'État à des fins de partage des prébendes et des privilèges. Dans le cadre du contexte mondial, caractérisé par la double polarisation de la globalisation et de la localisation, la question de la politisation des identités en rapport avec la formation des

États, est un fait appelé sans doute à s'étendre. La question amazighe n'échappe pas à cette règle, d'où la nécessité, pour l'État, les stratèges et les politologues, de lui accorder l'intérêt qu'elle mérite car elle pourrait bien représenter le théâtre d'enjeux politiques et socio-économiques qui dépassent les aspects culturels et linguistiques *stricto sensu*. Pour essayer de rendre intelligible ce choix, faisons un détour par les pratiques au niveau international. Les pays qui optent pour le bilinguisme ou le plurilinguisme officiel sont ceux dont la Constitution reconnaît *de jure* deux ou plusieurs langues comme étant égales sur le plan statutaire, ce qui confère aux citoyens le droit de choisir l'une ou l'autre langue dans les domaines institutionnels contrôlés par l'État, comme l'éducation, les médias, l'administration, la justice, etc. Ce droit du citoyen implique le principe de l'obligation de l'État d'assurer les conditions de son exercice. Cependant, *de facto*, l'égalité juridique n'implique pas automatiquement l'égalité effective des différentes langues officielles. C'est pourquoi, bien souvent, le bilinguisme officiel n'est que partiellement égalitaire. En effet, les pratiques diffèrent d'un pays à l'autre en fonction des dispositions de l'État, de la volonté politique des principales forces en présence dans les institutions, notamment celles de l'exécutif et du législatif, et du degré de loyauté agissante de la communauté concernée. Il est cependant clair que les conditions de possibilité de la gestion de l'amazighe dans le cadre de l'approche souverainiste tiennent à la capacité du mouvement amazighe de dépasser sa nature de tendance élitiste, associative, ou encore indigéniste. Le saut qualitatif serait le *shift* d'une mouvance animée par des élites plébéiennes sans stratégie cohérente à un mouvement social porteur d'un projet politique alternatif partagé avec les forces du progrès.

EN GUISE DE CONCLUSION

Sur le plan géostratégique, l'officialisation de l'amazighe au Maroc ouvre des perspectives inédites pour les pays dans lesquels les langues et les cultures des groupes minoritaires *de jure* ou *de facto* constituent un fait occulté au niveau du droit en dépit de la plénitude du fait. Il y a là un enjeu politique important dans la mesure où le sentiment identitaire peut être mobilisé par les communautés marginalisées mais conscientisées pour revendiquer leur droit à une existence qui assure les conditions de la pérennité de leurs langues et de leurs cultures. Les défis sont cependant immenses eu égard aux multiples difficultés inhérentes à la mise en œuvre effective du processus de revitalisation langagière et culturelle dans le cadre de politiques publiques inclusives efficientes.

Le Maghreb

La politique linguistique en Algérie et l'enjeu des chiffres

Nourredine Bessadi*

« ...à toutes les minorités qui, somme toute, sont la plus grande majorité de notre monde et dont je suis le frère. »

Driss Chraïbi, *la Mère du Printemps*

Depuis l'indépendance de l'Algérie en 1962, le pouvoir en place a choisi le monolinguisme officiel comme principal pilier de sa politique linguistique. Le dévolu a été jeté sur la langue arabe – l'arabe classique[1] – pour jouer le rôle de la langue exclusive dans le fonctionnement de l'État algérien naissant. L'arabe classique est ainsi consacré seule langue nationale et officielle par la Constitution de la République algérienne[2]. Dans sa justification du monolinguisme officiel, pourtant curieusement continuateur du monolinguisme colonial français, l'État algérien avance l'entreprise de réappropriation par l'usage de la langue arabe d'une identité algérienne mise en péril par un système colonial qui a imposé le français comme seule langue reconnue sur le territoire algérien. En effet, l'arabe est même déclaré « langue étrangère en Algérie » par une loi française de 1938[3].

---

* Enseignant-chercheur au département de français de l'université Mouloud Mammeri de Tiz Ouzou, Algérie.

1. Appelé aussi arabe standard, arabe moderne, arabe littéral ou arabe scolaire selon les spécialistes.
2. *Constitution de 1996*, art. 3 : « L'Arabe est la langue nationale et officielle », en ligne : <www.el-mouradia.dz/francais/symbole/textes/symbolefr.htm>.
3. L'arrêté du 8 mars 1938, pris par le ministre de l'Intérieur, Camille Chautemps, déclare que la langue arabe est une langue étrangère et son enseignement interdit.

À son tour, la langue française revêtit le costume de « langue étrangère » et subit de plein fouet, pendant plusieurs décennies, les conséquences d'une politique d'arabisation volontariste visant à imposer l'arabe classique comme langue exclusive sur l'échiquier politico-linguistique algérien. Néanmoins, d'aucuns considèrent actuellement que cette politique a été de ce point de vue un échec dans la mesure où l'objectif visé n'a pas été atteint et que le français demeure une composante essentielle du paysage linguistique en Algérie.

Par ailleurs, dans un paysage algérien caractérisé par le multilinguisme, la langue française n'a pas été la seule à subir la politique linguistique de l'État algérien. Toutes les langues nationales – arabe algérien et langue(s) berbère(s)[4] – en ont subi les conséquences. En effet, désireux d'appartenir à une communauté transnationale[5] (le Monde Arabe), l'État algérien a opté pour l'arabe classique (ou moderne) en lieu et place de l'arabe algérien, tout en occultant complètement la dimension linguistique et culturelle berbère du pays. À l'arabe algérien, considéré comme simple forme fautive de l'arabe classique, on a opposé le caractère « rudimentaire » de sa structure et son incapacité à faire fonctionner un État moderne. À la langue amazighe, on a reproché la non-conformité à l'orientation idéologique de l'État algérien naissant. Étant impossible à faire fondre dans la communauté transnationale arabe, la dimension culturelle et linguistique berbère du peuple algérien est perçue comme un germe de désunion.

Ainsi, fidèle héritier du jacobinisme français, le modèle linguistique de l'État algérien au lendemain de l'indépendance est soucieux d'araser les différences linguistiques et d'ériger le monolinguisme en arabe comme doctrine. Néanmoins, si aucune revendication significative en faveur de l'utilisation de l'arabe algérien n'est à signaler, il n'en est pas de même pour la langue amazighe. En effet, les militants de la cause berbère ne tardent pas à se faire entendre et à revendiquer un statut officiel à la langue amazighe avec la reconnaissance de sa dimension culturelle multimillénaire.

---

4. Il y a actuellement un débat entre une catégorie de spécialistes qui parlent d'une seule langue berbère – la langue amazighe – et une deuxième catégorie qui préfère parler de plusieurs langues berbères néanmoins apparentées telles que le kabyle, le mozabite, le chaoui.
5. La *Umma* pour les musulmans.

En outre, cette revendication ne date pas du lendemain de l'indépendance mais prend racine au sein du mouvement national algérien. Son illustration la plus connue est la crise dite crise berbériste de 1949, quand des militants nationalistes algériens – originaires de Kabylie – revendiquèrent ouvertement une place de choix à la dimension berbère dans l'Algérie indépendante. Renvoyée aux calendes grecques non sans provoquer quelques dissensions au sein de ce même mouvement national[6] algérien, cette question ne cesse de resurgir depuis l'indépendance du pays, constituant une véritable épine dans les cercles du pouvoir en place. Néanmoins, les décideurs algériens ont toujours essayé de minimiser cette revendication en minimisant le nombre de locuteurs berbérophones en Algérie. Comme réponse aux revendications des berbérophones, une politique de minoration systématique du nombre de berbérophones en Algérie est mise en place. Dans le discours officiel des autorités politiques algériennes, les berbérophones représentent une entité négligeable. Des chiffres comme 3 millions ou 4 millions de locuteurs berbérophones sont souvent avancés. Pourtant, aucune enquête statistique proprement dite, portant sur les composantes linguistiques de la société algérienne, n'a été menée depuis l'indépendance du pays en 1962. L'Office National des Statistiques (O.N.S.)[7], organe institutionnel de l'État algérien, ne fait aucune référence à la donne linguistique.

I - LE PROCESSUS DE MINORATION DE LA LANGUE AMAZIGHE EN ALGÉRIE

Depuis l'indépendance du pays, les autorités algériennes n'ont fait que reproduire les idéologies dominantes de l'ancien colonisateur et son modelé jacobin. Les politiques d'arabisation ont procédé par l'exclusion et la négation de ce qui fait l'Algérien dans sa complexité et sa diversité linguistique.

Pour Foued Laroussi :

> Quiconque analyse le discours nationaliste au Maghreb se rend compte que la minoration de la langue amazighe est rationalisée comme une condition sine qua non de la construction d'un État-nation. Le nationalisme maghrébin a toujours considéré l'existence de la langue amazighe comme un danger pour l'unité nationale et un cheval de Troie par

6. Certains militants du courant berbère ont même été victimes d'assassinats.
7. Le site Web de l'Office National des Statistiques est le : <www.ons.dz>.

lequel l'autorité coloniale a essayé de miner l'unité nationale. Au Maroc, par exemple, des voix se sont élevées parmi l'élite intellectuelle se réclamant de l'arabisme pour préconiser explicitement l'éradication de tamazight et inciter, implicitement, à la répression de son élite. En Algérie, depuis les émeutes de 1988, qui ont été réprimées par l'armée, plusieurs manifestations amazighes ont connu le même sort[8].

En effet, ce n'est que suite aux évènements du « Printemps Noir » en Kabylie, où plus de 126 manifestants ont été tués par les forces de répression, que la loi nº 02-03 du 10 avril 2002 portant révision constitutionnelle vient énoncer dans un article ajouté à l'article 3 :

> Tamazight est également langue nationale. L'État œuvre à sa promotion et à son développement dans toutes ses variétés linguistiques en usage sur le territoire national.

Néanmoins, cet article est vu par les mouvements culturels amazighs comme une énième tentative d'occultation de la langue amazighe. Ceux-ci revendiquent la reconnaissance de la langue amazighe non seulement comme langue nationale mais aussi comme langue officielle. En effet, la reconnaissance de la langue amazighe comme langue nationale en 2002 n'a pas suscité l'engouement du mouvement culturel amazigh car cette « nationalisation » a été interprétée comme une volonté de continuer à refuser la reconnaissance de ladite langue comme langue officielle ; ce qui situe cette décision dans la continuité idéologique de l'État centriste.

En outre, cette reconnaissance, en contradiction avec le modèle de l'État-Nation sur lequel a été bâti l'État algérien, consacre l'entrée de la langue amazighe dans le droit positif en dehors de tout statut. En effet, cette reconnaissance n'est pas suivie de dispositions juridiques claires lui permettant d'être effective et, partant, apportant une modification capitale, mais nécessaire, à la doctrine jacobine de l'État algérien qui ne reconnaît fondamentalement que l'arabe classique.

Pour Ali Brahimi :

> L'inégalité avec la langue arabe en termes de norme juridique utilisée est flagrante puisque l'acte réglementaire en usage pour tamazight est

8. Foued Laroussi, « Glottopolitique, idéologies linguistiques et État-nation au Maghreb » dans GLOTTOPOL, revue sociolinguistique en ligne, nº 1 – Janvier 2003 à la p. 148.

de loin inférieur aux normes constitutionnelle et législative qui régissent la langue arabe. La condition juridique de la langue amazighe est si fragile à tel point que selon le même auteur « si l'on était dans un État de droit appliquant un contrôle strict de la légalité et/ou de la constitutionnalité des actes réglementaires, ces acquis auraient facilement pu être annulés par un juge administratif ou par un conseil constitutionnel pour leur contradiction avec l'ordre juridico-linguistique de l'État-Nation[9].

Il est clair qu'il n'est pas question dans notre propos d'une seule et unique langue amazighe, mais plutôt de plusieurs langues parlées dans différentes régions d'Algérie. Toutefois, nous refusons la thèse, longtemps utilisée par le pouvoir en place, selon laquelle il n'existe pas en Algérie de langue amazighe, mais seulement des dialectes épars.

En effet, la langue amazighe a une légitimité pluridimensionnelle :

- une légitimité historique fondée sur le caractère autochtone des Amazighes, premiers habitants de l'Afrique du Nord ;

- une légitimité politique fondée sur les principes de la démocratie et de l'équité comme mode de gestion de la société algérienne et sur le droit à l'accès à la pleine citoyenneté pour les berbérophones ; et

- une légitimité juridique fondée sur les droits linguistiques et culturels comme droits fondamentaux garantis par la Déclaration Universelle des Droits de l'Homme.

Il est à cet égard important de signaler que les mouvements revendicatifs amazighs (berbères) en Algérie reconnaissent dans leur majorité le caractère pluriel de l'identité maghrébine tout en revendiquant la place essentielle que doit être celle de l'élément amazigh au sein de cette identité. Contrairement à l'image que veut donner d'eux l'idéologie arabiste dominante, ces mouvements s'inscrivent dans une perspective plutôt intégrationniste que séparatiste. Néanmoins, il est utile de signaler que le déni linguistique et, partant identitaire, en Algérie constitue un vecteur de grande frustration pour des

9. Ali Brahimi, « Essai sur les implications juridiques et socio-institutionnelles de l'article 03 bis de la constitution » dans *Actes du colloque international – Tamazight face aux défis de la modernité*, Alger, 2002 à la p. 65.

millions d'Algériens berbérophones, et que cela ne manquerait pas de s'avérer un élément déclencheur de sérieux conflits si la situation demeure inchangée.

Selon Abdou Elimam, les politiques linguistiques des pays du Maghreb ont profité à des langues qui ne sont pourtant pas nationales :

> De la sorte, les trois pays du Maghreb ont opté pour une minoration de leurs langues natives au profit quasi exclusif des langues internationales que sont le français et l'arabe. Alors que la pratique sociale sollicite les deux familles de langues natives dans quasiment tous les échanges quotidiens à partir du moment où ils ne nécessitent pas de passage à l'écrit[10].

La minoration linguistique et le refus de l'intégration des différences ont abouti à la création d'une crise identitaire et culturelle due à la non prise en charge de langues, pourtant nationales. L'Algérien berbérophone ne se reconnaît pas complètement au sein d'une communauté nationale dont l'ordre juridico-linguistique ne reconnaît pas son identité culturelle et linguistique de manière claire et satisfaisante. Le déni dont il est l'objet ne manque pas ainsi de le pousser à interroger son appartenance nationale à l'Algérie indépendante, voire à chercher des alternatives. Le discours nationaliste kabyle véhiculé par le Mouvement pour l'Autonomie de la Kabylie[11] (MAK) depuis quelques années est l'illustration parfaite de ce malaise grandissant vis-à-vis de la communauté nationale algérienne.

II – LA DISTRIBUTION DÉMOGRAPHIQUE DES BERBÉROPHONES D'ALGÉRIE

Bien que des chiffres exacts ne soient pas disponibles sur la distribution des locuteurs berbérophones en Algérie, beaucoup de spécialistes s'accordent sur les données suivantes concernant les langues berbères :

---

10. Abdou Elimam, « Revaloriser les langues pour les promouvoir » (2004) Forum Universel des Cultures, Barcelone, p. 2, en ligne : <http://www.fundacioforum.org/b04/b04/www.barcelona2004.org/esp/banco_del_conocimiento/docs/PO_35_FR_ELIMAM.pdf>.
11. Située au Nord du pays, la Kabylie est la plus grande région berbérophone d'Algérie.

1. Le kabyle (*taqvaylit*) avec plus de 5 millions de locuteurs en Kabylie est la langue la plus parlée dans les wilayas de Bejaïa, Tizi-Ouzou, Bouira, et Boumerdès.

2. Le chaoui (*tacawit*) est parlé par plus de 2 millions de personnes à l'est du pays, surtout dans les Aurès – wilayas de Batna, Khenchela, Oum-El-Bouaghi, Tébessa, Souk Ahras, partie extrême sud de Sétif et dans une partie des wilayas de Guelma, et Biskra.

3. Le chenoui (*tacenwit*) est présent dans la wilaya de Tipaza et le littoral de la wilaya de Chlef, à l'ouest d'Alger (15 000 locuteurs).

4. Le mozabite (*tamzavit*) est parlé au Mzab, dans le sud : plus de 800 000 locuteurs à Ghardaia et dans la valee du Mzab.

5. Le touareg (c'est-à-dire les variantes *tamasheq, tamahaq, tamajaq*) est parlé dans le sud de l'Algérie, (parlé aussi dans le sud-est de la Libye, au Mali, au Niger et au nord du Burkina Faso). En Algérie, on compte une population de Touaregs de quelques dizaines de milliers. Étant une population semi-nomade, son nombre est difficile à cerner avec exactitude.

6. Le chelha (*tacelhit*) est parlé à Beni Boussaid, un âarch berbère de 13 000 habitants situé au mont Asfour dans la wilaya de Tlemcen, et à Bousemghoune et Assla, des villages situés dans la région d'Elbayadh ainsi qu'à Beni Snous, une commune de la wilaya de Tlemcen, composée d'une douzaine de villages.

7. En outre, le *tagargrent* est parlé dans la région de Ouargla et de N'Goussa, Tougourt, ainsi que la région de Righa. Les Zénètes parlent aussi une variante du berbère à Gourara, wilaya d'Adrar.

Il est aussi important de souligner que ces chiffres concernent les berbérophones « indiscutables », c'est-à-dire ceux qui ont une langue berbère comme leur langue maternelle, et n'incluent pas tous ceux qui connaissent une langue berbère de manière passive, voire comme langue seconde quand l'un des parents est berbérophone. En effet, hormis les régions qu'on peut considérer comme essentiellement berbérophones – la Kabylie notamment –, il est difficile de distinguer les situations de communication ou une des langues berbères joue le rôle d'une langue véhiculaire de celles où elle joue le rôle d'une langue vernaculaire.

L'immensité du territoire n'aidant pas, les locuteurs des langues berbères au Maghreb, et en Algérie en particulier, ont longtemps vécu séparés les uns des autres ; ce qui ne rend pas l'intercompréhension toujours aisée. Néanmoins, à l'ère de la communication et des réseaux sociaux, les choses évoluent rapidement et la berbérophonie sort petit à petit de son enclavement. Le paysage audiovisuel algérien est lui aussi en pleine mutation avec l'incursion de différentes chaînes de radio et de télévision en langue amazighe. Evolution très notable, l'auditeur et/ou téléspectateur berbérophone devient progressivement un consommateur potentiel à appréhender et à approcher dans sa propre langue.

En outre, réputées pour être rompues au négoce, les communautés berbères disposent d'un pouvoir économique non négligeable qu'elles gagneraient à utiliser en faisant pression sur les autorités algériennes afin d'obtenir la reconnaissance pleine de la dimension culturelle et linguistique amazighe de l'Algérie et, surtout, œuvrer à sa promotion et à son développement.

CONCLUSION

La situation sociolinguistique en Algérie a toujours été posée en termes de cohabitation *versus* conflit. Actuellement, tant qu'une politique linguistique tournée vers le plurilinguisme et reconnaissant la place essentielle de la langue amazighe n'est pas encore adoptée, la tendance est incontestablement au conflit, particulièrement dans une conjoncture régionale où la langue amazighe a accédé à l'officialité au Maroc et en Lybie.

Ainsi, au-delà du jeu des chiffres auquel s'est adonné le pouvoir algérien dans sa tentative de minoration symbolique et numérique de la dimension amazighe du peuple algérien, il est tout à fait clair que cette politique résiste mal à l'épreuve des faits et de l'histoire. Les peuples du Maghreb, dans leur aspiration à la démocratie, renouent progressivement avec une identité millénaire sciemment occultée par des pouvoirs autoritaires soucieux d'appartenir à un « Monde Arabe » fantasmé. L'Algérie ne peut rester en marge de ce mouvement de réconciliation avec soi.

L'Afrique subsaharienne

LES LOCUTEURS FRANCOPHONES ET LE PLURALISME LINGUISTIQUE : LA COEXISTENCE DES LANGUES DANS L'ESPACE FRANCOPHONE, CAS DE LA CÔTE D'IVOIRE

Noël KOUASSI AYEWA*

INTRODUCTION

De tout temps, le problème du pluralisme linguistique et de la coexistence des langues a été évoqué sous l'angle de l'aménagement linguistique. De ce fait, on a eu l'habitude de privilégier l'étude des rapports de force entre les langues dans un espace géographique donné, fut-il cet espace une région dans un pays, un pays ou un continent : on a alors mis davantage en relief les forces et les faiblesses entre ces langues, et l'individu, le locuteur, exposé à ces langues, a été momentanément mis entre parenthèses.

Or, quand les juristes s'emparent du sujet, ils placent plutôt l'être humain – à savoir le citoyen et son droit fondamental à l'existence ainsi que sa production – au cœur du débat linguistique ; d'où le thème suivant : « Le pluralisme linguistique : l'aménagement de la coexistence des langues dans l'espace francophone », prescrit par l'Observatoire international des droits linguistiques, qui tient son 1er colloque international à Québec, au Canada.

---

* Maître-assistant, à l'Université de Cocody/Abidjan, CÔTE D'IVOIRE. Courriel: <nayewa@yahoo.fr>.

Notre sujet de réflexion, au cours de ce colloque, est le suivant : « Les locuteurs francophones Africains subsahariens et le pluralisme linguistique : la coexistence des langues dans l'espace francophone, cas de la Côte d'Ivoire. »

Ainsi formulé, le sujet que nous avons à traiter pose en définitive la problématique du destin de l'homme vis-à-vis de la pluralité des langues : quel est l'intérêt du citoyen vis-à-vis de la coexistence de la pluralité linguistique dans l'espace géographique francophone où il est appelé à se mouvoir ? Les politiques linguistiques dans cet espace sont-elles dessinées en tenant compte de son opinion, de son droit ou ces politiques, font-elles fi de sa personne et lui sont imposées de l'extérieur ? Si tel est le cas, quelles sont les conséquences d'une telle politique sur les plans psychologique, intellectuel, social, politique et économique, chez l'homme qui vit une pluralité linguistique dans ce monde francophone où les statuts juridiques des langues en présence sont loin d'être identiques ?

D'où le plan suivant de notre exposé : quelle est la situation linguistique des pays africains, notamment celle de la Côte d'Ivoire et quelles sont les conséquences qui découlent de cette situation ?

I – LA SITUATION LINGUISTIQUE DE LA CÔTE D'IVOIRE

Combien de langues parle-t-on en Côte d'Ivoire et quel est le rapport de force entre ces langues ?

La situation linguistique de la Côte d'Ivoire se laissera analyser selon trois périodes : d'une part la période précoloniale, d'autre part la période coloniale et postcoloniale, et enfin la période d'un embryon d'aménagement linguistique.

A – La situation linguistique avant la colonisation

Pendant la période précoloniale, à l'instar de la partie subsaharienne du continent africain, la Côte d'Ivoire ignorait l'écriture. Toute cette zone subsaharienne du continent était traversée de part en part par la civilisation de l'oralité ; si bien que, sur le plan des études historiques, seules des vestiges d'objets permettent aux chercheurs de reconstituer, avec plus ou moins d'exactitude, l'histoire du pays à cette époque.

Ce que l'on peut retenir de cette période, c'est que plusieurs tribus ont coexisté pendant longtemps sur ce pan de terre que le colonisateur baptisera, selon ses repères à lui, de « Côte d'Ivoire » ; car, de toute évidence, c'est la partie de la côte africaine où les navigateurs Européens s'approvisionnaient en abondance en ivoires d'éléphant pour alimenter le commerce triangulaire.

Il est inimaginable de penser un seul instant que les tribus qui occupaient ce territoire aient pu vivre en totale autarcie, puisque l'histoire nous apprend qu'elles ont noué entre elles des alliances et élaboré des pactes de non-agression au nom desquels un ressortissant de telle tribu pouvait se rendre sur le territoire de telle autre tribu sans être inquiété. Au contraire, il était reçu avec des honneurs dignes d'un roi ; car, il bénéficiait gratuitement partout de la protection de la communauté, du gîte et du couvert. D'ailleurs, en cas de décès d'un individu dans la localité où il est en visite, on doit le dédommager afin d'obtenir son accord avant de procéder à l'inhumation du défunt : c'est dire combien ces alliances reposaient sur de solides fondements. Et elles demeurent encore vivaces de nos jours, mais avec quelques atténuations étant donné l'évolution moderne du monde et la cherté de la vie.

On peut retenir de ce commerce entre les hommes que les populations vivant sur le territoire ivoirien se fréquentaient pendant la période précoloniale, même s'il ne pouvait pas exister à cette époque un réseau routier comme aujourd'hui. Pour faciliter ces échanges entre les hommes, ceux-ci avaient besoin de pratiquer la langue de l'hôte chez qui ils séjournaient et vice versa.

D'autre part, l'apprentissage d'une langue parlée dans une tribu voisine n'était pas collectivement imposé à une autre tribu ; mais ce sont les personnes, qui éprouvaient la nécessité de voyager, qui apprenaient la langue du terroir où ils se rendaient. De ce fait, l'apprentissage d'une langue étrangère relevait d'un choix individuel et volontaire, fait par un adulte. Bien sûr, un enfant d'une tribu voisine pouvait apprendre la langue d'une autre tribu à condition qu'il aille vivre dans cette tribu : c'était le cas des neveux et des petits-enfants qui fréquentaient leurs grands-parents, vivant dans une autre tribu que la leur.

Donc, jamais un enfant n'a été forcé à apprendre la langue d'autrui, à moins que cet apprentissage se fasse par le truchement d'une mère étrangère mais résidante dans la tribu du père.

En dehors de ce cadre général, il y a eu dans le passé, des tribus vainqueurs ou développées qui ont imposé leur langue ou/et leur culture aux tribus vassales : on citera le cas des populations de la région de Korhogo, dans le Nord de la Côte d'Ivoire, où les Sénoufo guerriers sont venus s'installer et ont imposé leur langue, le « sénari », aux populations autochtones d'agriculteurs. On citera aussi le cas des populations développées venues du royaume du Ghana actuel et qui ont été favorablement accueillies par les populations Bron, dans l'ouest de la Côte d'Ivoire : les Bron ont été séduits par les mœurs et coutumes des étrangers et ont commencé à les imiter au point que de nos jours, leurs us et coutumes, y compris leur langage, sont davantage proches de ceux du Ghana. Enfin, sur le littoral de la Côte d'Ivoire, nous relèverons le cas des « Ehotilé », de la région de Grand-Bassam, qui ont abandonné leurs langue et mœurs pour adopter celles des Apolloniens, venus du Ghana pour s'installer au milieu d'eux : de nos jours, ils n'ont recours à leur propre langue en perdition que seulement au moment des rites religieux.

Donc dans un passé lointain, il se parlait certainement plusieurs langues sur le territoire actuel de la Côte d'Ivoire. Mais, à l'exception de quelques cas d'impérialisme linguistique, l'ensemble de ces langues coexistaient pacifiquement dans la mesure où aucune d'entre elles n'exerçait une hégémonie sur l'autre. D'ailleurs, pour faciliter le commerce entre les hommes, les uns apprenaient volontairement les langues des autres, et cela se faisait sans aucune contrainte particulière. Cet apprentissage se déroulait en milieu naturel où la langue était pratiquée, c'est-à-dire en situation de bain linguistique permanent.

En sus de ce cas général, un enfant vivant en milieu familial, dans la tribu de son père, pouvait acquérir en deuxième langue, la langue de sa mère quand celle-ci, venue d'une autre tribu, parlait sa langue maternelle avec ses enfants à la maison.

En l'absence de règles juridiques écrites régissant les rapports entre les différentes langues du territoire, on peut affirmer sans risque de se tromper que, pendant la période précoloniale, toutes ces langues étaient traitées en égale estime et, de ce fait, jouissaient du même statut.

B – La situation linguistique pendant la période coloniale et postcoloniale

La période coloniale inaugure l'ère de la lettre et de l'écriture en Côte d'Ivoire, mais aussi l'ère de la recherche linguistique.

En effet, les premiers navigateurs européens abordent les côtes du littéral ivoirien à partir du XVIe siècle. La fréquentation de ce littoral se fera de façon irrégulière, étant donné la triste réputation collée à cette région, qui était présentée comme une côte infectée de moustiques et où le paludisme sévissait, décimant les quelques Européens qui s'y aventuraient.

Mais à partir de 1687[1], les Français commencent à s'implanter en Côte d'Ivoire grâce à des missionnaires catholiques qui s'établissent à Assinie. En 1878, Arthur Verdier est le représentant légal de la France en Côte d'Ivoire : parti de Bassam où il était établi, il s'installe à Assinie, y crée les premières plantations de café et de cacao de Côte d'Ivoire.

L'épouse du contremaître de ses plantations, Mme Keller, y ouvre la première classe d'une école[2] primaire pour la formation des enfants des ouvriers Africains.

En 1893, la Côte d'Ivoire devient une colonie française. Dès lors, l'enseignement du français, dans ce pays, va connaître une expansion toujours ascendante.

La période coloniale, qui a été inaugurée au XVIe siècle, présente elle aussi trois caractéristiques à partir desquelles nous allons l'analyser : les travaux linguistiques effectués par les chercheurs européens, les travaux linguistiques des nationaux et l'ère de l'aménagement linguistique en Côte d'Ivoire.

---

1. MEN/DP, Chef de production : Moussa Traore *et al.*, Histoire. Géographie. C.M., Abidjan, CEDA, Collection « École et Développement », 2e éd., 2002 aux pp. 57-58.
2. Léonard Sosso, *L'enseignement en Côte d'Ivoire depuis les origines jusqu'en 1954*, Abidjan, Imprimerie Nationale, Dépôt légal n° 1087, t. 1 à la p. 37.

1 – La situation linguistique du point de vue des chercheurs européens

Les travaux linguistiques, qui y ont été entrepris, se distinguent en deux groupes : le groupe de chercheurs qui donnent des langues ivoiriennes une image foisonnante ; il s'oppose à celui des chercheurs qui ont tendance à réduire ce nombre.

a) Nombre pléthorique des langues ivoiriennes

La première étude linguistique connue, qui concerne ce pays, a été le fait de l'ethnologue Maurice Délafosse. Il publia en 1904 son : « Vocabulaires comparatifs de plus de 60 langues et dialectes parlés à la Côte d'Ivoire »[3].

Au moment où Maurice Délafosse publiait cet ouvrage, la Côte d'Ivoire dont il se réfère ici comprenait et la Côte d'Ivoire actuelle et une partie de l'actuel Burkina-Faso (qui s'appelait autrefois La Haute-Volta) : la frontière nord de cette Côte d'Ivoire-là se limitait à Bobo-Dioulasso.

Sans qu'aucune autre étude linguistique sérieuse ait été menée pour déterminer avec précision le nombre des langues pratiquées dans la Côte d'Ivoire d'aujourd'hui, les chercheurs européens ont repris en chœur le titre de l'ouvrage de Délafosse et ont affirmé de façon gratuite et péremptoire qu'il existe plus de 60 langues en Côte d'Ivoire : ainsi Marie-José Dérive et Suzanne Lafage remplacent simplement, dans leurs travaux, le mot dialecte employé par Délafosse par ethnie et publient une étude sociolinguistique de la Côte d'Ivoire où l'on peut lire ce qui suit :

> La Côte d'Ivoire constitue un véritable carrefour linguistique. Tenter de faire une description sommaire de cette situation est une entreprise malaisée car des travaux portant sur ce sujet ne semblent d'accord ni sur l'identification des groupes, ni sur le nombre d'ethnies ou de langues...De récents travaux de l'O.R.S.T.O.M. font état de 65 ethnies. Ce sont ces dernières données, les plus récentes en notre possession, que nous évoquons ici[4].

---

3. Maurice Délafosse, *Vocabulaires comparatifs de plus de soixante langues et dialectes parlés à la Côte d'Ivoire*, Paris, Leroux, 1904.
4. Marie-Josée Dérive et Suzanne Lafage, « La situation sociolinguistique de la Côte d'Ivoire » dans *C.I.R.L.* n° 3, Abidjan, ILA/Université d'Abidjan, avril 1978 aux pp. 111-112 [Dérive et Lafage].

D'ailleurs, l'expression « véritable carrefour linguistique » utilisée par Dérive et Lafage ne semble pas être non plus fortuite : elle trouverait sa source dans le qualificatif employé par Gabriel Rougerie, au sujet des ethnies de la Côte d'Ivoire, qui forment à ses yeux « un véritable Puzzle humain »[5]. Les populations ivoiriennes seraient donc constituées de tribus très diverses et qui, en petits groupuscules, s'agglomèreraient sur un espace relativement restreint de 322 642 km^2. Tout est dit ici comme si ces populations vivaient en autarcie, dans un climat d'antagonisme exacerbé.

D'autres renchérissent davantage sur le nombre des langues ivoiriennes :

> Les élèves ivoiriens ont, à peu près tous, commencé à parler avec une des quelques 75 langues de Côte d'Ivoire[6].

Des travaux linguistiques d'une évidence approximative viendront compléter le tableau, quant à la classification des langues de Côte d'Ivoire : à partir d'une liste de 370 mots lexicaux, Eva Flick et Margueritte Boli[7] n'identifient plus, à leur tour, qu'une cinquantaine de langues en Côte d'Ivoire.

Quand on sait que le vocabulaire est tout ce qu'il y a de plus fluctuant dans une langue, est-il vraiment raisonnable de s'appuyer sur ce seul critère et sur un corpus de quelques rudiments lexicaux pour déterminer le nombre des langues usitées dans un pays ?

Ainsi, s'agissant des langues dites lagunaires de Côte d'Ivoire et appartenant au groupe Kwa, Laurent Duponchel en dénombre une dizaine :

> Les langues du groupe Kwa : baoulé, agni et une dizaine de langues lagunaires : alladian, abouré, avikam, abé, attié, ébrié, abidji, adioukrou [...][8].

5. Gabriel Rougerie, *La Côte d'Ivoire*, 4e éd., Collection « Que sais-je ? » no 1137, Paris, P.U.F., 1977 à la p. 63.
6. André Lamy, *Enquête sur le français des élèves de sixième*, Abidjan, ILA/Université d'Abidjan, 1970 à la p. 5.
7. Eva Flick et Margueritte Boli, *Vocabulaire comparatif de cinquante langues de Côte d'Ivoire*, Abidjan, SIL/ILA, 1971.
8. Laurent Duponchel, « Réflexions sur l'enseignement du français en Côte d'Ivoire » dans *Langues Négro-Africaines et enseignement du Français*, Abidjan, Institut de Linguistique Appliquée (ILA), 1971 à la p. 28.

C'est à croire qu'une idée de diabolisation se cache derrière cette volonté manifeste de donner aux Ivoiriens, de leurs langues, un nombre impressionnant et ainsi de présenter ces langues comme un épouvantail face au dessein de création d'une nation unifiée au moyen d'une ou de langues autochtones. Aussi des linguistes emploient-ils sciemment et indifféremment des notions importantes en linguistique, mais bien distinctes en français, comme groupe humain, langues, dialectes et ethnies[9]. Mais pourquoi, dans leurs critères de recherche et de délimitation des langues ivoiriennes, ces linguistes ne font-ils jamais appel au critère d'intercompréhension entre les membres de ces différents groupes ethniques et/ou langagiers ?

b) Les linguistes réductionnistes

Nous employons à dessein ce néologisme pour qualifier les linguistes européens dont les travaux de recherche ont eu pour tendance de réduire considérablement le nombre des langues ivoiriennes.

En effet, la supercherie linguistique du groupe précédent de chercheurs européens a été dénoncée par d'autres linguistes européens ; aussi peut-on lire au sujet des mêmes langues ivoiriennes, ce qui suit :

> Il est une limite grave. Les propositions de classement sont acculées à manipuler principalement des éléments de vocabulaire, faute d'une systématisation rigoureuse des appareils grammaticaux.
>
> Si l'on prend l'exemple des langues lagunaires de Côte d'Ivoire [voir la note 8], on est frappé par les divergences de vocabulaire ; par contre, si l'on regarde du côté d'une typologie spécifique de ces langues, on s'aperçoit qu'il est possible de justifier des regroupements car les affinités se manifestent au niveau des structures et des systèmes malgré les divergences lexicales[10].

Maurice Houis et son collaborateur aboutissent à la conclusion que la multiplicité propagée des langues ivoiriennes relève moins de critères purement linguistiques que d'autre chose. Ils constatent ceci :

9. Voir les notes 1 et 4.
10. Maurice Houis, *Anthropologie linguistique de l'Afrique Noire*, Paris, P.U.F., 1971 à la p. 41.

Ce trait de la multiplicité des langues a pris et continue de prendre un sens politique à travers l'insistance avec laquelle on le souligne. Il servit en effet de justification, en particulier dans la zone d'influence coloniale française, au principe d'exclusivité du français comme langue d'enseignement. Face à la multiplicité des langues africaines, seul le français pouvait assurer unité et homogénéité[11].

L'exclusivité du français en Côte d'Ivoire a pour conséquence première la négation des langues autochtones et de ce fait leur exclusion pure et simple des institutions officielles, telles la radio, la télévision nationale, la presse, l'école, l'administration et même du débat public et politique.

En même temps que ces langues, les populations qui les pratiquent et les œuvres d'art produites par les civilisations[12] africaines précoloniales, sont taxées d'objets horribles, frappés d'un infantilisme béat : elles sont classées comme étant le fruit d'un art mineur. Mais curieusement, ces mêmes œuvres d'art ont été pillées d'Afrique et ornent les rayons des musées occidentaux ou les galeries des maisons cossues de particuliers qui les exhibent en signes de trophées remportés sur les peuples barbares par la race supérieure et la civilisation colonisatrice qu'elle a su engendrer et sécréter dans le monde entier.

Nous évoquerons les conséquences de cette négation, à travers leurs langues et cultures, des peuples africains, dans la deuxième partie de cette étude. Mais en attendant, nous examinerons le point de vue des chercheurs ivoiriens, relatif à la situation linguistique de leur pays.

2 – La situation linguistique du point de vue des nationaux

La voix des chercheurs ivoiriens s'est exprimée, au sujet des langues ivoiriennes et de leur nombre pléthorique, à travers le Syndicat Africain de la Recherche et de l'Enseignement Supérieur (SYNARES).

---

11. Maurice Houis et Rémy Bole-Richard, *Intégration des langues africaines dans une politique d'enseignement*, Paris, AGECOP/UNESCO, 1977 [Houis et Bole-Richard].
12. Georges Balandier *et al.*, *Dictionnaire des civilisations africaines*, Paris, Fernand Hazan éditeur, 1968 à la p. 105.

Ils s'élèvent contre le nombre pléthorique des langues ivoiriennes. Et sur la base des travaux linguistiques d'autres chercheurs et enseignants, ils opèrent à partir du critère des affinités syntaxiques, le regroupement des langues pratiquées en Côte d'Ivoire en quatre groupes linguistiques ; ces groupes sont : le mandé, le voltaïque, le krou et l'akan (ou kwa). En tenant compte des langues les plus véhiculaires à l'intérieur de chaque famille linguistique, ils proposent, dans un mémorandum adressé à la Commission Nationale de la Réforme de l'Enseignement, quatre langues ivoiriennes à introduire dans l'enseignement formel. Leur proposition est ainsi libellée :

> Il est temps de prendre à bras le corps le problème des langues nationales, moyens de communication de masse, véhicules millénaires de la culture africaine. Le phénomène de renaissance culturelle en France est là qui nous rappelle qu'on ne construit pas impunément une nation unitaire en étouffant les langues des ethnies.
>
> Contrairement à l'opinion commune, effrayée par leur diversité, leur infériorité technique et par le tribalisme qui est hostile à la promotion de certaines d'entre elles, la Côte d'Ivoire selon l'avis des anthropologues, compte quatre grands ensembles linguistiques : Mandé, Voltaïque, Krou, Akan, sur la base desquels nous retenons expressément quatre langues régionales d'enseignement : le Malinké, le Sénoufo, le Bété, le Baoulé.
>
> Un travail systématique de recherche (alphabet, grammaire, dictionnaire, traduction de textes, etc.) peut à terme élever ces langues, comme toutes les langues d'Afrique, au statut de langues scientifiques[13].

La désignation des langues ivoiriennes à introduire dans l'enseignement n'est pas fortuite ; elle procède des résultats d'enquêtes linguistiques menées en milieu scolaire. Cette enquête d'envergure nationale a concerné 2 179 élèves des classes de 6e et 5e du pays. Sur cet effectif global, 1 627 élèves parlent une deuxième langue ou plus, soit 74 % de la population enquêtée. Et sur ces 74 % : « 82 % parlent le dioula, 38 % parlent baoulé, 18 % parlent bété et 15 % parlent anuyi »[14].

---

13. Kouassi Atin *et al.*, « Les langues africaines, instruments de développement » dans *C.I.R.L.* no 3 aux pp. 77-78.
14. Une enquête effectuée par l'Institut de Recherche Pédagogique (IRP) en 1972-1973 et citée par Dérive et Lafage, *supra* note 4 à la p. 119.

D'autres études montrent que le boulé et l'agni sont des variantes dialectales du groupe kwa (ou akan). Si donc nous cumulons leurs taux de représentativité au cours de la présente enquête, nous obtenons un score de 53 % pour le kwa : le dioula et le baoulé se classent donc respectivement en tête des langues les plus véhiculaires en Côte d'Ivoire, devant le bété ; quant au sénoufo, il apparaît comme une langue peu dynamique sur le territoire national.

Disons que la proposition du SYNARES (voir la note 13) va ouvrir, dans une certaine mesure, l'ère d'un aménagement linguistique en Côte d'Ivoire.

3 – Un embryon d'aménagement linguistique en Côte d'Ivoire

Nous ne serions à l'aise d'employer le terme d'aménagement linguistique que dans la mesure où il y a eu législation et donc des textes juridiques, qui classent les langues d'un pays en langue officielle, en langues nationales, en langues régionales et autres, déterminant ainsi des rapports d'hiérarchie entre ces langues.

À propos de l'aménagement linguistique en Côte d'Ivoire, nous distinguerons deux cas : un aménagement linguistique implicite et un aménagement linguistique plus ou moins explicite.

a) Aménagement linguistique implicite

L'aménagement linguistique implicite est le fait du colonisateur, qui a pesé de tout son poids lors de la rédaction des premières Constitutions des pays Africains en 1960-1961. Les enjeux majeurs de ces Constitutions ont été ignorés par les peuples africains à qui elles se sont imposées dans les faits. Ainsi a été inscrit en lettres d'or, dans ces Constitutions, que le français est la langue officielle de chaque pays africain.

Dans ces Constitutions, aucun cas n'a été fait des langues autochtones : elles ont été tout simplement ignorées, comme si elles n'avaient jamais existé. Du coup, les locuteurs qui pratiquent quotidiennement ces langues se sont vus être bannis des nouvelles nations africaines modernes en construction qui, pourtant, se trouvent être précisément des pays où ils ont vécu des siècles et des millénaires durant.

Avant l'élaboration de ces Constitutions, les linguistes, sur le plan idéologique, avaient déjà fait le lit au français et préparé le terrain pour l'exclusion des langues autochtones africaines, en en donnant une image foisonnante et épouvantable : ainsi les peuples de Côte d'Ivoire, vivant sur un territoire de 322 000 km^2, ont été présentés comme des groupuscules constituant un puzzle dont les éléments constitutifs sont inextricables. Dès lors, il ne restait plus à dire de ces peuples et de leurs langues qu'ils sont des barbares, prêts à en découdre à tout moment.

Dans ce contexte de totale confusion et de barbarie, la voie est toute tracée pour faire jouer au français un rôle salvateur ; aussi est-il aujourd'hui évident que :

> La langue française, trente ans après les indépendances, continue d'occuper une place privilégiée, de jouer un rôle essentiel et peut même prétendre à un bel avenir. Il nous a donc paru judicieux de parler de « français langue africaine » (FLA), conscient du côté provocateur que peut présenter une telle opération[15].

En Côte d'Ivoire, le rôle du français est clairement affirmé dans les programmes scolaires des écoliers et élèves. On peut y lire ce qui suit :

> L'objectif assigné à l'enseignement du français, au niveau de l'enseignement primaire, est de donner, à l'oral comme à l'écrit, la maîtrise de la langue française conçue comme un instrument de communication et d'échange devant permettre aux différentes populations de Côte d'Ivoire de se comprendre et de s'ouvrir au monde extérieur, à tous de se perfectionner et de se cultiver[16].

Le rôle du français, en tant que ciment de l'unité nationale des populations de la Côte d'Ivoire, est davantage affirmé dans les pages suivantes du même document :

> La Côte d'Ivoire a opté pour le français comme langue officielle. Ce choix doit accélérer de façon significative l'unification du pays et favoriser la prise de la conscience du fait ivoirien[17].

---

15. Pierre Dumont, *Le français langue africaine*, Paris, Harmattan, 1991 à la p. 7.
16. MEPETV, Objectifs, Programmes et Méthodes de l'Enseignement Primaire Rénové, t. 2 à la p. 5.
17. *Ibid*, p. 24.

En donnant sciemment des langues ivoiriennes et africaines un nombre indéfini et exagérément effrayant, le colon et les chercheurs européens étaient conscients de préparer ainsi, insidieusement, une voie royale à la langue française pour en faire l'unique langue officielle des pays de l'Afrique Noire. De ce fait même, ils excluaient les langues africaines de la scène publique et marginalisaient ainsi, bien que vivant sur leur propre territoire, les peuples africains.

Et, pour ce qui est de la Côte d'Ivoire, ce statut quo demeure jusqu'à ce jour.

b) Embryon d'un aménagement linguistique explicite

Nous qualifions d'aménagement linguistique explicite, des textes de lois relatifs aux statuts des langues en vigueur dans un espace géographique donné et qui ont été élaborés par les populations concernées elles-mêmes et selon leurs aspirations profondes : ces textes de lois sont donc l'émanation des peuples ou de leurs élus.

En Côte d'Ivoire, l'aménagement de ce type comporte deux étapes, qui sont : la loi portant réforme de l'enseignement et la constitution de juillet 2000.

(i) Loi Portant Réforme de l'Enseignement (LRE)

En Côte d'Ivoire, les propositions faites par le SYNARES (voir la note 13) à la Commission Nationale de la Réforme de l'Enseignement ont été effectivement l'objet d'une loi votée par les Députés à l'Assemblée Nationale : cette Loi stipule, en son titre VIII consacré aux langues ivoiriennes, que :

> Article 67 : L'introduction des langues nationales dans l'enseignement officielle doit être conçu comme un facteur d'unité nationale et de revalorisation du patrimoine culturel ivoirien.
>
> Article 68 : L'Institut de Linguistique Appliquée est chargé de préparer l'introduction des langues nationales dans l'enseignement, notamment par leur description, leur codification, l'identification et la consignation de leurs grammaires et lexiques, l'élaboration de manuels scolaires, et le développement des productions littéraires garantissant leur caractère culturel[18].

18. République de Côte d'Ivoire, *Loi du 16 août 1977 Portant Réforme de l'Enseignement* (L.R.E.), Abidjan, Assemblée nationale, août 1977 à la p. 9.

Pour la première fois de l'histoire moderne de la Côte d'Ivoire, mention est faite explicitement des langues ivoiriennes dans un document officiel telle une loi votée à l'Assemblée Nationale ivoirienne.

Mais cette loi nous laisse quelque peu sur notre faim ; car, contrairement à la proposition du SYNARES qui était précise en la matière, la loi parle de « langues nationales » sans jamais nous dire lesquelles des langues ivoiriennes sont classées langues nationales. Car, la langue nationale est un statut linguistique et juridique conféré à certaines langues à valoriser d'un terroir.

Alors doit-on confondre ici « langue nationale » et « langue ivoirienne » ? Or, si une langue ivoirienne peut être une langue nationale, toute langue ivoirienne n'est pas forcément une langue nationale. Mais cette ambigüité sémantico-linguistique, qui a été instaurée par l'Assemblée Nationale ivoirienne, continue d'être entretenue comme telle. Malheureusement, elle a pour conséquence de retarder la promotion des langues ivoiriennes et africaines.

(ii) Constitution de juillet 2000

La Constitution actuellement en vigueur en Côte d'Ivoire a été rédigée en 2000, par les Constitutionnalistes et les Députés ivoiriens. Elle a été adoptée par référendum du 23 au 24 juillet 2000.

Elle stipule à son Titre II « De l'État et de sa souveraineté » et au troisième alinéa de l'article 29, ce qui suit :

> La langue officielle est le français. La loi fixe les conditions de promotion et de développement des langues nationales[19].

Cette Constitution n'est pas non plus explicite en ce qui concerne les langues nationales auxquelles elle fait allusion, à moins qu'il ne s'agisse ici de toutes les langues ivoiriennes. En cela, elle demeure fidèle au texte de loi portant réforme de l'enseignement et évite à son tour de lever les ambiguïtés.

---

19. République de Côte d'Ivoire, « *Loi n° 2000-513 du 1er août 2000 Portant Constitution de la République de Côte d'Ivoire* » dans *Journal Officiel de la république de Côte d'Ivoire*, n° 30, 529, Abidjan, Imprimerie Nationale, 2000 à la p. 531.

On comprend que la tâche devienne très ardue pour le linguiste quant à codifier les langues ivoiriennes pour leur introduction dans l'enseignement ou dans la vie publique en Côte d'Ivoire, alors que le travail aurait été simplifié s'il avait été question de valoriser quatre langues telles que celles proposées par le SYNARES.

Quand l'immobilisme des intellectuels est préparé par les politiciens qui ont sciemment vidé la proposition du SYNATRES de sa substance, nous ne pouvons que parler d'un embryon d'aménagement linguistique en Côte d'Ivoire, qui nous maintient toujours dans le schéma colonial. Ainsi Pierre Alexandre pouvait dire :

> Une seule langue est enseignée dans les écoles, admise dans les tribunaux, utilisée dans l'administration : le français tel qu'il est défini par les avis de l'académie et les décrets du Ministère de l'Instruction Publique.
>
> Toutes les autres langues ne sont que folklore, tutu, panpan, obscurantisme, biniou et bourrée et ferments de désintégration de la République[20].

II - LES CONSÉQUENCES DE LA SITUATION LINGUISTIQUE DE LA CÔTE D'IVOIRE

Nous évaluerons les conséquences de la situation linguistique de la Côte d'Ivoire du point de vue des dégâts humains et de la privation du droit humain. Donc, nous les évaluerons sur le plan sociolinguistique, sur le plan scolaire, sur le plan économique et sur le plan politique.

A - Sur le plan sociolinguistique

Étant donné que d'une part, les langues ivoiriennes sont exclues du monde publique en Côte d'Ivoire et d'autre part que, la pression et l'hégémonie du français sont fortes (car cette langue occupe seule toute la scène sans partage), les populations analphabètes qui ont besoin de communiquer avec autrui se sont forgé des langues intermédiaires, hybrides, qui ne sont ni du français ni des langues africaines : il s'agit du « français Dago » et du « Français Populaire Ivoirien » (FPI).

20. Pierre Alexandre, *Langues et langages en Afriques Noire*, Paris, Payot, 1975.

1 – Le français Dago

Dago est un nom propre de personne, dans l'Ouest de la Côte d'Ivoire. C'est un notable analphabète du monde rural, qui s'est mis dans la tête d'aller à la recherche de son frère vivant dans la grande mégalopole ivoirienne qu'est Abidjan. C'est aussi la première fois que ce paysan met les pieds dans une ville, d'où ses maladresses et drôleries pour traverser une rue entre le flot des voitures peu attentionnées ou pour demander un renseignement à un passant, lui qui ignore un traître mot du français. Il est pourtant obligé de s'exprimer en français pour se faire comprendre, d'où ce baragouin qu'il émet et qui le couvre de ridicule aux yeux des citadins francophones. Nous reportons ici une phrase du français Dago :

> A vai mon djigbô niveau model-là Bassam lui-même pé véni sampion de mondial 86 ?[21]

Cette phrase, de français Dago, se glose comme suit :

> [Ne sais-tu pas que] Avec mon nouveau fétiche, même [une modeste équipe de football comme celle de] Bassam peut devenir championne au Mondial 86 ?

Un analphabète, pour se faire comprendre en français, quand il arrive en ville, a besoin d'un interprète comme guide : sans un guide, il est noyé dans les ténèbres de l'ignorance qui l'ensevelissent : il perd sa dignité d'homme, son honneur, sa liberté ; il est infantilisé. Il ne se sent pas un citoyen comme les autres, c'est-à-dire les citadins et les lettrés.

2 – Le Français Populaire Ivoirien

Disons que le français Dago est le premier type de français forgé par les adultes analphabètes ivoiriens du monde rural qui s'aventuraient en ville. Mais avec l'industrialisation du pays et le besoin d'une main d'œuvre abondante, des paysans ivoiriens sont venus s'installer en ville dans des quartiers précaires où ils ont exercé l'hospitalité d'accueillir leurs nombreux frères africains analpha-

21. Noël Kouassi Ayewa, « Mots et contextes en FPI et Nouchi » dans Daniel Blampain, Philippe Thoiron *et al.*, dir., *Mots, Termes et Contextes*, Bruxelles, Agence Universitaire de la Francophonie/Actualité Scientifique, du 8 au 10 septembre 2005 à la p. 232.

bètes, eux aussi, mais venus des pays limitrophes de la Côte d'Ivoire et qui sont venus chercher leur pitance dans les usines à Abidjan.

Pour faciliter la communication entre ces populations d'origines diverses, le français Dago a servi de véhicule à l'expression de leurs pensées et sentiments : aussi, ce langage s'est-il enrichi sur tous les plans (lexical et syntaxique), se rapprochant ainsi davantage du français que ces ouvriers entendaient sur les chantiers de la bouche des contremaîtres, des cadres africains et de leurs patrons européens : ce français Dago amélioré a été baptisé de Français Populaire d'Abidjan (FPA). Il s'est rapidement répandu et a extrapolé la ville d'Abidjan pour s'étendre à toute l'étendue du territoire ivoirien, au point qu'on n'hésite plus aujourd'hui à parler de Français Populaire Ivoirien (FPI). Soit la phrase suivante en FPI :

> Toi-aussi, trembément dé tair c'est pas touzour ! ![22]

Cette phrase, que nous avons relevée d'un journal humoristique de la place, semble davantage être française par rapport à la phrase en français Dago : la phrase du FPI comporte des mots à consonance française. Toutefois, certains de ses mots sont parfois inconnus en français ; car ils ont subi la loi phonologique et morphologique des langues africaines, tels que « trembément » au lieu de « tremblement », « touzour » au lieu de « toujours ».

Le problème qui est posé ici est de savoir si un locuteur du FPI peut se faire comprendre de tout francophone adepte du français standard ou du français académique. Notre locuteur a voulu rassurer son interlocuteur, qui s'inquiétait d'un possible tremblement de terre au Brésil pendant la période de la Coupe Mondiale 1986, en lui disant ceci :

> Toi aussi, ce n'est pas toujours qu'on a les tremblements de terre [au Brésil – pays où se jouait la coupe du monde en 1986].

Évoquant la situation sociolinguistique de la Côte d'Ivoire à travers le plurilinguisme des élèves ivoiriens, Laurent Duponchel écrivait :

> L'écolier ivoirien parle une langue négro-africaine ; il emploie dans certaines conditions une variété de français que l'on peut appeler français

---

22. Noël Kouassi Ayewa, *ibid.*, voir Corpus FPI à la p. 19.

> populaire de Côte d'Ivoire ; il apprend en classe un français littéraire. Il s'agit là d'une situation claire de plurilinguisme à trois termes[23].

Duponchel faisait le constat du plurilinguisme ivoirien à trois termes en 1971. Mais depuis les années 80, l'univers linguistique ivoirien s'est enrichi d'une nouvelle langue, le nouchi.

3 – Le nouchi

Parallèlement au français standard, au français de Dago et au FPI, s'est développée en Côte d'Ivoire une autre variété de français propre aux jeunes, surtout aux jeunes scolarisés, qui par ailleurs pratiquent aisément le français standard : il s'agit du « nouchi ». C'est un français inventé par les jeunes citadins, dans les années 80, afin de communiquer entre eux sans être compris des adultes. Cette envie de fonctionner en vase clos a fait dire du nouchi qu'il s'agissait d'un argot. Le professeur Jérémie Kouadio N'Guessan écrivait au sujet du Nouchi :

> Né dans la rue, ce parler est devenu le code de ralliement d'une majorité des jeunes Ivoiriens : élèves, lycéens, étudiants, jeunes de la rue, jeunes délinquants[24].

Mais la langue, qui est revendiquée par les jeunes comme leur patrimoine linguistique et donc qui est l'objet de leur légitime fierté, se répand comme une traînée de poudre à travers le territoire national ivoirien ; si bien que, le nouchi a débordé rapidement des limites des villes de Côte d'Ivoire pour servir de code de ralliement à tous les jeunes du pays.

D'autre part, la propension du nouchi est aujourd'hui favorisée par les artistes musiciens qui en font leur mode privilégié d'expression : même les artistes musiciens des générations antérieures comme Alpha Blondy, Serges Kassy et autres ont adopté ce canal d'expression : le nouchi est donc en passe de devenir, dans les faits, une langue d'envergure nationale propre à la jeunesse scolarisée, estudiantine ou non scolarisée, citadine et/ou rurale de la Côte

---

23. Laurent Duponchel, « Multilinguisme et français scolaire chez l'écolier Ivoirien » dans *Langues Négro-Africaines et enseignement du Français*, Abidjan, Institut de Linguistique Appliquée (ILA), 1971 à la p. 14.
24. Jérémie N'Guessan Kouadio, « Le nouchi Abidjanais ; naissance d'un argot ou mode linguistique passagère ? » dans *Actes du colloque des langues et des villes*, Dakar, Didier Erudition, 1990.

d'Ivoire. Ces jeunes sont fiers d'emboucher le nouchi ; car, cette langue est à leurs yeux un cri de révolte contre l'hégémonie du français en Côte d'Ivoire.

Les répliques du dialogue suivant témoignent bien que les étudiants sont friands du nouchi :

Saïdou : – Les gus me voilà ! ! On peut faire la bringue jusqu'à demain !

Les copains de Saïdou : – Saïdou, dépêche-toi ! Les dayes nous attendent au ziglibity-club[25].

Le mot « dayes », employé par les copains de Saïdou, provient du mot anglais « death », du verbe « to die » qui signifie « mourir » : ici, on ne meurt pas d'une maladie mais de plaisirs. Cette expression allégorique sert en nouchi à désigner une jeune fille, une copine, celle qui nous procure une joie immense, le bonheur de vivre.

D'autres exemples : les jeunes Ivoiriens préféreront dire : « badou » pour éviter d'employer le verbe « manger » du français. Ils lui ont créé un synonyme qu'ils emploient lorsqu'ils dégustent de « l'attiéké », leur mets favori : il s'agit du verbe « pommer », c'est-à-dire se débarrasser du couvert classique de table (cuillère, fourchette et couteau) pour manger à même la paume de la main comme un indigène Africain.

Contrairement aux locuteurs du français Dago et du FPI, le locuteur du nouchi est une personne affranchie, qui peut évoluer dans tous les milieux ivoiriens ; car il maîtrise aussi bien une langue ivoirienne africaine que le français ; de surcroît, il comprend le français Dago et le FPI.

4 – Le français, une langue ivoirienne

Le français langue seconde[26], en Côte d'Ivoire, a porté ses fruits au point qu'aujourd'hui, de nombreux jeunes Ivoiriens ont le français standard pour langue maternelle : dans nos salles de classes, à l'école

25. Suzanne Lafage, *Le lexique français de Côte d'Ivoire. Appropriation et créativité*, t. 2, Nice, 2002 à la p. 823.
26. Noël Kouassi Ayéwa, « La langue seconde : un débat d'actualité » (2004) 12 En-Quête 71-102.

primaire, au collège comme à l'université, ils représentent au moins 5 % des effectifs.

Il s'agit des enfants de familles cultivées ou/et de couples mixtes ivoiriens où les parents ont choisi le français comme moyen de communication courante. Par conséquent, le français est devenu la langue maternelle de ces enfants.

Donc, c'est à juste titre que le français soit considéré comme une langue ivoirienne[27].

B - Sur le plan scolaire

L'école ivoirienne présente une caractéristique commune, à tous les cycles de formation et du système éducatif : c'est une école de l'échec, qui engloutit inutilement le dénier public. Qu'est-ce à dire ?

La plupart des écoliers ivoiriens vivent en milieu rural, où se pratiquent couramment les langues africaines : ces enfants ont donc pour langue maternelle une langue ivoirienne africaine et ignorent tout du français standard. Quand ils entrent à l'école à l'âge de six, ils doivent absolument abandonner la langue africaine au seuil de l'école. Car, l'unique langue d'enseignement en Côte d'Ivoire, depuis l'école maternelle jusqu'à l'université, est le français ; d'où le statut particulier de « langue seconde » attribué au français dans les pays africains subsahariens : ici, le français se substitue d'office à la langue maternelle de l'enfant. Dispenser un cours à des enfants, dans une langue étrangère et dans une classe d'un cycle d'initiation qu'est l'école primaire, que peuvent bien comprendre ces enfants et comment peuvent-ils se développer intellectuellement parlant, s'ils n'ont pas saisi grand-chose à ce que leur dit l'instituteur ? La réponse à cette interrogation nous est fournie par les performances de l'école ivoirienne, qui sont éloquentes à cet égard :

- le taux national d'abandon de l'école au cours de la première année scolaire est de 8,1 % en 1989/1990, 9 % en 1991/1992, 8,5 % en 1996/1997[28] :

27. Noël Kouassi Ayéwa, « Une enquête linguistique ; le français, une langue seconde » (2009) 25 Revue Le Français en Afrique 117-134.
28. MENFB, *Analyse Statistique du Système Éducatif*, Abidjan, DPES, 1995-1996.

– « Au niveau de l'enseignement primaire, le redoublement concerne annuellement près de 25 % des élèves, soit 700 000 redoublants par an. »[29] ;

– « De façon générale, le constat est que le cycle de l'éducation de base rejette près de 10 % de ses effectifs par an. »[30] ;

– « L'enquête MICS 3 révèle que seulement 52 % des enfants qui entrent en première année atteignent la cinquième année (CM1). Quant au taux d'achèvement du cycle primaire, il est passé de 47,7 % en 2001/2002 à 42,2 % en 2005/2006, ce qui représente une baisse de plus de cinq points en quatre ans. »[31]

Espérons que cette baisse ne soit pas continuelle et ne progresse pas dangereusement vers moins l'infini.

Pour ce qui est du cycle de l'enseignement secondaire, son sort n'est point reluisant :

> Tout comme le cycle primaire, le secondaire enregistre un fort taux de déperdition lié aux redoublements et aux abandons.
>
> En ce qui concerne la performance générale de l'enseignement secondaire, seulement le quart des candidats au BEPC et le tiers de ceux du BAC réussissent aux évaluations nationales[32].

Pourtant, bien que les politiques d'ajustement structurel au niveau du secteur Éducation/Formation aient entraîné des contraintes budgétaires pour l'État ivoirien, la part du budget allouée à l'éducation a été plus ou moins constante, soit 36,6 % en 1990/1991 qui représentaient 6,9 % du PIB ; cette part est passée à 32,5 % en 1990/2000, soit 3,9 % du PIB[33].

Malgré les efforts colossaux consentis par le pays, les résultats de l'éducation et de la formation restent bien maigres. La seule cause à ces résultats négatifs reste, à nos yeux, la langue d'enseignement, le français, qui est inaccessible à la plupart des enfants qui, pourtant,

---

29. République de Côte d'Ivoire, *Stratégie de Relance du Développement et de Réduction de la Pauvreté*, janvier 2009 à la p. 51, para. 314.
30. *Ibid.* au para. 320.
31. *Ibid.* au para. 315.
32. *Ibid.* aux para. 318 et 319.
33. *Ibid.* à la p. 52 au para. 324.

sont tous contraints d'utiliser cette langue. De ce fait, ils n'ont pas facilement accès aux contenus de leurs programmes d'enseignement, et leurs expressions en français est jugée insatisfaisante, d'où les nombreux cas d'échec aux évaluations nationales.

Apparemment, la langue française, telle qu'elle est utilisée en Côte d'Ivoire et en Afrique Noire Subsaharienne, n'est pas un moyen d'épanouissement intellectuel et de développement humain.

C – Sur le plan économique

La Côte d'Ivoire est un pays peu industrialisé. Si l'on retranche de la part contributive au budget national la part des travaux Publics (BTP), la contribution au PIB de l'industrie ivoirienne n'est que de 17,5 % alors que celle du secteur primaire s'élève à 27,2 %, avec une part prépondérante du secteur agricole de 22,6 % dont 17,2 % pour l'agriculture vivrière et l'élevage et 5,4 % pour l'agriculture d'exportation[34]. En effet, « l'agriculture contribue pour 27 % au PIB, emploie 2/3 de la population active et fournit avec le secteur agroindustriel 40 % des recettes d'exportation »[35].

Cette richesse nationale est produite en grande partie par la population rurale, qui est analphabète : en effet « la population rurale représente 59 % de la population totale »[36].

Pourtant, « malgré sa forte contribution à l'économie nationale, la population rurale est de plus en plus pauvre avec un taux de pauvreté de 62,5 % en 2008 contre 49 % en 2002 »[37].

La pauvreté du monde rural va en grandissant du fait de son analphabétisme, qui le maintient esclave dans l'obscurantisme et le rend corvéable à merci : il produit abondamment certes, mais les leviers de fixation des prix de ses produits au niveau national ainsi que leurs circuits de commercialisation lui échappent totalement : il ne fait que subir les décisions des cols blancs, se contentant des miettes qu'on lui tend.

---

34. *Ibid.* à la p. 27. Données extraites du Tableau n° 5.
35. *Ibid.* à la p. 38, para. 236.
36. *Ibid.* à la p. 37, para. 228.
37. *Ibid.* à la p. 38, para. 237.

D – Sur le plan politique

Sur le plan politique, dans un monde moderne qui fonctionne exclusivement sur la base du français en qualité de langue officielle, l'analphabétisme et l'ignorance qu'il engendre sont les causes de bien de maux qui secouent les pays africains et qui sèment la désolation au sein des populations innocentes.

Le texte de la Constitution ainsi que les autres textes de loi régissant la vie du pays et le fonctionnement de la société sont totalement méconnus de la majeure partie de la population, précisément celle qui est analphabète : en Afrique, un fait est devenu notoire, celui du « Juge ivoirien qui condamne en français un paysan qui ne parle pas cette langue »[38].

Analphabètes et ignorants, les citoyens Ivoiriens ou Africains ne peuvent pas efficacement jouer leurs rôles. Leur vote n'est pas libre dans la mesure où ils ne peuvent pas analyser et comprendre le programme de gouvernement d'un candidat à la fonction suprême de l'État : du coup, les populations analphabètes sont transformées en un bétail électoral qu'on manipule à sa guise, au prix de quelques pacotilles qu'on leur apporte comme cadeau à la veille des élections. Or :

> La démocratie a besoin de citoyens responsables : instruits, informés, éclairés, qui jugent d'eux-mêmes et qui, pour reprendre la formule si pertinente de Kant, savent faire usage de leur raison[39].

Outre l'achat des consciences de ces populations, leur choix électoral ne peut être guidé que par un relent tribaliste : on vote un tel du fait qu'il est ressortissant de notre région et non parce qu'il est capable d'apporter une transformation qualitative à notre pays. Ainsi, en Afrique, on ne perd jamais une élection présidentielle : tous les candidats se proclament à la fois vainqueurs, malgré les verdicts des Commissions Nationales Electorales ; car, on est sûr d'être fils d'une région qui compte tel nombre d'habitants, donc d'office tant de votants pour moi. Que les personnes soient inscrites sur les listes

38. Jean-Louis Calvet, *Linguistique et colonialisme*, Paris, Payot, 1970 à la p. 205.
39. Christian Wulff, « Les universités populaires sont des écoles pour toute la vie », lors du XIIIe Congrès des universités populaires le 12 mai 2011 à Berlin, dans *Éducation des Adultes et Développement*, dvv international, no 77, 2011 à la p. 14.

électorales ou qu'elles se soient déplacées pour aller voter et qu'elles aient effectivement voté pour moi ou pas, peu important tout cela, je suis gagnant parce que dans ma région d'origine, la population est nombreuse !

D'où les nombreux conflits postélectoraux en Afrique, avec leurs cortèges de troubles de tous genres et de guerres civiles, de déplacements massifs des populations vulnérables tels les enfants, les vieillards et les femmes qui s'entassent dans des camps de fortunes, dans les forêts ou à l'orée des villes, affamées et mourantes.

L'imposition de la langue française dans tous les secteurs de la vie d'une nation entraîne nécessairement l'analphabétisme, l'obscurantisme, la pauvreté, les conflits et la misère en Afrique Noire Subsaharienne francophone.

Alors, que faire pour sortir de cette impasse ? D'où les quelques suggestions que nous faisons.

III - SUGGESTIONS

On ne demande pas de réécrire l'histoire des États et des peuples africains, en changeant de fond en comble la redistribution des cartes linguistiques en Afrique, à moins que nous souhaiterions encore faire susciter d'autres rebellions et d'autres guerres civiles aberrantes sur ce continent déjà trop meurtri : les États Africains ont été colonisés par la France et ont acquis pacifiquement leurs indépendances sous certaines conditions, qui déterminent aujourd'hui la vie économico-socio-politique en Afrique Noire Subsaharienne et Francophone.

En revanche, nous pouvons souhaiter d'une part, que la France accepte un jour d'entrouvrir légèrement le monstrueux portail de plomb, qui obstrue hermétiquement la porte de sortie du ghetto dans lequel elle a depuis trop longtemps enfermé les langues africaines et d'autre part, que les Dirigeants des États Africains pensent un jour à l'épanouissement réel de leurs peuples.

Donc, nous ferons deux propositions essentielles, l'une en direction de la France et l'autre en direction des Dirigeants Africains des États de l'Afrique Noire francophone.

A – La France

La France devient fiévreuse quand on évoque la question de la reconnaissance officielle et de la promotion des langues africaines, dans les États africains au sud du Sahara. Elle se comporte comme si l'émancipation des langues africaines préluderait la sortie des États africains de son giron.

Pourtant, l'association de la Francophonie reconnaît que « les langues nationales ne constituent plus désormais un obstacle à l'expansion du français en Afrique, mais plutôt « des langues partenaires » face à l'hégémonie de l'anglais »[40].

Jacques Chirac lui emboîte le pas et devient ainsi le premier Chef d'État Français à déclarer officiellement « la nécessité d'une scolarisation dans les langues africaines, aux côtés de la langue française »[41] : cela se passait en 1995, au sommet des Chefs d'États africains francophones, à Cotonou, au Bénin.

Dès lors, les États Généraux de l'Enseignement du Français en Afrique francophone subsaharienne, organisés par l'AUF et l'OIF, pouvaient placer la question des langues nationales au centre de ses débats et conseiller de doter les langues africaines de tous les outils, dans le domaine éducatif, permettant :

> À tout individu de s'installer dans la langue de son milieu, condition nécessaire et suffisante à l'acquisition/apprentissage plus efficace d'une langue française non dominatrice, mais partenaire des langues-culturelles avec lesquelles elle est en contact ;
>
> De mettre en place un bilinguisme scolaire et modulable aménageant de la manière la plus adéquate et la plus équilibrée qui soit le passage de la L_1 à L_2, sans que jamais la L1 soit négligée[42].

Malgré ces déclarations de bonnes intentions, les langues africaines, dans les différents pays francophones, n'ont pas encore connu

---

40. Bruno Maurer, *De la pédagogie convergente à la didactique intégrée (langues africaines-langue française)*, Collection « Langues et Développement », Paris, Harmattan, 2007 à la p. 101 [Maurer].
41. *Ibid.*
42. Pierre Dumont, *Rapport Général des Etas Généraux de l'Enseignement du Français en Afrique Francophone Subsaharienne*, Libreville, AUF/OIF, 2003 ; extrait du rapport, cité par Maurer, *supra* note 40 à la p. 102.

un début d'un réel aménagement linguistique qui définirait clairement les statuts juridiques de ces langues. On les qualifie vaguement et globalement de « langues nationales ». Comment peut-on alors entreprendre la codification des langues à promouvoir et à introduire dans l'enseignement si, au préalable, les langues à promouvoir n'ont pas été clairement définies et si des moyens conséquents n'ont pas été alloués aux linguistes-chercheurs et aux didacticiens pour préparer ces langues à leur nouvelle fonction ?

Tout se passe comme si une puissance suprême agissait en sous-main et mettait une pression sur les Chefs d'États Africains afin que le statut des langues africaines n'évolue guère.

Si non, comment comprendre que la loi portant réforme de l'enseignement, votée par l'Assemblée Nationale de Côte d'Ivoire en 1977, et qui comporte un volet relatif au développement des langues nationales en vue de leur introduction dans l'enseignement formel (voir les notes 12 et 17), n'ait jamais été publiée au Journal Officiel. Or, par ce fait, cette loi importante devient caduque et son application impossible.

Il suffirait que les déclarations des Autorités françaises et des Institutions internationales francophones passent des vœux pieux et hypocrites à une profession de foi sincère au sujet du développement des langues africaines et des peuples africains, et les choses commenceraient à bouger dans les États de l'Afrique Noire Francophone Subsaharienne.

B – Les Dirigeants Africains

Les Chefs d'États Africains devraient essayer de vaincre leur complexe de colonisés et prendre davantage en main les destins de leurs pays et de leurs populations. Ils s'approprieraient ainsi les déclarations des organismes internationaux et tenteraient de les mettre en pratique avec les maigres moyens dont ils disposent sans attendre forcément la manne du tuteur ; car, il est grand temps que les États Africains assument leur indépendance.

En effet, déjà en 1947, la première réunion d'experts UNESCO, chargés « d'étudier les problèmes linguistiques relatifs à l'éducation de base » s'est penchée sur la question de savoir si l'on devait, « pour faire acquérir aux élèves les idées essentielles de la civilisation moderne, se servir de leur langue ou d'une langue auxiliaire ? »[43].

En réponse à cette question, « il a été souligné comme une évidence que tout enfant d'âge scolaire devrait aller à l'école et que le meilleur véhicule est la langue maternelle de l'élève »[44].

En 1977, l'UNESCO chargeait Maurice Houis et Rémy Bole-Richard d'une étude relative à « L'intégration des langues africaines dans une politique d'enseignement »[45], et en 1987, la même UNESCO créait le réseau LINGUAPAX, qui posa comme une nécessité « L'enseignement des langues nationales à l'école pour améliorer les performances et, promouvoir la solidarité entre les communautés ». Elle a aussi instauré une Journée Internationale de la langue maternelle. Dans ce cadre, le message que son Directeur Général, Monsieur Koïchiro Matsuura adressait au monde le 21 février 2007, invitait les systèmes scolaires à « encourager la reconnaissance et l'acquisition d'au moins trois niveaux de compétences linguistiques pour tous : une langue maternelle au primaire, une langue nationale et une langue véhiculaire »[46].

Toutes ces déclarations devraient édifier les Chefs d'États Africains pour prendre leurs responsabilités devant l'histoire, l'UNESCO étant une organisation supranationale à laquelle la France adhère. De ce fait, elle est engagée par les décisions de cette Institution.

La première expérimentation pédagogique d'enseignement en langue maternelle ivoirienne fut initiée, en Côte d'Ivoire, au mois d'octobre 1979 à Yaokiffikro[47], un village baoulé situé près de la ville de Bouaké. Les années suivantes, l'expérimentation s'est étendue à dix régions du pays, avec le parler de la région comme langue d'enseignement. Trente-trois ans après, l'enseignement en langues maternelles en Côte d'Ivoire reste toujours au stade de l'expérimentation pédagogique et ne se limite qu'aux classes d'initiation,

43. Maurer, *supra* note 40 à la p. 101.
44. *Ibid.*
45. Houis et Bole-Richard, *supra* note 11 à la p. 72.
46. Maurer, *supra* note 40.
47. Pascal Dago Kokora, *Pour un modèle d'enseignement de concepts de base en vue d'une meilleure structure de la pensée de la pensée du jeune apprenant : le cas du projet d'éducation préscolaire en langue maternelle dans le cadre d'un projet de développement intégrée*, dit projet nord, Abidjan, ILA/Université d'Abidjan, 1979 à la p. 103.

c'est-à-dire aux classes de CP1 et CP2, les deux premières années du cycle de l'école primaire. Car, dans ce pays, l'enseignement en langues maternelles demeure une chasse gardée des Instituteurs, même si ceux-ci n'ont aucune compétence en linguistique et en didactique. Ils ont érigé des barrières artificielles entre leur service et l'Institut de Linguistique Appliquée (ILA), si bien qu'ils ne profitent pas des études[48] qui sont faites sur cet enseignement.

Face à cette inertie qui agace le citoyen Ivoirien, Monsieur Adou Kouassi peut fustiger cet enseignement en dénonçant « la folklorisation de nos langues tant par des générations successives de pouvoirs publics, d'Occidentaux que par des citoyens eux-mêmes »[49].

CONCLUSION

Avant la colonisation française, divers peuples ont pacifiquement cohabité sur le territoire ivoirien. Des alliances et des pactes de non-agression multiséculaires ont permis d'établir des rapports de fraternité entre ces peuples.

Mais quand le français s'introduit sur ce territoire, les peuples autochtones – dont le nombre des langues a été exagéré à dessein – ont été marginalisés ainsi que leurs cultures : ils ont été tout simplement embastillés. Et le français a été imposé comme l'unique langue, digne de cette appellation : en effet, dans ce pays, qui parle français est homme et a droit à une place au soleil.

Ainsi, une classe d'Africains scolarisés et nourris à la culture occidentale s'est emparée des reines du pouvoir et domine les peuples analphabètes majoritaires dans les pays africains subsahariens : alors que ces analphabètes sont condamnés à une agriculture traditionnelle ingrate, les intellectuels contrôlent seuls tous les pouvoirs étatiques et jouissent égoïstement de toutes les richesses produites par le pays. Pendant ce temps, les analphabètes, producteurs de la plupart de ces richesses, vivotent dans la misère.

---

48. Noël Kouassi Ayéwa, « De la langue maternelle écrite à l'appropriation du français langue seconde dans les écoles du PEI, en Côte d'Ivoire » dans *Partenariat entre les langues : perspectives descriptives et perspectives didactique*, Nouakchott : Journées Scientifiques Inter-réseaux organisées par le réseau DLF/AUF, 5-7 novembre 2007 aux pp. 195-204.

49. Adou Kouassi, « L'Académie ivoirienne contre leur « folkorisation » » dans *Fraternité-Matin*, n° 14147, Abidjan, éditeur SNPECI, 2012 à la p. 15, colonnes 1 et 2.

Afin d'essayer de communiquer, dans une société où ils se sentent rejetés, ces analphabètes, aux prises avec le français, ont inventé des langues bâtardes tels le « français Dago » et le « français populaire ivoirien ».

Quant aux jeunes lettrés, mais révoltés contre l'impérialisme du français, ils ont également créé leur français à eux, le « nouchi », qu'ils revendiquent comme la marque de leur nationalisme.

Enfin, pour donner les moyens à leurs progénitures d'accéder facilement et rapidement à la connaissance et donc à la classe dirigeante, des Ivoiriens, Africains Noirs, ont choisi d'initier leurs descendants au français dès le berceau : aussi 5 % des élèves Ivoiriens ont-ils aujourd'hui le français pour langue maternelle, et ignorent toute langue ivoirienne africaine.

Il est évident que le français, par sa pratique d'une politique d'hégémonie sans partage dans les territoires africains subsahariens, s'est rendu responsable, d'une part de la totale désorganisation des sociétés africaines précoloniales et d'autre part des injustices sociales flagrantes en confiant les clefs du pouvoir à une poignée de personnes, qui d'ailleurs sont à la botte du colon.

Ce désordre social s'est accentué par la mise en place récemment de structures d'États modernes en Afrique, avec la pratique de la démocratie et du multipartisme : les populations analphabètes, incapables de lire un programme de gouvernement ou d'actions d'un candidat à un poste électif, se sont mises à voter tel ou tel candidat parce qu'il est ressortissant de telle ou telle région, sans tenir compte de la compétence réelle de ces candidats. Ainsi chaque homme politique s'appuie-t-il sur son clan pour proclamer ou revendiquer sa victoire à une élection nationale. Et ainsi, ces hommes politiques entraînent-ils leurs régions dans des séditions et des guerres civiles qui endeuillent l'Afrique.

Comment sortir de ce bourbier linguistico-politique ? Il est grand temps que la France, puissance colonisatrice et tutélaire des États de l'Afrique Noire francophone, accepte de bon cœur de rétrocéder une parcelle de liberté aux langues africaines à qui elle accorderait la possibilité d'être langues d'enseignement à l'école primaire et dans les opérations d'alphabétisation des adultes en milieu rural. Ainsi disparaîtrait l'analphabétisme en Afrique et naîtraient sur ce continent des citoyens maîtres de leurs destins, car s'engageant dans une quelconque action après mûres réflexion et décision personnelle : seul l'avènement de ce type de citoyen contribuerait à mettre fin aux guerres fratricides qui déchirent l'Afrique et promouvrait des sociétés paisibles tournées vers le développement social, économique et politique où le respect des droits humains ne serait plus un leurre, mais deviendrait effectivement une réalité quotidienne.

L'Océanie

PERSPECTIVES SUR L'ÉDUCATION PLURILINGUE DANS LE CONTEXTE OCÉANIEN

Michel WAUTHION*

INTRODUCTION

Il existe une relation naturelle entre langue et éducation : l'école est le lieu où les codes à travers lesquels la faculté de langage s'est construite vont être rebattus afin de permettre au locuteur d'accéder par la langue à des domaines élargis de la science, de la culture et de la société. L'analyse des systèmes éducatifs interroge les progrès ou les défaillances de l'instruction par rapport à ces missions, identifie les relais sociaux chargés de l'exercice de cette lourde tâche, évalue et compare les budgets affectés à cet exercice et l'économie des moyens mis en œuvre. L'enseignement est affaire de pédagogie, d'administration, de ressources humaines et financières. Bien peu de cas est fait en revanche de la variable écologique, à savoir la part jouée par l'éducation dans la mission de préservation de l'environnement naturel. Et, à l'inverse, si l'indice de développement humain proposé par les Nations unies intègre le niveau d'éducation des pays considérés, il existe une corrélation d'analyse difficile entre le nombre élevé de langues parlées sur un territoire donné et le faible degré de développement économique de ce même territoire. Ce constat, s'il doit être fait avec d'infinies précautions, pose néanmoins le problème de la préservation des langues menacées sous un jour inédit. Quand on sait que le degré d'éducation est lui aussi un facteur notoire d'harmonisation linguistique et de sélection des idiomes, on comprend dès lors à quelle situation délicate les analyses de politique linguistique doi-

* Docteur en Philosophie et lettres, maître de conférences à l'université de la Nouvelle-Calédonie.

vent rendre compte lorsque sont en jeu les trois facteurs suivants : diversité linguistique, développement économique, diffusion et élévation de l'instruction publique. Dans l'espace mélanésien et dans le Pacifique Sud en général, chacune de ces trois composantes est en situation de crise : nombre élevé de langues parlées, développement économique faible, décrochage scolaire important. La présente contribution donnera un aperçu de ces enjeux dans les espaces mélanésiens de langue française.

I - GÉNÉRALITÉS SUR LES LANGUES ET L'ÉDUCATION DANS LE PACIFIQUE

A - Les langues et le peuplement

À quoi correspond l'Océanie ? Le terme mérite à lui seul notre attention. D'usage courant en français pour désigner l'un des cinq continents, il est restreint à des cercles de spécialistes dans le monde anglo-saxon, qui lui préfère en général le Pacifique comme espace de référence. Il y a en effet trois cercles concentriques pour considérer l'espace régional : un espace géopolitique élargi à la région Asie-Pacifique ; un continent océanien discontinu, incluant l'ensemble des îles du Pacifique, la Papouasie-Nouvelle Guinée, l'Australie et la Nouvelle-Zélande ; enfin, l'Océanie insulaire exclusivement autochtone, dont on ne retiendra en Nouvelle-Zélande que la communauté maorie.

D'un certain point de vue en effet, l'Australie est déjà un continent en soi, un espace clos dont les langues endogènes sont séparées de la famille austronésienne qui a essaimé il y a quatre mille ans depuis Formose vers les trois aires océaniennes. On a pu vérifier du point de vue de la politique des langues la volonté des autorités australiennes d'ancrer le pays dans l'ensemble asiatique au moment du programme gouvernemental visant dans les années 1990 à renforcer l'apprentissage des langues asiatiques à l'école. La *NALSAS* (National Asian Languages and Studies in Australian Schools, 1995-2002) prônait l'introduction d'une langue asiatique (japonais, indonésien, chinois ou coréen) dans le parcours scolaire des enfants australiens pour tenir compte de l'importance des échanges commerciaux avec le continent asiatique. À l'analyse toutefois, cette volonté traduite par un financement global de plus de 300 millions de dollars australiens n'a pas fait long feu. Certes, l'investissement consenti a fait augmenter entre 1994 et 1997 le nombre d'apprenants d'une langue asiatique de plus de 50 %, et 2 500 enseignants de langues asiatiques ont été formés. Mais les objectifs initiaux du programme NALSAS, 60 % d'élèves australiens du collège (Année 10) et 15 % de lycéens (Année 12) apprenant une langue asiatique n'ont jamais été atteints[1]. Le japonais a bien remplacé le français comme première langue étrangère enseignée et présentée comme matière optionnelle en fin d'études secondaires. Mais cette tendance était déjà présente en 1993. Entre 1991 et 2002, le chinois et l'indonésien ont aussi progressé par rapport à d'autres langues. Mais le coréen ne s'est pas diffusé et la fin du financement exceptionnel a marqué un retour des langues européennes, en particulier le français. Ainsi l'introduction du japonais, du chinois, du coréen et de l'indonésien a pu contribuer à figer un temps la place du français, langue de partenariat traditionnel mais non liée à une forte immigration historique, contrairement à l'italien par exemple, dont la communauté d'origine est dix fois plus importante (350 000 locuteurs en 2002). Le français demeure la seconde langue enseignée en Australie, après le japonais, avec plus de cent mille apprenants.

Ce détour par l'Australie permet de comprendre l'importance de circonscrire l'espace géographique considéré pour parler des politiques linguistiques dans le contexte océanien. Avec près de 20 millions d'habitants, une relative homogénéité linguistique ou plutôt la menace sévère qui pèse sur la plupart des langues endogènes (on ne dénombre que 50 000 locuteurs de langues aborigènes en Australie, soit 5 % de la population d'origine autochtone[2]), l'Australie diffuse dans l'environnement régional un modèle qui est aussi linguistique.

Le premier élément constitutif de l'Océanie insulaire est certainement l'importance et la diversité du nombre des langues vernaculaires parlées. Un peu moins de 18,8 % des langues de l'humanité sont parlées dans cet espace de 33 millions d'habitants, si l'on y inclut les 20 millions d'Australiens. Le PNUD cite l'estimation de Bernard selon laquelle 97 % de la population mondiale parle 4 % des langues du monde et, inversement, 96 % des langues du monde sont parlées par 3 % de la population mondiale[3]. Le relevé du nombre de langues

1. P. Brown, « Rapport final établi pour le réseau d'observation du français dans le Pacifique », Agence universitaire de la Francophonie, 2002.

2. *National Indigenous Language Survey Report*, Australian Institute of Aboriginal and Torres Strait Islander Studies (AIATSIS), Canberra, 2005.

3. *Vitalité et disparition des langues*, Rapport du groupe d'expert spécial de l'Unesco sur les langues en danger, Paris, Unesco, section du patrimoine immatériel, mars

parlées dans cette partie de l'hémisphère sud diffère parfois selon le point de vue des descripteurs, et pas simplement d'un point de vue géographique. En effet, la présence importante de langues importées d'Europe ou d'Asie à l'époque coloniale, la diffusion de pidgins dans l'espace mélanésien gênent la tâche de l'ethnolinguiste qui voudrait isoler les langues endogènes pour mieux les décrire. L'idéologie ou le projet descriptif amèneront donc certains à ne pas compter l'anglais et le français parmi les langues du Pacifique pour privilégier une approche strictement patrimoniale. S'il est facile de tenir compte de cette approche pour l'analyse de la diversité linguistique sous l'angle du statut, il est plus difficile d'intégrer le plurilinguisme des locuteurs dans la présentation du tableau. Les langues possèdent des aires linguistiques, mais les individus vivent dans une alternance codique permanente entre les langues selon les activités sociales. Cela se marque difficilement sur un tableau ou sur une carte. Or, il est bien entendu erroné de s'en tenir à des espaces cloisonnés entre les sphères d'intervention des langues si l'on adopte une perspective dynamique. Car tant du point de vue de l'éducation que de l'économique et du social, les langues se mêlent : le travail de décloisonnement est rendu indispensable par l'importance d'un enjeu qui est d'abord éducatif, ensuite social et enfin linguistique.

	Nbre pays	Nbre langues	% monde	Population	% monde	Par langue	Variation
Ethnologue[4]	25	1250	18,5	33,684,149	0,1 %	5144	
Claire Moyse[5] LACITO	37	1976	28,6	254 429 788	4 %	128760	+ Indonésie

Il en résulte une superposition du statut de langue maternelle avec celui de langue véhiculaire ou de langue de scolarisation, ce qui rompt l'identification du profil type du locuteur en Océanie. En outre, on pose la question des langages hybrides, à savoir la constitution de langues véhiculaires qui sont des construits, des pidgins dont l'aire de diffusion est située dans l'espace mélanésien. Et c'est là le second trait caractéristique du plurilinguisme océanien : si les langues

2003, en ligne : <www.unesco.org/new/fr/culture/themes/endangered-languages/language-vitality/>.

4. B. Grimes, dir., *Ethnologue : Languages of the World*, 16e éd., Summer Institute of Linguistics, Dallas, International Academic Bookstore, 2009. L'information est parfaitement documentée sur le site de l'association : <www.ethnologue.com>.

5. C. Moyse-Faurie, « Langues et politiques linguistiques en Océanie : Quel avenir pour les langues d'Océanie ? » (2001) 31 Études Mélanésiennes 59-73.

vernaculaires sont nombreuses, les langues véhiculaires le sont aussi. Les pidgins jouent ce rôle dans le contexte mélanésien[6], à l'exception de la Nouvelle-Calédonie où le français a étendu sa sphère d'usage au-delà de l'administration, de l'éducation et des services, pour servir de medium de communication intercommunautaire, y compris entre les différentes communautés kanak.

B – Pour une lecture dynamique et non patrimoniale du plurilinguisme mélanésien de Nouvelle-Calédonie

Dans le cas précis de la Nouvelle-Calédonie, le discours cartographique varie grandement dans la présentation des dynamiques sociolinguistiques. Sur la carte des langues vernaculaires de Nouvelle-Calédonie donnée par le *Laboratoire des langues et civilisations de tradition orale* du CNRS (LACITO) figurent les huit aires coutumières. Mais leur représentation statique, par un aplat qui trace sans nuance des frontières linguistiques sans passer par des isoglosses, ne nous apprennent rien sur la vitalité des langues concernées. Ce sont huit aires coutumières identifiant les zones d'origine des 28 langues austronésiennes répertoriées par les linguistes, autant d'objets d'étude pour l'Académie des langues kanak, créée en 2008 avec pour mission de préserver ce patrimoine. Cette distribution géographique doit naturellement être complétée par des informations démographiques pour prendre vie et faire sens. Il s'agit par exemple des données publiées dans l'atlas de l'UNESCO des langues menacées[7]. La lecture superposée de ces cartes nous informe enfin en termes de pratiques sociales : le degré de menace est inversement proportionnel à la dissémination linguistique. La carte des aires linguistiques présentées en à plat de couleur dissimule une hétérogénéité de la vitalité des langues vernaculaires concernées et la possibilité aussi pour une langue vernaculaire d'être disséminée en dehors de son territoire. C'est là le poids de la tradition des réserves tribales.

Une troisième série de cartes dressées par l'Institut statistique et des études économiques de Nouvelle-Calédonie[8] à l'occasion des

6. Les traits caractéristiques des pidgins du Pacifique sont présentés de façon critique dans T. Tryon D et J.-M. Charpentier, *Pacific Pidgins and Creoles. Origins, Growth and Development*, Berlin, Mouton de Gruyter (Trends in Linguistics), 2004.
7. *Atlas UNESCO des langues en danger dans le monde*, sous la direction de Christopher Moseley, Editions de l'Unesco, 2010, en ligne : <www.unesco.org/culture/languages-atlas/index.php> (consulté en mars 2013).
8. <www.isee.nc.>

recensements de population permet d'obtenir davantage encore d'informations. La connaissance d'une langue mélanésienne parmi la population de 14 ans et plus est évidemment un critère qui permet de masser les populations de langues mélanésiennes à l'est de la Grande-Terre. La quatrième carte, toujours de l'ISEE, représente la densité de population par zone, ce qui confirme que les zones urbaines correspondent à une pratique déficitaire des langues autochtones : elles sont peuplées majoritairement par une population d'origine européenne, en général francophone monolingue. Enfin, la cinquième carte illustre la distribution géographique des détenteurs d'un diplôme universitaire : on y retrouve à la fois la prédominance urbaine où se trouvent la majorité des Calédoniens d'origine européenne, et donc une hypothèse forte d'inégalité dans l'éducation, que les éléments du recensement de population de 2004 confirment bien. Toutes les réformes politiques ne pourront sortir la Nouvelle-Calédonie de l'impasse sociale si un nivellement n'est pas réalisé entre les déséquilibres des populations kanak et d'origine européenne dans le nombre de diplômés du premier degré et de l'enseignement supérieur[9].

II - FONDAMENTAUX DE LA FRANCOPHONIE OCÉANIENNE

Du point de vue social et géographique, l'Océanie est avant tout un espace insulaire qui vise les trois grandes régions du Pacifique, pour quelque 6,5 millions d'habitants : **la Mélanésie, la Micronésie et la Polynésie**[10]. Le français est langue officielle et d'éducation dans les territoires de souveraineté française : Wallis-et-Futuna, la Nouvelle-Calédonie et la Polynésie française ; ainsi que sur l'archipel de Vanuatu, où il partage ce statut avec l'anglais et, en partie, le

9. Les statistiques de 2009 de l'isee marquent fortement ces inégalités : 46 % d'Européens titulaires d'un diplôme de l'enseignement supérieur pour 8 % de Kanak ; à l'inverse, 44 % des Kanak ne possèdent que le certificat d'études primaires pour 6 % de la population d'origine européenne ! Voir P. Rivoilan et D. Broustet, *Nouvelle-Calédonie : Recensement de la population 2009*, Nouvelle-Calédonie, Institut de la statistique et des études économiques, Synthèse, février 2011, nº 19.

10. Ces territoires sont, en Mélanésie : Fidji, Nouvelle-Calédonie (France), Papouasie-Nouvelle-Guinée, Salomon, Vanuatu ; en Micronésie : États Fédérés de Micronésie, Guam, Mariannes du Nord, Marshall (USA) ; Kiribati, Nauru, Palau ; en Polynésie : Cook, Niue, Tokelau (Nouvelle-Zélande) ; Île de Pâques (Chili), Pitcairn (Royaume Uni), Polynésie française ; Hawaï, Samoa, Samoa américaines (USA), Tonga, Tuvalu, Wallis-et-Futuna (France). La Nouvelle-Zélande forme avec Hawaï et l'Ile de Pâques le triangle polynésien mais seule cette dernière fait partie du Pacifique Sud proprement dit.

bislama, pidgin à base lexicale anglaise. Partout ailleurs et à l'exception de l'Ile de Pâques, l'anglais est la langue officielle.

A - Un espace plurilingue

L'espace social océanien est plurilingue, selon le modèle des cercles concentriques décrit par le Programme des Nations unies pour le développement, c'est-à-dire une gestion individuelle du plurilinguisme où la langue maternelle n'est pas la langue d'éducation.

> Très souvent, les pays multilingues ont besoin d'une formule trilingue qui accorde une reconnaissance publique à l'utilisation de trois langues :
>
> - **Une langue internationale** – dans les anciens pays coloniaux, c'est souvent la langue officielle de l'administration.
>
> - **Une langue véhiculaire** – une langue locale liante facilite la communication entre les différents groupes linguistiques.
>
> - **Une langue maternelle** – les individus veulent et doivent pouvoir utiliser leur langue maternelle lorsque ce n'est ni la langue officielle ni la langue véhiculaire[11].

Ce schéma à trois composantes linguistiques correspond à la triade linguistique des États mélanésiens comme les Salomon ou la Papouasie-Nouvelle Guinée, où les vernaculaires font place à un pidgin véhiculaire dans les échanges intertribaux, l'anglais étant la langue de l'administration. Il n'y a guère qu'en Nouvelle-Calédonie qu'une partie de la population francophone possède le français comme langue de référence ou comme langue première. On peut dresser le tableau du plurilinguisme des quatre espaces francophones de la façon suivante :

- **Vanuatu** : quadrilinguisme individuel et multilinguisme collectif ;

- **Nouvelle-Calédonie** : bilinguisme ou monolinguisme individuel et multilinguisme collectif ;

- **Wallis et Futuna** : bilinguisme individuel et collectif ;

11. *Rapport mondial sur le développement humain : la liberté culturelle dans un monde diversifié*, Paris, Economica, 2004 à la p. 60.

– **Polynésie française** : bi/trilinguisme individuel et multilinguisme collectif.

B – La diversité linguistique est inégalement répartie dans cet espace

Les langues mélanésiennes sont nombreuses et en général d'intercompréhension faible, sauf à considérer les chaînes linguistiques entre communautés voisines ; les langues polynésiennes possèdent en revanche de larges champs d'intercompréhension et sont en nombre beaucoup plus réduit.

Alors que les variations linguistiques à l'intérieur du triangle polynésien conservent une large part d'intercompréhension, les pays de l'espace mélanésien (Papouasie-Nouvelle-Guinée, Salomon, Vanuatu et Nouvelle-Calédonie) – États indépendants ou territoires sous tutelle – ont en commun le fait de posséder une multiplicité de langues, mélanésiennes pour les îles Salomon, le Vanuatu et la Nouvelle-Calédonie, mélanésiennes et papoues pour la Nouvelle-Guinée.

Cette profusion de langues, dont la cause est imparfaitement connue, conditionne deux enjeux :

– gestion du plurilinguisme ;

– place des langues dans l'identité culturelle et préservation de la diversité linguistique.

Sur la gestion du plurilinguisme, il existe en gros deux approches en pratique dans cette partie du monde : la tradition des chaînes linguistiques et la construction d'une langue véhiculaire partagée par le plus grand nombre.

1 – Intercompréhension et chaînes linguistiques

Avant de subir des politiques linguistiques centralisatrices, liées à la colonisation, les peuples océaniens pratiquaient un plurilinguisme équilibré, sans langue dominante ni pense-t-on de pôle social prédominant. Chaque langue était respectée, faisant partie de l'identité du clan ou de la communauté, et un bi- ou trilinguisme, largement établi par des pratiques sociales, permettait l'intercommunication. Jusqu'à une date récente, on avait ainsi affaire à ce que l'ethnolinguiste A.-G. Haudricourt a appelé un *plurilinguisme égalitaire* puisque aucune langue n'était plus prestigieuse qu'une autre. C'est ce brassage linguistique qui explique davantage l'accélération du processus de diversification des langues mélanésiennes au cours de leur histoire, dont la conséquence est la constitution de chaînes linguistiques, bien décrites par Tryon[12], où existe un seuil d'intercompréhension ou des pratiques d'échange entre une langue A et une langue B, et entre B et C, ce qui obligeait en quelque sorte le locuteur de la langue A désireux de se rendre dans l'ethnie de langue C, de se faire accompagner par un locuteur de l'ethnie B, s'il ne disposait pas dans son propre village ou par lui-même des compétences dans la langue B qui lui permettent d'interagir avec un locuteur de langue C.

2 – *L'invention d'une langue véhiculaire : appropriation du pidgin bislama à Vanuatu*

« Bislama, emya lanwis blong mifala »

Le renforcement du contact avec les navigateurs et les commerçants européens, à la recherche du santal et de l'holothurie aux XVIIIe et XIXe siècles, a donné naissance à un ensemble de pidgins ou langues véhiculaires parmi lesquels on relève dans le Pacifique le *Melanesian Pidgin*, à base lexicale anglaise. À la faveur du *blackbirding* ou travail forcé de main-d'œuvre mélanésienne dans les plantations de Samoa et du Queensland, une protolangue s'est développée au dernier quart du XIXe siècle, d'abord dans les plantations puis au retour des travailleurs émigrés dans leur pays d'origine, au début du XXe siècle. C'est à la faveur de ce retour que s'est développé progressivement l'usage du pidgin pour les communications interethniques entre différentes communautés mélanésiennes. Dans un état antérieur, fort peu documenté, cette langue était donc diffusée pour des échanges interethniques, et ne s'est pas implantée comme créole. À Vanuatu, Fidji et en Nouvelle Calédonie, cette langue était connue sous le nom de *bichelamar*, mais ce n'est qu'aux Nouvelles-Hébrides que son usage s'est maintenu sans que les langues européennes ne la remplacent comme langue véhiculaire. Les trois variétés du *Melanesian pidgin* (pidgin mélanésien) qui persistent aujourd'hui sont le

12. D.T. Tryon, *New Hebrides Languages: An internal classification*, Pacific Linguistics, Series C – No. 50, Canberra : Dept. of Linguistics, Research School of Pacific Studies, Australian National University, 1976. Voir aussi l'article de présentation des chaînes linguistiques dans *Vanuatu – Océanie Arts des îles de cendre et de corail*, Réunion des musées nationaux, 1996.

bislama de Vanuatu, le *tok pisin* de Papouasie-Nouvelle-Guinée et le *pijin* des Salomon[13]. À partir des années 60, le bislama bénéficie d'une progressive légitimité à la faveur entre autres de la traduction des évangiles *Gud Nyus bilong Jisas Krais* (1971) et de son entrée comme langue d'expression des aspirations politiques nationales (le bislama est désigné langue nationale véhiculaire dans la Constitution de Vanuatu en 1980). La langue véhiculaire d'origine s'est aujourd'hui créolisée dans ces trois pays à des degrés divers, surtout en milieu urbain, en occasionnant un plurilinguisme de trois niveaux, dont on peut constater qu'il contribue davantage, toutes choses égales par ailleurs, par la spécialisation des langues pour des activités sociales déterminées, à maintenir une langue-tampon intermédiaire entre la langue maternelle et la langue de la scolarisation ou de l'administration, avec pour effet une relative meilleure préservation des langues vernaculaires. C'est le cas dans l'espace francophone de Vanuatu.

Il y a trois aspects qui fondent la spécificité de Vanuatu du point de vue du plurilinguisme, qu'on peut résumer avec Terry Crowley[14] de la façon suivante :

- la Constitution attribue trois langues officielles au pays : le français et l'anglais, (ce qui en fait toute la spécificité dans le Pacifique) ainsi que le pidgin bislama ;

- c'est le seul pays au monde où un pidgin à base lexicale européenne soit langue officielle et langue nationale (véhiculaire, dans la version française de la Constitution) ;

- c'est le pays qui connaît le plus de langues vernaculaires par habitant au monde.

Ces trois caractéristiques ressortissent à des fonctions sociolinguistiques très diverses de la langue : **une** langue nationale véhiculaire (pidgin bislama) qui assure le ciment de la nation, **trois** langues officielles (dont le pidgin) pour définir les conditions d'usage des langues publiques, plus de **cent** langues vernaculaires identifiées dans

13. Pour plus de détails sur la protolangue commune et les variétés de pidgin actuellement parlés, voir T. Crowley, *Beach-la-Mar to Bislama*, Oxford Studies in Language Contact, Oxford, Clarendon Press, 1990.
14. T. Crowley, *Vernaculars in Education in Vanuatu*, Rapport pour la Banque mondiale, 2000.

le patrimoine culturel océanien et mondial. C'est bien à ce plurilinguisme fonctionnel que renvoie la réalité des usages linguistiques à Vanuatu. Cette gestion du plurilinguisme est-elle compatible avec le modèle gravitationnel de Louis-Jean Calvet[15] ? Oui, dans la mesure où le plurilinguisme généralisé ne comprend pas les mêmes assemblages linguistiques pour tous : une partie limitée de la population manipule l'ensemble des langues officielles mais chacun ou presque parle une ou deux langues vernaculaires et s'exprime en bislama à l'extérieur de la sphère du vernaculaire. Sans opposer les deux modèles, on convient que l'identification du bilingue comme le passeur vers une communauté multilingue ne concerne que le bilingue qui intègre une langue de scolarisation au moins (l'anglais ou le français). Sur l'archipel ni-vanuatu, le bilinguisme vernaculaire/véhiculaire s'impose en dehors de tout contexte éducatif.

III - MULTILINGUISME, ÉDUCATION ET DÉVELOPPEMENT

La situation précoloniale n'est certainement pas un jardin d'Eden. Il y a cependant une rupture manifeste des usages langagiers tout au long du XXe siècle par la relative diversification fonctionnelle des langues : le plurilinguisme devient vertical et non plus horizontal, c'est-à-dire que le changement de langue des individus plurilingues est lié à des activités sociales diversifiées qui justifient la sélection d'une langue appropriée et non à des locuteurs de langue différente qui, mis en présence, installent des pratiques nécessaires d'intercompréhension.

Il existe par ailleurs un phénomène de réduction de la diversité linguistique sur lequel de nombreuses études ou rapports tentent d'attirer notre attention. Les publications de l'UNESCO tirent la sonnette d'alarme pour susciter une prise de conscience des enjeux liés à la disparition annoncée de nombreuses langues[16]. Certains auteurs évaluent la valeur de vérité des prédictions quantitatives très importantes de ces rapports[17]. D'autres, non sans raison, mettent en garde

15. L.J. Calvet, *Pour une écologie des langues du monde*, Paris, Plon, 1999.
16. Ainsi la 3e édition de l'*Atlas UNESCO des langues en danger* (2010) fait-il état de 2 473 langues menacées dans le monde.
17. P. De Grauwe, *Language Diversity and Economic Development*, Leuven, 2006. L'auteur procède par une simulation du transfert de données économiques (revenu brut par habitant) de pays développés et linguistiquement homogènes vers des pays moins avancés linguistiquement hétérogènes pour tester la validité des hypothèses de disparition des langues avancées par les ethnolinguistes. Il en

la confusion qui règne entre langue et communauté. De Swaan fait observer à la fois que les locuteurs des langues menacées restent en dernière analyse libres de faire ce choix et que les langues ne sont pas des êtres vivants mais des outils au service des échanges parmi et entre les communautés[18]. En définitive, la question de la réduction de la diversité linguistique est concomitante à celle du développement économique.

Le lien causal entre diversité linguistique et développement est décrit par De Grauwe de la manière suivante : le développement économique est lié au développement des échanges commerciaux qui nécessitent à leur tour des moyens de communication appropriés[19]. Une langue véhiculaire s'établit alors pour faciliter ces échanges, avec comme tendance un renforcement des langues de diffusion à la mesure de l'intensification des échanges commerciaux. Sur cette vérité incontestable vient se greffer l'hypothèse selon laquelle la diffusion dans une population donnée d'une ou plusieurs langues véhiculaires menace les pratiques vernaculaires en vigueur à l'intérieur de cette communauté. On peut donc être tenté d'en déduire que la diversité linguistique est un indicateur de faible développement économique. Cette situation est décrite de façon nuancée par Pool de la manière suivante : « Language uniformity [...] is a necessary but not sufficient condition of economic development, and economic development is a sufficient but not necessary condition of language uniformity »[20]. Ce constat paru en 1972 s'appuie sur les données initialement collectées par Fishman[21], que Pool complète afin d'étendre le nombre de pays concernés par l'étude.

---

conclut que la menace sur la vitalité des langues que constitue la mondialisation est bien réelle, mais dans des proportions bien moindres que ce que les prédictions de l'UNESCO suggèrent [De Grauwe, *Language Diversity*].

18. A. De Swaan, *Words of the World*, Cambridge, Polity University Press, 2001 et « Le Sentimentalisme des langues : les langues menacées et la sociolinguistique », en ligne : <http://deswaan.com/le-sentimentalisme-des-langues-les-langues-menacees-et-la-sociolingistique/>.

19. de Grauwe, *Language Diversity*, *supra* note 17.

20. « L'homogénéité linguistique est une condition nécessaire mais non suffisante au développement économique ; le développement économique est une condition suffisante mais non nécessaire à l'uniformité linguistique. » J. Pool, « National Development and Language Diversity » dans Joshua A. Fishman, dir., *Advances in the Sociology of Language*, vol. II (Selected Studies and Applications), The Hague, Mouton, 1972 à la p. 222.

21. J.A. Fishman, « Some contrasts between linguistically homogeneous and linguistically heterogeneous polities » dans J.A. Fishman, Charles A. Ferguson et Jyotirindra Das Gupta, dir., *Language Problems of Developing Nations*, New York, Wiley, 1968 aux pp. 59-68.

Le graphique de Pool isole une zone restée vierge, qui correspond à l'absence d'États où seraient associés haut degré de développement et grande diversité linguistique. Il met aussi en évidence de nombreux États linguistiquement homogènes et peu développés. La présentation d'un tel tableau donne évidemment à réfléchir aux tenants d'une évidence de type patrimonial selon laquelle la diversité linguistique constitue une richesse en soi. Dire que le plurilinguisme est un gage de développement implique de réviser ce qu'on entend exactement par diversité linguistique dans la mesure où les économistes nous indiquent au contraire que le partage d'une langue commune facilite les échanges commerciaux, qui sont l'un des principaux moteurs du développement économique. La diversité linguistique n'implique nullement qu'il ne soit pas possible de disposer d'une langue partagée pour participer aux échanges commerciaux. La corrélation entre développement et homogénéité linguistique (mais non l'inverse, comme rappelle Pool) confond simplement le plurilinguisme des individus et le multilinguisme des communautés. La coexistence de langues sur un espace donné (multilinguisme) ne signifie pas que les populations concernées soient polyglottes ni qu'elles procèdent à des échanges intérieurs importants. À l'inverse, le plurilinguisme des individus (polyglottes), parfois des groupes, renvoie à une capacité de mêler plusieurs langues au gré d'activités différentes. Il en résulte évidemment que le multilinguisme d'une communauté est bien un frein au développement s'il ne s'accompagne pas d'un plurilinguisme des pratiques individuelles ou collectives. Dans son étude sur la relation entre langue et commerce extérieur, Melitz formule autrement la même observation en concluant que la diversité linguistique (multilinguisme) d'un État favorise le commerce international parce qu'elle oblige les individus au plurilinguisme pour communiquer entre eux, tandis que l'homogénéité linguistique n'incite pas la population à généraliser des pratiques plurilingues à l'intérieur du pays, ce qui par conséquent pose un frein à l'apprentissage des langues nécessaire au commerce extérieur[22].

L'actualisation des études ne permet donc pas d'apporter des correctifs factuels aux observations faites par Pool sur des données qui ont parfois plus de 50 ans. Le remplacement des indices de développement (produit national brut par indice de développement humain) ne modifie pas la donne selon l'étude de De Grauwe. Il semble plus pertinent de s'en tenir à une distinction communément

22. J. Melitz, « Language and Foreign Trade » (2008) 52 European Economic Review 667-699 [Melitz, « Language and Foreign Trade »].

admise depuis la parution du Cadre européen commun de référence[23] entre plurilinguisme et multilinguisme pour plaider la cause de la diversité linguistique. L'hypothèse du lien de causalité ne laissera toutefois pas d'interpeller toute personne qui entend promouvoir la diversité linguistique dans le milieu scolaire ou professionnel.

Du point de vue des politiques éducatives, on observe de façon majoritaire l'utilisation d'une langue de communication à large diffusion pour scolariser les populations linguistiquement hétérogènes, ce qui a pour effet de mettre en péril la richesse du patrimoine linguistique. Le seul moyen de concilier la préservation de ce patrimoine tout en favorisant les progrès de l'éducation (qui induisent une relative convergence linguistique), consiste à développer une pédagogie de la compétence plurilingue et pluriculturelle, c'est-à-dire une pédagogie qui transfère dans l'environnement scolaire les usages plurilingues de la vie courante, et qui donc propose une révision des programmes d'éducation mettant en valeur le plurilinguisme.

IV – AGENDA POLITIQUE ET POLITIQUE DES LANGUES EN NOUVELLE-CALÉDONIE

La promotion du plurilinguisme dans l'éducation doit donc s'efforcer de démontrer que la diversité linguistique, qui est une donnée ethnolinguistique constitutive d'une grande partie des populations de l'espace francophone, n'est pas un frein au développement. Accessoirement, il est aussi utile d'argumenter en indiquant que la préservation de cette diversité concourt au développement. À titre d'exemples, nous considérerons comment les nouvelles politiques linguistiques éducatives en Nouvelle Calédonie et à Vanuatu s'engagent dans cette direction. Cela suppose que l'on accepte de considérer l'éducation comme un indicateur significatif du développement, ce en quoi nous rejoignons les hypothèses de Melitz qui indique par exemple que la littéracie est un élément important pour l'essor du commerce extérieur, et donc un élément créateur de richesse[24].

La Nouvelle Calédonie (245 580 habitants en juillet 2009) est une collectivité territoriale sui generis, c'est-à-dire un espace de souveraineté française défini par la loi organique du 16 février 1999, qui

23. *Cadre européen commun de référence pour les langues*, Conseil de l'Europe, Paris, Didier, 2001.
24. Melitz, « Language and Foreign Trade », *supra* note 22.

décrit notamment les transferts de compétence de l'État central vers la collectivité et le processus pouvant conduire « l'accès à la pleine souveraineté » au terme d'un referendum avec corps électoral restreint devant se tenir entre 2014 et 2018. L'Accord de Nouméa de 1998, document d'orientation sur le transfert de compétences de l'État vers la collectivité, précise que « les langues kanak sont, avec le français, des langues d'enseignement et de culture. Leur place dans l'enseignement doit donc être accrue et approfondie »[25]. Dans le cadre du transfert des compétences voulu par cet accord, la gestion de l'enseignement primaire public a été confiée à la Nouvelle-Calédonie dès 2000 et le second degré en janvier 2012.

– Les langues autochtones dans l'enseignement maternel et primaire

Les différentes provinces, compétentes pour l'enseignement primaire, ont mis en œuvre selon la disponibilité des personnes ressources, l'offre d'un enseignement de et en langue vernaculaire qui va jusqu'à sept heures en maternelle et cinq heures dans le cycle primaire. 1920 élèves étaient concernés par ce dispositif en 2009 pour 13 parmi les 28 langues kanak, ce qui correspondrait à un taux d'encadrement de 20 % des élèves de maternelle. Le principe adopté par arrêté du 26 septembre 2005 est de répondre à la demande des parents qui en font le vœu par un enseignement structuré des langues et cultures kanak.

– Enseignement secondaire

Pour le second degré, les collèges et lycées offrent depuis 1993 des enseignements optionnels de cinq langues régionales et quatre langues kanak sont inscrites comme langue vivante étrangère (LV2/LV3) optionnelle ou facultative, à raison de trois heures hebdomadaires : paicî, ajië, drehu, nengone. Avec pour effet de renforcer la reconnaissance de ces langues parmi la population calédonienne. En 2005, 19 établissements publics offraient cet enseignement sur les 27 que compte la Nouvelle-Calédonie. L'enseignement est assuré par des vacataires, au nombre de 13 dans le public et de 21 dans le privé. Sur les 32 340 élèves de l'enseignement secondaire public et privé, 4 200 suivaient un enseignement de langue kanak, soit environ 13 %.

25. L'article 215 de la loi organique 99-209 de 1999 exprime cette décision : « Les langues kanak sont reconnues comme langues d'enseignement et de culture ».

Il n'y a toutefois aucun programme particulier réglant l'enseignement de ces langues en dehors du cadre général de l'enseignement des langues vivantes.

– Le transfert des compétences et le Grand Débat sur l'avenir de l'école calédonienne

Depuis la rentrée 2012, il n'y a pas de changement visible lié à ce transfert de compétences : le vice-recteur est nommé directeur général des enseignements de la Nouvelle-Calédonie et la structure reste la même. La seule modification concerne la création d'un « service d'enseignement des langues et de la culture kanak » qui succède à l'ancienne « mission aux langues et cultures régionales ». Pour préparer ce transfert des compétences, un grand remue-méninges avait été organisé en 2010, le « Grand Débat sur l'avenir de l'Ecole », dont la commission a rendu public son rapport en avril 2011 sous la forme de 60 recommandations[26]. Parmi celles-ci figurent différentes recommandations concernant la prise en compte du plurilinguisme dans l'éducation :

> *Recommandation* 2 – Créer un enseignement OBLIGATOIRE des cultures kanak et « océaniennes » [= de toutes les communautés non kanak de Nouvelle-Calédonie]
>
> [...]
>
> *Recommandation* 4.2 – Rendre obligatoire l'offre d'au moins une langue kanak à chacun des niveaux de toutes les écoles primaires (maternelles et élémentaires, privées et publiques).
>
> *Recommandation* 4.3 – Créer des écoles primaires bilingues français-kanak. Encourager les initiatives qui s'appuient sur une approche bilingue ou multilingue des langues maternelles kanak[27].

Le transfert du paramètre de causalité langue/développement dans la sphère éducative est le suivant. Le développement maximal est atteint lorsque le degré d'éducation du plus grand nombre de la population est élevé. Le système éducatif doit donc être conçu pour

26. Rapport de recommandations de politique éducative, réalisé par la commission du grand débat sur l'avenir de l'école calédonienne publié en avril 2011, en ligne : <www.monpaysmonecole.gouv.nc/portal/page/portal/debat/> (consulté en janvier 2013).
27. *Ibid.*

tenir compte du plurilinguisme des populations et non l'inverse. Car l'expérience montre que l'homogénéisation linguistique ne garantit pas le développement ni la réussite scolaire. Il y a donc parmi les recommandations ci-dessus une obligation d'information pour tous les citoyens et une obligation de service public de l'État envers les citoyens, quels qu'ils soient, qui sont désireux d'accéder au patrimoine linguistique et culturel à l'école.

La compétence langagière est l'un des deux principaux indicateurs pour l'évaluation des résultats d'ensemble du système scolaire calédonien. Plus précisément, il s'agit des compétences en français, dont on mesure l'écart avec les résultats obtenus en France métropolitaine : plus de 14 points d'écart sur cent séparent en moyenne les résultats des enfants calédoniens de ceux scolarisés outre-mer. Mais cet écart se creuse jusqu'à 30 points avec la moyenne des enfants de la province Nord et des Iles. Comme les compétences évaluées en mathématiques donnent à peu près les mêmes résultats, tout porte à croire que c'est l'accompagnement par l'école du développement de l'ensemble des aptitudes cognitives que la comparaison des performances scolaires remet en question. Une attention particulière est donc accordée à la corrélation entre le développement des aptitudes cognitives et la place des langues maternelles à l'école. L'écart des résultats entre les trois provinces de Nouvelle-Calédonie laisse penser qu'une des causes de la faiblesse observée des résultats scolaires réside peut-être dans une scolarisation inadaptée au statut du français, langue seconde pour une partie importante des enfants mélanésiens ou polynésiens. Il existe à cet égard un consensus relatif entre les autorités politiques et les responsables éducatifs, qui a permis l'introduction des langues kanak à l'école primaire depuis 2005. Rien de semblable n'existe toutefois ni pour l'importante communauté polynésienne implantée en Nouvelle-Calédonie ni pour les autres communautés. La question des langues à l'école est presque entièrement posée dans le cadre unique de la valorisation des langues kanak, dans une perspective d'abord politique qui se traduit par des dispositions éducatives favorables à l'amélioration des résultats scolaires de la communauté mélanésienne. L'enseignement des langues et cultures kanak possède en réalité une triple finalité, ainsi que le rappellent Sam et Vernaudon : – la préservation du patrimoine ; – la mise en place d'une amélioration des modalités pédagogiques pour les populations plurilingues ; – le renforcement de l'identité citoyenne propre au « vivre ensemble » et au « destin commun » de

Nouvelle Calédonie[28]. Les auteurs mentionnent la responsabilité qui incombe aux familles, vecteur naturel de la transmission du patrimoine linguistique, pour assurer la vitalité des langues vernaculaires. Le niveau de développement moyen de la Nouvelle-Calédonie, qui bénéficie du soutien de la métropole française, permet aussi d'isoler la question du plurilinguisme de celle du développement. La promotion de la diversité linguistique en Nouvelle-Calédonie ne s'inscrit pas davantage dans la corrélation du développement économique étant donné le niveau de vie dont bénéficient dans l'ensemble les habitants de l'archipel.

CONCLUSION

Si les autorités françaises ont les idées claires quant aux processus d'aménagement possibles pour réconcilier l'école calédonienne avec les langues maternelles des populations autochtones, il n'en va pas de même à Vanuatu. Malgré une volonté qui paraissait unanime depuis le Sommet national sur l'éducation de 2006 parmi les dirigeants de Port Vila, un ensemble d'études sur la réforme des politiques linguistiques éducatives ayant abouti à une grande consultation nationale en 2009 sur les scénarios de changement, rien de concret ne semble prêt à voir le jour à court terme. La raison en est simple : les réformes devraient remplacer un système éducatif où l'école en français et l'école en anglais coexistent dans des réseaux séparés d'enseignement public et privé. Le projet est de substituer à ce colinguisme une éducation plurilingue dans un système éducatif unique où les langues d'enseignement seraient successivement la langue maternelle, le français et l'anglais. Dans les scénarios plus ou moins détaillés transmis au ministre de l'Éducation en 2010, la transition d'une langue à l'autre est plus ou moins progressive et plusieurs paramètres sont introduits. Mais les questions de fond demeurent : combien de langues premières sont visées par le projet éducatif, quelle place pour le pidgin dans le plan de réforme, alors que le multilinguisme national a considérablement évolué depuis l'indépendance de 1980 ? En effet, si le pays est né dans des circonstances où la sphère d'emploi du pidgin n'incluait ni l'officiel ni le maternel, l'unification et l'urbanisation ont joué en faveur d'une relative créolisation du bislama en milieu urbain et d'une entrée progressive de la langue dans le domaine public, encore partielle dans l'administration publique

28. J. Vernaudon, « L'enseignement des langues kanak en Nouvelle-Calédonie » (2013) 65 Hermès 112-118.

mais complète dans les débats parlementaires. Le bislama, langue officielle, n'a pourtant pas droit de cité à l'école, la tentative de l'imposer par le premier parti indépendantiste au pouvoir ayant fait long feu. La réforme de l'éducation est sans doute nécessaire dans la perspective d'améliorer les rendements de l'éducation de base par une meilleure intégration des langues maternelles. Pourquoi ne voit-elle donc pas le jour ? Trois raisons à cela amèneront la conclusion de notre propos.

1 – *Éclatement des langues vernaculaires concernées par la didactisation*

La première concerne la difficulté à préparer du matériel pédagogique pour accompagner l'alphabétisation dans les cent langues maternelles recensées. Il suffirait toutefois de regrouper les langues par famille intermédiaire en fonction des enquêtes ethnolinguistiques conduites et documentées depuis 50 ans sur l'archipel. Les langues dont le degré de vitalité est trop faible ne nécessitent pas non plus d'équipement pédagogique pour de nouvelles générations qui seraient inexistantes.

2 – *Absence du pidgin des politiques linguistiques éducatives*

La deuxième raison concerne le manque de reconnaissance du pidgin dans le système éducatif. Cette situation, qui fut une nécessité politique au moment de la naissance de l'État de Vanuatu, pose aujourd'hui un vrai problème identitaire alors même que le processus d'institution et de normalisation de cette langue véhiculaire a engrangé d'incontestables progrès ces dernières années[29]. Il est difficile d'évaluer l'impact sur les langues maternelles d'une introduction du pidgin dans le système éducatif mais il convient en tout état de cause de tenir compte, d'une part de sa relative créolisation en milieu urbain, qui justifie dès lors son usage comme medium d'alphabétisation pour les locuteurs qui en ont l'usage comme langue première, et d'autre part, de l'effet favorable sur l'estime de soi pour une population faiblement scolarisée en général que de voir le statut de la langue véhiculaire revalorisé par son ancrage dans l'éducation nationale.

---

29. Voir T. Crowley, *A New Bislama Dictionary*, 2e éd., Institute of Pacific Studies, University of the South Pacific, Vanuatu, 2003.

3 – Le bilinguisme français-anglais ne s'impose qu'aux francophones

La troisième raison est la méfiance qu'inspire aux médias et à la population autochtone scolarisée en anglais l'instauration d'un bilinguisme anglais-français horizontal dans l'éducation, qui affiche l'ambition d'offrir la maîtrise des deux langues officielles d'éducation à tous. L'inégalité de traitement entre les deux langues du condominium franco-britannique remonte à l'indépendance de 1980. L'État s'est construit sur le principe d'un fonctionnement oral en pidgin, écrit en anglais. Il en résulte un statut de langue officielle traduite pour le français. La mission d'éducation nationale étendue aux langues officielles, qui revient à revaloriser le statut des trilingues bislama-français-anglais dans la société vanuatuane, est évidemment perçue comme une menace par les Ni-Vanuatu qui ne disposent que du bilinguisme diglossique anglais-bislama[30]. De l'ensemble de ces obstacles résulte une situation de *statu quo* qui ne manquera pas de décevoir ceux qui ont nourri beaucoup d'espoir dans la grande liberté de pensée qui a présidé aux débats de 2006 et aux projets qui en sont issus.

---

30. C. Jarraud-Leblanc, « Le bislama dans le système éducatif au Vanuatu », en ligne : <www.alk.gouv.nc/portal/page/portal/alk/ress_docu/lecoleplurilingue/jarraudle blanc>.

ANNEXE

Population ayant obtenu un diplôme universitaire

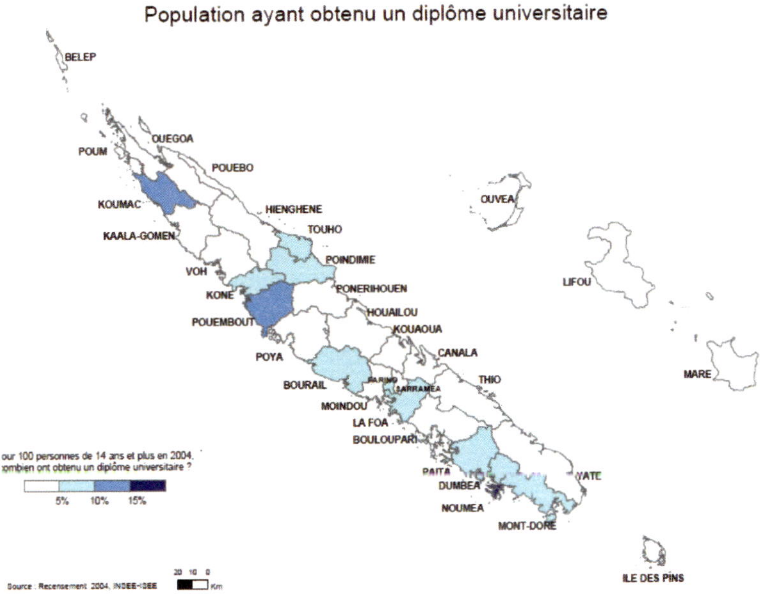

Population connaissant une langue mélanésienne

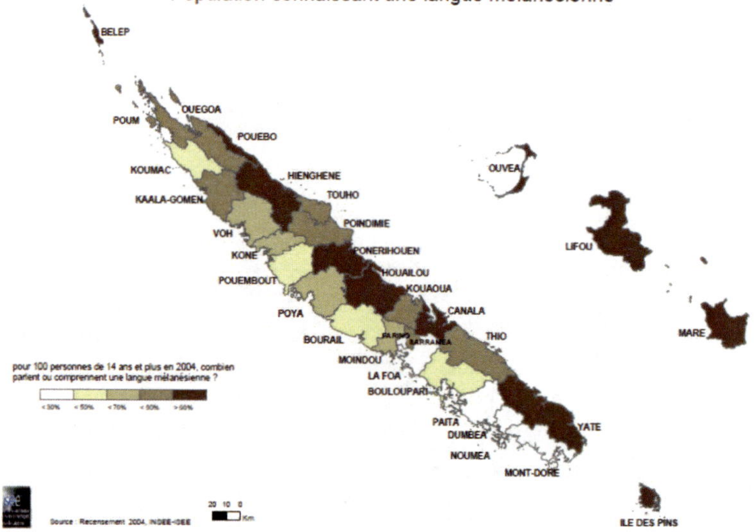

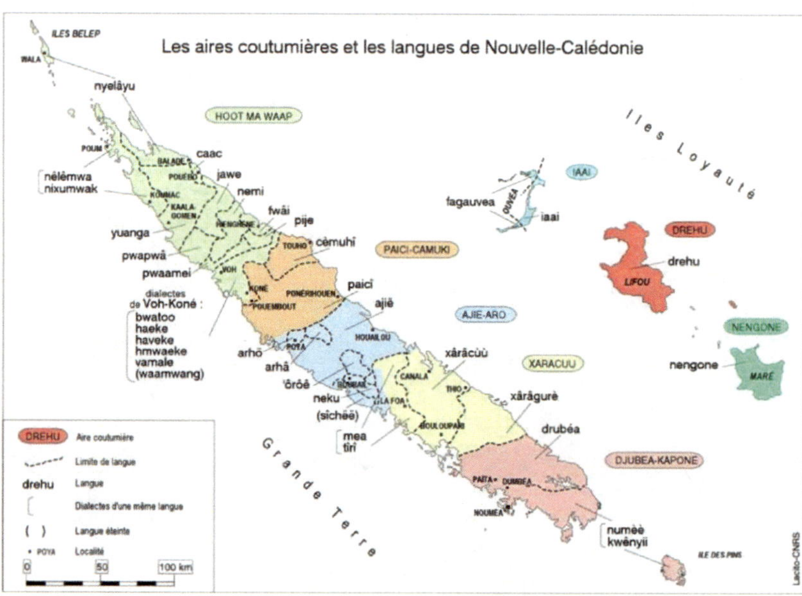

À l'extérieur de la francophonie : différentes langues, mêmes difficultés !

Les Caraïbes et l'Amérique centrale

L'AMÉNAGEMENT DE LA DIVERSITÉ LINGUISTIQUE EN AMÉRIQUE LATINE : DÉFIS POUR LE PLURALISME

Rainer Enrique HAMEL*

I - L'ÉTAT DES AFFAIRES : DU MONOLINGUISME COMME IDÉOLOGIE VERS LE PLURILINGUISME

L'Amérique latine s'est battue entre des tendances centripètes et centrifuges d'intégration depuis l'indépendance de ses États membres au début du XIXe siècle. Jusqu'à nos jours, la signification et l'extension du terme « Amérique latine » restent ambiguës et ses bornes sont peu claires[1]. Pour analyser les politiques linguistiques et pour dessiner quelques traits communs, je me limiterai à tenir compte des pays ibériques souverains, donc les pays colonisés par l'Espagne et le Portugal[2]. Ce découpage inclut 17 pays avec plus de 530 millions d'habitants dont quelques 28 millions (11 %) appartiennent à la population indigène ou autochtone.

Tous les pays de l'Amérique latine sont aujourd'hui multilingues d'une façon ou d'une autre, mais tous partagent depuis leur sou-

---

* Universidad Autónoma Metropolitana, México, D.F.

1. Les démarcations du subcontinent ne sont guère claires et s'entrecroisent avec d'autres délimitations conceptuelles et géographiques : Nord – Centre – Sud, Iberoamérica, Hispanoamérica et Lusoamérica. L'Amérique latine, dénomination poussée par la France au XXe siècle, ne comprend pas le Québec, mais inclut Belize, Surinam et Guyane, sans racine latine. Et il n'est pas trop clair si l'Amérique latine inclut les Caraïbes.
2. J'exclurai aussi les pays hispanophones des Caraïbes, étant donné qu'ils ne préservent plus de population indigène et que leur histoire est différente de celle des pays continentaux.

veraineté une histoire de construction d'États nationaux idéalement monolingues et homogènes, fondés sur des modèles européens, notamment le modèle de l'État français. Cette orientation idéologique impliquait le déploiement de politiques linguistiques d'assimilation dirigées aux peuples autochtones et, d'une façon différenciée, aux immigrants. Jusqu'aujourd'hui, le poids de cette orientation homogénéisante constitue l'obstacle le plus sévère qui empêche une transition vers des États pluralistes qui reconnaissent leur diversité culturelle et linguistique comme valeur positive, un trait qui pourrait enrichir leurs sociétés toutes entières. Pour l'Amérique latine et ses pays, l'aménagement de la diversité linguistique dans l'ère de la mondialisation pose donc des défis multipolaires et complexes.

Les espaces les plus importants où les politiques linguistiques deviennent saillantes se trouvent premièrement dans les communautés qui pratiquent un bi ou un multilinguisme social. Deux types de communautés linguistiques en Amérique latine ont créé leurs propres domaines de communication bilingue, y compris l'enseignement : les peuples autochtones et les communautés d'immigrants. Les deux groupements existent comme des enclaves bilingues dans les formations socio-historiques de construction de l'État-nation orientée vers le monolinguisme. Dans la plupart des pays latino-américains, l'idéologie linguistique dominante s'attend à ce que leurs citoyens soient monolingues en langue nationale et, dans les classes moyennes et supérieures, qu'ils acquièrent une certaine maîtrise d'une langue étrangère. Par contre, les citoyens qui parlent d'autres langues comme *langues maternelles* au foyer en deuxième génération et après, éveillent des soupçons au sujet de leur loyauté nationale, même s'ils sont également ou encore plus compétents dans la langue du pays. Les langues étrangères sont les bienvenues tant qu'elles ne possèdent pas une base territoriale, ce qui octroie souvent un statut contradictoire aux langues telles que l'italien ou l'allemand, (mais aussi le français et l'anglais). Le rôle actuel et futur de l'anglais en Amérique latine mérite une analyse à part.

Les régions et les traditions qui pratiquent un plurilinguisme naturel sont fréquemment exclues de la reconnaissance publique et ses discours. Parmi eux se trouvent les zones indigènes dans la forêt tropicale qui présentent une diversité linguistique extraordinaire où les gens parlent quatre langues ou plus d'une façon naturelle. De la même manière, le multilinguisme indigène urbain, qui a augmenté au cours des dernières décennies en raison de la migration vers les grandes villes, et les enclaves linguistiques d'immigrants, sont essentiellement demeurés invisibles dans l'image construite par les États modernes et leurs métropoles.

En somme, les instances de multilinguisme social sont considérées comme une exception en Amérique latine, plus encore dans la « communauté imaginée »[3] de la nation que dans les pratiques langagières. Toute communauté – autochtones ou immigrées – qui cultive un bi ou un multilinguisme stable est donc confrontée à des conditions sociolinguistiques et idéologiques adverses et devra développer des justifications idéologiques, culturelles et linguistiques exceptionnelles pour préserver ses domaines bilingues.

Des contradictions fondamentales persistent souvent entre les politiques linguistiques explicites des États et les pressions politiques contraires, impulsées par des forces vigoureuses de la société civile. Pendant l'époque coloniale et le début de l'ère républicaine, les régions de population indigène massive et les zones isolées ont résisté aux pressions des États visant l'assimilation et l'éradication des langues autochtones. À l'inverse, les politiques gouvernementales modernes qui favorisent la diversité et les perspectives d'enrichissement sont fréquemment confrontées à une forte résistance de la société dominante et aussi de la part des instituteurs autochtones qui parfois s'opposent à l'enseignement bilingue, car ils ont profondément intériorisé l'idéologie dominante du monolinguisme[4].

L'analyse du champ complexe des politiques linguistiques en Amérique latine exige un cadre conceptuel plus large que celui des modèles traditionnels de la politique linguistique, de la planification ou de la gestion qui réduisent généralement leur objet aux interventions ouvertes de l'État visant à modifier le cours « naturel » du développement des langues. Dans notre cadre d'analyse, les politiques linguistiques seront plutôt comprises comme des processus socio-

3. B.R. O'G. Anderson, *Imagined communities: reflections on the origin and spread of nationalism*, London, Verso, 1983.

4. R.E. Hamel, « Indigenous language policy and education in Mexico » dans S. May et N.H. Hornberger, dir., *Encyclopedia of language and education* 2e éd., vol. 1, *Language Policy and Political Issues in Education*, New York, Springer, 2008, 301-313 ; R.E. Hamel, « Bilingual education for indigenous communities in Mexico » dans J. Cummins et N.H. Hornberger, dir., *Encyclopedia of language and education*, 2e éd., vol. 5, *Bilingual Education*, New York, Springer, 2008, 311-322 [Hamel, « Bilingual education for indigenous communities in Mexico »].

historiques qui changent les constellations linguistiques (*i.e.* l'ensemble des systèmes de communication) où interviennent tant les institutions étatiques comme d'autres forces sociales. Ces processus impliquent non seulement des transformations des structures et des usages discursifs et linguistiques (*e.g.* la normalisation, la diffusion, le déplacement ou la revitalisation) ; plus fondamentalement, ils engagent un changement des idéologies linguistiques et des relations que les locuteurs entretiennent avec les constellations linguistiques en vigueur dans le cadre des relations de pouvoir globales[5].

Dans l'historique de l'Amérique latine nous pouvons identifier trois grandes orientations idéologiques qui correspondent à des phases historiques et qui ont défini des politiques linguistiques et culturelles (voir tableau 1).

Tableau 1
Orientations idéologiques des politiques linguistiques et culturelles

MONOCULTURALISME - MONOLINGUISME
Diversité niée
Orientation idéologique : Exclusion culturelle

↓

MULTICULTURALISME - MULTILINGUISME
Diversité reconnue comme « problème » et comme droit
Orientation idéologique : Inclusion culturelle et subordination

↓

PLURICULTURALISME - PLURILINGUISME
Diversité assumée comme ressource d'enrichissement
Orientation idéologique : Base culturelle et interculturelle

5. Voir Rainer Enrique Hamel, « Plurilingual Latin America: Indigenous languages, immigrant languages, foreign languages – towards an integrated policy of language and education » dans C. Hélot et A.-M. De Mejía, dir., *Forging multilingual spaces: integrated perspectives on majority and minority bilingual education*, Clevedon, Multilingual Matters, 2008, 58-108 ; Rainer Enrique Hamel, « L'aménagement linguistique et la globalisation des langues du monde » (2010) 16(3) Télescope 1-21 pour une discussion plus large.

La colonisation développait le *monoculturalisme* et le *monolinguisme* comme position dominante qui a été renforcée par les républiques naissantes, après l'indépendance. Cette orientation niait le droit d'exister aux populations autochtones en tant que peuples, comme c'était le cas en Argentine et au Chili au XIXe siècle. Dans le cas du Brésil, cette orientation a effacé la visibilité des peuples amérindiens depuis le début de la colonisation[6]. Cette idéologie a été contestée depuis le début du XXe siècle par une orientation rivale que je propose encadrer comme *multiculturalisme* et *multilinguisme*. Cette orientation reconnaît l'existence de minorités ethniques, mais elle définit la diversité négativement comme un problème (« le problème indien »). Les expressions culturelles et linguistiques des minorités autochtones et d'autres sont reconnues à la fois comme un problème et comme un droit, mais leur existence est toujours considérée comme un obstacle à l'unité nationale[7].

Le *pluriculturalisme* et le *plurilinguisme* représentent une troisième orientation fondée sur une perspective d'enrichissement. Cette vision partage avec le multiculturalisme la reconnaissance de la diversité comme un fait empirique, mais en diffère dans son appréciation. Ici, la diversité est considérée comme un atout et un potentiel de capital culturel pour la nation dans son ensemble. Sa théorie politique et culturelle fournit les fondements théoriques de la diversité et de l'éducation interculturelle bilingue[8] qui fonde aujourd'hui les programmes officiels pour la population autochtone dans la plupart des pays latino-américains.

Chacune des orientations était donc hégémonique à un moment donné et marquait certaines étapes historiques. Mais aucune d'elles n'a disparu complètement. Elles ont plutôt survécu à nos jours où elles rivalisent dans les sociétés contemporaines. Le multilinguisme est sans doute la force hégémonique, mais elle perd de la force dans de nombreux pays où s'impose, peu à peu, une orientation pluraliste.

---

6. E.P. Orlandi, *Terra a vista. Discurso do confronto: velho e novo mundo*, São Paulo, Cortez Editora, 1990 ; E.P. Orlandi, *La danza de las gramáticas. La relación entre el tupí y el portugués en Brasil*, 1993 ; R.E. Hamel, dir., « Políticas del Lenguaje en América Latina », (1993) 29 Iztapalapa 54-74.
7. Voir R. Ruiz, « Orientations in language planning » (1984) 82 NABE Journal 15-34, pour une conceptualisation classique différente.
8. En Amérique latine, la conception de l'éducation interculturelle bilingue a été formulée la première fois par E.E. Mosonyi et F. Rengifo, « Fundamentos teóricos y programáticos de la educación intercultural bilingüe » dans N.J. Rodríguez, E. Masferrer et R. Vargas Vega, dir., *Educación, etnias y descolonización en América Latina*, México, UNESCO-III, 1983, 209-230.

Le défi fondamental de nos jours est de trouver des routes de transition d'une orientation multilingue et multiculturelle qui reconnaît la diversité, mais qu'elle considère comme un problème, à une position d'enrichissement plurilingue et pluriculturelle dans le contexte plus large des transformations sociales en Amérique latine. Une telle transition ne peut pas être le résultat d'un acte de bonne volonté. Elle implique des changements profonds dans l'économie, la société, l'éducation, le droit, et, surtout, les relations de pouvoir[9].

En Amérique latine, nous pouvons identifier trois domaines nationaux, ainsi que trois espaces supranationaux où interviennent les politiques et les programmes d'aménagement linguistique : au niveau des états nationaux, ce sont les relations entre la langue nationale d'origine européenne et 1) les langues autochtones, 2) les langues de l'immigration, et 3) les langues étrangères. Dans les espaces supranationaux, nous tiendrons compte des effets linguistiques de la mondialisation, d'une part, et des processus d'intégration régionale (MERCOSUR, UNASUR, ALÉNA) de l'autre. En troisième lieu, l'intervention des organismes de politiques linguistiques externes (British Council, Alliance Française, Instituto Cervantes Goetheinstitut) a exercé un certain effet sur les constellations linguistiques.

Puisqu'en Amérique latine l'éducation est sans doute le champ le plus saillant des interventions d'aménagement linguistique, je me limiterai à décrire, tout d'abord, l'histoire et les caractéristiques générales des systèmes d'éducation indigène et celles des écoles bilingues d'origine immigrante, pour terminer avec quelques observations sur les politiques des langues étrangères et les effets des organes supranationaux au niveau régional et mondial.

Comme nous le verrons tout au long de nos discussions, la dynamique de la mondialisation et la nature changeante de la diversité ont ébranlé les politiques traditionnelles contrôlées par les États nationaux qui séparaient clairement les différents domaines : les nations ou ethnies officielles, les peuples autochtones, les groupes d'immigrés, les espaces nationaux et internationaux.

9. C'est justement la position de diversité qu'ont adoptée, en principe, les institutions de la Francophonie. Mais, d'une façon partiellement comparable avec celle de l'Amérique Latine sur ce point, il y aura encore un long chemin à parcourir et il faudra mettre sur place des mesures précises d'aménagement linguistique pour faire justice à une telle position abstraite.

La question de politique linguistique qui se pose aujourd'hui pour les gouvernements et la société civile en Amérique latine est la suivante : comment aménager la diversité linguistique interne et externe, et comment les pays d'Amérique latine, qui appartiennent aux Tiers Monde et à une communauté linguistique vigoureuse (Hispanophonie, Lusophonie), peuvent-ils intégrer la mondialisation « hégémonisée » par les États-Unis et l'anglais ?

II - LES RELATIONS ENTRE LA LANGUE NATIONALE ET LES LANGUES AUTOCHTONES : POLITIQUE LINGUISTIQUE ET ÉDUCATION AUTOCHTONE

Vers l'année 2000, plus de 500 langues autochtones étaient parlées par les 28 millions d'autochtones qui habitaient l'Amérique latine. Nous pouvons distinguer trois groupements principaux parmi les peuples amérindiens, tenant compte de leur grande hétérogénéité ethnique et linguistique. Plus de 80 % de la population indigène appartient à une de deux macro-ethnies situées dans des régions où des sociétés hautement développées existaient avant la conquête européenne. L'une occupe le plateau mésoaméricain comprenant le centre et sud du Mexique, Guatemala et Belize. Environ 80 langues sont parlées par cette famille ethnique, les langues mayas (6,2 millions de locuteurs) et le nahuatl moderne (1,4 million de locuteurs) étant les plus importantes. L'autre macro-ethnie est située dans la région des Andes, qui s'étend du sud de la Colombie jusqu'au nord du Chili, concentrée dans la Bolivie, le Pérou et l'Equateur. Ici deux langues, le quechua (12 millions de locuteurs) et l'aymara (3 millions de locuteurs), sont dominantes[10]. Le deuxième groupe est subdivisé en plus de 300 langues dont les locuteurs sont dispersés sur l'ensemble du territoire latino-américain. Leurs domaines de résidence principaux se situent en Amérique centrale (à l'exception du Guatemala et Belize), la côte caraïbe de l'Amérique du Sud, le bassin amazonien, et l'extrême sud du continent. Différent du premier, cet ensemble de micro-ethnies amérindiennes se caractérise par une faible densité démographique, une diversité linguistique considérable, et une grande variété d'étapes sur le continuum d'assimilation, allant des sociétés de chasseurs et de cueilleurs encore relativement isolées à des groupes presque entièrement assimilés. Le troisième groupe-

10. Les données et les descriptions les plus récentes et les plus fiables à ce sujet se trouvent dans « Atlas sociolingüístico de pueblos indígenas en América Latina », I. Sichra, dir., *Atlas sociolingüístico de pueblos indígenas en América Latina*, Cochabamba, PROEIB Andes, UNICEF & AECID, 2009.

ment beaucoup plus récent vit une croissance rapide au détriment des deux autres : il comprend la population autochtone urbaine de plusieurs millions qui partage les conditions de vie du sous-prolétariat urbain qui habite les énormes bidonvilles qui entourent les grandes villes d'Amérique latine.

Dès le début de la Conquête en 1492, les colonisateurs espagnols et portugais ont préconisé l'une de deux stratégies vis-à-vis des peuples autochtones – l'assimilation versus la préservation subalterne – qui s'est matérialisée dans l'éducation générale et l'enseignement de l'espagnol ou du portugais. Ces stratégies ont survécu jusqu'à nos jours. La première vise l'assimilation linguistique et culturelle à travers l'imposition directe de la langue européenne à l'aide de programmes de submersion ou de transition rapide. La deuxième stratégie, toujours subordonnée à la première, utilisait certains programmes exceptionnels de préservation linguistique. Dans la plupart des cas, des méthodes bilingues diverses ont été employées, où les langues autochtones jouaient un rôle subalterne comme langues d'instruction et d'alphabétisation initiale.

Aujourd'hui, le débat sur l'éducation autochtone s'articule autour de deux questions fondamentales. Sur le plan macro-politique et anthropologique, une puissante alternative à l'assimilation a émergé qui se bat pour la transformation des États-nations existants en entités politiques plurilingues et pluriculturelles qui devrait aborder la diversité existante dans une perspective d'enrichissement. Cette orientation propose que les nations autochtones, l'origine africaine et l'européenne participent en tant que trois racines distinctes dans la forge d'un nouveau type de nation et d'intégration latino-américaine qui devrait concilier l'unité nationale avec la préservation de la diversité culturelle et linguistique. La deuxième question renvoie à la dimension micro-politique du curriculum et de l'organisation culturelle, pédagogique et linguistique des écoles. Compte tenu des échecs précédents avec des programmes de submersion et de transition rapide, des modalités nouvelles ont vu le jour depuis les années 1970. Dans la plupart des pays, les programmes bilingues et biculturels conçus pour aider à préserver et promouvoir les langues autochtones ont cédé leur place au nouveau concept d'« éducation interculturelle bilingue » (EIB) dans les années 1990[11], sauf en Colombie, qui conserve sa terminologie propre d'« ethno-éducation ».

Ces systèmes reconnaissent le droit de la population scolaire à l'alphabétisation et à l'enseignement en langue maternelle autochtone ainsi qu'en espagnol ou en portugais comme langue seconde. La plupart des pays ont adopté quelques dispositions au niveau de leur Constitution et de leur législation générale ou spécifique : loi sur les droits linguistiques, loi sur l'éducation, etc. Le statut des langues varie d'une reconnaissance très vague comme « langues nationales » (Mexique) jusqu'à un statut de langues co-officielles au niveau régional ou national (voir tableau 2).

Le pays le plus avancé au niveau de la reconnaissance et de la participation politique de la population autochtone est sans doute la Bolivie qui se définit, dans sa nouvelle Constitution (2009), comme un pays multinational (donc composé par plusieurs nations) et d'une population majoritairement autochtone. La Constitution accorde des droits collectifs très étendus aux nationalités autochtones. Elle reconnaît leur autonomie territoriale, administrative et juridique et leur participation dans l'éducation publique qui se définit comme « interculturelle et bilingue » dans tout le pays. Une nouvelle Constitution à l'Équateur (2008) accorde des droits presque aussi étendus aux nations autochtones. Comme c'est le cas en Bolivie, elle reconnaît le principe de « pluralisme juridique ».

11. Pour des définitions plus spécifiques du terme, voir X. Albó et A. Anaya, *Niños alegres, libres, expresivos. La audacia de la educación intercultural bilingüe en Bolivia*, La Paz, CIPCA & UNICEF, 2004 ; L.E. López, *De resquicios a boquerones. La EIB en Bolivia*, La Paz, GTZ, UNICEF & Plural Editores, 2005 [López, *De resquicios a boquerones*] ; L.E. López, *Reaching the unreached: Indigenous intercultural bilingual education in Latin America*, Commission Background Study for EFA Global Monitoring Report 2009, UNESCO, en ligne : <http://unesdoc.unesco.org/images/0018/001866/186620e.pdf> (page consultée le 30/03/2011) ; S. Schmelkes, « La interculturalidad en la educación básica » (2006) 3 Revista PRELAC 120-127 [López, *Reaching the unreached*].

Tableau 2
Peuples autochtones, population et langues en Amérique latine[12]

Pays et date du dernier recensement disponible avec des chiffres sur la	Population nationale totale	Peuples indigènes autoch-tones	Population indigène		Langues indigènes	Statut politique des langues
			#	%		
Argentine (2010) l'éducation	40.117.096	30	1.236.640	3.1	15	Langues de
Bolivie (2001)	10.389.913	36	3.686.929	62.0	33	Co-officielles avec l'espagnol
Brésil (2010)	190.755.799	241	817 963	0.4	186	Langues de l'éducation
Chili (2002)	15.116.435	9	692.192	4.6	6	Langues de l'éducation
Colombie (2005)	42.888.594	83	1.378.884	3.4	65	Co-officielles avec l'espagnol
Costa Rica (2011)	4.301.712	8	104.143	2.4	7	——————-
Equateur (2010)	14.483.499	12	1 018.176	7.3	12	Utilisation officielle régionale
El Salvador (2007)	5.744.113	3	13.926	0.2	1	——————-
Guatemala (2010)	14.099.032	24	5.975.473	44.4	24	Langues nationales
Honduras (2001)	7.510.662	7	471.505	6.3	6	Langues de l'éducation
Mexique (2010)	112.322.757	67	6.695.228	6.0	68	Langues nationales
Nicaragua (2005)	5.699.472	9	567.861	10.0	6	Utilisation officielle régionale
Panama (2010)	3.454.857	8	423.572	12.3	8	Langues de l'éducation
Paraguay (2002)	6.297.414	20	106.232	1.7	20	Guarani comme co-officiel
Pérou (2008)	29.285.927	43	4.243.431	14.5	43	Utilisation officielle régionale
Uruguay (2004)	3.930.144	0	183.260	4.7	0	——————-
Venezuela (2001)	26.938.187	37	206.789	0.8	37	Co-officielles avec l'espagnol
Amérique latine	**533.395.613**	**637**	**28.000.043**	**10.8**	**533**	

12. Adapté et mis à jour de López, *Reaching the unreached, ibid.* à la p. 3.

Un discours plus radical a émergé depuis la fin du XXe siècle qui propose la décolonisation de la société et de l'éducation pour surmonter la soumission historique de la culture indigène et l'exclusion de ses fonds de savoir. Il exige la reconnaissance d'un statut égal pour les deux visions du monde et des droits épistémiques pour les peuples autochtones, c'est-à-dire le droit de produire des connaissances propres dans tous les domaines du savoir, et le pouvoir de proposer et diffuser cette connaissance et l'interprétation du monde dans toutes les institutions[13].

Quel curriculum, quelle approche pédagogique et quel usage des langues seront capables d'intégrer les objectifs culturels et linguistiques généraux avec la réussite scolaire et la participation autochtone, dans le contexte de relations de pouvoir toujours asymétriques en vigueur ?

Le modèle EIB adopté officiellement établit le droit à l'alphabétisation en langue maternelle et l'enseignement des matières scolaires dans cette langue, ainsi que le droit à apprendre l'espagnol (ou le portugais au Brésil) comme langue seconde[14]. Sans doute un tel programme serait plus approprié, tant d'un point de vue pédagogique et psycholinguistique, comme du point de vue des objectifs de préservation, voire de revitalisation, des langues autochtones. Cependant, la discrimination historique et une idéologie diglossique omniprésente, profondément enracinée dans la conscience des enseignants et des parents autochtones, élève des barrières contre la mise en œuvre de tels programmes. Bien que des programmes pédagogiques qui montrent les avantages de l'enseignement en langue maternelle autochtone aient été proposés depuis les années 1980[15], ils ne pourraient vaincre la résistance que dans des cas exceptionnels. En particulier, dans les macro-ères andines et méso-américaines, les

13. A. Quijano, « Colonialidad del poder, eurocentrismo y América Latina » dans E. Lander, dir., *La colonialidad del saber: Eurocentrismo y ciencias sociales. Perspectivas latinoamericanas*, Caracas, CLACSO, 2000, 201-245.

14. X. Albó, *Educando en la diferencia. Hacia unas políticas interculturales y lingüísticas para el sistema educativo*, La Paz, Ministerio de Educación, UNICEF & CIPCA, 2002.

15. R.E. Hamel, « Determinantes sociolingüísticas de la educación indígena bilingüe » (1988) *Signos. Anuario de Humanidades*, México, UAM-I, 319-376 ; L.E. López, « La eficacia y validez de lo obvio: lecciones aprendidas desde la evaluación de procesos educativos bilingües » (1997) 34(99) Revista Paraguaya de Sociología 27-62 ; López, *De resquicios a boquerones*, *supra* note 11.

programmes officiels d'EIB ne constituent pas encore une pratique éducative solide, bien organisée et acceptée par les acteurs[16]. Dans l'ensemble, l'éducation autochtone contribue encore plus au déplacement et à la perte des langues qu'à leur préservation et leur revitalisation.

III – LES RELATIONS ENTRE LA LANGUE NATIONALE ET LES LANGUES DE L'IMMIGRATION : DES ÉCOLES COMMUNAUTAIRES À L'ÉDUCATION BILINGUE D'ÉLITE

L'histoire de l'immigration européenne à l'Amérique latine est bien documentée, et elle nous enseigne que l'Argentine, le Brésil, le Chili, le Paraguay et l'Uruguay ont absorbé environ 90 % des nouveaux arrivants. Pendant la période d'immigration massive (1875-1930), les Espagnols et les Italiens représentaient les groupes les plus nombreux d'immigrants dans la plupart des pays, suivis par les Britanniques, les Allemands, les Polonais, les Yougoslaves (principalement les Croates), et les Français[17]. En Argentine, l'assimilation rapide et pacifique dans les villes et la construction d'une identité nationale fondée sur le monolinguisme de l'Espagnol argentin était en grande partie due à la force intégrative du développement socio-économique impressionnant et le haut niveau académique de l'enseignement public[18]. Les Italiens et les Polonais des classes basses se sont assimilés plus rapidement que les immigrants britanniques, français ou allemands de classe moyenne. Dans les zones rurales, en revanche, les migrants européens ont formé de grandes communautés d'enclave qui ont préservé leur loyauté ethnolinguistique jusqu'à la seconde moitié du XXe siècle.

16. Hamel, « Bilingual education for indigenous communities in Mexico », *supra* note 4.
17. Au cours de cette époque, environ 1,5 million d'Italiens ont migré vers l'Argentine, et le même nombre au Brésil. Plus de 100 000 citoyens britanniques (principalement gallois et irlandais) et environ 120 000 allemands se sont installés en Argentine, 250 000 Allemands au Brésil et 200 000 au Chili (voir S. Baily et E.J. Míguez, dir., *Mass migration to modern Latin America*, Wilmington, Delaware, Scholarly Resources, 2003). Pour 1990, les estimations établissent quelque 500 000 locuteurs allemands et près de 12 millions de descendance allemande au Brésil, 300 000 locuteurs et un million de descendants pour l'Argentine, et 20 000 locuteurs parmi 200 000 descendants pour le Chili.
18. B.C. Axelrud, « Alcances y proyecciones de la integración regional en Argentina » dans *Políticas Lingüísticas para América Latina. Actas del Congreso Internacional 1997*, Buenos Aires, UBA, 1999, 59-72.

Dans tous les pays latino-américains, c'étaient surtout les colons britanniques (anglais, gallois et irlandais), francophones et germanophones qui ont fondé leurs propres écoles et autres institutions sociales pour préserver leurs langues, leurs traditions et leurs relations de parenté endogamiques. La plupart de ces écoles sont passées par trois phases historiques, et certaines d'entre elles ont atteint une quatrième étape[19]. Fondées pendant une première phase en tant qu'écoles communautaires monolingues d'héritage au XIXe ou au début du XXe siècle, elles devaient offrir une éducation appropriée aux enfants des colons, en particulier dans les zones rurales où aucune instruction n'était disponible. L'enseignement se menait entièrement dans la langue des immigrants, et des élèves extérieurs à la communauté ethnolinguistique étaient rarement admis.

Pendent une deuxième phase, les colons amenaient des professeurs de leurs pays d'origine pour professionnaliser l'enseignement, et la langue nationale du pays s'introduisait presque comme une langue étrangère pour fournir les compétences linguistiques nécessaires pour traiter avec la société externe. Une troisième phase menait les écoles d'immigrants à affaiblir progressivement leur caractère d'écoles communautaires d'enclave et à s'intégrer au groupe d'écoles nationales d'élite. Par conséquent, ils ouvraient leurs portes aux enfants des élites économiques et politiques des pays d'accueil. Bien que de nombreux diplômés devinrent des personnalités publiques au fil du temps, les écoles, avec l'appui formel de leur pays d'origine, n'ont jamais perdu leur statut ambigu d'être considérées à la fois nationales et étrangères. En raison de la diminution de l'immigration et du déplacement continu des langues d'héritage, l'enseignement adoptait peu à peu des caractéristiques bilingues. Des négociations permanentes et la tentative de concilier les orientations parfois divergentes ont conduit à un large éventail de programmes bilingues. Dans la plupart des cas, un double système de programmes s'est développé en parallèle dans chacune des langues, chacune avec son propre collège et sa propre gestion.

Dans une quatrième phase, quelques écoles associées à des communautés de langues internationales de prestige se sont transformées en « écoles de langues globales »[20] au cours de la seconde moitié du XXe siècle. Le déclin de l'éducation publique dans l'ère néolibérale

19. C. Banfi et R. Day, « The evolution of bilingual schools in Argentina » (2004) 7(5) International Journal of Bilingual Education and Bilingualism 398-411.
20. *Ibid.*

a augmenté le poids des écoles bilingues dans le cadre du petit groupe d'instituts privés d'élite qui offrent une éducation internationale moderne ainsi que la promesse de former les futurs dirigeants de l'entreprise et de la politique au niveau national et international. Seules les anciennes écoles d'héritage qui étaient en mesure de suivre la dynamique de la mondialisation ont pu rivaliser avec d'autres grandes écoles privées pour absorber les enfants de l'élite économique et politique.

La plupart des écoles bilingues privées combinent essentiellement deux types d'approches. Au début, les élèves bilingues d'origine immigrante sont exposés à une forte composante d'alphabétisation et d'enseignement dans leur première langue (L1), tandis que le groupe monolingue de langue nationale est souvent scolarisé en programme d'immersion ou des programmes intensifs d'enseignement dans la langue étrangère (L2). Ces programmes intègrent donc les avantages du développement en L1 dans un cas et d'immersion dans la langue d'immigrants/étrangère dans l'autre comme un moyen de développer un bilinguisme de haut niveau et dans une perspective d'enrichissement. Une fois un niveau de seuil avancé est atteint dans les deux langues, les deux cohortes peuvent être intégrées dans un certain nombre de matières qui peuvent être enseignées dans l'une ou l'autre langue.

La transition entre le statut d'écoles bilingues encore enracinées dans leurs communautés d'immigrants vers des institutions d'élite moderne liées au développement éducatif global est toujours en cours[21]. Les programmes plurilingues intensifs constituent un atout important dans la concurrence avec d'autres écoles privées d'élite, ainsi que les opportunités d'échange et d'études à l'étranger qui améliorent les perspectives d'emploi pour leurs diplômés. Les écoles représentant des langues internationales de deuxième rang comme le français, l'allemand ou le japonais, offrent l'anglais comme une troisième langue et s'annoncent comme des écoles trilingues.

Les écoles bilingues d'élite pratiquent un modèle de plurilinguisme d'enrichissement comme perspective sociale et de bi ou multilinguisme additif comme objectif individuel. Aucune des langues concernées est menacée ou stigmatisée comme inadéquate pour

---

21. A.-M. de Mejía, « Enrichment bilingual education in South America » dans J. Cummins et N.H. Hornberger, dir., *Encyclopedia of language education*, vol. 5, *Bilingual education*, New York, Springer, 2008, 323-331.

l'enseignement des contenus avancés ou de la communication. Et les étudiants sont systématiquement encouragés, reconnus et récompensés pour leur compétence bi ou trilingues qu'ils développent dans les « bonnes » langues du monde.

Dans le processus d'intégration progressive de leurs communautés dans la société du pays d'accueil, les écoles d'immigration sont devenues une force importante pour le développement national. Dans certains cas, elles fournissaient des modèles pour la conception du système scolaire public. Dans le même temps, leur développement a parfois donné lieu à des conflits et à des négociations constantes avec les autorités éducatives nationales. Ces deux aspects des cultures et des programmes éducatifs divers ainsi que l'intégration et le transfert réciproque ont façonné leurs identités et leurs rôles. Le fait que le plurilinguisme s'établisse comme une empreinte visible et positive dans un domaine de prestige social a contribué à introduire une perspective d'enrichissement et à atténuer les politiques latino-américaines visant la construction des États-nations homogènes et monolingues.

IV – LES DÉFIS DANS L'ÈRE DE LA MONDIALISATION : LANGUES ÉTRANGÈRES VERSUS LANGUES D'IMMIGRANTS, INTÉGRATION RÉGIONALE VERSUS INTÉGRATION GLOBALE

Depuis l'indépendance, les politiques de langues étrangères témoignent de l'intérêt généralisé en Europe et l'influence des principaux groupes d'immigrants, d'une part, et l'objectif de construire des États-nation le plus homogènes possible, de l'autre part. Au-delà de la population immigrante, l'apprentissage des langues étrangères était limité à la petite élite qui avait accès à l'éducation secondaire et tertiaire. Les langues européennes les plus prestigieuses offertes dans l'enseignement public coïncident avec la présence de groupes d'immigrants d'origines française, anglaise, italienne et allemande. Toutefois, le raisonnement officiel derrière l'enseignement de ces langues était généralement de nature instrumentale, sans référence aux groupes d'immigrants qui les parlaient, étant donné la politique générale qui soutenait un monolinguisme national en espagnol ou en portugais. L'enseignement du français se justifiait par le poids culturel de la France, l'anglais par son importance commerciale, l'italien comme le langage du droit et de la musique, et l'allemand représentait la philosophie et les sciences naturelles. Cette distinction idéologique entre les sphères publiques et privées comme soutien de la politique linguistique reflète une divergence des politiques et idéologies linguistiques qui a conservé sa pertinence presqu'au bout du XXe siècle. L'apprentissage des langues étrangères était façonné comme une compétence qui ne se rapportait pas à une base territoriale et ne représentait aucune menace pour l'identité nationale, l'unité et la loyauté des citoyens dans la mesure où les langues apprises n'étaient pas à la fois les *langues maternelles* de personne. La même langue, cependant, lorsqu'elle était cultivée comme langue maternelle et d'identité dans les communautés immigrantes, déclenche des attitudes bien différentes et suscitait facilement de profondes craintes de désintégration nationale, comme en témoigne la période de répression linguistique des immigrants au Brésil entre 1935 et 1955[22].

Depuis les années 1990, la politique linguistique en Amérique du Sud[23] a été contestée par des orientations contradictoires entre l'intégration globale véhiculée par l'anglais vis-à-vis l'intégration régionale à travers le développement d'un bilinguisme espagnol-portugais massif. D'une part, les États-Unis, et ses alliés en Amérique latine, poussaient l'intégration panaméricaine à travers la création de la Zone de libre-échanges des Amériques (ZLEA), projet échoué définitivement en 2005. D'autre part, quatre pays – l'Argentine, le Brésil, le Paraguay et l'Uruguay – créent le Mercosur (Marché commun du Cône Sud) au début des années 1990 qui doit intégrer non seulement leurs économies, mais aussi leurs peuples et leurs cultures[24]. Le portugais et l'espagnol sont déclarés langues officielles du

---

22. G. Seyferth, « Os imigrantes e a campanha de nacionalização do Estado Novo » dans D. Pandolfi, dir., *Repensando o Estado Novo*, Rio de Janeiro, FGV, 1999.
23. Avec la signature de l'ALÉNA en 1993 par le Mexique, la diplomatie brésilienne et d'autres pays sud-américains ont perdu l'espoir d'une intégration latino-américaine. En effet, le Mexique avait déjà abandonné sa politique traditionnelle de non-alignement international et d'intégration latino-américaine pendant les années 1980. Il s'était intégré graduellement à l'Amérique du Nord en qualité de partenaire subordonné. Depuis, le Brésil comme pouvoir hégémonique en Amérique du Sud a repris sa politique historique de considérer l'Amérique du Sud, et non l'Amérique latine, sa sphère d'influence et de privilégier l'intégration sud-américaine avec la création du MERCOSUR et plus récemment l'UNASUR. C'est pourquoi les liens latino-américains se sont affaiblis et qu'il est plus difficile aujourd'hui d'y percevoir une politique linguistique latino- ou ibéro-américaine.
24. Le Mercosur s'est élargi récemment par le Venezuela et la Bolivie. Comme expression de l'intégration croissante de l'Amérique du Sud, un nouvel organisme, l'UNASUR, est surgi en 2008 qui intègre 12 pays de la région (68 % de la population de l'Amérique latine) et qui pourrait éventuellement absorber le Mercosur (J.A. Sanahuja, Multilateralismo y regionalismo en clave suramericana: el caso de Unasur, *Pensamiento Propio* 33, monográfico *Desafíos del multilateralismo*

Marché. Une rivalité très ancienne entre l'Argentine et le Brésil commence à s'écrouler et à déchirer les barrières linguistiques que les pays hispanophones et le géant lusophone avaient érigées auparavant. Tout d'un coup, tout le monde voulait apprendre l'« autre » langue des deux côtés de la frontière linguistique. Une politique linguistique commune a évolué, laquelle a poussé pour une intégration régionale basée sur un bilinguisme portugais-espagnol généralisé qui devrait être développé le plus tôt possible dans l'enseignement public[25]. La politique linguistique du Mercosur représente une tentative unique à l'intégration culturelle et géolinguistique dans toute la région, ce qui inverse une longue tradition fragmentaire et postule de nouvelles perspectives pour le plurilinguisme[26].

Pour créer une nouvelle identité régionale, un système de communication tout à fait inédit est encouragé, basé sur le bilinguisme réceptif généralisé, ce qui devrait permettre une interaction approfondie au sein du Marché commun. La différence intéressante avec les communautés de langues internationales comme le Commonwealth anglophone ou la Francophonie ou l'Hispanophonie, c'est que, dans le cas du Mercosur, l'intégration ne se construit pas autour d'une seule langue hégémonique, mais sur la base d'un système bilingue de communication et de construction identitaire, fondé sur deux langues étendues qui ont à la fois un statut régional, national et international.

Une influence de la mondialisation intervient à travers la politique impériale de l'Espagne et son *Instituto Cervantes* qui vise à conquérir le marché de l'enseignement de l'espagnol au Brésil (et aux États-Unis), en essayant de repousser les voisins hispaniques du Brésil en tant que fournisseurs naturels, et de subordonner le professorat brésilien d'enseignement de l'espagnol[27].

---

en América Latina, 2011, 117-160, en ligne : <www.cries.org/wp-content/uploads/2011/07/pp33-web.pdf> (page consultée le 22/02/2013).

25. G. Barrios, « Planificación lingüística e integración regional: el Uruguay y la zona de frontera » dans A.M. Trinidade et L.E. Behares, dir., *Fronteiras, educação, integração*, Santa María, Pallotti, 1996, 83-110 [Barrios, « Planificación lingüística »].

26. Barrios, « Planificación lingüística », *ibid.* ; E. Arnoux et R. Bein, « Problemas político-lingüísticos en la Argentina contemporánea » (1997) 3 Quo Vadis Romania? Zeitschrift für eine aktuelle Romanistik 50-65 ; R.E. Hamel, « L'apparition de nouvelles politiques linguistiques dans les blocs régionaux : le cas du Mercosur en Amérique du Sud » dans J. Maurais et M.A. Morris, dir., (2001) *Les géopolitiques dans le monde, Terminogramme*, Québec, n°s 99-100, 129-160.

27. J. Del Valle et L. Villa, « Spanish in Brazil: language policy, business and cultural propaganda » (2006) 5 Language Policy 369-392.

V - LES LANGUES ÉTRANGÈRES : DU PLURILINGUISME RESTREINT AU MONOLINGUISME DE L'« ENGLISH ONLY » ?

Au cours du XXe siècle, la prépondérance historique du français comme langue étrangère et une politique plutôt plurilingue ont fait place à la montée de l'anglais comme la première, et de plus en plus, la seule langue étrangère dans l'enseignement public[28]. En termes généraux, l'apprentissage des langues étrangères a joué un rôle mineur dans l'enseignement public jusqu'à présent. Le Mexique, qui partage trois mille kilomètres de frontière avec les États-Unis, a traditionnellement montré peu d'intérêt à investir dans l'enseignement de l'anglais. La position relativement faible de l'anglais au Mexique[29] met en question des vues simplistes sur l'impérialisme linguistique et ne peut être interprétée que comme une politique linguistique couverte, basée sur le nationalisme mexicain et une profonde méfiance des États-Unis, enracinée dans l'histoire mexico-étatsunienne. Dans le passé, l'enseignement avancé des langues étrangères avait été relégué dans une large mesure à l'éducation privée.

Un nombre croissant de pays tentent de surmonter leur déficience historique en matière de langues étrangères. L'intégration à la mondialisation, c'est apprendre l'anglais aussi tôt que possible. Parmi eux, la Colombie et le Mexique ont élaboré des programmes visant à introduire une langue étrangère obligatoire dans l'enseignement primaire, qui est généralement l'anglais. En 2004, la Colombie a lancé le « Programa Nacional de Bilingüismo », un plan ambitieux visant à transformer la Colombie en un pays bilingue d'ici 2019. En 2012, la mise en œuvre était toujours en cours et la recherche a dévoilé[30] que le programme a rencontré un certain nombre

28. Néanmoins, d'autres langues étrangères conservent un rôle important dans les écoles bilingues d'élite et dans les institutions de langues européennes. Un nouveau joueur en pleine expansion est le mandarin et l'Institut Confucius, avec plus de 100 institutions aux Amériques en 2013.

29. M. Hidalgo, B. Cifuentes et J. A. Flores, « The position of English in Mexico: 1940-1993 » dans J.J. Fishman, dir., *Post-imperial English: Status change*, Berlin & New York, Mouton de Gruyter, 1996, 187-213.

30. A.-M. de Mejía et M.E. Montes Rodríguez, « Points of contact or separate paths: A vision of bilingual education in Colombia » dans C. Hélot et A.-M. de Mejía, dir., *Forging multilingual spaces: integrated perspectives on majority and minority bilingual education*, Clevedon, Multilingual Matters, 2008, 109-139 ; A.-M. de Mejía, « English language as intruder: The effects of English language education in Colombia and South America: A critical perspective » dans V. Rapatahana et P. Bunce, dir., *English language as hydra: Its impacts on non-English language cultures, linguistic diversity and language rights*, Clevedon, Multilingual Matters, 2012, 244-254.

d'obstacles, y compris la résistance des enseignants, des étudiants et des parents, en particulier dans les classes inférieures des écoles publiques, qui ne prévoient aucune perspective d'utiliser réellement l'anglais.

De la même façon, le gouvernement mexicain a lancé une réforme de son éducation de base (pré-primaire à la classe 9) en 2008[31]. Comme une innovation majeure, elle introduit l'enseignement de l'anglais dans l'éducation primaire, aux élèves âgés de cinq ans, qui devrait se poursuivre jusqu'à l'école secondaire. La mise en œuvre prendra encore plusieurs années, mais une série de problèmes conceptuels et structurels sont déjà en vue[32], y compris une résistance politique de certains secteurs populaires qui considèrent l'imposition de l'anglais comme une pièce parmi d'autres d'une réforme néolibérale qu'ils rejettent.

Malgré quelques problèmes de mise en œuvre et les coûts, d'autres pays en Amérique latine suivront l'exemple ou avaient déjà pris des initiatives en ce sens. L'intégration dans la globalisation sera clairement véhiculée par l'anglais, selon les acteurs politiques. Comme le prévoit le futurologue de l'anglophonie[33], l'anglais cessera d'être une langue étrangère dans de nombreux pays, au moins dans le sens coutumier, pour devenir une pièce de la « triple alphabétisation » de l'avenir : l'alphabétisation traditionnelle en lettres, l'alphabétisation numérique et celle de l'anglais.

Les programmes latino-américains ne se prononcent pas sur des questions vivement débattues en Europe. L'âge initial pour commencer une langue étrangère était traditionnellement 10 ans dans les pays européens ayant une longue tradition de succès de l'enseignement des langues étrangères. Si l'apprentissage de l'anglais commence aussi tôt que prévu dans les nouveaux programmes latino-américains, il y aurait de l'espace suffisant au secondaire pour

31. Secretaría de Educación Pública, *Curricular foundations: Preschool, elementary school, secondary school*, México, Secretaría de Educación Pública, 2010.

32. Au fait, la langue introduite s'appelle « langue supplémentaire » dans le programme et est mise en concurrence avec les langues autochtones qui occupent le même espace dans le système bilingue (voir Rainer Enrique Hamel, « Language policy and ideology in Latin America » dans R. Baley, R. Cameron et C. Lucas, dir., *The Oxford handbook of sociolinguistics*, Oxford, Oxford University Press, 2013, 609-628 pour une analyse plus détaillée).

33. D. Graddol, *English next. Why global English may mean the end of 'English as a foreign language'*, London, The British Council, 2006.

apprendre d'autres langues étrangères, soit d'autres langues internationales, des langues voisines ou d'élection personnelle[34].

VI – L'ÉDUCATION PLURILINGUE COMME UNE PIERRE DE TOUCHE POUR LES ÉTATS PLURICULTURELLES

Lorsque nous analysons les politiques linguistiques concernant les différents types de multilinguisme social et d'éducation bilingue en Amérique latine, nous nous rendons compte que la question commune qui permet une interprétation intégrée est la relation entre les communautés allophones, l'État et la société majoritaire. Les forces nationalistes conservatrices considèrent encore le multilinguisme comme un problème, même si certains droits linguistiques sont reconnus, et l'assimilation des minorités est toujours leur objectif global. Pour eux, les minorités ethnolinguistiques constituent une menace car leur loyauté envers l'État est remise en question. Beaucoup de membres des minorités ont intériorisé cette idéologie hégémonique et affichent des attitudes défensives quant à la légitimité de leurs langues et leurs pratiques langagières. Dans ce cas, une nouvelle politique linguistique devrait avoir pour but de développer des stratégies pour transformer la relation asymétrique que les acteurs dominants et subordonnés maintiennent vis-à-vis de la constellation langagière prédominante.

Les communautés bilingues et leurs écoles qui se trouvent aux deux pôles de la stratification sociale ont l'opportunité de contribuer de manière significative à cette transformation de leurs propres manières. Ils peuvent joindre leurs voix à celles des secteurs croissants, dans la plupart des sociétés latino-américaines, qui apprécient de plus en plus la diversité comme un atout pour l'enrichissement de la société toute entière et pour l'élargissement de la démocratie. En particulier, ils peuvent montrer comment les fonds de connaissances issues de leurs langues et cultures ancestrales – autochtones ou immigrants – pourraient contribuer encore plus que dans le passé à la formation de nouvelles sociétés enrichies par la diversité. L'incontestable leadership éducatif des écoles bilingues de l'élite dans le développement d'un plurilinguisme additif peut aider à éroder davantage les idéologies insoutenables du mono- ou multilin-

34. Voir la proposition élaborée pour l'Europe par A. Maalouf *et al.*, *Un défi salutaire : comment la multiplicité des langues pourrait consolider l'Europe*, 2008, en ligne : <http://ec.europa.eu/ education/languages/archive/doc/maalouf/ report_fr.pdf> (page consultée le 28/10/2010).

guisme restreint. Et l'incontestable légitimité des revendications des autochtones d'être reconnus en tant que peuples et que leurs droits linguistiques et éducatifs soient respectés, converge avec une prise de conscience croissante du rôle que jouent les peuples autochtones dans l'enrichissement culturel de la nation. Ces processus peuvent travailler vers le même but à partir des pôles différents de la société.

Comme nous le voyons, quelques effets de la mondialisation sont en train de bousculer les propositions d'aménagement linguistique traditionnelles et leurs instruments. Au début de notre texte nous nous étions posé la question à savoir quelles seraient les conditions et les possibilités d'aménagement linguistique dans des conditions où les dynamiques récentes des migrations et d'intégration à la fois régionale et mondiale posent de nouveaux défis qui requièrent des instruments et des politiques inédits. Je ne mentionne que quelques problèmes à dénouer en Amérique latine, mais qui se présentent d'une façon comparable dans d'autres régions.

Le vieux principe de la territorialité qui se trouvait à la base de beaucoup de règlements de conflits entre l'État et les peuples autochtones ou entre eux, ne résout plus les problèmes qui se produisent avec les migrations multiples de la haute modernité. Autrefois, il était possible de protéger une minorité linguistique en bardant son territoire[35] quand il s'agissait d'un peuple qui pouvait réclamer des droits primordiaux sur un territoire donné. La dernière cinquantaine d'années a connu, cependant, de nouvelles vagues de migrations à l'intérieur des pays latino-américains, de la campagne vers les villes, et aussi d'une migration internationale massive vers les États-Unis, le Canada et l'Europe. Dès qu'un pourcentage élevé de la population autochtone habite aujourd'hui les grandes villes, surtout les bidonvilles qui poussent autours des grands centres urbains, il n'est plus possible de sauvegarder leurs droits linguistique à l'éducation bilingue et à l'utilisation de leurs langues dans d'autres institutions. Les

35. La discussion autour des principes de territorialité et de personnalité pour la protection des droits linguistiques est bien connue. Voir les premières formulations par H. Kloss, « Territorialprinzip, Bekenntnisprinzip, Verfügungsprinzip: Über die Möglichkeiten der Abgrenzung der völkischen Zugehörigkeit » (1965) Europa Ethnica 22-52, pour le Canada J. Laponce, *Langue et territoire*, Québec, Presses de l'Université Laval, 1984 et la reformulation critique de D.G. Réaume, « Beyond personality: The territorial and personal principles of language policy reconsidered » dans W. Kymlicka et A. Patten, dir., *Language rights and political theory*, Oxford, Oxford University Press, 2003, 271-295 [Réaume, « Beyond personality »].

dynamiques de la migration généralisée nous montrent donc que les groupes linguistiques – autochtones ou immigrés – ne peuvent plus être territorialisés de façon satisfaisante. Par conséquent, la vieille association du principe territorial avec les garanties d'unilinguisme pour la population protégée ne tiennent plus, sans qu'elles soient remplacées par la transportabilité des droits, caractéristique du principe de la personnalité. Les migrants autochtones qui se réjouissent de la protection de leurs droits linguistiques dans leurs territoires, perdent leurs privilèges au moment de migrer aux grandes villes dans leur propre pays.

D'une façon comparable, les pressions combinées de la migration et de la mondialisation rendent de plus en plus insoutenable la préservation des institutions monolingues, censées être indispensables pour garantir la survie d'une langue subalterne, qu'il s'agisse d'un centre culturel communautaire dans un village indigène ou d'une université hispanophone à Puerto Rico ou francophone à Montréal.

Une autre contradiction qui devient de plus en plus aigüe est la distinction entre les groupes légitimes et les groupes illégitimes pour ce qui concerne les droits linguistiques et autres : entre les groupes autochtones ou d'immigration historique et les groupes d'immigration récents. Cette distinction est renforcée dans quelques pays officiellement bi ou multilingues où les premiers se réjouissent d'amples droits linguistiques, tandis qu'aux derniers, presque aucun droit linguistique n'est accordé. Dans la mesure où les pourcentages d'immigrés allophones surpassent largement les taux de quelques minorités protégées, cette situation devient de plus en plus conflictuelle. Aux États-Unis, avec une population permanente de 35 millions de locuteurs de la langue espagnol en 2010, les mesures juridiques et politiques de confinement de l'espagnol ne tiennent plus.

En Amérique latine et ailleurs se présente l'urgence de concevoir comment aménager la coexistence de différents groupes dans des territoires partagés. L'anthropologie juridique nous apprend que l'on ne fait pas justice quand le même modèle de justice (code civil, code pénal) est appliqué à ceux qui sont structurellement divers. La reconnaissance de la diversité – qui est toujours une diversité collective – requiert une pluralité de systèmes de gouvernement et de droit. Cette prise de conscience nous mène à reconnaître la nécessité de mettre en place des systèmes de pluralisme juridique[36], comme c'est déjà le cas en Bolivie et, dans un cadre plus limité, en Equateur, au Mexique[37] et dans un nombre croissant d'autres États latino-américains. Ces types de réformes profondes passent par la reconnaissance de l'autonomie collective des peuples autochtones, c'est-à-dire la reconnaissance des peuples comme sujets collectifs de droit. Une telle perspective se heurte encore à une énorme résistance de la part des secteurs politiques et sociaux qui se situent toujours dans le cadre de l'État-nation, qui ne concède des droits collectifs à aucun groupe. Cependant, les débats sur les droits linguistiques et, d'une façon plus générale, les droits autochtones, montrent très clairement les limitations quand un tel système de droit est formulé exclusivement en termes de droits individuels[38].

Dans le terrain de l'éducation, que nous avons analysé en détail dans ce texte, nous trouvons une résistance à la diversification comparable à celle dans le champ du droit. Beaucoup de pays, y inclus des États fédéraux comme le Mexique, continuent à appliquer un seul curriculum national à toute la population scolaire au primaire et au secondaire. Et nous voyons au jour le jour de quelle façon l'application d'un seul modèle national d'éducation ne fournit pas de justice éducative ou pédagogique à ceux qui sont structuralement différents. Une telle critique se voit renforcée par les revendications d'autonomie territoriale, juridique et éducationnelle des peuples autochtones et par leur défi de ne plus reconnaître comme universel le système épistémologique de l'Occident et de lui juxtaposer les systèmes de savoir amérindien dans le champ de l'éducation.

---

36. B. de S. Santos, *Toward a new common sense. Law, science and politics in a paradigmatic transition*, New York & London, Routledge, 1995 ; R.Z. Yrigoyen Fajardo, « El horizonte del constitucionalismo pluralista: del multiculturalismo a la descolonización » dans C. Rodríguez Garavito, dir., *El derecho en América Latina. Un mapa para el pensamiento jurídico del siglo XXI*, Buenos Aires, Siglo XXI, 2011, 139-160.
37. M.T. Sierra, « Pluralismo jurídico e interlegalidad. Debates antropológicos en torno al derecho indígena y las políticas de reconocimiento » dans V. Chenaut, M. Gómez, H. Ortiz et M.T. Sierra, dir., *Justicia y diversidad en América Latina. Pueblos indígenas ante la globalización*, México & Quito, CIESAS & FLACSO Ecuador, 2011, 385-406.
38. Réaume, « Beyond personality », *supra* note 33 ; R.E. Hamel, « Indigenous education in Latin America: Policies and legal frameworks » dans T. Skutnabb-Kangas et R. Phillipson, dir., *Linguistic human rights. Overcoming linguistic discrimination*, Berlin & New York, Mouton de Gruyter, 1994, 271-287 ; R.E. Hamel, « Linguistic rights for Amerindian peoples in Latin America » dans T. Skutnabb-Kangas et R. Phillipson, dir., *Linguistic human rights. Overcoming linguistic discrimination*, Berlin & New York, Mouton de Gruyter, 1994, 289-303.

Ces dynamiques et perspectives nous montrent clairement que les politiques linguistiques et éducatives pour les majorités et les minorités ne peuvent plus être mises de côté en tant qu'éléments marginaux de la politique de l'État. Ils sont devenus une pierre de touche pour évaluer la qualité de la démocratie, l'engagement pour le pluriculturalisme et la diversité, et la construction d'États modernes en Amérique latine et ailleurs dans le monde.

L'Espagne

PLURALISME LINGUISTIQUE ET AMÉNAGEMENT DE LA COEXISTENCE DES LANGUES EN ESPAGNE[1]

José Carlos HERRERAS*

Depuis l'adoption de la nouvelle Constitution de 1978, l'Espagne a vécu des bouleversements considérables. En effet, le processus de décentralisation mis en marche à partir de cette date, et encore en cours actuellement, a permis de créer une nouvelle configuration de l'Espagne en communautés autonomes, 17 au total. Chaque communauté dispose d'un Parlement, d'un Gouvernement chargé de la gestion des secteurs dont le transfert des compétences a déjà été effectué par le Gouvernement central.

En ce qui concerne l'aspect linguistique, nous devons souligner que parmi ces 17 communautés, seulement six ont un caractère monolingue : l'Andalousie, les Canaries, Cantabrie, Castille-La Manche, La Rioja et Madrid. Les onze communautés restantes comprennent des zones bilingues de plus ou moins grande importance. D'ailleurs, dans trois de ces dernières uniquement, la langue régionale occupe la totalité du territoire de la communauté : la Galice, les Baléares et la Catalogne, à l'exception du Val d'Aran, où l'on parle un dialecte du gascon (l'aranais).

Cependant, nous devons signaler que, malgré le nombre important de communautés disposant sur leur territoire de plus d'une

* Professeur des Universités, Université Paris Diderot – Paris 7, EA 3967 – CLILLAC-ARP.

1. Les citations en français des articles ou des ouvrages dont l'intitulé figure dans une langue différente ont été traduites par l'auteur de cet article.

langue, globalement, l'extension territoriale des zones bilingues reste réduite dans la mesure où, « des 504 750 km^2 appartenant au territoire de l'Espagne, 415 000 km^2 environ sont exclusifs à la langue espagnole et dans presque 90 000, c'est-à-dire 18 % de l'aire, elle coexiste avec le galicien, le basque ou le catalan »[2]. En ce qui concerne le nombre de locuteurs ayant pour langue maternelle une langue différente de l'espagnol, « si la proportion était identique à celle du territoire, il y aurait 7 100 000 [... personnes], mais en réalité, malgré le fait qu'il y ait une haute densité de population dans ces zones, fort supérieure à la moyenne, les données démolinguistiques dont on dispose ne nous autorisent même pas à supposer sept millions d'espagnols ayant une langue maternelle différente de celle qui est d'ailleurs commune ; parce que, dans tous ces endroits, les habitants qui ont l'espagnol comme langue maternelle sont toujours nombreux et souvent constituent le groupe majoritaire »[3].

Le castillan, ou espagnol, est, d'après la Constitution de 1978, la seule langue officielle de l'État espagnol pour l'ensemble du territoire de l'Espagne. Il existe, par ailleurs, dans certaines communautés autonomes d'autres langues qui ont caractère officiel ou plutôt, pour être précis, co-officiel avec l'espagnol.

D'après les statuts d'autonomie[4], trois langues régionales[5] sont reconnues comme langues co-officielles : le basque, dans la commu-

2. G. Salvador, *Lengua española y lenguas de España*, Barcelona, Ariel Lingüística, 1987 aux pp. 129-130.

3. *Ibid.*

4. Les premiers statuts d'autonomie issus de la Constitution de 1978 ont été approuvés entre décembre 1979 et février 1983. Pendant la VIIIe législature, plusieurs communautés ont procédé à la réforme de leur statut d'autonomie. Pour certaines, le projet a déjà été approuvé par les Cortès. C'est le cas, par exemple, de celui de la communauté de Valence (2006), de celui de la Catalogne (2006) ou de celui des Îles Baléares (2007), pour ne citer que des communautés bilingues.
Il faut, cependant, souligner que le Statut de la Catalogne a fait l'objet de plusieurs recours présentés devant le Tribunal constitutionnel, portant sur un nombre très important d'articles, dont certains concernent des questions linguistiques. Pour plus de précisions sur cette question, voir J.C. Herreras, « Le statut des langues de l'Espagne dans les nouveaux « statuts d'autonomie » » (2008) *La Linguistique* vol. 44-1.

5. Une quatrième langue – l'aranais (ou langue occitane) – est venue intégrer le groupe des langues officielles avec l'approbation de nouveau Statut d'autonomie de la Catalogne en 2006. En effet, selon l'article 6 alinéa 5, l'aranais est considéré comme langue propre de la Vallée d'Aran et comme langue officielle en Catalogne (Gobierno Español, « Ley Orgánica 6/2006, de 19 de julio, de reforma del Estatuto de Autonomía de Cataluña », *Boletín Oficial del Estado*, n° 172, 20/07/2006, Madrid).

nauté autonome du Pays basque[6] et dans la zone bascophone de la communauté de la Navarre[7] ; le catalan, en Catalogne[8], dans la communauté autonome des Îles Baléares[9] et dans la communauté de Valence[10], où il reçoit la dénomination de valencien ; et le galicien, en Galice[11]. Sur l'aspect linguistique, tous ces « statuts d'autonomie » reflètent une certaine convergence sur deux points essentiels : la définition de la langue régionale, d'une part, qui est qualifiée de façon exclusive dans tous les « statuts » – sauf dans celui de la communauté de la Navarre[12] – de *langue propre*[13], partageant le statut de *langue officielle* avec l'espagnol ; et, d'autre part, les droits des citoyens à utiliser la langue régionale et à ne pas être discriminés en fonction de la langue utilisée.

---

6. Gobierno Español, « Ley Orgánica 3/1979, de 18 de diciembre, de Estatuto de Autonomía para el País Vasco », *Boletín Oficial del Estado*, nº 306, 22/12/1979, Madrid.
7. Gobierno Español, « Ley Orgánica 13/1982, de 10 de agosto, de Reintegración y Amejoramiento del Régimen Foral de Navarra », *Boletín Oficial del Estado*, nº 195, 16/08/1982, Madrid.
8. Gobierno Español, « Ley Orgánica 4/1979, de 18 de diciembre, de Estatuto de Autonomía de Cataluña », *Boletín Oficial del Estado*, nº 306, 22/12/1979, Madrid ; et Gobierno Español, « Ley Orgánica 6/2006, de 19 de julio, de reforma del Estatuto de Autonomía de Cataluña », *Boletín Oficial del Estado*, nº 172, 20/07/2006, Madrid.
9. Gobierno Español, « Ley Orgánica 2/1983, de 25 de febrero, de Estatuto de Autonomía de las Illes Balears », *Boletín Oficial del Estado*, nº 51, 1/03/1983, Madrid ; et Gobierno Español, « Ley Orgánica 1/2007, de 28 de febrero, de reforma del Estatuto de Autonomía de las Illes Balears », *Boletín Oficial del Estado*, nº 52, 1/03/2007).
10. Gobierno Español, « Ley Orgánica 5/1982, de 1 de julio, de Estatuto de Autonomía de la Comunidad Valenciana », *Boletín Oficial del Estado*, nº 164, 10/07/1982, Madrid ; et Gobierno Español, « Ley Orgánica 1/2006, de 10 de abril, de reforma de la Ley Orgánica 5/1982, de 1 de julio, de Estatuto de Autonomía de la Comunidad Valenciana », *Boletín Oficial del Estado*, nº 86, 11/04/2006, Madrid.
11. Gobierno Español, « Ley Orgánica 1/1981, de 6 de abril, de Estatuto de Autonomía para Galicia », *Boletín Oficial del Estado*, nº 101, 28/04/1981, Madrid.
12. Où l'article 9.1 stipule que « Le castillan est la langue officielle de la Navarre », le même article alinéa 2 signalant que « Le basque aura également statut de langue officielle dans les zones bascophones de la Navarre » (Gobierno Español, « Ley Orgánica 13/1982, de 10 de agosto, de Reintegración y Amejoramiento del Régimen Foral de Navarra », *Boletín Oficial del Estado*, nº 195, 16/08/1982, Madrid). D'autre part, la loi de normalisation linguistique précise dans son art. 2 que « Le castillan et le basque sont des langues propres de la Navarre... » (Gobierno de Navarra, « Ley Foral 18/1986, de 15 de Diciembre, del Vascuence », *Boletín Oficial de Navarra*, nº 154, 17/12/1986, Pamplona).
13. Ce qui laisse perplexe G. Salvador puisque, comme il le fait remarquer, « d'après l'ethnolinguistique on peut considérer langue propre d'un territoire toute langue ayant un GLM stable, continu, non accidentel dans ce territoire, groupe qui a précisément comme maternelle cette langue grâce à son attachement à l'endroit où il habite, où elle est langue ambiante » et l'espagnol réunit ces conditions partout en Espagne (G. Salvador, *Lengua española y lenguas de España*, Barcelona, Ariel Lingüística, 1987 à la p. 134).

Dans les communautés où la langue régionale est devenue co-officielle avec l'espagnol – ou dans certaines communautés, dans lesquelles la langue n'a pas de statut officiel –, une politique linguistique est menée par les Gouvernements autonomes pour favoriser la normalisation de l'usage de leur(s) langue(s) régionale(s). Mais si la normalisation s'avère indispensable de nos jours, c'est parce que, dans d'autres périodes, les langues régionales n'ont pas bénéficié de l'attention nécessaire, dans les meilleurs des cas, ou ont vu leur usage entravé ou interdit.

En effet, bien avant la période démocratique, en particulier pendant la dictature franquiste et même dès le début du XXe siècle, nous trouvons des traces d'une législation interdisant l'usage des langues régionales dans les domaines d'activité les plus divers.

Tel est le cas dans le domaine éducatif, par exemple, du Décret Royal du 21 novembre 1902, qui interdit aux instituteurs de l'enseignement primaire « d'enseigner à leurs élèves la doctrine chrétienne ou n'importe quelle autre matière dans un idiome ou dialecte différent de la langue castillane... »[14] ; du Décret Royal du 19 décembre 1902, qui précise que « lorsqu'un instituteur s'adresse à des enfants qui ne connaissent pas encore le castillan, il ne sera pas considéré comme fautif s'il utilise comme instrument ou véhicule d'enseignement un idiome différent de l'officiel... [mais il commet une faute s'il l'utilise] pour s'adresser à des élèves qui connaissent le castillan »[15] ; et le Décret Royal du 11 juin 1926 qui prévoit un blâme, et éventuellement une suspension d'emploi et de salaire d'un mois à trois mois aux « instituteurs qui proscrivent, abandonnent ou nuisent dans leur école à l'enseignement de l'idiome officiel dans des régions où l'on conserve une autre langue native »[16].

Mais l'éducation n'est pas le seul secteur concerné par les restrictions. En effet, comme le souligne le Décret Royal du 18 septembre 1923, « si le fait de s'exprimer en idiomes ou dialectes, les chansons, les danses, les coutumes et les costumes régionaux ne font l'objet d'aucune interdiction, dans les actes officiels de caractère national ou international, les personnes ayant autorité ne pourront utiliser

14. « Real Decreto de 21 de noviembre de 1902 » (Real Academia de la Lengua Vasca, *El libro blanco del euskara*, Bilbao, Caja Laboral Popular, 1977 à la p. 399).
15. « Real Decreto de 19 de diciembre de 1902 » (Real Academia de la Lengua Vasca, *El libro blanco del euskara*, Bilbao, Caja Laboral Popular, 1977 aux pp. 399-400).
16. « Real Decreto de 11 de junio de 1926 » (Real Academia de la Lengua Vasca, *El libro blanco del euskara*, Bilbao, Caja Laboral Popular, 1977 à la p. 398).

d'autre idiome que le castillan, qui est la langue officielle de l'État espagnol. Cette interdiction ne concerne pas la vie interne des corporations locales ou régionales, mais ces dernières sont obligées de rédiger en castillan les livres officiels d'enregistrement, les procès verbaux, même si les informations et les communications, non adressées aux autorités, ont été rédigées en langue régionale »[17].

Un changement de politique linguistique aura lieu pendant la période républicaine, dont le reflet est visible dans la Constitution du 9 décembre 1931. En effet, cette Constitution, tout en affirmant la primauté du castillan sur les autres langues d'Espagne, reconnaît à ces dernières le droit d'être utilisées et d'être enseignées.

> Article 4
> Le castillan est la langue officielle de la République. Tous les espagnols ont l'obligation de la connaître et le droit de l'utiliser, sans préjudice des droits que les lois de l'État reconnaissent aux langues des provinces ou des régions. Sauf dispositions parues dans des lois spéciales, ni la connaissance ni l'utilisation d'une langue régionale ne pourront être exigées.
>
> Article 50
> Les régions autonomes pourront organiser l'enseignement dans leurs langues respectives, en accord avec les compétences accordées dans leurs Statuts. L'étude de la langue castillane est obligatoire et elle sera également utilisée dans tous les établissements d'enseignement primaire et secondaire des régions autonomes. L'État pourra y maintenir ou créer des institutions d'enseignement de tous les niveaux dans la langue officielle de la République[18].

Cependant, cela sera de courte durée puisque, avec la victoire franquiste, les langues régionales seront évacuées, à la fin de la Guerre civile, du système d'enseignement des régions où elles avaient été introduites.

Les langues vernaculaires, pendant la dictature franquiste, seront bannies du système éducatif, mais d'autres secteurs sont aussi concernés : les registres, d'après l'Ordonnance du 18 mai 1938[19], ne

---

17. « Real Decreto de 18 de septiembre de 1923 » (Real Academia de la Lengua Vasca, *El libro blanco del euskara*, Bilbao, Caja Laboral Popular, 1977 aux pp. 397-398).
18. J. de Esteban, *Constituciones españolas y extranjeras*, vol. 1, Madrid, Taurus, 1977 aux pp. 310 et 320.
19. « Orden de 18 de mayo de 1938 » (Real Academia de la Lengua Vasca, *El libro blanco del euskara*, Bilbao, Caja Laboral Popular, 1977 à la p. 400).

doivent plus admettre que des prénoms en espagnol ; dans la rédaction des statuts des associations et des sociétés, l'Ordonnance du 21 mai 1938[20] interdit l'utilisation de toute autre langue que l'espagnole ; l'utilisation exclusive de l'espagnol de la part des fonctionnaires municipaux et des instituteurs en Catalogne, aussi bien à l'intérieur qu'à l'extérieur des bâtiments publics, est exigée par une Ordonnance de 1940[21]. Il en est de même pour les marques de produits et les enseignes des locaux commerciaux, d'après l'Ordonnance du 16 mai 1940[22], ainsi que pour la dénomination des bateaux de commerce, selon l'Ordonnance du 11 janvier 1945[23].

Par la suite, surtout à partir des années 60, on peut constater un certain assouplissement envers l'usage des langues vernaculaires, comme le montrent le Décret du 14 novembre 1958 concernant le Registre civil[24] et le Décret du 20 juin 1968[25] se référant à l'enregistrement des bateaux, qui, tout en donnant priorité à l'usage de l'espagnol, autorisent l'inclusion des noms étrangers ou régionaux.

La Loi Générale d'Éducation du 4 août 1970 est de ce point de vue un exemple, puisqu'elle reconnaît aux langues régionales la possibilité d'être enseignées dans l'enceinte de l'École[26], notamment dans le chapitre 2, articles 14.1 et 17.1[27]. Cela sera complété par le

20. « Orden de 21 de mayo de 1938 » (M. Badía Margarit, G. Straka, *La linguistique catalane*, París, Klincksieck, 1973 à la p. 386).
21. M. Díez, F. Morales, A. Sabín Díez, *Las lenguas de España*, Madrid, Servicio de Publicaciones del Ministerio de Educación, 1980 à la p. 60.
22. « Orden de 16 de mayo de 1940 » (M. Badía Margarit, G. Straka, *La linguistique catalane*, París, Klincksieck, 1973 à la p. 386).
23. « Orden de 11 de enero de 1945 » (Real Academia de la Lengua Vasca, *El libro blanco del euskara*, Bilbao, Caja Laboral Popular, 1977 à la p. 401).
24. Gobierno Español, « Decreto de 14 de noviembre de 1958, por el que se aprueba el Reglamento de la Ley del Registro Civil », *Boletín Oficial del Estado*, n° 296, 11/12/1958, Madrid.
25. Gobierno Español, « Decreto 1494/1968 de 20 de junio, por el que se refunden las disposiciones sobre abanderamiento, matriculación de buques y Registro Marítimo », *Boletín Oficial del Estado*, n° 168, 13/07/1968, Madrid.
26. Il faut cependant souligner que l'année précédente (20/08/1969), l'Espagne avait accepté la *Convention concernant la lutte contre la discrimination dans le domaine de l'enseignement*, adoptée par la Conférence générale de l'UNESCO à Paris, le 14 décembre 1960, et dont le contenu est étroitement lié à l'article 2 de la *Déclaration Universelle des Droits de l'Homme* (10/12/1948).
27. Ministerio de Educación y Ciencia, *Ley General de Educación y financiamiento de la reforma educativa y disposiciones complementarias*, Madrid, Servicio de Publicaciones del Ministerio de Educación y Ciencia y Boletín Oficial del Estado, 1977 aux pp. 64-65.

décret d'application du 30 mai 1975[28], qui règle son introduction, pour l'année 1975-76, dans les niveaux d'enseignement préélémentaire et EGB[29], de façon expérimentale et en tant que matières optionnelles. Un autre décret du 31 octobre de la même année prescrit l'utilisation des langues régionales en élargissant les possibilités d'utilisation à d'autres domaines de la vie publique[30].

L'évolution d'une politique favorable à l'usage des langues régionales va être consolidée par la nouvelle Constitution de 1978. En effet, celle-ci prévoit la décentralisation, avec la création des communautés autonomes – faisant ainsi un trait d'union avec la politique qui avait été projetée, et partiellement réalisée, pendant la courte période de la Deuxième République –, et garantit la protection des langues et des cultures qui font partie intégrante de l'État espagnol. La Constitution a servi de base à l'élaboration des statuts d'autonomie dont l'approbation constitue l'élément fondamental de la véritable genèse des différentes communautés. La Constitution, tout en affirmant le rôle de l'espagnol comme langue officielle de l'État,

28. « Decreto 1433/1975, de 30 de mayo » (Ministerio de Educación y Ciencia, *Ley General de Educación y financiamiento de la reforma educativa y disposiciones complementarias*, Madrid, Servicio de Publicaciones del Ministerio de Educación y Ciencia y Boletín Oficial del Estado, 1977 à la p. 738).

29. *L'Educación General Básica* (EGB : Éducation Générale de Base) – période de scolarité obligatoire (entre 6 et 14 ans), mise en place par la LGE (Loi Générale d'Éducation) en 1970 – se compose de huit années, divisées en deux étapes : la première – correspondant à l'enseignement primaire français – comprend les cinq premières ; la deuxième, dont la durée est de trois ans, correspond aux trois premières années de l'enseignement secondaire français. Le *Bachillerato Unificado Polivalente – Curso de Orientación Universitaria* (BUP-COU : Baccalauréat Unifié et Polyvalent – Année d'Orientation Universitaire) fait suite à l'Éducation Générale de Base et se compose de quatre années d'études. Il ne fait pas partie de la scolarité obligatoire. Il correspond aux quatre dernières années de l'enseignement secondaire français. Le dernier niveau de l'enseignement général non universitaire est l'*Educación Pre-escolar*. Ce niveau, équivalant de l'enseignement préélémentaire français, précède l'EGB mais ne fait pas partie de la scolarité obligatoire.
Actuellement, depuis la LOGSE (Loi d'Organisation Générale du Système Educatif), entrée en application progressivement à partir de 1991, l'enseignement général non universitaire est structuré de la façon suivante : l'*Educación Infantil* (Éducation Enfantine : jusqu'à 6 ans), l'*Educación Primaria* (Éducation Primaire : entre 6 et 12 ans) et l'*Educación Secundaria* (Éducation Secondaire : entre 12 et 18 ans). Cette dernière se compose de deux niveaux, dont seul le premier est obligatoire : l'*Educación Secundaria Obligatoria* (ESO : Éducation Secondaire Obligatoire, entre 12 et 16 ans) et le *Bachillerato* (Baccalauréat : entre 16 et 18 ans).

30. « Decreto de la Presidencia del Gobierno 2929/1975, de 31 de octubre » (Ministerio de Educación y Ciencia, *Ley General de Educación y financiamiento de la reforma educativa y disposiciones complementarias*, Madrid, Servicio de Publicaciones del Ministerio de Educación y Ciencia y Boletín Oficial del Estado, 1977 à la p. 863).

confère aux langues régionales – sans préciser lesquelles ni leur nombre – la possibilité d'obtenir le statut d'officialité dans les limites de leurs communautés respectives et attribue à celles-ci la possibilité de promouvoir l'enseignement de leur langue.

> Article 3 :
> 1. Le castillan est la langue espagnole officielle de l'État. Tous les espagnols ont le devoir de la connaître et le droit de l'utiliser.
> 2. Les autres langues espagnoles seront aussi officielles dans les communautés autonomes respectives, conformément à leurs statuts.
> 3. La richesse des différentes modalités linguistiques de l'Espagne est un patrimoine culturel qui sera l'objet d'un respect et protection particuliers.
>
> Article 148 :
> 1. Les communautés autonomes pourront assumer des compétences dans les domaines suivants :
> [...]
> 17e. La promotion de la culture, de la recherche et, selon les cas, de l'enseignement de la langue de la communauté autonome[31].

Parallèlement à cette date, ou *a posteriori* dans la plupart des cas, des décrets royaux, appelés de « bilinguisme », ont été promulgués, prescrivant l'apprentissage obligatoire du catalan en Catalogne[32] et aux Îles Baléares[33], du basque au Pays basque[34], du galicien en Galice[35] et du valencien dans la communauté de Valence[36]. Le nombre d'heures prévu pour l'enseignement de ces langues était de trois heures hebdomadaires minimum, pour tous les enfants scolarisés dans ces communautés aux niveaux préélémentaire, EGB et Formation professionnelle de 1er degré, quelle que soit leur langue maternelle. Les responsables éducatifs sont vivement

31. Ministerio de Educación y Ciencia, *Constitución Española*, Madrid, Servicio de Publicaciones del Ministerio de Educación y Ciencia, 1981.
32. Gobierno Español, « Real Decreto 2092, de 23 junio de 1978, para el catalán en Cataluña », *Boletín Oficial del Estado*, nº 210, 2/09/1978, Madrid.
33. Gobierno Español, « Real Decreto 2193, de 7 de septiembre de 1979, para el catalán en las Islas Baleares », *Boletín Oficial del Estado*, nº 225, 19/09/1979, Madrid.
34. Gobierno Español, « Real Decreto 1049, de 22 de abril de 1979, para el euskera en el País Vasco », *Boletín Oficial del Estado*, nº 112, 10/05/1979, Madrid.
35. Gobierno Español, « Real Decreto 1981, de 20 de julio de 1979, para el gallego en Galicia », *Boletín Oficial del Estado*, nº 200, 21/08/1979, Madrid.
36. Gobierno Español, « Real Decreto 2003, de 3 de agosto de 1979, para el valenciano en la Comunidad Valenciana », *Boletín Oficial del Estado*, nº 202, 23/08/1979, Madrid.

incités, dans ces décrets, à élargir l'apprentissage obligatoire de ces langues à l'ensemble des élèves de l'enseignement secondaire (BUP-COU) et la Formation Professionnelle de second degré. D'autre part, selon ces décrets, outre l'apprentissage de la langue, un apprentissage « en langue régionale » peut être développé en fonction des souhaits des parents d'élèves.

Si les décrets de 1975 sont très importants pour le développement de l'enseignement des langues régionales, le véritable développement aura lieu à partir des décrets de bilinguisme, que nous venons d'évoquer, mais surtout une fois approuvés les statuts d'autonomie et à la suite de la promulgation des « lois de normalisation linguistique » des gouvernements autonomes, après le transfert des compétences éducatives aux communautés autonomes possédant une langue co-officielle.

Les lois de normalisation linguistique – promulguées dans un premier temps entre 1982 et 1986 par les différents gouvernements autonomes[37] – développent les dispositions des statuts d'autonomie concernant le régime linguistique. Ces lois peuvent être considérées comme les lignes maîtresses de la politique linguistique des communautés disposant d'une langue co-officielle comme c'est le cas au Pays basque[38], en Catalogne[39], en Galice[40], dans la communauté de

37. Il y a, cependant, des lois de normalisation qui ont été promulguées après. C'est le cas de la Principauté des Asturies, où la langue asturienne ou *bable* n'a pas de statut officiel, et dont la loi de normalisation linguistique a été promulguée en 1998 : Gobierno del Principado de Asturias « Ley 1/1998, de 23 de marzo, de uso y promoción del Bable/Asturiano », *Boletín Oficial del Principado de Asturias*, nº 73, 28/03/1998, Oviedo. En Catalogne, après une première loi promulguée en 1983, une seconde loi de normalisation linguistique a été promulguée en 1998 (voir plus loin). La Catalogne est, d'ailleurs, la seule communauté jusqu'à présent à avoir fait promulguer plus d'une loi de normalisation linguistique.

38. Gobierno Vasco, « Ley 10/1982, de 24 de noviembre, básica de normalización del uso del Euskera », *Boletín Oficial del País Vasco*, nº 160, 16/12/1982, Vitoria.

39. En Catalogne, la première loi de normalisation linguistique a été promulguée en 1983 : Generalitat de Catalunya, « Ley 7/1983, de 18 de abril, de normalización lingüística en Cataluña », *Diari Oficial de la Generalitat*, nº 322, 22/04/1983, Barcelona ; et une seconde loi a été promulguée en 1998 : Generalitat de Catalunya, « Ley 1/1998, de 7 de enero, de política lingüística », Generalitat de Catalunya, *Diari Oficial de la Generalitat*, nº 2553, 9/01/1998, Barcelona.

40. Xunta de Galicia, « Ley 3/1983 de 15 de junio, de normalización lingüística », *Diario Oficial de Galicia*, nº 84, 14/07/1983, Santiago de Compostela.

Valence[41], aux Îles Baléares[42] et en Navarre[43]. Les lois de normalisation linguistique ont pour objectif d'aménager l'usage des langues à l'intérieur de la communauté, principalement, afin de promouvoir l'utilisation des langues régionales dans tous les domaines, et pas uniquement dans l'enseignement, comme c'était le cas des décrets de bilinguisme. En fait, les domaines visés par ces lois peuvent être réduits à trois : le secteur de l'administration, le système éducatif et le secteur culturel dans lequel on peut intégrer les moyens de communication.

Le fait que le système d'enseignement ait été le premier secteur visé par la normalisation linguistique n'est pas dû au hasard. D'une part, il s'agit d'un secteur où l'aménagement des langues pose moins de problèmes que dans d'autres secteurs, comme c'est le cas, par exemple, des secteurs qui sont soumis à la loi de l'offre et la demande. D'autre part, le système éducatif joue un rôle majeur dans la mesure où, la réussite ou le manque de réussite de la politique linguistique, dans ce secteur, peut contribuer à favoriser ou, au contraire, rendre difficile la normalisation de l'usage des langues dans tous les autres secteurs. Nous ne devons, donc, pas nous étonner de constater globalement des résultats très importants dans ce domaine.

Il est bien évident qu'à chaque étape d'aménagement correspondent des résultats, qui ont joué un rôle important, permettant d'avancer dans le long chemin de la normalisation. Nous ne nous attarderons pas trop sur ceux obtenus par les décrets de bilinguisme[44], ou antérieurs, mais synthétiserons globalement les résultats constatés après la promulgation des lois de normalisation linguistique.

---

41. Generalitat Valenciana, « Ley 4/1983, de 23 de noviembre, de uso y enseñanza del valenciano », *Diari Oficial de la Generalitat Valenciana*, nº 133, 1/12/1983, Valencia.
42. Govern Balear, « Ley 3/1986, de 29 de abril, de normalización lingüística en las Islas Baleares », *Butlletín Oficial de la Comunitat Autònoma de les Illes Balears*, nº 15, 20/05/1986, Palma de Mallorca.
43. Gobierno de Navarra, « Ley Foral 18/1986, de 15 de diciembre, del Vascuence », *Boletín Oficial de Navarra*, nº 154, 17/12/1986, Pamplona.
44. Ces décrets ont contribué à développer considérablement l'enseignement des langues régionales dont le nombre d'élèves d'EGB n'a cessé de croître : 287 242 en 1979-80, 1 441 723 en 1982-83, 2 037 567 en 1985-86 (Ministerio de Educación y Ciencia, *La Educación Preescolar, General Básica, Especial y Permanente de adultos*, années 1978-79 à 1983-84 ; et Centro de Proceso de Datos del Ministerio de Educación y Ciencia, statistiques de l'année 1985-86).

Même s'il existe des écarts plus ou moins importants entre les communautés, nous pouvons considérer qu'en général, en 1985-86, l'introduction des langues régionales dans le système éducatif au niveau de l'Éducation Générale de Base arrive, dans la plupart d'entre elles, au terme de sa première phase : la « phase d'extension », dont l'objectif pour la langue vernaculaire était de devenir une matière d'étude pour l'ensemble des élèves, en application des décrets de bilinguisme. En effet, pendant l'année 1985-86, le maximum des possibilités d'extension des langues vernaculaires dans le système éducatif est presque atteint, avec un chiffre qui représente 36,4 % du total national d'élèves ; taux bien différent de celui de l'année 1979-80 (5 %), mais semblable à celui de l'année 1987-88 (37,4 %)[45].

En fonction de la réussite de cette phase, chaque communauté a essayé de mettre en marche avec plus ou moins de conviction la deuxième : la « phase d'intensification », dont l'objectif sera d'accroître la présence de la langue vernaculaire en développant des programmes bilingues où elle pourrait devenir la langue véhiculaire de l'enseignement, en application des lois de normalisation linguistique. Certaines communautés ont déjà beaucoup avancé dans cette deuxième phase, en particulier, la Catalogne et le Pays basque, mais les résultats obtenus dans les autres communautés sont loin d'être négligeables.

En Catalogne, par exemple, si le pourcentage d'élèves d'EGB et du niveau préélémentaire qui recevaient un enseignement bilingue ou en catalan pendant l'année 1979-80 n'était que de 5,1 % (2,3 % et 2,8 %, respectivement), dix années plus tard (1989-90), 56,44 % des élèves recevaient l'enseignement en catalan ; 33,64 %, un enseignement bilingue (espagnol/catalan) et seulement 9,9 % recevaient un enseignement en espagnol, avec apprentissage du catalan[46]. Actuellement, depuis la mise en application du Décret 75/1992, dont l'article 3.1 stipule que « Le catalan comme langue propre de la Catalogne l'est aussi de l'enseignement. Il sera utilisé normalement comme langue véhiculaire et d'apprentissage de l'éducation enfan-

45. Ministerio de Educación y Ciencia, *La Educación Preescolar, General Básica, Especial y Permanente de adultos*, années 1978-79 à 1983-84 ; et Centro de Proceso de Datos del Ministerio de Educación y Ciencia, statistiques des années 1984-85 à 1987-88.

46. J.C. Herreras, dir., *Situations linguistiques dans les pays de la Communauté Européenne*, Valenciennes, Presses Universitaires de Valenciennes, 1992 à la p. 66.

tine, de l'éducation primaire et de l'éducation secondaire obligatoire »[47], sa présence est presque exclusive. D'autant plus que les programmes d'immersion linguistique (PIL), qui étaient destinés aux enfants castillanophones, se sont développés rapidement à partir de 1984[48] et sont devenus obligatoires à partir de 1993.

Au Pays basque aussi, la langue basque est bien présente dans le système éducatif. En effet, des trois modèles d'enseignement proposés[49], le modèle B qui représentait 10 % des élèves de l'Éducation Enfantine/Pré-élémentaire et de Primaire/EGB en 1982-83, représente 29 %, en 1995-96 ; le modèle D (enseignement en basque) est passé pendant la même période de 15 % à 37 % ; et le modèle A, qui représentait jusqu'à l'année 1989-90 plus de la moitié des effectifs (53 %) est en perte de vitesse et n'était plus le modèle majoritaire en 1995-96 (34 %)[50]. En 2000-01, le modèle A est descendu en dessous de 18 %, le modèle B reste stable (29 %) et le modèle D, représentant plus

47. Generalitat de Catalunya, *Diari Oficial de la Generalitat de Catalunya*, nº 1578, 3/04/1992, Barcelona.

48. Le nombre de centres où l'on dispense ce type d'enseignement est passé de 343 pendant l'année 1985-86 à 684 pendant l'année 1989-90, dont 86 % appartenant à l'enseignement public et 14 %, au privé. Le nombre d'élèves d'EGB et du niveau Pré-élémentaire qui suivaient ces programmes en 1989-90 était de 80 000 (J. Arnau *et al.*, *La educación bilingüe*, Barcelona, ICE Universidad de Barcelona & Ed. Horsori, 1992 à la p. 139).
Dans les autres communautés le développement des programmes d'immersion linguistique a été plus tardif. Dans la communauté de Valence, par exemple, le nombre d'élèves d'Éducation Enfantine/Pré-élémentaire et d'Éducation Primaire/EGB suivant les programmes d'immersion est passé de 3 363 à 12 785 entre 1990-91 et 1994-95, et celui des établissements de 50 à 101 (Servei d'Ensenyament en Valencià). Aux Îles Baléares, ce type d'enseignement concernait une partie des 20 000 élèves d'Éducation Enfantine et d'Éducation Primaire/EGB –dont la plupart scolarisés dans le secteur public– qui suivaient un enseignement entièrement réalisé en catalan pendant l'année 1994-95 (Ministeri d'Educació i Ciència, *Ensenyament en catalá, EI/EP/EGB (1994-95)*, Direcció Provincial de Balears, rapport dactylographié).

49. Modèle A : L'enseignement se fait en espagnol et le basque est matière obligatoire ; Modèle B : L'enseignement se fait pour moitié en espagnol et l'autre moitié en basque ; et Modèle D : L'enseignement se fait en basque et l'espagnol est matière obligatoire.
Il existe également un autre modèle – le modèle X –, qui concerne les élèves dispensés d'apprentissage du basque pour motifs divers. Leur nombre étant très réduit, les élèves du modèle X sont inclus dans les pourcentages du modèle A. Actuellement, les élèves suivant le modèle X sont, pour la plupart, scolarisés dans des établissements d'enseignement étrangers.

50. Voir Gobierno Vasco, *Comparecencia, a petición propia, de la Secretaría General de Política Lingüística del Gobierno Vasco ante la Comisión de Instituciones e Interior del Parlamento Vasco*, Vitoria, Servicio Central de Publicaciones del Gobierno Vasco, 1992 ; EUSTAT, *Estadística de la enseñanza, 95-96*, Vitoria, Gobierno Vasco, 1997 ; et EUSTAT. Estadística de la enseñanza, 2002.

de 52 % des élèves, est le modèle majoritaire. Depuis, la tendance s'est accentuée, puisque, en 2009-10, le modèle A ne représente que 7 %, le modèle B 26,8 % et le modèle D 66,2 %[51].

Dans la communauté de Valence, le valencien, qui était au départ moins présent dans le système éducatif a fait des progrès. En effet, le nombre d'élèves de l'Éducation Enfantine/Pré-élémentaire et de Primaire/EGB qui suivaient l'enseignement en valencien est passé de 1 432, en 1983, à 55 981, en 1994 ; et 106 000 élèves (sur 370 000), c'est-à-dire 28,6 %, recevaient l'enseignement en valencien en 2000-01[52]. En 2009-10, 49,1 % des élèves de l'Éducation Enfantine recevaient un enseignement bilingue, 36,1 % recevaient l'enseignement en valencien avec apprentissage de l'espagnol et 14,8 % l'enseignement en espagnol avec apprentissage du valencien[53]. Dans l'Éducation Primaire, ils étaient 53,5 % à recevoir un enseignement bilingue, 33,7 % l'enseignement en valencien avec apprentissage de l'espagnol et 12,8 % l'enseignement en espagnol avec apprentissage du valencien en tant que matière[54].

Ce serait aussi le cas de la communauté des Baléares où, pendant l'année 1994-95, 34,3 % des élèves recevaient l'enseignement entièrement ou partiellement en langue régionale et de celle de la Galice où, pendant l'année 1988-89, plus de 50 % des élèves de l'Éducation Enfantine/Pré-élémentaire et de Primaire/EGB recevaient entre 4 et plus de 16 heures hebdomadaires d'enseignement en galicien[55]. Pendant l'année 2000-01, selon un rapport du Service d'Enseignement du Galicien, 14,99 % des établissements de l'Éducation Enfantine et de Primaire utilisent le galicien comme langue d'enseignement, 12,74 % utilisent l'espagnol et dans 72,27 % des établissements l'enseignement se fait dans les deux langues. En 2009-10, aux Îles Baléares, 35,2 % des élèves de l'Éducation Enfantine recevaient un enseignement bilingue (espagnol/catalan)

51. Departamento de Educación, *Datos de la enseñanza no universitaria en Euskadi. Curso 2009-2010*, Vitoria, EUSTAT, 2012.

52. N. Caballer i Valencia, « Paralización en el crecimiento con el PP », *El País* (4/02/2002).

53. Ministerio de Educación, *Las cifras de la educación en España. Curso 2009-2010*, Madrid, Oficina de Estadística, 2012.

54. Ministerio de Educación, *Las cifras de la educación en España. Curso 2009-2010*, Madrid, Oficina de Estadística, 2012.

55. Voir X. Rubal Rodríguez, dir., *Estudio-inventario de carácter censal sobre a situación e perspectivas do galego no ensino non universitario (Preescolar e E.X.B.)*, Santiago de Compostela, ICE Universidade de Santiago de Compostela, Xunta de Galicia, 1991.

et 64,8 % recevaient l'enseignement en catalan avec apprentissage de l'espagnol en tant que matière. En ce qui concerne l'Éducation Primaire, ils étaient, 50,2 % à recevoir un enseignement bilingue et 49,8 % recevaient l'enseignement en catalan avec apprentissage de l'espagnol[56].

Dans la communauté de la Navarre où, comme nous l'avons souligné plus haut, la langue basque n'a de statut officiel que dans la zone bascophone, en 1996-97 – exception faite d'un modèle d'enseignement où le basque n'était ni matière d'enseignement ni langue véhiculaire et qui représentait 61 % des élèves de l'Éducation Enfantine et de Primaire –, le modèle majoritaire était le modèle D (21,2 %), contre 17,3 % pour le modèle A et 0,4 % pour le modèle B. En 2009-10, le modèle D (28,2 %) a consolidé sa position ainsi que le modèle A (24,16 %), le modèle B restant à un niveau équivalent (0,3 %), au détriment du modèle où l'on n'apprend pas la langue basque (47,8 %)[57].

La présence des langues régionales dans les autres niveaux d'enseignement est aussi significative, même si elle n'est pas aussi importante que dans les niveaux inférieurs. En Catalogne, par exemple, d'après un rapport du Département de l'Éducation, en 1999-2000, dans 51 % des établissements d'enseignement secondaire toutes les matières, sauf langue et littérature espagnole et langue étrangère, sont enseignées en catalan[58]. Dans la communauté de Valence, en 2000-01, 34 000 élèves (sur 309 000), c'est-à-dire 11 %, recevaient l'enseignement en valencien[59]. En 2009-10, dans l'Éducation Secondaire Obligatoire, 14,4 % des élèves recevaient l'enseignement en espagnol avec apprentissage du valencien, 57,1 % un enseignement bilingue et 28,6 % recevaient l'enseignement en valencien avec apprentissage de l'espagnol. Les élèves du Baccalauréat représentaient 21,4 %, 61,2 % et 17,4 % respectivement[60]. En ce qui concerne les Îles Baléares, en 2009-10, 61,1 % des élèves de l'ESO recevaient un enseignement bilingue et 38,9 % recevaient l'ensei-

56. Ministerio de Educación, *Las cifras de la educación en España. Curso 2009-2010*, Madrid, Oficina de Estadística, 2012.
57. Departamento de Educación, Cultura y Deporte, Gobierno de Navarra.
58. M. Padilla, « El catalán se ha impuesto sin problemas como lengua vehicular », *El País* (4/02/2002).
59. N. Caballer i Valencia, « Paralización en el crecimiento con el PP », *El País* (4/02/2002).
60. Ministerio de Educación, *Las cifras de la educación en España. Curso 2009-2010*, Madrid, Oficina de Estadística, 2012.

gnement en Catalan et apprenaient l'espagnol en tant que matière[61]. Les élèves du Baccalauréat représentaient, respectivement, 60,7 % et 39,3 %[62].

Au Pays basque[63] – enseignement secondaire et professionnel confondus –, le Modèle A, qui représentait 51,4 % des élèves, reste encore majoritaire en 2000-01, contre 33,3 % pour le modèle D et 14,7 % pour le modèle B. En 2009-10, le modèle B représentait 20,2 % des élèves de l'enseignement secondaire général, le modèle A ne représentait que 26 %, le modèle majoritaire étant le modèle D avec 53,8 %[64]. Dans la communauté de la Navarre[65] – exception faite d'un modèle d'enseignement où le basque n'est ni matière d'enseignement ni langue véhiculaire (77,1 % des élèves) –, le modèle majoritaire était, en 2000-01, le modèle D (15,1 %), contre 7,6 % pour le modèle A et 0,1 % pour le modèle B. En 2009-10, le modèle D (22,5 %) s'est consolidé comme modèle majoritaire, suivi du modèle A (10,8 %), le modèle B ayant pratiquement disparu. Quant au modèle d'enseignement où le basque n'est ni matière d'enseignement ni langue véhiculaire, il a réduit ses effectifs de presque 10 % et représente 66,7 %[66].

Pour ce qui est de l'enseignement supérieur, nous devons souligner que le fait que la normalisation des langues régionales ait débuté dans l'enseignement non universitaire ne veut pas dire qu'il soit resté en marge du processus. Il est vrai que les lois de normalisation linguistique ne sont pas très explicites sur l'enseignement universitaire. Nous pensons qu'à l'époque de leur promulgation l'Université n'était pas le niveau éducatif prioritairement visé par les politiques linguistiques des différentes communautés. D'ailleurs, mis à part des déclarations d'ordre général indiquant que la langue régionale est la langue d'enseignement de tous les niveaux éducatifs – tout en reconnaissant aux enseignants et aux élèves/étudiants le droit d'utiliser oralement et par écrit les deux langues (langue régionale/espagnol) –, on ne trouve, concernant l'enseignement supérieur, qu'une invitation tout à fait modeste pour que les universités prennent les mesures nécessaires afin d'assurer la compréhension de la

61. *Ibid.*
62. *Ibid.*
63. EUSTAT. Estadística de la enseñanza, 2002.
64. Departamento de Educación, *Datos de la enseñanza no universitaria en Euskadi. Curso 2009-2010*, Vitoria, EUSTAT, 2012.
65. Departamento de Educación, Cultura y Deporte, Gobierno de Navarra.
66. *Ibid.*

langue régionale. Seule une composante de l'Université attire l'attention des législateurs – l'Ecole Universitaire de Formation des Professeurs – et pour une raison toute simple : elle forme les enseignants destinés à travailler dans le niveau de scolarité obligatoire. En fait, c'est ce niveau d'enseignement qui est visé prioritairement par les lois de normalisation linguistique dans les années 80. Ces écoles universitaires doivent donc, d'après les lois de normalisation, prendre les mesures pertinentes pour que les étudiants à la fin de leur formation soient capables d'enseigner dans les deux langues (langue régionale/espagnol)[67].

C'est sans doute, entre autres, pour pallier cette carence que le Gouvernement autonome de la Catalogne a considéré nécessaire de promulguer une nouvelle loi de normalisation en 1998. Cette loi introduit un certain nombre d'éléments significatifs concernant l'Université. Le plus important, à nos yeux, est celui de l'article 22.2, où l'on signale comme un devoir des universités et des établissements d'enseignement supérieur de prendre les mesures pertinentes pour garantir et accroître l'usage du catalan dans toutes les activités universitaires (enseignement, recherche, soutenance des thèses et concours de recrutement). Par ailleurs, l'article 24.3 stipule que tous les professeurs des universités en Catalogne doivent connaître suffisamment les deux langues officielles (catalan/espagnol), afin d'être en accord avec les exigences de leur métier[68].

Pour développer l'utilisation des langues régionales dans l'enseignement supérieur, toutes les universités des communautés bilingues se sont dotées d'un service général de normalisation linguistique qui reçoit des appellations différentes selon les universités. Ce service central peut, dans certaines universités, être consolidé par des services analogues existant aussi bien au niveau des facultés que des départements, des sections, voire des unités administratives.

Nous ne disposons pas ici de l'espace nécessaire pour développer de façon détaillée les résultats de la politique de normalisation menée dans l'enseignement supérieur, mais nous pouvons avancer, néanmoins, que des progrès significatifs ont été réalisés quant à la pré-

67. Voir, à titre d'exemple, lois de normalisation linguistique du Pays basque (article 19), de la Catalogne (1983 : articles 16 et 18), de la Galice (articles 15 et 17), de la communauté de Valence (article 23) et des Îles Baléares (articles 23 et 25).

68. Generalitat de Catalunya, « Ley 1/1998, de 7 de enero, de política lingüística », *Diari Oficial de la Generalitat*, n° 2553, Barcelona.

sence de la langue régionale au sein des universités, aussi bien en ce qui concerne la signalisation à l'intérieur ou l'extérieur des bâtiments, les imprimés administratifs et le fonctionnement de l'administration en général et, bien entendu, tout ce qui touche aux activités en rapport avec l'enseignement. En ce qui concerne ce dernier, d'après les données dont nous disposons sur les universités publiques, la présence de la langue régionale serait plus importante dans les universités catalanes et celle des Iles Baléares (plus de 50 % des cours sont dispensés en catalan) que dans la communauté de Valence, en Galice ou au Pays basque[69].

Nous avons souligné précédemment que dans l'implantation de la langue régionale dans le système éducatif plusieurs phases étaient intervenues : une première phase ou « phase d'extension » pendant laquelle, en application des décrets de bilinguisme, on essayait de rendre possible l'obligation d'apprentissage de la langue régionale à l'ensemble des élèves ; et une deuxième phase ou « phase d'intension », pendant laquelle, en application des lois de normalisation linguistique, on va accentuer la présence de la langue régionale pour qu'elle devienne langue d'enseignement. Les succès de l'aménagement linguistique obtenus dans le domaine éducatif, nous mènent à considérer que cette deuxième phase ne sera pas la dernière. D'ailleurs, il existe, depuis plusieurs années, des signes précurseurs de la mise en route d'une troisième phase, la « phase d'exportation ». Elle pourrait fonctionner dans deux directions : l'une, à l'intérieur de l'Espagne, vers les communautés castillanophones, et, l'autre, à l'extérieur de l'Espagne, en particulier vers les pays européens.

Dans les autres secteurs nous pouvons également souligner l'importance des résultats obtenus. En effet, il existe un accroissement considérable de l'utilisation des langues régionales dans l'administration et les institutions des communautés autonomes bilingues[70]. Il en est de même dans le secteur culturel et les moyens de communication, comme le montre l'exemple de la télévision. En effet, on est passé, dans un laps de temps fort réduit, d'une télévision nationale publique émettant exclusivement en espagnol (*TV1* et *TV2*), à la création de chaînes de télévision publiques appartenant aux communautés autonomes. Parmi ces chaînes, celles des communautés bilingues émettent, majoritairement ou, dans la plupart des

69. Pour plus d'informations, voir J.C. Herreras, *Lenguas y normalización en España*, Madrid, Editorial Gredos, 2006 aux pp. 266-329.
70. Pour plus d'informations sur ces secteurs, voir *ibid.* aux pp. 116-160.

cas, exclusivement, en langue régionale : basque (*ETB1*, *ETB2*, *ETB3*), catalan (*TV3* et *Canal 33*, en Catalogne ; et *IB3*, aux Îles Baléares), valencien (*Canal 9* et *Punt 2*) et galicien (*TVG, TVG2*)[71]. C'est vrai que pendant cette période, il y a eu également la création des chaînes de grande diffusion privées, dont la plupart émet en espagnol, et qui sont venues perturber, en quelque sorte, l'équilibre pouvant exister entre les langues aux premiers moments de la création des chaînes publiques des communautés autonomes. De même, la création de nouvelles chaînes privées de grande diffusion sont venues altérer les indices d'audience de l'ensemble des chaînes. En 2004, l'indice d'audience de l'ensemble des chaînes des communautés autonomes – toutes langues de diffusion confondues, y compris l'espagnol –, était de 17,7 % ; ce pourcentage est descendu à 11,3 % en 2010[72]. La part d'audience des chaînes des communautés autonomes était en août 2012 de 17,1 % en Catalogne, de 14,1 % au Pays basque, de 12,2 % en Galice, de 6,7 % aux Baléares et de 4,8 % dans la communauté de Valence[73].

L'édition est également un bon exemple de la normalisation de l'usage des langues régionales. En effet, si l'on tient compte de l'évolution de la présence des langues dans ce secteur, nous pouvons constater des avancées importantes. Les ouvrages publiés en langue régionale, dont le pourcentage ne représentait que 4 % environ en 1970, sont passées, en 1991, à presque 15 % (1,36 %, en galicien ; 11,35 %, en catalan ; 1,69 %, en basque) sur un total de 43 895 titres publiés en Espagne dans l'une de ces langues[74]. Le premier accroissement significatif s'est produit entre 1975 et 1980, et le second entre 1980 et 1985. Rappelons que ces avancées correspondent, en ce qui concerne la première, à l'approbation des statuts d'autonomie du Pays basque et de la Catalogne mais, surtout, à la promulgation des décrets de bilinguisme introduisant l'enseignement obligatoire des langues régionales dans le système éducatif, ce qui a sans doute favorisé la publication des manuels scolaires. La seconde avancée serait

---

71. Voir *ibid.* à la p. 162.
72. Voir *Anuario SGAE de las artes escénicas, musicales y audiovisuales 2011*, <www.anuariossgae.com/anuario2011/frames.html>, consulté le 11/01/2013.
73. Voir <www.forta.es/FortaComercial/DatosdeaudienciaSharetelevisionesautonomicas/tabid/203/Default.aspx#graf>, consulté le 12/01/2013.
74. En 1970, sur les 13 522 ouvrages publiés au total en Espagne dans l'une de ces langues, 0,23 % étaient écrits en galicien ; 2,99 %, en catalan ; 0,63 %, en basque ; et 96,1 %, en espagnol (*Anuario El País 1985*, Ed. El País, Madrid, 1985) ; et suivants jusqu'à 2001 ; de A. Fraile, *Normalisation et politique linguistique en Galice (1983-1993). Quels acteurs pour quels enjeux ?*, thèse de doctorat non publiée, Université François Rabelais, Tours, 1996.

plutôt la conséquence de l'approbation des statuts d'autonomie des autres communautés bilingues ainsi que de la promulgation des lois de normalisation linguistique, ayant pour objectif de promouvoir l'usage des langues dans la société en général, y compris dans le secteur culturel et les moyens de communication.

En 2005, les ouvrages publiés en langue régionale représentaient environ 18,5 % des 70 844 ouvrages publiés dans l'une des langues de l'Espagne (57 779, en espagnol ; 1 826, en galicien ; 8 577, en catalan ; 1 731, en basque ; 881, en valencien ; 50, en autres langues espagnoles). Il s'agit du pourcentage le plus élevé jusqu'à présent. Par la suite, nous pouvons constater un léger affaiblissement qui situe le pourcentage des publications en langue régionale à 16,3 % en 2007 et qui se confirme en 2011 avec 15,76 % des publications en langue régionale sur l'ensemble des publications dans les langues de l'Espagne (109 108)[75]. Cet affaiblissement, cependant, ne correspond pas à une diminution du nombre des titres publiés en langue régionale, qui a doublé entre 1991 et 2011, mais à une augmentation également très sensible du nombre des titres publiés en espagnol, due sans doute à l'importance croissante de cette langue sur le plan international au cours des deux dernières décennies.

Un autre indicateur de la réussite de l'aménagement linguistique, et non des moindres, est celui représenté par le niveau de compétence linguistique de la population des communautés bilingues, qui serait, en définitive, le résultat global des actions menées dans les différents secteurs visés par les lois de normalisation linguistique. D'après les résultats des recensements, même s'il reste encore des marges de progression, variant d'une communauté à l'autre et d'une langue à l'autre, le pourcentage de population maîtrisant les langues régionales a considérablement augmenté, comme nous pouvons le constater dans le tableau suivant[76]. Si nous comparons, dans les aires

75. Ministerio de Educación, Cultura y Deporte, *Anuario de Estadísticas culturales 2012*, en ligne : <www.mcu.es/libro/MC/PEE/estadisticas/lenguasEvo.html>, consulté le 10/01/2013.

76. Nous devons, cependant, souligner que la compétence linguistique n'est pas classée dans toutes les communautés autonomes de la même façon, en ce qui concerne l'âge. Ce paramètre a pu varier d'une communauté à l'autre, voire à l'intérieur d'une même communauté d'un recensement à l'autre, comme suit : en Catalogne (population de 2 ans et plus), dans la communauté de Valence (population de 3 ans et plus), dans la communauté des Îles Baléares (1986/1991 : population de 6 ans et plus ; 2001 : population de 5 ans et plus) et en Galice (1991 : population de 3 ans et plus ; 2001 : population de 5 ans et plus). Pour une analyse plus détaillée, voir J.C. Herreras, « Locutores de lengua española y de lenguas

linguistiques du catalan et du galicien, les résultats des recensements de 1986 (1991 pour la Galice) avec ceux de 2001, nous pouvons, effectivement, constater un accroissement généralisé des compétences, surtout dans le domaine de l'écrit (lire et écrire), la compétence d'écriture étant, d'ailleurs, celle qui fait le plus beau score : +23 % en Galice, +22,2 % aux Îles Baléares, +18,2 % en Catalogne et +16,3 % dans la communauté de Valence. Au niveau de la lecture, les résultats sont également loin d'être négligeables, montrant un accroissement qui oscille entre +13,7 % en Catalogne et +21,7 % dans la communauté de Valence. En échange, les résultats concernant les compétences du domaine oral ne sont pas aussi nets. En effet, si l'on peut constater dans toutes les communautés, à l'exception de celle des Îles Baléares, un certain accroissement au niveau de la compréhension, au niveau de l'expression, seule la Catalogne expérimente une progression (+10,3 %).

Compétence linguistique	***Recensement***	CATALOGNE	VALENCE	I. BALÉARES	GALICE
Comprendre	**1986**	90	77	89	–
	1991	93	83	88	97
	1996	95	–	–	–
	2001	94	84	89	99
Parler	**1986**	64	49	70	–
	1991	68	51	66	91
	1996	75	–	–	–
	2001	74	47	62	91
Lire	**1986**	60	24	46	–
	1991	67	37	55	49
	1996	72	–	–	–
	2001	74	46	62	69
Écrire	**1986**	31	7	16	–
	1991	39	15	25	34
	1996	45	–	–	–
	2001	49	23	38	57

Source : J.C. Herreras, *Lenguas y normalización en España*, Madrid, Ed. Gredos, 2006, p. 84-96 et 106-110.

autonómicas en la España actual » dans C. Hernández Alonso et autres, dir., *Filología y lingüística. Estudios ofrecidos a Antonio Quilis*, vol. I, Madrid, CSIC/UNED/Universidad de Valladolid, 2005 aux pp. 989-1009.

En ce qui concerne le Pays basque et la communauté de la Navarre, la population de deux ans et plus est classée en trois groupes de compétence linguistique globale : les *euskaldunes*, les *cuasi-euskaldunes* et les *erdaldunes*. Le dernier groupe étant constitué « de personnes qui ne comprennent ni parlent le basque »[77], nous avons dans le groupe des *euskaldunes*[78] et dans celui des *cuasi-euskaldunes*[79] des locuteurs maîtrisant le basque à des degrés divers.

Compétence linguistique	***Recensement***	**PAYS BASQUE**	**NAVARRE**
Euskaldunes	**1981**	21	
	1986	24	10
	1991	26	10
	1996	30	10
	2001	32	12
Cuasi-euskaldunes	**1981**	14	
	1986	17	5
	1991	19	6
	1996	19	7
	2001	23	8
Erdaldunes	**1981**	64	
	1986	58	84
	1991	53	83
	1996	49	81
	2001	44	79

Source : J.C. Herreras, *Lenguas y normalización en España*, Madrid, Ed. Gredos, 2006, p. 96-105.

77. Gobierno Vasco, *Análisis demolingüístico de la Comunidad Autónoma Vasca derivado del Padrón de 1986*, Vitoria, Servicio Central de Publicaciones 1989 à la p. 268.
78. Le groupe des *euskaldunes* est divisé en trois catégories : *euskaldunes* alphabétisés : « personnes qui peuvent comprendre, parler, lire et écrire correctement le basque » ; *euskaldunes* partiellement alphabétisés : « personnes qui peuvent comprendre et parler correctement le basque, mais qui ont des difficultés pour le lire et l'écrire » ; et *euskaldunes* non alphabétisés : « personnes qui peuvent comprendre et parler correctement le basque, mais qui ne savent pas le lire ni l'écrire » (Gobierno Vasco, *Análisis demolingüístico de la Comunidad Autónoma Vasca derivado del Padrón de 1986*, Vitoria, Servicio Central de Publicaciones 1989 à la p. 268).
79. Le groupe des *cuasi-euskaldunes* est divisé, comme celui des *euskaldunes*, en trois catégories : *cuasi-euskaldunes* alphabétisés : « personnes qui peuvent comprendre correctement le basque ou qui ont des difficultés pour le comprendre, qui ont des difficultés pour le parler, qui peuvent le lire et l'écrire correctement ou qui ont des

Comme nous pouvons le constater dans le tableau précédent, les résultats des recensements sont assez clairs aussi bien en ce qui concerne le Pays basque que la communauté de la Navarre. Lorsque l'on compare l'évolution des résultats entre le recensement de 1981 (1986 dans la communauté de la Navarre) et celui de 2001, il existe une diminution sensible du pourcentage des *erdaldunes*, c'est-à-dire des personnes ne maîtrisant aucune compétence en basque : environ –20 % au Pays basque et –5,1 % dans la communauté de la Navarre. Cette diminution se répercute de façon positive sur les deux autres groupes dont l'accroissement représente, au Pays basque, +10,8 % chez les *euskaldunes* et +8,6 % chez les *cuasi-euskaldunes* et, dans la communauté de la Navarre, +2 % chez les *euskaldunes* et +3,2 % chez les *cuasi-euskaldunes*. Bien entendu, nous pouvons constater que la marge de progression reste plus importante au Pays basque et dans la communauté de la Navarre que dans les autres communautés bilingues, pour des raisons que l'on peut aisément comprendre, notamment la proximité linguistique de leurs langues par rapport à l'espagnol, ce qui n'est pas le cas de la langue basque. Cependant, nous pouvons considérer globalement que les avancées dans le domaine de la normalisation linguistique en Espagne sont très importantes.

Or, face à cette réussite de l'aménagement linguistique, basé sur la valeur accordée au bilinguisme, au plurilinguisme, on constate aujourd'hui dans certaines communautés bilingues une tendance dans leur législation à marginaliser la langue espagnole – langue maternelle, pourtant, majoritaire dans la plupart de ces communautés –, afin d'imposer un monolinguisme réducteur[80], dont les conséquences seront catastrophiques non seulement pour les hispanophones, mais aussi pour les locuteurs qui ont comme langue maternelle la langue régionale. En effet, comme le fait remarquer A. López, « ce n'est pas bon que l'horizon des communautés autonomes bilin-

difficultés pour le lire et l'écrire » ; *cuasi-euskaldunes* non alphabétisés : « personnes qui peuvent comprendre correctement le basque ou qui ont des difficultés pour le comprendre, qui ont des difficultés pour le parler et qui ne savent pas le lire ni l'écrire » ; et *cuasi-euskaldunes* passifs : « personnes qui peuvent comprendre correctement le basque ou qui ont des difficultés pour le comprendre, mais qui ne le parlent pas » (Gobierno Vasco, *Análisis demolingüístico de la Comunidad Autónoma Vasca derivado del Padrón de 1986*, Vitoria, Servicio Central de Publicaciones 1989 à la p. 268).

80. Voir J.C. Herreras, « De l'interdiction de l'usage officiel des langues régionales en Espagne au « Manifeste pour la langue commune » » dans J.C. Herreras, dir., - *L'Europe des 27 et ses langues*, Valenciennes, Collection Europe(s), Presses Universitaires de Valenciennes, 2011 aux pp. 271-294.

gues de l'État espagnol soit réduit à la langue qui les différencie des autres. Ce n'est pas bon pour personne, mais particulièrement pour elles-mêmes : en constituant leur langue propre en limite de la communauté, elles sont en train de réduire implacablement toute possibilité de sortir d'elles-mêmes et d'avoir de l'influence sur d'autres peuples »[81].

81. A. López, *Babel airada. Las lenguas en el trasfondo de la supuesta ruptura de España*, Madrid, E. Biblioteca Nueva, 2004 à la p. 83.

L'Italie

Droits linguistiques entre réglementations, représentations et pratiques : le cas du Val d'Aoste, région autonome italienne

Marisa CAVALLI*

INTRODUCTION

Les contextes aux prises depuis longtemps avec la coexistence de plusieurs langues représentent des laboratoires extraordinaires pour la conception et la mise en œuvre de politiques linguistiques et pour l'élaboration et la mise en place de moyens juridiques favorisant « l'aménagement de la coexistence des langues », selon l'intitulé du colloque organisé en juillet 2012 à Québec par l'Observatoire international des droits linguistiques de l'Université de Moncton dans le cadre du Forum Mondial de la langue française.

La sauvegarde des langues régionales ou minoritaires – avec la gestion de la pluralité linguistique qu'elle implique le plus souvent – requiert, au préalable, une conscience et une connaissance approfondies de la situation initiale, une définition aussi claire et réaliste que possible des finalités de la politique linguistique, la capacité à prévoir les effets probables ou possibles des mesures d'aménagement envisagées, un suivi attentif des évolutions sociolinguistiques, démographiques et sociétales, une évaluation rigoureuse des effets des décisions adoptées et un ajustement conséquent des mesures mises en œuvre.

---

* Marisa Cavalli, enseignante chargée de recherche auprès de l'ex Institut Régional de Recherche Educative du Val d'Aoste (IRRE-VDA), courriel : <mrcavalli@alice.it>.

Il s'agit d'un ensemble de processus décisionnels délicats et complexes qui méritent d'être conduits avec la plus grande lucidité et de la façon la plus outillée possible.

L'analyse critique de ce qui s'est passé et de ce qui se passe dans les contextes minoritaires – des succès indubitables qu'ils peuvent avoir obtenus ainsi que des ratages, tout aussi indubitables, qu'ils peuvent avoir essuyés – peut fournir à d'autres contextes des éléments utiles de réflexion.

C'est en tout cas l'option forte qui est ici assumée pour présenter le cas du Val d'Aoste qui devient un prétexte pour souligner certaines conditions minimales qu'il importe d'assurer pour la mise en œuvre efficace d'une politique linguistique et de ses mesures d'aménagement. Le parti pris de ce texte est d'examiner certains des travers de la politique linguistique de cette petite région italienne plutôt que ses succès indiscutables, sans doute plus connus dans la littérature[1]. Le but étant de dégager certains principes que toute politique linguistique qui se voudrait réussie et cohérente devrait assumer.

Chaque titre indiquera un de ces principes et chaque paragraphe l'illustrera de façon concrète au moyen du cas étudié. Ces principes n'ont rien de particulièrement nouveau ou novateur dans le domaine sociolinguistique, mais ils peuvent souvent être (sciemment ou non) ignorés par les responsables en charge des politiques linguistiques avec des conséquences regrettables sur l'efficacité de ces dernières.

Car il faut admettre que, si dans d'autres secteurs de la politique, les responsables se font un devoir de demander l'avis d'experts de leur domaine de compétence en requérant des rapports, en constituant des commissions d'étude ou en demandant des consultations, il est fort rare, dans certains contextes, que les responsables des politiques linguistiques se conduisent de la même façon, comme si le simple fait d'être locuteur d'une ou plusieurs langues faisaient d'eux des (socio)linguistes expérimentés.

1. M. Cavalli, *Éducation bilingue et plurilinguisme – Le cas du Val d'Aoste*, Paris, Collection LAL, CREDIF, Didier, 2005, p. 370.

I - PREMIER PRINCIPE : ÊTRE CONSCIENT DU FAIT QUE DISPOSER D'UNE LÉGISLATION EST UNE CONDITION INDISPENSABLE MAIS NON SUFFISANTE POUR LA RÉUSSITE D'UNE POLITIQUE LINGUISTIQUE

Le premier principe concerne la nécessité de sortir de l'illusion que le fait de pouvoir s'appuyer sur des dispositions de loi puisse à lui seul suffire à réussir une politique linguistique de sauvegarde d'une langue. Dans les mesures d'aménagement linguistique, les dispositions de loi, c'est-à-dire la reconnaissance par l'État d'une langue régionale ou minoritaire qui ouvre la perspective d'une sauvegarde autorisée et légitimée, sont toujours placées au niveau le plus élevé des garanties possibles. Et elles le sont effectivement en tant que condition indispensable mais non suffisante à elle seule. Nous allons démontrer cela par la description du cas valdôtain.

A - Bref aperçu géo-historique du val d'Aoste

Le Val d'Aoste est la plus petite des régions italiennes : 3 262 km^2 de superficie, représentant 1 % du territoire national ; 128 507 habitants[2], équivalant à 0,2 % de la population italienne. Région de montagne, coincée entre la France à l'ouest et la Suisse au nord, sa densité démographique[3] est de 39,2 habitants/km^2.

Ayant fait partie du Duché de Savoie depuis le XIe siècle, il se situait linguistiquement dans l'aire des parlers gallo-romans, notamment dans la région du francoprovençal, située en coin – à l'est – entre la langue d'oc (au sud) et la langue d'oïl (au nord)[4].

2. Données de l'institut national de statistique (ISTAT) pour l'année 2011.
3. Données ISTAT 2009.
4. Voir, ci-dessous, la carte n° 1.

Carte nº 1 – Les parlers gallo-romans

Il en constituait l'extension la plus orientale et au-delà des Alpes (carte nº 2). Il partageait le parler francoprovençal[5] avec d'autres régions, plus étendues, qui font partie actuellement de la Suisse et de la France.

5. Pour de plus amples détails sur le francoprovençal, voir G. Tuaillon, *Le francoprovençal – Progrès d'une définition*, Centre d'Études francoprovençales « René Willien », Saint-Nicolas, 1994 (éd. or. 1972, Travaux de Linguistique et de littérature X, 1, Centre de Philologie et de Littératures romanes de l'Université de Strasbourg, Paris, Klincksieck).

Carte nº 2 – L'aire du francoprovençal en détail

D'après G. Tuaillon (1972), "Le francoprovençal. Progrès d'une définition", Travaux de Linguistique et de littérature X, 1, 337.

La langue française, introduite depuis le XIVe siècle à la cour des Ducs de Savoie, devint la langue des actes officiels en lieu et place du latin en 1561 (par l'édit du Duc Emmanuel Philibert), 22 ans seulement après l'ordonnance de Villers-Cotterêts (1539) par laquelle le roi François 1er instituait le français en tant que langue administrative de la France.

À une époque relativement récente – en 1861 – l'histoire a fait basculer le Val d'Aoste d'un espace francophone auquel il avait appartenu pendant des siècles dans un État en construction : l'Italie. La situation sociolinguistique du Val d'Aoste était alors caractérisée par une diglossie entre le français – variété haute, réservée aux emplois officiels et religieux, enseignée dans les écoles et parlée par la bourgeoisie et en milieu urbain – et le francoprovençal – variété basse, parlée dans le quotidien par la population. À partir de ce moment-là, un processus d'italianisation s'est progressivement mis en place qui a abouti aux mesures répressives de la politique linguistique de l'époque fasciste. Ce qui a permis un remplacement progressif du français par l'italien, facilité par la situation diglossique initiale et fortement aidé par le progressif amenuisement de l'enseignement du français jusqu'à sa suppression dans les écoles et l'éradication de ses emplois à l'époque mussolinienne, allant jusqu'à l'italianisation de la toponymie.

Le francoprovençal, par contre, s'agissant d'un vernaculaire, n'a pas eu à subir de mesures répressives et sa pratique s'est maintenue et se poursuit jusqu'à nos jours avec une vitalité certaine.

B – Le Statut Spécial d'autonomie

Les politiques linguistiques menées dans cette région en faveur de la langue française sont consenties principalement par un Statut Spécial d'autonomie, loi constitutionnelle de l'État italien, de 1948[6], obtenu à l'issue du deuxième conflit mondial, grâce à la Résistance et à un mouvement sécessionniste.

Ce Statut, qui donne au Val d'Aoste une assez large autonomie législative et financière, prévoit pour ce qui est des langues : la parité de l'italien et du français comme langues officielles de la région, la possibilité de rédiger les actes publics, sauf ceux de l'autorité judiciaire, dans les deux langues ; l'embauche, pour les emplois publics, de fonctionnaires de la région ou connaissant le français (art. 38).

Pour ce qui concerne de façon spécifique l'école, le Statut spécial autorise l'enseignement paritaire des deux langues, c'est-à-dire leur enseignement comme matière en un nombre égal d'heures, ainsi que la possibilité d'enseigner certaines disciplines en français (art. 39) et, disposition très importante pour toute réforme bilingue scolaire, la possibilité d'adapter à la réalité socioculturelle valdôtaine les programmes scolaires nationaux (art. 40). Un article 40 bis, ajouté ultérieurement, étend les mêmes mesures à l'allemand pour la minorité parlant *walser*.

---

6. En annexe, le lecteur intéressé trouvera l'indication des dispositions de loi concernant la politique linguistique au Val d'Aoste.

Il s'agit là d'une disposition de loi au plus haut niveau désirable (la Constitution de l'État) et ouvrant, pour ce qui est de la perspective linguistique, un horizon qui pouvait sembler plein de promesses.

Le Val d'Aoste est actuellement plutôt connu en tant que région bilingue à cause de la co-officialité de l'italien et du français. En réalité, au-delà du bilinguisme officiel, son territoire est multilingue, puisque au moins deux parlers « autochtones » déjà cités (le *franco-provençal* – parler gallo-roman – et le *walser* – parler germanique – avec leurs variétés) côtoient des langues et des variétés dues aux phénomènes migratoires passés (internes à l'Italie) et récents (pays de l'Est et du Maghreb surtout). Par conséquent, ses locuteurs possèdent très souvent, avant leur entrée à l'école, des répertoires bi- voire plurilingues.

C – Les politiques linguistiques mises en œuvre

Or les politiques linguistiques du Val d'Aoste se sont appuyées, pour leur mise en œuvre, essentiellement sur l'école, bien que de manière non exclusive : néanmoins les efforts les plus conséquents en termes financiers et organisationnels ont été concentrés, jusqu'à nos jours, sur la sauvegarde du français par son enseignement comme langue (depuis 1948 et auprès de toute la population scolaire) et l'allemand (depuis 1993 en ce qui concerne la population parlant *walser*).

L'application au niveau régional d'une autre mesure prévue pour l'école par le Statut Spécial – non seulement l'enseignement DU français mais l'enseignement EN français, c'est-à-dire son emploi aussi comme vecteur dans d'autres disciplines – a débuté avec un retard considérable[7] et le processus n'est pas encore terminé : le système scolaire interrompt l'enseignement bilingue à l'école secondaire du deuxième degré qui n'a pas encore été touchée jusqu'à maintenant par une réforme bilingue.

Par ces mesures, les compétences en langue française sont assurées à tout élève, sans exclusion, habitant le Val d'Aoste.

7. La réforme bilingue de l'école maternelle date de 1984, celle de l'école primaire de 1988 et celle de l'école secondaire du 1er degré de 1993-94.

Aucune réflexion officielle n'a eu lieu concernant le *corpus* de la langue, la référence en la matière étant le français de France ce qui a pu avoir quelques conséquences comme on le verra. Quant au *statut* de la langue, le Statut d'autonomie ouvrait certaines possibilités pour son aménagement dont nous vérifierons qu'elles n'ont pas été résolument exploitées et avec la conviction nécessaire.

D – Les résultats

Quant à ses résultats concrets, cette politique linguistique montre certaines limites qu'il s'agit d'analyser en termes d'erreurs politiques commises. Un sondage linguistique réalisé par la Fondation Chanoux[8] au début des années 2000, en montre l'ampleur. À la seule question ouverte (et controversée), les participants à l'enquête ont donné les réponses suivantes (voir le tableau nº 1) :

Tableau nº 1 : La langue « maternelle »

Q 0301 – Quelle est votre langue maternelle ?	
italien	71,58 %
francoprovençal	15,78 %
d'autres dialectes	2,7 %
bi- ou plurilingues	1,41 %
français	0,99 %
autre	1,96 %
pas de réponse	5,58 %

L'accent presque exclusivement mis sur l'enseignement du français à l'école par la politique linguistique valdôtaine a eu un effet presque nul sur l'adoption de cette langue en famille. Ce qui est largement confirmé pour ce qui est de l'usage déclaré des langues en famille (voir le tableau nº 2).

8. Les résultats de ce sondage linguistiques sont consultables sur le site de la Fondation Chanoux : <www.fondchanoux.org>.

Tableau n° 2 : Les langues ou dialectes parlés en famille

En quelles langues et/ou quels dialectes parlez (parliez)-vous avec			
	votre mère ? (Q 0402)	**votre conjoint(e) ? (Q 0405)**	**vos enfants ? (Q 0406)**
l'italien	38,39	49,40	37,95
le francoprovençal (FPV)	27,07	15,07	11,40
l'italien et le FPV	10,58	8,99	9,89
le français	0,52	0,25	0,20
mais aussi			
l'italien et le piémontais	3,48	1,90	1,51
l'it, le fr et le FPV	1,32	1,27	1,59
l'italien et le français	0,95	1,52	1,65
le FPV et le français	0,3	0,14	0,17
l'it, le FPV et le piémontais	—	0,49	0,20
...			

Ce que l'on peut constater est l'absence presque totale de la transmission intergénérationnelle pour ce qui est du français, alors que la vitalité du francoprovençal est ici bien évidente (et bien supérieure à celle que l'on peut retrouver dans les régions francophones – suisses et françaises – où cette langue est encore parlée). La prépondérance de l'italien dans ces déclarations est indiscutable aussi bien en tant que langue première déclarée que comme langue de la communication quotidienne. Mais un autre élément ressort qui est d'importance : c'est la fréquence de pratiques bilingues familiales.

E - Tentative d'explication

L'école a fait des efforts considérables pour le français, qui est actuellement une langue – scolaire – bien apprise : lors du sondage linguistique de la Fondation Chanoux, l'autoévaluation des compétences langagières de la part des locuteurs valdôtains devient de plus en plus positive au fur et à mesure que son système éducatif évolue vers l'enseignement bilingue des disciplines, surtout en ce qui concerne l'écrit, compétence que l'école est principalement chargée de transmettre (voir le tableau n° 3).

Tableau nº 3 : Autoévaluation des compétences écrites en français

1402. Comment estimez-vous connaître le français ?
d. vous l'écrivez

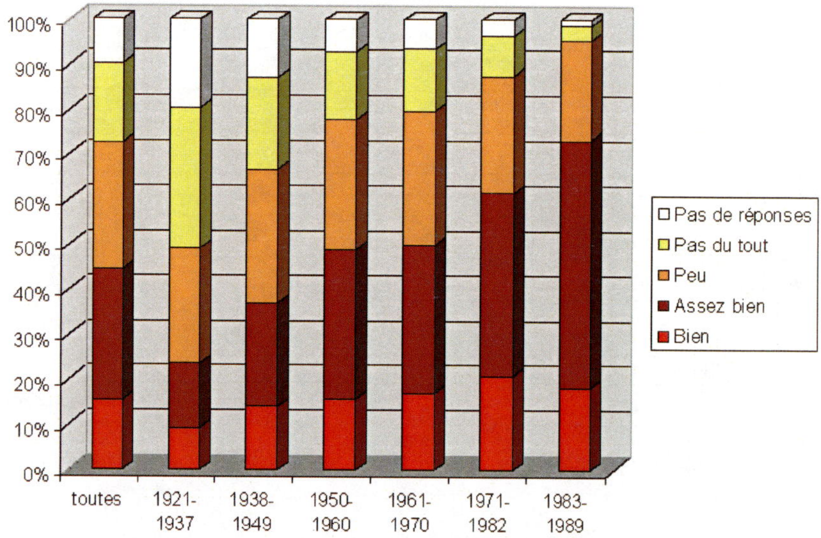

Les réponses à cette question sont d'autant plus intéressantes que les locuteurs valdôtains souffrent massivement de l'insécurité linguistique[9] typique de la francophonie périphérique, ce qui a été bien mis en relief par une recherche sur les représentations sociales[10].

Cela signifie que l'école fait son possible dans le domaine qui est le sien : l'enseignement. Malgré cela, la langue française est loin d'être une langue d'usage quotidien dans les pratiques sociales et familiales.

Les dispositions de loi qui lui sont favorables ne sont pas suffisantes à la sauvegarder de façon efficace. En effet, les mesures

9. M. Francard, « Insécurité linguistique » dans M.-L. Moreau, dir., *Sociolinguistique – Concepts de base*, Liège, Mardaga, 1997 aux pp. 170-176 ; et L.-J. Calvet, *Pour une écologie des langues du monde*, Paris, Plon, 1999 [Calvet, *Pour une écologie des langues du monde*].

10. M. Cavalli, D. Coletta, L. Gajo, M. Matthey et C. Serra, *Langues, bilinguisme et représentations sociales au Val d'Aoste – Rapport de recherche*, Introduction de B. PY, Aoste, IRRE-VDA, 2003 [Cavalli *et al.*, *Langues, bilinguismes...*].

d'aménagement prises au Val d'Aoste ne reposent pas sur une connaissance aussi approfondie que rigoureuse et, surtout, lucide de la situation sociolinguistique sur laquelle on entend agir[11] et sur une définition exacte des finalités que la politique linguistique se donne[12].

II – DEUXIÈME PRINCIPE : POUR QUE LES MESURES D'AMÉNAGEMENT LINGUISTIQUE SOIENT BIEN CIBLÉES, UNE POLITIQUE LINGUISTIQUE DOIT SE FONDER SUR DES DONNÉES SCIENTIFIQUES

Une politique linguistique sérieuse ne peut se bâtir sur les seules perceptions : elle doit avoir une assise scientifique très solide. Si les langues sont en même temps des pratiques et des représentations[13], ces deux composantes doivent faire l'objet de la plus grande attention, car les mesures d'aménagement se doivent d'agir sur ces deux versants pour une politique linguistique efficace. Les données quantitatives et qualitatives sont utiles dans un premier temps pour bien connaître la situation que l'on veut faire évoluer ; elles permettent aussi de définir les finalités globales de la politique linguistique et les objectifs concrets des mesures d'aménagement ; en cours d'application, elles favorisent le monitorage de la mise en œuvre de ces mesures et la recherche éventuelle de correctifs immédiats ; enfin, elles représentent les moyens pour conduire une évaluation de l'efficacité de ces mesures en relation avec les finalités et les objectifs fixés et pour poursuivre la politique envisagée en renforçant les acquis et en trouvant des solutions aux problèmes rencontrés.

Si nous revenons au cas du Val d'Aoste, l'utilité des données quantitatives a pu être démontrée au paragraphe précédent. Les données du sondage linguistique de la Fondation Chanoux sont précieuses en ce qu'elles permettent d'avoir une vision non impressionniste de la situation sociolinguistique et des rapports entre les langues. Néanmoins ces données sont déjà largement périmées. Des changements notables se sont produits au niveau démographique et sociétal au Val d'Aoste dont le monitorage serait indispensable pour une correcte prise en compte de ces évolutions de la part de la politique linguistique.

---

11. Voir ci-dessous le point II.
12. Voir ci-dessous le point III.
13. Calvet, *Pour une écologie des langues du monde*, *supra* note 9 aux pp. 10-11.

Pourtant, la recherche de la Fondation Chanoux, rare et courageux exemple d'approche quantitative des phénomènes linguistiques au Val d'Aoste, a été décriée, discréditée, sinon franchement boycottée. Surtout aucune suite à ce type de recherche ne semble envisagée.

Au niveau des représentations sociales, certaines recherches ont été entreprises qui montrent que le français est souvent vécu comme une langue imposée et comme une langue étrangère, dont le lien avec l'histoire valdôtaine n'est plus perçu, surtout par les jeunes générations[14]. Son statut souffre d'une ambiguïté et il varie selon le positionnement idéologique du locuteur. Les dénominations habituelles nécessitent des modalisations comme dans les extraits suivants[15] :

457N [...] secondo me è la lingua stra- è una lingua straniera in più

458M che parte da piccoli : con tutti i vantaggi che questo comporta : XXXX certo non è una lingua seconda secondo me

Traduction 457N [...] *à mon avis c'est la langue étran- c'est une langue étrangère supplémentaire*

458M *qui débute quand on est petit : avec tous les avantages que cela comporte : XXXX certes ce n'est pas une langue seconde à mon avis*

IRRSAE-repr/ENS-MIX-VdA/21.05.98

470D è una lingua straniera privilegiata : per molti motivi . ma lingua straniera . cioè con delle : ragioni storiche : tutto . però : . lingua straniera \

470D *c'est une langue étrangère privilégiée : pour beaucoup de raisons . mais une langue étrangère . c'est-à-dire avec de :s raisons historiques : tout . mai :s . une langue étrangère * [16]

IRRSAE-repr/ENS-MIX-VdA/21.05.98

14. Cavalli *et al.*, *Langues, bilinguismes...*, *supra* note 10 ; D. Puolato, *Francese-italiano, italiano-patois : il bilinguismo in Valle d'Aosta fra realtà e ideologia*, Bern, Peter Lang, 2006 à la p. 384.

15. Cavalli *et al.*, *Langues, bilinguismes...*, *supra* note 10.

16. *Ces transcriptions utilisent certaines conventions visant à reproduire les caractéristiques de l'oral : le «.» indique une pause ; le «:» un allongement de la voyelle ; le «\» une intonation descendante.*

Par ailleurs, le niveau politique contribue largement à cette confusion à propos du statut du français : si le parti autonomiste au pouvoir a déclaré par le passé et déclare encore, mais de moins en moins fréquemment, que le français est la « langue maternelle » des Valdôtains, dans la réalité des faits ce même parti vient de sanctionner son statut de « langue étrangère », puisqu'il envisage que le français occupe – dans une prochaine réforme de l'école secondaire du deuxième degré – la place qui, en Italie, est réservée à l'anglais[17]. Solution de facilité, qui permet au parti au pouvoir de ne pas toucher à la question toujours épineuse, sinon carrément explosive, du français et de la réforme bilingue de l'école secondaire du deuxième degré, surtout en période pré-électorale[18]. Il sera ainsi facile de faire retomber la responsabilité des mesures à propos du français sur la réforme nationale. Preuve d'absence de courage, de carence de vision politique ou de manque d'idées tout court. Et sans qu'il y ait la conscience que, de la sorte, ce choix va priver les étudiants de leur droit à une connaissance plus approfondie de la langue « véritablement » étrangère dont ils auraient également besoin.

Face à cet ensemble de résultats pour le moins problématiques, il est alors facile d'entendre ou de lire des commentaires de ce genre :

> À partir de 48, le français réapparaît dans le cadre d'une école qui s'inscrit, d'après le statut spécial de la Vallée d'Aoste, dans un modèle bilingue qui n'a pas abouti. De plus, il réapparaît comme le français standard des cours pour étrangers, montré par des enseignants massivement italophones souvent sans aucune attache avec la réalité locale. Parfois l'idéologie s'en mêlant, la transmission devient une croisade. Pour les jeunes patoisants, le francoprovençal et le français, pourtant encore si proches, courent sur des rails parallèles sans jamais se rencontrer. Pour les non-patoisants, le français ainsi appris ne constitue aucunement un moyen d'intégration à la culture locale[19].

Ce jugement négatif à propos de l'enseignement bilingue est assené dans une publication financée par l'administration régionale

---

17. Cavalli, *Évolutions des politiques linguistiques au Val d'Aoste à travers l'analyse de discours politiques dans la presse* (sous presse) [Cavalli, *Évolutions des politiques linguistiques...*].
18. En 2013, auront lieu les élections régionales.
19. C. Dunoyer, *Les nouveaux patoisants en Vallée d'Aoste – De la naissance d'une nouvelle catégorie de locuteurs francoprovençaux à l'intérieur d'une communauté plurilingue en évolution*, étude anthropologique, Aoste, Assessorat de l'Éducation et de la Culture, Éd. Musumeci, Quart, 2010 aux pp. 47-48.

et comportant un avant-propos d'un Assesseur de l'Éducation et de la Culture : il est difficile d'imaginer que ces propos ne soient pas partagés par le niveau politique, sans supposer pour le moins un manque de vigilance. On ignore sur la base de quelles données il a pu être émis, sinon les perceptions de l'auteur auxquelles il serait possible d'opposer nombre de recherches qui montrent l'efficacité de l'école valdôtaine y compris dans sa dimension bilingue[20].

Ainsi, le niveau politique valdôtain impute-t-il à l'école l'inaboutissement d'un modèle scolaire qu'il a lui-même choisi alors que les résultats mis en évidence au niveau social sont en partie aussi la conséquence d'une politique linguistique peu outillée, car non conçue sur la base d'une analyse et d'une interprétation de données quantitatives (sur les pratiques effectives des langues et variétés présentes dans le temps) et qualitatives (sur les opinions et les représentations sociales). Il n'y a pas seulement une carence de ces données, mais surtout l'absence d'une culture des données, comme si le bon sens pouvait suffire. Les données – le plus souvent inexistantes – sont, quand il est parfois possible d'en disposer, soit dénigrées soit, pire encore, négligées. Il semble préférable de se fier aux perceptions et aux convictions personnelles. Or avec tous les biais que les recueils de données peuvent avoir, eux seuls demeurent fiables et peuvent aussi bien valider que contrecarrer les perceptions.

Par exemple, les données du sondage linguistique de la fondation Chanoux vont tout à l'encontre du jugement à l'emporte-pièce fourni par l'extrait précédent et sans doute partagé par le niveau politique. Elles montrent que les Valdôtains ayant pris part au sondage linguistique jugent plutôt positivement l'action de l'école par rapport au français et qu'ils sont plus sceptiques par rapport à l'action d'autres secteurs (voir le tableau n° 4).

20. J. Billiez, C. Bourguignon et S. Warthon (sous la direction de L. Dabène), *Évaluation des compétences bilingues des élèves de troisième année de l'école moyenne du Val d'Aoste (année scolaire 1995/96)*, Aoste, Assessorat de l'Instruction Publique, 1997 ; R. Assuied et A-M. Ragot, *Évaluation des compétences cognitives des élèves en situation d'apprentissage bilingue – Classes de troisième année de l'école moyenne – Rapport terminal, a.s. 1998-1999*, Aoste, Assessorat de l'Éducation et de la Culture, 2000 ; R. Assuied et A-M. Ragot, *Évaluation des compétences cognitives des élèves en situation d'apprentissage bilingue – Classes de cinquième année de l'école primaire*, Aoste, IRRE-VDA, 2004.

Tableau nº 4 : Appréciation de l'engagement de divers secteurs en faveur du français

Q 3302. Dans les milieux suivants, en Vallée d'Aoste, pour le français on fait ...

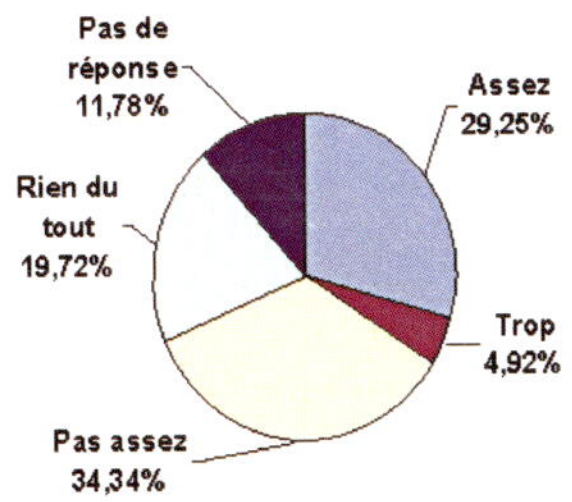

a. en famille

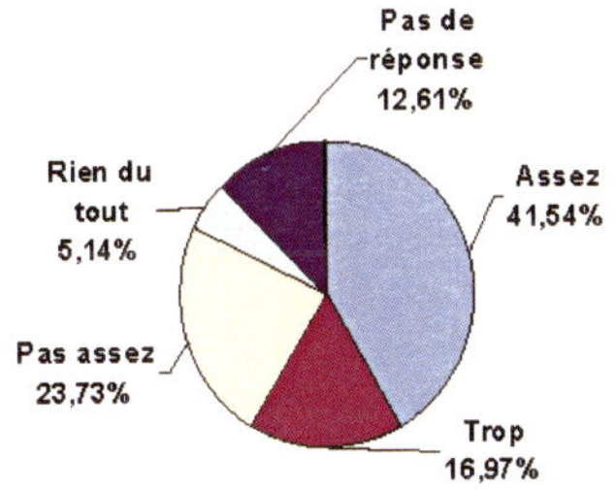

b. administration publique

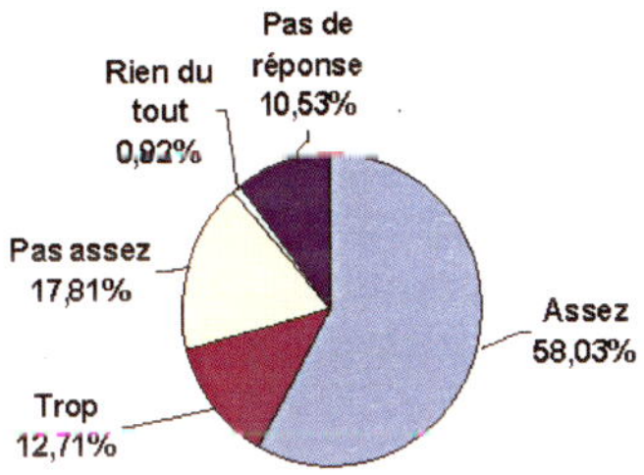

c. école

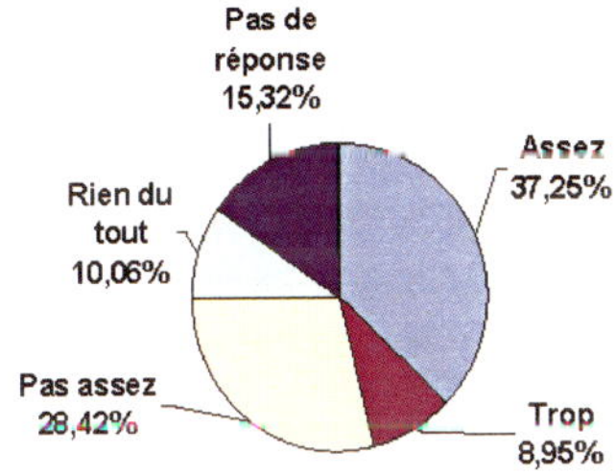

d. médias

D'après eux, en effet, l'école est le secteur le plus actif dans la sauvegarde du français (58,03 %), alors que tous les autres secteurs n'atteignent même pas un pourcentage de 50 % d'opinions favorables : soulignons, car nous y reviendrons, que le secteur le moins actif est celui de la famille.

Quelques interprétations sont à rechercher pour le « TROP » : concernant l'administration, ce choix pourrait être interprété comme le symptôme d'une certaine lassitude des répondants par rapport au volontarisme de l'administration, à une perception d'« imposition » du français ; pour ce qui est de l'école, c'est là probablement un pourcentage avoisinant celui concernant les gens contraires à la politique linguistique en faveur du français.

Pour résumer, dans le contexte du Val d'Aoste, les recherches sur sa situation sociolinguistique font peur, car les politiques semblent craindre que les recherches disent tout haut ce que tout le monde sait et dit tout bas. Or tout ce non-dit, quand il existe, travaille souterrainement et ressort tôt ou tard, de façon plus ou moins violente, alors que toute donnée bien analysée – surtout si critique et problématique – permet de relever la complexité des situations, leurs aspects contradictoires et paradoxaux et facilite une lecture plus attentive et une prise de décisions moins intuitive, moins simpliste et plus éclairée.

III - POUR ÊTRE DÉMOCRATIQUE, UNE POLITIQUE LINGUISTIQUE DOIT SE FORMULER DE FAÇON CLAIRE ET EXPLICITE ET SE FONDER SUR LE CONSENSUS SOCIAL

Il est toujours possible de faire de la politique linguistique « par défaut »[21], par laisser faire ou encore, et différemment, une politique linguistique clandestine, qui ne dit pas son nom. Toutefois, si l'on assume que ce qui importe ne sont pas, suivant une vision essentialiste, les langues *per se*, mais les locuteurs des langues qui, par leurs pratiques, sont à même de les faire exister et de les sauvegarder, aucune politique linguistique qui soit démocratique et qui se destine au succès ne peut se faire sans le consensus et, partant, sans la collaboration des locuteurs. Cela suppose que, à partir de l'analyse de la situation de fait, les finalités de la politique linguistique soient définies de façon claire et réaliste ainsi que les objectifs de chaque mesure d'aménagement et, surtout, que ces finalités et ces objectifs fassent l'objet d'une explicitation et d'un débat public aussi ouvert que possible. C'est là une des conditions premières et indispensables. De plus, sans la négociation, sans l'accord des locuteurs, il est impossible de parler d'une politique linguistique démocratique.

À la différence d'autres contextes minoritaires, le Val d'Aoste ne dispose pas de documents, émanant de la puissance publique, qui énoncent une politique linguistique, clairement affichée et argumentée, prenant en compte l'ensemble des langues composant le répertoire régional.

21. Calvet, *Pour une écologie des langues du monde, supra* note 9.

La politique linguistique valdôtaine n'est pas définie dans ses finalités : personne au Val d'Aoste ne serait à même de dire si cette politique vise une refrancisation du contexte social, le maintien de compétences bilingues activables dans des contextes francophones, l'apprentissage du français en tant que grande langue internationale ou tout simplement comme langue étrangère ou bien tout cela à la fois. Comme ses finalités ne sont pas explicitées, il est difficile que la politique linguistique puisse se donner des objectifs concrets à atteindre (en termes de compétences langagières des locuteurs ou de diffusion des pratiques en français ou d'attitudes envers cette langue ou de multiplication de contextes où elle peut être utilisée, etc.).

La politique linguistique au Val d'Aoste est si fortement gardée entre les mains des politiques, que la nécessité de créer, autour d'elle, un consensus sociétal et de trouver des stratégies concrètes pour ce faire n'est pas ressentie. Le parti au pouvoir a, en quelque sorte, confisqué cette langue pour ses besoins politiques et idéologiques et, bien qu'ayant par ses actions passées contribué à en sauvegarder les compétences chez les locuteurs, il a failli à en faire la langue partagée de tous les Valdôtains et défendue par ces derniers.

La vision de la question linguistique demeure essentialiste : ce qui importe le plus ce sont les langues – et seulement certaines d'entre elles, abstraitement conçues – et leur exploitation idéologique ou stratégique et pas leurs locuteurs. On en arrive au Val d'Aoste au paradoxe que la question linguistique (du français) est vécue comme relevant du seul pouvoir politique : peu de défenseurs du français s'expriment dans les organes de presse, aucune mobilisation de la communauté ne se crée spontanément, sinon dans les alentours du parti autonomiste. Seuls les détracteurs du français sont actifs.

Soulignons un autre paradoxe : le francoprovençal, lui, survit et même plus que cela, sans qu'aucune politique linguistique d'envergure ne soit – jusqu'à maintenant – accourue à son secours et sans tous les énormes moyens mis à la disposition de la sauvegarde du français. Mais cela est en train de changer, on le verra plus loin.

Ainsi, sans le degré nécessaire d'explicitation et de partage, la politique linguistique peut se construire au coup par coup, suivant l'air du temps, selon une logique de l'ajout : ajouter une langue, ajouter un peu d'heures d'enseignement sans qu'il y ait une vision globale, écologique et, surtout, une vision qui, ne se contentant pas de mesures sur le court terme, sache envisager le moyen et le long terme. Sans une orientation claire, sans des objectifs clairement affichés, aucune évaluation n'est possible, aucun avancement n'est décelable, aucun ajustement facilement prévisible : la politique linguistique se fait à l'aveuglette.

La politique linguistique locale a momifié le français en ne le soutenant que de manière peu efficace, en bazardant souvent les bonnes occasions pour motiver intelligemment son apprentissage et son emploi, en ne cherchant même pas des stratégies efficaces, en en faisant un usage public de type cosmétique, en ne la cultivant pas dans leurs propres pratiques. Mais, plus grave encore, les politiques ont dépossédé les locuteurs de la motivation à sauvegarder cette langue, de l'élan pour la défendre.

Ce sont les mesures d'aménagement localement pensées qui ont fait du français valdôtain la langue de la France : par la référence constante à la norme et à la normativité française, par une certaine image que l'on a construite du français à travers les choix culturels, en faisant de la France la référence absolue et presque unique.

Mais il y a pire que des mesures maladroites.

La question du français n'est plus abordée actuellement par les politiques : c'est un lourd silence qui est tombé en ce moment sur cette langue. Une exception, qui a provoqué quelques remous dans l'opinion publique, est l'allocution prononcée par le président du parti autonomiste, lors de son congrès thématique de décembre 2012, dont le compte rendu est apparu sur l'organe du parti[22] et dont nous présentons un extrait significatif :

> Une initiative politique est nécessaire, une initiative qui puisse instaurer un débat entre nous, mais aussi à l'extérieur. Il faut avant tout que nous trouvions la force de réaffirmer nos spécificités à partir de l'emploi du français, sur lequel on est un peu timides, même dans les Institutions. Il faudrait que même dans les Institutions et chez les élus, on envisage un usage du français plus fort, parce que c'est notre identité culturelle qui nous distingue face à l'État. S'il n'y a pas la présence de cet élément culturel, il n'y a aucune possibilité de faire comprendre à l'État italien que nous sommes différents des autres. On dit quoi ? Qu'on est une Région frontalière ? Une Région de montagne ? Il y en a

22. *Le peuple valdôtain*, n° 1, 3 janvier 2013, sur le site <www.lepeuplevaldotain.it>.

d'autres aussi ! Nous devons réagir sur cela, nous devons valoriser cet élément pour réaffirmer notre différence également de façon moderne, comme instrument pour nous ouvrir vers d'autres communautés.

Le parti autonomiste est en train de vivre une scission interne à un moment où l'autonomie régionale est fortement menacée par la crise et par les dispositions qui risquent de se prendre au niveau national. Les propos de la citation sont intéressants par tout ce qu'ils révèlent : l'aveu d'un abandon du français, notamment de sa pratique par les membres du parti, par les élus, par les Institutions et une certaine « timidité » face à cette langue. Mais le plus surprenant est la raison, que tout le monde connaît, mais qui est ici, pour une fois clairement explicitée et qui risque d'avoir été l'agenda secret, tout au moins à certains moments et pour certains hommes politiques, de la politique linguistique de sauvegarde du français : il faut revendiquer la spécificité du Val d'Aoste, notamment le français, pour sauvegarder non pas la langue et les valeurs qui y sont rattachées, mais les privilèges qu'accorde le Statut à cause d'elle. Le français est l'élément qui différencie le Val d'Aoste des autres régions et qui justifie l'autonomie.

Cela est confirmé par la plus haute charge politique valdôtaine – le chef du gouvernement régional – lors de son allocution au même congrès[23] :

> [...] il importe de dire que, pour les Régions à Statut spécial comme la nôtre, le vrai, unique point de repère est la langue. Si on n'a pas le français, tout est perdu ! Entre nous, il est plus facile de parler le patois et on le fait tranquillemment (*sic*) ; mais s'il n'y avait pas l'Union[24], le français serait déjà hors de la fenêtre ! N'oulions (*sic*) pas qu'à l'école, il y a eu un référendum contre le français ! Tous ceux qui maintenant vont dire de soutenir les Régions et la particularité... Qu'en serait-il de la spécialité s'il n'y avait pas au moins ce point de repère ? Car la montagne, elle n'est pas seulement à nous : la montagne existe aussi au Piémont ; alors, quelle serait la différence ? À ce sujet, je crois que je partage les mots de ceux qui ont essayé de parler de ce problème. C'est vraiment un problème très important et difficile pour ce qui est des jeunes – et je remercie la Jeunesse[25] pour le travail qu'elle fait dans ce sens, je remercie tous ceux qui font, avec effort, leur possible pour faire de façon que même dans les séances publiques, dans les milieux où on

23. *Le peuple valdôtain*, nº 2, 10 janvier 2013, sur le site <www.lepeuplevaldotain.it>.
24. L'Union valdôtaine, le parti au pouvoir.
25. La Jeunesse valdôtaine (voir le site de l'Union valdôtaine : <www.unionvaldotaine.org>).

> se rencontre, on essaie de parler français, bien sûr avec tous les défauts qu'on a quand on parle français. Il y a des mots parfois mal employés, mais je crois qu'il vaut mieux s'exprimer avec un français qui n'est pas parfait, plutôt que de ne pas le faire : je veux le dire ici, dans cette salle très sensible à ce sujet, mais n'oublions pas qu'il n'y aura plus la possibilité de défendre notre spécificité si nous perdons cet aspect, qui est le plus important.

Si celle qui ici déclarée est la finalité poursuivie par la politique linguistique valdôtaine, elle demeure bien fragile d'un point de vue des idéaux et il n'est pas surprenant qu'un certain nombre de Valdôtains l'aient parfaitement perçue dans le temps et n'y aient nullement adhéré. Car ce que ces extraits révèlent avec une naïveté consternante, c'est l'imposture : un Statut accordé pour sauvegarder une spécificité a été détourné de cette finalité. Car cette spécificité si maladroitement défendue et gérée est devenue, en réalité, un faux-semblant pour jouir de privilèges d'autres sortes.

IV - POUR ÊTRE RIGOUREUSE ET EFFICACE, UNE POLITIQUE D'AMÉNAGEMENT LINGUISTIQUE SE DOIT D'ÊTRE FONDÉE DU POINT DE VUE DE LA SOCIOLINGUISTIQUE

Les connaissances relevant de la sociolinguistique sont indispensables pour toute politique linguistique, surtout de nos jours où la réflexion s'est largement développée dans ce domaine, nourrie qu'elle est par de nombreuses expériences qui se font dans les contextes les plus divers et sur tous les continents. Bien évidemment, ces contextes ont leurs propres caractéristiques et ce qui est valable pour les uns n'est pas valable pour d'autres. Néanmoins, ces expériences sont riches d'enseignements : les responsables auraient tout intérêt en matière de politique linguistique à avoir recours à des consultants pouvant les éclairer sur cette matière délicate et complexe.

À titre d'exemple, l'absence de la conscience et de la prise en compte de l'« écologie » des langues parlées dans un contexte, des rapports subtils qui les lient les unes aux autres peut mener à des effets imprévus et non souhaités. Calvet évoque l'« écosystème linguistique » dans lequel :

> [...] les langues en présence entretiennent des rapports qui déterminent pour chacune d'entre elles, une niche écologique. La « niche » d'une

> langue est constituée par les relations avec les autres langues, par la place qu'elle occupe dans l'écosystème, c'est-à-dire par ses fonctions, et par ses rapports avec le milieu [...].
>
> L'idée de base est donc que les pratiques qui constituent les langues, d'une part, et leur environnement, d'autre part, forment un système écolinguistique, dans lequel les langues se multiplient, se croisent, varient, s'influencent, sont en concurrence ou en convergence. Ce système est en interrelation avec le milieu[26].

Les décisions de politique linguistique au Val d'Aoste manquent parfois de ce fondement : souvent elles ne prennent en compte qu'une langue à la fois, sans se préoccuper de ce qu'il peut advenir dans l'ensemble de l'écosystème linguistique et en adoptant des mesures non systémiques. Ainsi, par exemple, si le français est mal vécu et est considéré comme une langue étrangère, certaines raisons reviennent aux décisions de politique linguistique préalables, notamment :

- le retard pris dans la mise en œuvre des droits statutaires pourtant bien existants, ce qui signifie ne pas avoir su profiter du climat de l'après-guerre, de l'euphorie de ce Statut juste conquis pour se donner les moyens d'en mettre en application tout le potentiel et avoir perdu du temps utile en se rendant, par la suite, la tâche beaucoup plus complexe ;

- la fracture créée entre le français et le *francoprovençal*, laissé à la porte de l'école, ce qui, comme décision, a certes facilité la dérive de l'enseignement du français vers le français standard ;

- le fait d'avoir misé sur la seule école et d'avoir trop exigé quant au rôle qu'elle peut réellement jouer en vue de la sauvegarde du français.

Si, dans le temps, certains choix peuvent se comprendre ou se justifier, car la sociolinguistique n'avait pas encore élaboré – dans le domaine de la politique linguistique – les outils et le corpus théorique dont elle dispose de nos jours, il n'en reste pas moins que ces déboires auraient pu être évités, minimisés ou corrigés au cours du temps s'il y avait eu conscience des problèmes, volonté de les surmonter et recours à des avis experts.

26. Calvet, *Pour une écologie des langues du monde*, *supra* note 9 à la p. 35.

L'état actuel des connaissances en sociolinguistique permet de dire que, si l'école représente une mesure extraordinairement efficace pour la sauvegarde d'une langue minoritaire, elle n'en constitue absolument pas une condition suffisante[27] : en l'absence d'une transmission intergénérationnelle, l'école peut tout faire pour garantir une compétence scolaire dans la langue à sauvegarder, mais ce n'est absolument pas à elle que revient le devoir de faire (re)vivre les pratiques sociales de cette langue. En un sens si l'on reprend le triangle de Landry[28], l'erreur de la politique valdôtaine est d'avoir investi massivement dans le pôle « école » et de n'avoir nullement impliqué et responsabilisé les deux autres pôles : « famille » et « communauté ». Ce dont les Valdôtains ayant participé au sondage linguistique de la Fondation Chanoux semblent avoir pleinement conscience (voir le tableau n° 4).

Outre qu'elles démotivent – ensemble avec le poids de l'investissement idéologique du français – les professionnels de l'enseignement, les accusations envers l'école sont particulièrement injustes : ce sont les erreurs des politiques linguistiques mises en œuvre qu'il faut interroger sans succomber à la tentation de rejeter sur d'autres certaines responsabilités qui reviennent entièrement au niveau politique.

Il serait injuste également de prétendre que le responsable politique n'a pas droit à l'erreur : il est trop facile d'en faire en politique linguistique, mais on est en droit d'exiger un degré élevé de vigilance pour une correction immédiate des dérives et des erreurs qui peuvent toujours se produire.

Or, l'outillage scientifique pour des politiques linguistiques (tout au moins éducatives) allant dans le sens du respect des droits de l'homme et de la pluralité et de la diversité des langues et des cultures est actuellement disponible auprès d'une instance supranationale : le Conseil de l'Europe[29]. Le Val d'Aoste a eu recours à la consultation de

27. Nous nous référons ici à la *Graded Intergenerationnal Disruption Scale* (ou GIDS) de J. Fishman, *Reversing language shift*, Clevedon, Multilingual Matters, 1997 ; J. Fishman, dir., *Can threatened languages be saved ?*, Clevedon, Multilingual Matters, 2001.

28. Rodrigue Landry, « L'Acadie du Nouveau-Brunswick, une analyse selon le modèle de l'autonomie culturelle » dans ce volume à la p. 75.

29. J.-C. Beacco et M. Byram, *Guide pour l'élaboration des politiques linguistiques éducatives en Europe – De la diversité linguistique à l'éducation plurilingue*, version intégrale, Division des Politiques linguistiques, Conseil de l'Europe, Strasbourg, 2007.

cette dernière à travers une action dénommée « Profil de politique linguistique éducative » : un processus d'autoévaluation des politiques linguistiques éducatives accompagné par des experts[30].

Les conclusions de cette action, partagées par les experts du Conseil de l'Europe et les autorités régionales, ont fait état d'une situation particulièrement riche en opportunités et en réalisations concrètes dans le domaine des langues et notamment :

- une politique affirmée en faveur du bilinguisme ;
- la place importante des langues dans le cursus des élèves ;
- la qualité de l'accompagnement scientifique ; et
- un souci de coopération internationale.

Mais elles ont également mis en relief quelques causes de fragilité dans les dispositifs d'enseignement des langues, telles que :

- la fragmentation des sources de décision et le risque d'un écart grandissant entre établissements scolaires ;
- la difficulté de régulation du système ;
- une formation continue inégalement connue et utilisée ; et
- les ruptures dans le suivi de l'enseignement bilingue.

Ces causes de fragilité relèvent toutes de la régie politique et administrative. En relation avec le dernier point ci-dessus, le *Profil* a également souligné la nécessité centrale de poursuivre l'effort politique pour la mise en place de la réforme bilingue à l'école secondaire du deuxième degré – considéré comme le problème central qui conditionne l'ensemble du système éducatif – et souligné l'urgence de l'accueil scolaire des nouvelles minorités, issues de la migration.

Puisque ce processus a eu lieu à la demande de la Région, il aurait été envisageable que des décisions régionales allant dans le sens ainsi négocié soient urgemment prises.

30. Conseil de l'Europe et Région autonome du Val D'Aoste, *Profil de la politique linguistique éducative – Vallée d'Aoste* – Rapport Régional, Strasbourg, 2007 ; Conseil de l'Europe et Région autonome du Val D'Aoste, *Profil de la politique linguistique éducative – Vallée d'Aoste*, Strasbourg, 2008.

V – LES ERREURS POLITIQUES DU PASSÉ DEVRAIENT ÊTRE UTILISÉES POUR EN ÉVITER DES NOUVELLES

Des erreurs, faites de bonne foi, sont toujours possibles ; des erreurs faites par ignorance sont déjà moins pardonnables pour des responsables politiques, la persistance dans les erreurs du passé est impardonnable au moment actuel.

Récemment, en réalité, la politique linguistique du Val d'Aoste s'est orientée vers la sauvegarde, à travers l'école, du *francoprovençal*. Action que nous ne pouvons que saluer comme positive, mais fort tardive, peu concertée, menée de façon, de nouveau, non écologique, puisque l'attention est portée sur une des langues du répertoire régional, sans tenir compte des données sociolinguistiques générales.

Or, outre la situation complexe, problématique et inaboutie du français, en souffrance depuis longtemps, une autre urgence surgit : certains niveaux scolaires reçoivent actuellement jusqu'à 10 % d'élèves allophones. Le Val d'Aoste et son école se devraient de prendre en compte ces nouveaux élèves aussi et leur assurer leurs droits linguistiques ainsi que leur droit à une éducation de qualité. La réponse actuelle semble être, sans que l'on sache comment, que le francoprovençal va leur servir de langue d'intégration[31].

Le silence descendu sur le français ne peut qu'inquiéter au vu de ce qui semble se tramer de façon clandestine pour la réforme bilingue de l'école secondaire du deuxième degré, alors qu'il serait indispensable de mener une réflexion globale et complexe – qui articule tous les problèmes et, de concert, les solutions – au lieu du morcellement de la réflexion actuelle et de la non transparence des processus en cours. Tout à l'encontre d'une politique linguistique démocratique et partagée.

31. Cavalli, *Évolutions des politiques linguistiques...*, *supra* note 17.

VI - DE LA NÉCESSITÉ DE PENSER À DES POLITIQUES LINGUISTIQUES QUI SAUVEGARDENT LES DROITS DE CHACUN

Le défi actuel, que les minorités linguistiques – de par leurs expériences passées – devraient être à même de mieux assumer, est celui de politiques linguistiques fortement contextualisées mais aussi fortement ouvertes : nullement repliées sur la seule défense des particularismes, qui demeure indispensable, mais profondément engagées dans l'accueil et le respect de toutes les langues et de leurs locuteurs. Les politiques linguistiques se doivent ainsi d'assumer la complexité sans céder à la tentation de la simplification.

CONCLUSION

La finalité de cette réflexion a été de souligner quelques-uns des aspects qui peuvent être problématiques dans certains contextes quand il y a la volonté politique de sauvegarder une langue en danger. Une politique linguistique est une entreprise d'une grande envergure, extrêmement coûteuse et exigeante en termes aussi bien financiers qu'en termes d'engagement (des individus, de la communauté, des institutions). Les langues et leur aménagement touchent à des dimensions profondes de l'être humain, à son individualité, à son identité, à son histoire, à l'Histoire et à l'avenir surtout ...

C'est pour le respect que l'on doit aux individus, à leurs droits, y compris linguistiques, qu'une politique linguistique se doit d'être ouverte, démocratique, adaptable aux évolutions sociales, flexible, accueillante, mais aussi rigoureuse, théoriquement fondée et outillée, claire dans ses finalités.

C'est parce que tout cela ainsi que la sauvegarde de toutes les langues du Val d'Aoste nous tiennent tellement et authentiquement à cœur, que notre propos peut paraître dur et sévère : il n'est que douloureusement amer.

ANNEXE

DISPOSITIONS ET INSTRUMENTS JURIDIQUES POUR LES POLITIQUES LINGUISTIQUES DE LA RÉGION AUTONOME DU VAL D'AOSTE (Italie)[32]

Région autonome du Val d'Aoste : site officiel : www.regione.vda.it/default_f.asp

RÈGLEMENT ITALIEN
HIÉRARCHIE DES SOURCES LÉGISLATIVES

Sources de l'État

Charte constitutionnelle Lois constitutionnelles (y compris le Statut spécial d'autonomie de la Vallée d'Aoste) Lois ordinaires et ayant force de loi (décrets du Président de la République et décrets-loi)

Sources régionales

Lois régionales

Décrets législatifs de l'État d'application du Statut et d'harmonisation entre les deux législations

fruit d'un accord préalable entre l'État italien et la Région
(ex. : art. 48-bis du Statut spécial d'autonomie du Val d'Aoste)

Le texte est négocié à l'intérieur d'une Commission paritaire (six membres dont trois nommés par le Gouvernement de la République et trois par le Conseil de la Vallée), puis approuvé par le Conseil de la Vallée, enfin adopté par l'État au moyen d'un décret législatif

32. Ce document a été établi avec l'aide précieuse de Maître Valdo Azzoni, ayant exercé la fonction de juriste auprès de la Mairie d'Aoste.

NIVEAU NATIONAL

1. **Décret du Lieutenant du Royaume 7 septembre 1945, n. 545 – *Ordinamento amministrativo della Valle d'Aosta***
http://www.regione.vda.it/gestione/gestione_contenuti/allegato.asp?pk_allegato=129

Art. 17[33]
En Vallée d'Aoste le libre emploi de la langue française est autorisé dans les rapports avec les autorités politiques, administratives et judiciaires. Les actes publics peuvent être rédigés dans l'une ou l'autre langue, à l'exception des actes de l'autorité judiciaire.

Art. 18
Dans les écoles de n'importe quel ordre ou degré qui existent dans la Vallée, un nombre d'heures égal à celui qui est consacré à l'enseignement de l'italien est réservé, chaque semaine, à l'enseignement du français.
L'enseignement de quelques matières peut être dispensé en langue française.
L'enseignement des différentes matières est organisé selon les dispositions et les programmes en vigueur dans l'État, moyennant des adaptations opportunes aux nécessités locales. Ces adaptations, ainsi que la liste des matières pouvant être enseignées en français, sont réalisés par des Commissions mixtes composées de représentants du Ministère de l'Instruction publique et de représentants du Conseil de la Vallée.
Les enseignants des Écoles élémentaires et moyennes sont nommés par le Conseil de la Vallée. Les uns et les autres doivent posséder les titres d'études requis par les lois de l'État. Les enseignants des écoles moyennes doivent avoir obtenu leur habilitation dans un concours général pour les écoles moyennes de l'État.

2. **La Constitution italienne** :
http://www.governo.it/governo/costituzione/principi.html

PRINCIPES FONDAMENTAUX
Art. 6
La République sauvegarde les minorités linguistiques au moyen de dispositions appropriées.

33. Les extraits en italique ont été traduits par Marisa Cavalli.

3. **Le Statut Spécial de la Vallée d'Aoste** – Loi constitutionnelle 26 février 1948, n. 4 (publiée dans le Bulletin Officiel n. 59 du 10 mars 1948) : http://www.consiglio.regione.vda.it/statuto/statuto_f.asp

Titre VIe – LANGUE ET ORGANISATION DES ÉCOLES
Art. 38
La langue française et la langue italienne sont à parité en Vallée d'Aoste. Les actes publics peuvent être rédigés dans l'une ou l'autre langue, à l'exception des actes de l'autorité judiciaire, qui sont rédigés en italien. Les administrations de l'État prennent à leur service dans la Vallée, autant que possible, des fonctionnaires originaires de la Région ou qui connaissent le français.

Art. 39
Dans les écoles de n'importe quel ordre ou degré qui dépendent de la Région, un nombre d'heures égal à celui qui est consacré à l'enseignement de l'italien est réservé, chaque semaine, à l'enseignement du français. L'enseignement de quelques matières peut être dispensé en français.

Art. 40
L'enseignement des différentes matières est organisé selon les dispositions et les programmes en vigueur dans l'État, moyennant des adaptations opportunes aux nécessités locales.
Ces adaptations, ainsi que la liste des matières pouvant être enseignées en français, sont approuvées et rendues exécutoires, après consultation de Commissions mixtes composées de représentants du Ministère de l'Instruction publique, de représentants du Conseil de la Vallée et de représentants du corps enseignant.

Art. 40 – bis (NdR : ajout de 1993)
Les populations de langue allemande des Communes de la Vallée du Lys indiquées par loi régionale ont droit à la sauvegarde de leurs caractéristiques et de leurs traditions linguistiques et culturelles.
Aux populations visées au premier alinéa est assuré l'enseignement de la langue allemande dans les écoles au moyen des adaptations nécessaires aux besoins locaux.

4. **Legge 15 dicembre 1999, n. 482 (in Gazzetta Ufficiale n. 297, 20 dicembre 1999) – Norme in materia di tutela delle minoranze linguistiche**

Art. 2
1. En vue de l'application de l'article 6 de la Constitution et en harmonie avec les principes généraux établis par les organismes européens et internationaux, la République sauvegarde la langue et la culture des populations

albanaises, catalanes, germaniques, grecques, slovènes et croates et celles qui parlent le français, ***le franco-provençal****, le frioulan, le ladin, l'occitan et le sarde.*

NIVEAU RÉGIONAL
Pour une liste de certaines lois linguistiques : voir le site http://www.tlfq.ulaval.ca/axl/europe/italieaoste.htm

Un exemple : Loi régionale 1er août 2005, n° 18, portant dispositions relatives à l'organisation scolaire et au personnel y afférent, ainsi que modifications de la loi régionale n° 12 du 8 mars 1993 (Vérification de la maîtrise du français du personnel d'inspection, de direction, enseignant et éducatif des institutions scolaires de la Région) (Bulletin Officiel n° 33 du 16 août 2005).

Chapitre Ier
Dispositions générales
Art. 1er
(Finalités et objet)

1. Dans le respect du Statut spécial et conformément aux principes constitutionnels et à l'ordre juridique de l'Union européenne, la présente loi fixe les outils et les parcours propres à garantir aux élèves des écoles maternelle, élémentaire et secondaire du premier degré la formation culturelle et l'apprentissage, et ce, selon des critères et des objectifs visant à la croissance culturelle et psychologique des jeunes générations, dont les connaissances, les compétences, l'autonomie et le sens de la responsabilité doivent être valorisés.
2. La Région et les institutions scolaires assurent les niveaux essentiels des prestations relatives au droit-devoir à l'éducation et œuvrent pour leur amélioration progressive, compte tenu, entre autres, des particularités, des traditions et des valeurs culturelles et linguistiques de la Vallée d'Aoste, ainsi que de l'originalité du modèle scolaire valdôtain.
3. Au sens des art. 39 et 40 de la loi constitutionnelle n° 4 du 26 février 1948 (Statut spécial pour la Vallée d'Aoste), l'école valdôtaine facilite et assure la protection active et la valorisation des particularités culturelles et linguistiques qui caractérisent la réalité régionale, en tant que composantes à part entière des plus importants mouvements culturels et de pensée du continent européen.
4. Le caractère bilingue de l'école valdôtaine représente la garantie du développement d'une éducation plurilingue, ouverte à l'Europe et visant également au respect des différences culturelles et linguistiques.
5. La Région, dans le cadre de ses compétences, encourage la connaissance de la langue et de la culture franco-provençales.

6. Au sens de l'art. 40 bis de la loi constitutionnelle n° 4/1948, introduit par l'art. 3 de la loi constitutionnelle n° 2 du 23 septembre 1993, l'enseignement de l'allemand est assuré dans les institutions scolaires des communes de la vallée du Lys indiquées dans la loi régionale n° 47 du 19 août 1998 (Sauvegarde des caractéristiques ainsi que des traditions linguistiques et culturelles des populations walser de la vallée du Lys), telle qu'elle a été modifiée par la loi régionale n° 1 du 20 janvier 2005, conformément aux nécessités locales.
7. Les écoles paritaires doivent assurer la poursuite des objectifs de la présente loi.

NIVEAU SUPRANATIONAL (EUROPE)

1. **Charte européenne des langues régionales ou minoritaires – Strasbourg, 5.XI.1992**
http://conventions.coe.int/treaty/fr/Treaties/html/148.htm
NB : l'Italie a signé la Charte le 27/06/2000, mais elle ne l'a pas ratifiée.

2. **Autres actions du Conseil de l'Europe : Profils de politiques linguistiques éducatives** :
http://www.coe.int/t/dg4/linguistic/Profils_FR.asp

a. **Profil de la politique linguistique éducative : Vallée d'Aoste – Rapport régional :**
http://www.coe.int/t/dg4/linguistic/Source/Aoste_Rapport_Regional_FR.pdf
b. **Profil régional de la politique linguistique éducative – *Région Autonome Vallée d'Aoste Italie* :**
http://www.coe.int/t/dg4/linguistic/Profils1_FR.asp#TopOfPage

Le Pays de Galles

La transformation du cadre législatif de la langue au Pays de Galles

Colin H. Williams*

INTRODUCTION

Le cadre législatif moderne de la langue galloise a été établi par la *Loi sur la langue galloise de 1993*[1]. Cette loi du Parlement britannique a constitué le Conseil de la langue galloise et prévoit que les organismes publics gallois élaborent des « plans de mise en œuvre »[2]. Entre 1996 et 2012, pas moins de 561 plans de mise en œuvre ont été réalisés.

Dix ans plus tard, un « plan d'action »[3] novateur visant à promouvoir le bilinguisme dans la société galloise venait accompagner ce cadre législatif. *Iaith Pawb* (2003) (*La langue de tous*) est le plan d'action principal qui a orienté la politique linguistique du Pays de Galles de 2003 à 2011 ; il a été ainsi défini : « Un Plan d'action national pour un pays de Galles bilingue »[4]. Actuellement, un nouveau plan

---

* School of Welsh, Cardiff University, Ysgol y Gymraeg, Prifysgol Caerdydd, williamsch@cardiff.ac.uk. Je tiens à souligner l'aide de Vicent Climent-Ferrando, Phillipe Morin, Clare Gorrara et Jeremy Evas dans la préparation du texte français.

1. Voir, en ligne, <http://www.legislation.gov.uk/ukpga/1993/38/pdfs/ukpga_19930038_en.pdf>.
2. Le mot employé dans la *Loi sur la langue galloise 1993* est « scheme », que nous avons traduit par le terme « plan de mise en œuvre ».
3. Le mot employé en anglais est « strategy », que nous avons traduit par le terme « plan d'action », mais nous aurions pu également le traduire par le terme « politique gouvernementale ».
4. Gouvernement gallois, *Iaith Pawb* [*La langue de tous*], Cardiff, 2003, en ligne : <http://wales.gov.uk/depc/publications/welshlanguage/iaithpawb/iaithpawbe.pdf;jsessionid=tcqpPPjM17csnF1981q11W2zRlsvt1fTSykRPQb7StCW7yZB2cv4!-1822353977?skip=1&lang=en> [*Iaith Pawb*].

d'action appelé *Iaith Fyw: Iaith Byw* (2011) (*Une langue vivante : une langue pour vivre*) est en cours d'implantation et de perfectionnement. Après avoir jeté un regard critique sur le plan d'action de 2003, nous nous pencherons sur l'élaboration de celui de 2011, concentrant surtout notre réflexion sur les aspects de promotion et de réglementation de la langue ainsi que sur le droit et les plans de mise en œuvre de la Loi.

I - LE PLAN D'ACTION *IAITH PAWB* (2003)

Le plan d'action de 2003 visait au premier chef à édifier une société bilingue, comme en témoigne le passage suivant : « Le titre de ce document exprime ce à quoi nous aspirons – un Pays de Galles véritablement bilingue, autrement dit un pays dans lequel les gens peuvent choisir de vivre leur vie en utilisant le gallois et/ou l'anglais, et où la présence des deux langues soit une source de fierté et de force pour nous tous »[5].

Cette conviction est née d'un examen approfondi de la condition du gallois, réalisé par les commissions de la Culture et de l'Éducation au cours du premier mandat de l'Assemblée nationale du Pays de Galles (2000-2003). À partir des recommandations émises à la suite de cet examen, le plan d'action gouvernemental a été élaboré afin d'édifier une société bilingue. Entre 1999 et 2010, au cours de la première période dite de la « dévolution »[6], ou du moins de la législation primaire, certains politiciens, engagés et bien informés au sein de l'Assemblée nationale du Pays de Galles, prenaient des décisions capitales. On avait l'impression que groupes d'intérêt, représentants et fonctionnaires du gouvernement local, agences spécialisées, particuliers et mouvements sociaux étaient en quelque sorte « habilités » par la « dévolution » à participer au processus d'élaboration et de mise en œuvre des politiques en matière de langues.

S'agissant du plan d'action *Iaith Pawb*, le Gouvernement de l'Assemblée nationale du Pays de Galles s'est engagé à atteindre les cinq objectifs suivants :

5. Voir *Iaith Pawb*, *supra* note 4 à la p. 1.
6. Le mot dévolution renvoie à la dévolution de pouvoir au Royaume-Uni, lequel a accordé des pouvoirs au Pays de Galles, à l'Écosse et à l'Irlande. En 1999, à la suite de l'édiction du *Government of Wales Act 1998*, ch. 38, le pays de Galles a constitué sa propre Assemblée nationale.

1. augmenter d'ici 2011 la proportion de locuteurs de langue galloise de 5 % par rapport aux données de base du recensement de 2001 ;

2. mettre un terme au déclin du nombre des communautés du *Heartland*, plus particulièrement celles qui renferment un peu plus de 70 % de locuteurs gallois ;

3. augmenter le nombre d'enfants dans le système de l'enseignement préscolaire gallois ;

4. augmenter le nombre de familles dont la langue principale est le gallois ;

5. augmenter la prestation de services en gallois par les secteurs public et privé[7].

Les principaux moyens énoncés dans le plan d'action pour atteindre ces objectifs étaient les suivants :

1. mettre sur pied un groupe[8] de développement de la langue galloise au sein de l'Assemblée nationale du Pays de Galles ;

2. généraliser l'usage du gallois dans les processus d'élaboration des politiques ;

3. renforcer le rôle du *Bwrdd yr Iaith* (Conseil de la langue galloise) dans l'aménagement linguistique national ;

4. augmenter la capacité de recherche et de cueillette de données statistiques du gouvernement ;

5. élaborer des politiques fondées sur des éléments factuels en matière de revitalisation des langues.

Le plan d'action *Iaith Pawb* constitue une déclaration décisive qui représente un véritable engagement historique de la part du gouvernement. Au lieu de préciser des objectifs se rapportant à des données du recensement, il souligne plutôt à quel point il s'avère

7. *Iaith Pawb*, *supra* note 4 à la p. 11.
8. Le plan d'action *Iaith Pawb* emploie l'expression « Welsh Language Unit », que nous avons traduite par « groupe de développement de la langue galloise ».

important d'augmenter le nombre de locuteurs du gallois, de créer des occasions de le parler, de sensibiliser davantage la population à la nécessité de cette langue et des mesures visant à la consolider à l'échelle communautaire.

Tout comme plusieurs autres plans d'action, celui-ci tend à mettre en évidence les éléments constitutifs du processus de transmission de la langue par la priorisation du rôle de la communauté : transfert linguistique aux enfants et aux jeunes, services destinés aux citoyens, usage de la langue tant dans le milieu du travail et dans l'économie que dans la consolidation des infrastructures de soutien en faveur du gallois.

Ce faisant, il renforce évidemment les méthodes éprouvées des programmes de soutien linguistique sans dépendre plus qu'il ne faut des objectifs quantitatifs ou des statistiques sur la base desquels la réussite ou l'échec pourraient être mesurés. Par conséquent, cette démarche est plus étroitement liée à une approche contemporaine de la politique publique dans laquelle continue à prévaloir le rôle des idées, des énoncés de vision et des vastes objectifs sociétaux. Les déclarations techniques détaillées et axées sur des buts précis restent secondaires dans l'analyse. Les déclarations génériques sont plus orientées vers des politiques fondées sur un but à atteindre et sur la transmission des valeurs et des messages fondamentaux au sein du système. Cette approche contient des déclarations affirmant l'édification d'une société bilingue ou stimulant la conviction qu'il est bel et bien possible de vivre sa vie entièrement en anglais ou en gallois. Cette espèce d'égalité primitive représente un calcul politique beaucoup trop simpliste, et, en fin de compte, pas du tout rentable. À sa place, nous avons des déclarations plus générales – certains diraient qu'il s'agit d'un ensemble hybride de déclarations – qui permettent d'élaborer et de mettre au débat un discours plus créatif. Ce discours s'adapte aux aléas de la situation et de la dynamique de la mise en œuvre politique où même les trajectoires à moyen terme sont difficiles à garantir en tant que fait social.

Le plan d'action a pris en compte la plupart des recommandations qu'ont formulées les commissions de la Culture et de l'Éducation de l'Assemblée au cours de l'année 2002, dont voici les plus importantes :

– mettre en œuvre le principe de l'égalité des langues ;

- concevoir une culture bilingue efficace au pays ;
- déterminer les mesures à prendre pour traiter le gallois comme une question transversale dans tous les aspects de la politique ;
- produire des textes législatifs bilingues ;
- former, comme au Canada, une équipe de jurilinguistes professionnels pour la rédaction bilingue des textes législatifs ;
- appliquer des méthodes de traduction informatiques innovatrices ;
- accorder la priorité aux besoins de traduction de l'Assemblée nationale du Pays de Galles ;
- resserrer les liens du Gouvernement de l'Assemblée galloise avec le Conseil de la langue galloise et ses nombreux partenaires ;
- appliquer ces pratiques bilingues à d'autres instances gouvernementales, à des institutions et à la société civile.

La transmission de la langue au sein de la famille et dans le système éducatif représente un enjeu crucial. Aussi une campagne a-t-elle été lancée pour stimuler l'acquisition de connaissances linguistiques, plus particulièrement par l'enseignement obligatoire des individus âgés entre 5 et 16 ans, l'apprentissage tout au long de la vie et les centres pour nouveaux arrivants. Dans un contexte où la langue est de plus en plus mixte au sein du mariage, un projet pilote, mis en œuvre avec succès dans le cadre d'un programme de transmission linguistique dans les familles, a été élargi à d'autres secteurs du Pays de Galles. Le gouvernement s'est engagé à dynamiser les services bilingues du Service national de santé du Pays de Galles et le programme *Iaith Gwaith* pour l'usage du gallois sur le lieu de travail. Enfin, en vue d'améliorer la prestation de ces services, le gouvernement a reconnu la nécessité d'investir dans l'acquisition d'outils linguistiques et la mise en place d'une infrastructure socioculturelle, tel que nous l'expliquerons ci-après. La plupart de ces éléments sont tout à fait pertinents dans le cadre du plan d'action et s'avèrent une nette amélioration par rapport aux anciennes structures en place.

Par ailleurs, le plan d'action a fait l'objet d'un examen scrupuleux par des commentateurs, des partenaires gouvernementaux et des employés de la fonction publique chargés de la mise en œuvre de ce programme de réforme. Selon nous, s'il est vrai que le plan d'action national *Iaith Pawb* recourt à des propos éloquents pour légitimer la pertinence stratégique du programme, il est également truffé de mécanismes mal définis et n'aborde pratiquement pas la question du contrôle des effets de ces politiques[9]. Le débat sur l'éducation en particulier a constitué une faiblesse majeure. Un examen saisonnier à mi-parcours pourrait cependant remédier à cette lacune. L'absence de détails sur l'essor du gallois dans le secteur public représente l'une des préoccupations principales. Le traitement de la question des apprenants de langue seconde (L2) est aussi très superficiel et aucune attention n'est portée aux taux d'érosion des langues entre les niveaux primaire, secondaire et tertiaire. À quoi il convient d'ajouter l'insuffisance de ressources pour mettre en œuvre les engagements annoncés dans le cadre du plan d'action. Aussi le succès de ce plan dépend-il fortement des possibilités d'éducation permettant la maîtrise de la langue galloise à de nombreux points d'entrée. Voici un résumé de ses principales faiblesses :

- le recours à des propos éloquents pour légitimer son application ;
- les mécanismes mal définis et le silence sur la question de l'appréciation des effets de ces politiques ;
- l'insuffisance des ressources ;
- la faible volonté politique de mettre en œuvre la totalité du plan d'action en tant qu'ensemble cohérent ;
- l'absence de débat sur l'éducation ;
- le traitement incomplet de la question du développement de la langue galloise dans le secteur public ;
- le traitement superficiel de la question des apprenants de L2 ;
- le manque d'attention à l'égard des taux d'érosion des langues entre les niveaux primaire, secondaire et tertiaire ;
- la promesse de revitalisation de la communauté, en dépit de l'insuffisance des solutions proposées à cette fin ;
- la place secondaire parmi les propositions des mesures relatives à la sauvegarde des communautés du *Heartland* ;

9. C. H. Williams, « Iaith Pawb: The Doctrine of Plenary Inclusion » (2004) 17 Contemporary Wales 1-27.

- l'absence de priorité ciblée, d'où le manque de conviction politique du plan d'action global ;
- l'absence de proposition concernant l'adoption d'une loi plus musclée sur la langue galloise ;
- le traitement minimal, voire sommaire, de la question de l'usage du gallois au sein du secteur privé ;
- le manque de professionnalisme quant à l'attention portée à l'aspect politique du plan d'action afin de le rendre plus convaincant aux yeux des groupes d'intérêts économiques ;
- la nécessité pour la politique d'aménagement national de se donner des orientations précises pour traiter correctement de la question de la langue galloise ;
- la rareté de la citation de la fiche technique nº 20, laquelle expose les grandes lignes des questions soulevées concernant la langue galloise et la nécessite de sa refonte complète ;
- l'insuffisance des orientations en matière de développement du logement ;
- la détermination des évaluations d'impacts linguistiques (13 autorités locales, deux parcs nationaux, le Conseil de la langue galloise et des membres du milieu académique ont été chargés de réaliser une étude à ce sujet, laquelle sera soumise à une consultation publique, puis réexaminée à court terme) ;
- l'insuffisance des références au plan spatial gallois concernant les modalités d'interrelation entre le contexte sociospatial et la langue[10].

D'un point de vue réaliste, le plan d'action devrait être considéré comme une déclaration de bonnes intentions de la part du gouvernement, lequel doit maintenant préciser les moyens à employer pour mettre en application tout ce qu'il a indiqué sur sa liste de desiderata[11]. En ce sens, il est considéré beaucoup plus comme un modèle, comme un cadre d'action, que comme un ensemble de promesses normatives[12]. Le Conseil de la langue galloise a été désigné comme

10. *Ibid.*
11. *Ibid.*
12. *Ibid.*

l'instrument principal permettant de mettre en œuvre ce plan d'action. Il a fourni des ressources supplémentaires précieuses en vue de recruter davantage de spécialistes, d'élargir sa mission et d'ouvrir des bureaux dans l'ouest et dans le nord du Pays de Galles. À bien des égards, les principaux points forts du plan d'action reflètent la contribution considérable du Conseil de la langue galloise au processus consultatif et au dialogue formel et informel engagé entre lui, le Ministre et le groupe de développement de la langue galloise du Gouvernement de l'Assemblée nationale[13].

L'évolution du processus a fait apparaître des faiblesses structurelles graves quant à la mise en œuvre du plan d'action linguistique au Pays de Galles. Bien qu'ils s'avèrent satisfaisants en général, les programmes du Gouvernement de l'Assemblée nationale consacrés à la langue galloise peuvent se révéler de simples vœux pieux plutôt que de véritables services répondant à la demande locale dans certains organismes publics. En plus de mettre en lumière l'inefficacité des prestations de services, cette démarche fait apparaître l'absence d'une véritable démocratie participative. Par ailleurs, il a fallu contrôler l'application des objectifs et des incidences de ces programmes aussi bien au sein des instances gouvernementales nationales et locales que des institutions publiques dans la plupart desquelles ces programmes ont été renégociés et entrent dans leur troisième phase. Au cours des cinq dernières années, le Conseil de la langue galloise a réalisé un grand nombre de tâches, de suivis et d'évaluations en ce qui concerne l'efficacité de ces programmes.

Le Conseil a réussi à faire preuve d'une grande discrétion concernant a) le lancement d'une enquête menée en vertu de l'article 17 de la Loi, b) l'inclusion de recommandations en cas de non-respect et c) la soumission de questions de non-conformité à l'Assemblée nationale (désormais Gouvernement) du Pays de Galles. Cependant, conformément à la *Loi sur la langue galloise de 1993*, le Conseil ne possède aucun pouvoir exécutif indépendant. Tout compte fait, l'exécution des programmes de langue galloise incombe au Gouvernement, qui est habilité à intervenir, mais qui n'est pas *tenu* d'intervenir. Au cours de ses dernières années d'existence, le Conseil a fait preuve d'une plus grande rigueur dans la conduite de ses enquêtes officielles et dans la mise en place d'un système visant le maintien des

13. Rappelons que le Conseil de la langue galloise remplit un rôle de consultation et d'encadrement relativement au programme pour la langue galloise du Gouvernement de l'Assemblée galloise.

meilleurs éléments dans l'exécution du plan d'action *Iaith Pawb* et de la mise en œuvre de la *Loi sur la langue galloise de 1993*. Le groupe de développement de la langue galloise du gouvernement et le Conseil de la langue galloise se sont appliqués à évaluer le plan d'action, mais, vu l'intention déclarée depuis 2007 d'établir de nouvelles dispositions sur la langue galloise prévoyant une nouvelle norme de prestation de services bilingues et la création du Commissariat de la langue galloise, il était manifestement temps de réviser le plan d'action. Ce processus de révision a démarré en 2009 et a pris fin en 2011.

II - LE PLAN D'ACTION *IAITH FYW : IAITH BYW* (2011)

À titre de comparaison, le plan d'action de 2003 et celui de 2011 renferment tous les deux des énoncés de vision. Alors que le premier était orné de belles paroles au sujet de l'édification d'une société bilingue, le second met davantage l'accent sur la volonté d'agir pour que la langue galloise s'épanouisse et que son nombre de locuteurs augmente ; mais il doit être mis en œuvre dans un cadre législatif différent, le Conseil de la langue galloise ayant été dissolu et remplacé depuis avril 2012 par le Commissariat à la langue galloise[14].

La différence principale entre les deux plans d'action réside dans le fait que celui de 2011 accorde une plus grande attention au lieu de travail que celui de 2003 et qu'il n'est plus autant question d'édifier une société bilingue.

Il a été décidé de mettre en place un groupe consultatif pour participer à l'élaboration du plan d'action définitif. Ce groupe s'est réuni en une occasion, soit en février 2011, après le projet d'élaboration. À la suite des élections législatives de mai 2011, un transfert de responsabilités du groupe de développement de la langue galloise a eu lieu, passant du ministère du Patrimoine au ministère de l'Éducation et des Compétences. Le groupe consultatif a poursuivi ses tâches et, de février à décembre 2011, il s'était réuni à deux reprises, sous la présidence de Leighton Andrews, ministre de l'Éducation et des Compétences. Ce groupe consultatif est formé des hauts fonctionnaires du Conseil de la langue galloise et des représentants provenant d'une très grande variété d'organisations telles que la Confédération de

14. Voir la partie 2 intitulée « The Welsh Language Commissioner » du *Welsh Language (Wales) Measure 2011*, en ligne : <http://www.legislation.gov.uk/mwa/2011/1/enacted>.

l'industrie britannique (CBI), la BBC et plusieurs partenaires, grands bénéficiaires de subventions. Il est évident que des conflits d'intérêts ont dû se manifester à certaines occasions au cours des débats du groupe consultatif.

Le nouveau plan d'action s'articule autour d'un énoncé de vision, lequel vise l'épanouissement de la langue galloise au Pays de Galles ainsi que les objectifs suivants :

- augmentation du nombre de locuteurs et d'usagers de la langue ;
- accroissement des possibilités d'usage du gallois et des initiatives visant à renforcer la confiance du public et la maîtrise de la langue ;
- augmentation de la prise de conscience par le public de la valeur du gallois, non seulement en tant que partie intégrante de notre patrimoine national, mais aussi à titre de compétence importante parmi les exigences de la vie moderne ;
- mise en œuvre d'initiatives dans l'ensemble du Pays de Galles pour consolider la langue galloise à l'échelle communautaire.

Ces déclarations ont d'abord été prises en compte dans le plan d'action que le ministre du Patrimoine de l'époque, Alun Ffred Jones, a élaboré en se fondant sur le document remis en mars 2011.

En décembre 2009, un appel initial a été lancé par le Gouvernement gallois, conçu sous forme de questionnaire, pour recueillir des informations précises sur des questions clés concernant l'aménagement et la politique linguistique actuelle. À l'issue d'un vaste débat entre les intervenants, les éléments de preuve recueillis ont été examinés durant l'été et l'automne 2011. Ce processus a été réalisé en deux phases.

Dans un premier temps, les services d'analyse de données du Gouvernement gallois ont cueilli une quantité considérable de renseignements pertinents, publiés pour l'essentiel en anglais. Par la suite, ces renseignements ont été envoyés à des experts pour compléter la base de données, augmenter le nombre de publications en langue galloise et solliciter des conseils éclairés sur les atouts et les points faibles du projet de plan d'action. Après réception de leurs avis, ces services d'analyse devaient rédiger leur rapport entre décembre

2011 et mars 2012. Le plan d'action *Iaith Fyw: Iaith Byw* comporte en annexe une analyse statistique des « estimations générales de la variation annuelle du nombre de personnes parlant couramment le gallois »[15].

Des données et des éléments de preuve systématiques et précis du Conseil de la langue galloise viennent alimenter le processus et constituent une source régulière d'informations représentatives des tendances de la langue galloise.

Six thèmes caractérisent le nouveau plan d'action que le groupe consultatif a proposé :

1. consolider la position de la langue galloise dans la **communauté** ;

2. encourager et soutenir la **transmission de la langue** dans les familles ;

3. mettre en place un plus grand nombre d'activités en langue galloise et promouvoir la valeur du gallois auprès des **enfants** et des **jeunes** ;

4. améliorer la prestation en langue galloise de **services aux citoyens** ;

5. offrir aux citoyens davantage d'occasions de parler le **gallois dans leur lieu de travail** ;

6. renforcer l'**infrastructure** d'usage de la langue.

Le document que le ministre du Patrimoine a remis en mars 2011 était articulé autour de ces questions, incorporées dans les projets de déclarations actuels qui sous-tendront le nouveau plan d'action à partir d'avril 2012.

---

15. « Iaith Fyw: Iaith Byw – Strategaeth y Gymraeg 2012-17 », en ligne : <http://wales.gov.uk/docs/dcells/publications/122902wls201217cy.pdf>. Voir, aussi, la version anglaise « A living language: a language for living – Welsh Language Strategy 2012-2017 », en ligne : <http://wales.gov.uk/docs/dcells/publications/122902wls201217en.pdf>.

III - LA *LOI SUR LA LANGUE GALLOISE DE 2011*[16]

En 1999, la dévolution du pouvoir s'est opérée entre la Grande-Bretagne et le Pays de Galles, donnant naissance à l'Assemblée nationale galloise et à l'adoption du *Welsh Government Act 1999*. Ce transfert de pouvoir permettait donc aux Gallois d'adopter leur propre loi dans le cadre des champs de compétences dévolus. Une des lois qu'ils ont adoptées est la *Loi sur la langue galloise de 2011*.

La *Loi sur la langue galloise de 1993* quant à elle présentait deux faiblesses : la mise en œuvre incohérente du régime de la langue galloise et l'incapacité du Conseil de la langue galloise à exercer un réel pouvoir dans l'application de la Loi.

La loi de 2011, plus robuste, a établi un statut officiel pour le gallois, créé un commissaire de la langue galloise et remplacé les programmes linguistiques portant sur les normes linguistiques nationales qui avaient été élaborées entre 2009 et 2011.

En février 2011, la *Loi sur la langue galloise de 2011* a reçu la sanction royale. Elle symbolisait la capacité de l'Assemblée nationale d'adopter une loi primaire dans l'un des vingt domaines d'action désignés. Les politiciens ont appuyé cette initiative, car elle représente le passage de la décentralisation administrative à la législation de dévolution. La loi a également entraîné des répercussions sur la réglementation de la politique.

La Loi prévoit des dispositions portant sur les sujets suivants :

- elle confirme le statut officiel de la langue galloise ;

- elle crée un système de réglementation qui oblige certains organismes à fournir des services en gallois ;

- elle crée le poste de commissaire chargé de promouvoir la langue galloise, qu'elle investit de pouvoirs d'application protégeant le droit des gallophones de recevoir des services en gallois ;

---

16. Jacques Vanderlinden *et al.*, *La common law de A à Z*, Cowansville (Qc), Éditions Yvon Blais/Bruxelles, Bruylant, 2010, définissent le mot « measure » comme s'entendant d'une « loi votée par l'Assemblée nationale pour le pays de Galles ». Dans le présent texte, l'intitulé *Welsh Language Measure 2011* sera par conséquent traduit par *Loi sur la langue galloise de 2011*.

– elle établit un tribunal de langue galloise ;

– elle reconnaît aux personnes physiques et morales le droit de contester des décisions qui touchent à leur droit de recevoir des services en gallois ;

– elle constitue un conseil de partenariat de langue galloise qui conseille le gouvernement sur le plan d'action à adopter par rapport au gallois ;

– elle prévoit la possibilité pour le Commissaire de communiquer en gallois lorsqu'il mène une enquête officielle dans les cas de contravention aux droits des gallophones ;

– elle entend moderniser le cadre législatif existant en ce qui concerne l'usage de la langue galloise dans les services publics, satisfaisant de ce fait aux engagements pris dans le document *One Wales*[17].

La *Loi sur la langue galloise de 2011* prévoit une disposition modifiant l'article 78 de la *Loi sur le gouvernement du Pays de Galles de 2006*. Voici le texte de cette disposition :

> (1) The Welsh Ministers must adopt a strategy ("the Welsh language strategy") setting out how they propose to promote and facilitate the use of the Welsh language.
>
> (2) The Welsh Ministers must adopt a scheme ("the Welsh language scheme") specifying measures which they propose to take, for the purpose mentioned in subsection (3), as to the use of the Welsh language in connection with the provision of services to the public in Wales by them, or by others who – (a) are acting as servants or agents of the Crown, or (b) are public bodies (within the meaning of Part 2 of the Welsh Language Act 1993 (c. 38)).
>
> (3) The purpose referred to in subsection (2) is that of giving effect, so far as is both appropriate in the circumstances and reasonably practicable, to the principle that in the conduct of public business in Wales the English and Welsh languages should be treated on a basis of equality[18].

---

17. Déclaration du Welsh Assembly Government, le 7 février 2011.
18. Government of Wales Act 2006, en ligne : <http://www.legislation.gov.uk/ukpga/2006/32/pdfs/ukpga_20060032_en.pdf>.

Cette disposition oblige les ministres gallois à publier « [...] a plan setting out how they will implement the proposals set out in the Welsh language strategy [plan d'action] during that year »[19].

Il s'agit là d'un changement fondamental par rapport à la disposition précédente, qui n'exigeait qu'un seul plan d'action. L'exigence du plan annuel et du plan d'action offre désormais un outil plus solide permettant de procéder à une analyse plus efficace du degré d'avancement du plan d'action *Iaith fyw, Iaith byw*. Il convient de noter que cette condition, émanant de la Direction de la fonction publique elle-même, visait à soulever des questions et à mettre en évidence les succès obtenus quant aux objectifs ciblés.

L'Assemblée nationale du Pays de Galles est chargée d'examiner et de vérifier le degré de succès du plan d'action. Le Conseil de la langue galloise offre un service de recherche statistique qui contrôle et compare régulièrement des éléments du plan d'action global, plus particulièrement ceux qui se rapportent à la transmission de la langue dans la famille, le développement communautaire, les orientations éducatives et l'efficacité des programmes linguistiques. Le Commissaire de la langue galloise a maintenant le pouvoir de formuler des recommandations et des observations tout en donnant des conseils aux ministres gallois sur des questions relatives à ses fonctions[20]. Il est également tenu de préparer des rapports quinquennaux concernant la situation de la langue galloise[21]. Cette tâche sera accomplie grâce à la capacité de recherche et d'élaboration statistique du Conseil de la langue galloise et permettra d'assurer une continuité dans l'actualisation des éléments de preuve justifiant du suivi et de l'évaluation du plan d'action linguistique et de ses différents sous-domaines stratégiques.

L'évaluation des progrès réalisés renvoie aux objectifs à fixer. Cependant, l'intention exprimée dans le nouveau plan d'action vise à asurer une meilleure orientation et à mieux déterminer les objectifs et le public visés de telle sorte à produire des changements significatifs au sein des politiques publiques.

---

19. *Loi sur la langue galloise de 2011*, art. 148, en ligne : <http://www.legislation.gov.uk/mwa/2011/1/section/4/enacted> [*Loi sur la langue galloise 2011*].
20. *Loi sur la langue galloise de 2011*, *ibid.*, art. 4.
21. *Loi sur la langue galloise de 2011*, *ibid.*, art. 5.

Le plan d'action sera évalué en fonction des indicateurs clés de rendement (KPI selon son sigle en anglais) du *Programme de gouvernement 2011-2016* du Gouvernement gallois, à savoir :

- le pourcentage des personnes âgées de six ans et plus qui parlent le gallois à la maison ;
- le pourcentage des personnes capables de parler et d'écrire le gallois[22].

Un cadre d'évaluation fera bientôt partie intégrante du processus.

Le plan d'action comprend des méthodes fondées sur les résultats car il suit la méthode utilisée habituellement dans ce domaine par le Gouvernement gallois et le Conseil de la langue galloise. À moyen terme, il exercera un rôle accru dans les politiques et les pratiques du gouvernement ainsi que dans tous les domaines d'intervention.

IV - LES COMPOSANTES D'UN PLAN D'ACTION

Tout plan d'action efficace atteint son objectif : justifier sa raison d'être. Cependant, divers facteurs entreront en jeu et en détermineront la forme. Certaines mesures pourront lui permettre de se dérouler sans heurts ou de connaître un fonctionnement difficile. Voici une liste d'éléments qui, selon nous, doivent concourir à le rendre efficace :

- engagement politique et vision à long terme ;
- gouvernance et processus politique en place ;
- cycle politique déterminable ;
- crédibilité et authenticité ;
- fonctionnement tel que prévu ;
- perspective globale, traitant de *tous* les aspects de l'aménagement linguistique ;

22. Voir la rubrique Culture et Patrimoine, en ligne : <http://cymru.gov.uk/about/programmeforgovernment/?lang=en>.

- engagement de la part du public cible pendant les phases d'élaboration et de mise en œuvre ;
- réponse complète et non partielle aux attentes des locuteurs ;
- détermination précise des cibles ;
- mise en œuvre assurée par des fonctionnaires ingénieux et conciliants ;
- évaluation à moyen terme et calendrier de contrôle ;
- ressources suffisantes et attribution de responsabilités fiscales à son égard ;
- équilibre des petits détails et flexibilité dans la prise en compte des changements intervenus pendant sa durée ;
- méthode fondée sur les résultats ;
- relations de dépendance minimes ;
- formule de gestion des attentes ;
- soutien encouragé et maintenu apporté par des groupes d'intérêts influents ;
- planification de la relève et renouvellement du plan d'action ;
- conditions externes à son champ d'application n'ayant aucune incidence sur l'ensemble du programme et sur sa mise en œuvre.

En général, un changement, une instabilité politique ou une réforme institutionnelle combinée avec un retrait des ressources financières menaceront pareil plan d'action.

Certes, on serait fondé à se demander si ces éléments constituent des constructions purement conceptuelles ou s'ils trouvent un fondement pratique dans la vie quotidienne. Nous sommes d'avis qu'elles forment un amalgame des deux : tant qu'aucun pays ne réussira à lui seul à mettre en pratique tous ces éléments, les politiques les plus solides seront celles qui tendront à se conformer aux normes[23].

---

23. *Loi sur la langue galloise de 2011*, *supra* note 19, art. 25-53.

Comme nous l'avons mentionné précédemment, le déroulement du plan d'action est également crucial dans la réalisation de son objet. Voici donc quelques principes et mesures à prendre en considération afin d'assurer le déroulement harmonieux du plan d'action :

- cycle politique déterminable, comme au Canada et au Royaume-Uni ;
- objectifs clairs, cohérents et clairement énoncés, comme au Canada et au Royaume-Uni ;
- consultation réglementaire prévue à son sujet, comme au Pays de Galles ;
- élaboration d'un plan d'action fondé sur des éléments de preuve, comme au Pays basque ;
- système d'indicateurs linguistiques, comme en Catalogne ;
- offre active de services, comme au Canada ;
- établissement d'objectifs clairs et calendrier de mise en œuvre, comme en Irlande et en Écosse ;
- séparation des fonctions de promotion et des fonctions de réglementation dans la mise en œuvre de la politique linguistique, comme en Irlande avec An Coimisinéir Teanga ;
- détermination de la prestation de services bilingues dans le cadre des programmes linguistiques convenus (Pays de Galles 1993-2012) ou des plans linguistiques (Irlande de 2003 jusqu'à nos jours) ;
- soutien apporté à l'infrastructure mise en place pour permettre le renforcement des capacités dans la mise en œuvre de la politique linguistique, comme en Catalogne ;
- programmes d'évaluation minutieuse et de contrôle, comme au Pays basque et en Catalogne ;
- méthodes fondées sur les résultats et formulation d'attentes cohérentes, comme en Écosse ;
- désignation de régions géographiques formelles sur lesquelles il faut porter une attention accrue et mise en œuvre des politiques, comme dans la Communauté autonome basque, en Irlande, en

Finlande et dans une région du Pays de Galles informelle et non réglementaire ;

- mesures supplémentaires, claires et bien financées permettant de maximiser son effet cumulatif sur la société, comme au Canada ;
- détermination précise des droits linguistiques et des attentes en matière de langues officielles, comme en Catalogne, en Irlande et au Canada ;
- campagnes de sensibilisation des citoyens et programmes éducatifs de sensibilisation concernant l'usage de la langue officielle, comme en Catalogne et en Irlande ;
- ciblage précis de certains sous-groupes au sein de la société pour leur fournir davantage d'informations sur leurs droits linguistiques et leur comportement quant aux meilleures pratiques, comme les immigrants du Pays basque et de la Catalogne ainsi que les groupes de femmes et de victimes de la violence en Ontario et au Canada, et mettre à disposition des publications spécialisées de sensibilisation destinées aux jeunes défavorisés en Ontario[24] ;
- évaluation et examen réalisés par un organisme indépendant et d'origine législative, tel que l'Oifig an Choimisinéara Teanga, en Irlande, ou le Bureau du commissaire aux langues officielles au Canada ;
- désignation de postes obligatoirement bilingues, principalement dans la fonction publique, comme au Pays basque, en Catalogne et au Canada ;
- coût publiquement accessible et raisonnablement transparent de sa mise en œuvre intégrale, comme au Canada ;
- publication de rapports annuels sur son fonctionnement, comme au Canada ;
- contrôle et publication des progrès par rapport à la mise en œuvre des recommandations du commissaire fédéral et provincial, comme au Canada et en Ontario[25] ;

---

24. Pour plus de détails, voir le rapport annuel 2011 de la Fédération des ordres professionnels de juristes au Canada (FPJC), pp. 48-51, en ligne : <www.csf.gouv.on.ca/rapport-annuel-2010-2011-un-engagement-partage>.
25. Comme illustration de cette pratique, voir le rapport annuel 2011 de la FPJC, p. 35, en ligne : <www.flsc.gov.on.ca>.

- collaboration relative aux meilleures pratiques entre les ministères du gouvernement[26] ;
- planification de la relève et renouvellement du plan d'action, comme au Pays basque, au Royaume-Uni et au Canada ;
- tentative d'intégrer les intérêts et les besoins des secteurs privé et bénévole dans le cadre du plan d'action en matière de langues officielles, comme au Pays basque, en Catalogne et au Canada ;
- publication de la réponse du gouvernement à la fois aux recommandations sur les langues officielles formulées par les organismes de réglementation, comme au Canada, et, plus particulièrement, aux rapports annuels de la Fédération des ordres professionnels de juristes au Canada (FPJC) ;
- rentabilité et efficacité ;
- sensibilité à l'égard de l'adaptation politique quant à l'appui et à l'adhésion majoritaires au plan d'action.

Malgré ces listes d'éléments constitutifs du plan d'action efficace et les principes à adopter pour assurer son déroulement et son fonctionnement harmonieux, plusieurs questions demeurent sans réponse en ce qui concerne le pays de Galles, notamment les suivantes : Quelle relation entretiendront la promotion d'une langue officielle et l'aspect contraignant de la disposition constitutive d'une obligation de conformité ? Comment le Commissaire de la langue galloise influencera-t-il le comportement et engagera-t-il une réforme au sein de l'administration publique et avec le public gallois ? Comment y a-t-il lieu de déterminer les fonctions du Commissaire de la langue galloise ?

V - LE COMMISSAIRE DE LA LANGUE GALLOISE

Depuis ses débuts au mois d'avril 2012, le Commissariat de la langue galloise a rédigé un ensemble de normes qui découlent de la *Loi sur la langue galloise de 2011*. Cette loi instaure un cadre législa-

26. Le ministère du Patrimoine canadien élabore ainsi un guide, régulièrement mis à jour, sur ses programmes de meilleures pratiques, lequel peut être consulté et diffusé gratuitement. C'est aussi ce que fait le commissaire aux services en français de la province d'Ontario dans son rapport annuel et sur son site Web, en ligne : <www.flsc.gov.on.ca>.

tif qui, avec le temps, imposera aux organismes des obligations relatives à la langue galloise. Si elles s'avèrent raisonnables et proportionnelles, ces normes donneront lieu à une augmentation de l'usage de la langue galloise et assureront des services de qualité en langue galloise.

La Loi prévoit que des normes peuvent être établies à l'égard des cinq domaines suivants : les services offerts au public, les politiques gouvernementales, le cadre de fonctionnement, la promotion et les registres. Du 16 mai au 11 août 2012, le Commissaire a tenu des audiences publiques au sujet des *Normes et la langue galloise : quels sont vos points de vue ?* En novembre 2012, le Commissariat a publié le document « Normes et la langue galloise » et a indiqué que les normes relatives aux cinq domaines avaient été fusionnées ; par conséquent, le nombre de normes est passé de 52 à 37. Les normes relatives au fonctionnement, qui portent sur l'usage de la langue galloise au sein de l'administration des organismes, ont été révisées afin de diminuer l'obligation pour les employés d'employer la langue galloise. Les nouvelles normes imposent plutôt aux organismes l'obligation de créer des occasions de parler la langue galloise au travail. De plus, certaines normes ont été révisées afin d'être clarifiées pour le prestataire et le fournisseur de services. Le Commissaire a déclaré, enfin, que les normes relatives aux politiques gouvernementales et à la promotion avaient bien été accueillies et que plusieurs personnes interrogées au sein du secteur public avaient demandé que leur organisme soit visé par les normes relatives à la promotion[27].

CONCLUSION

Selon nous, pour définir exactement le rôle de notre Commissariat sur la langue galloise, nous devons nous inspirer des commissaires et des ombudsmans du Royaume-Uni et de partout dans le monde. De plus, plusieurs questions persistent. Le modèle gallois est-il unique ? La *Loi sur la langue galloise de 2011* ressemble-t-elle davantage à la *Loi sur les services en français* de l'Ontario plutôt qu'à une loi complète sur la langue galloise ? Qu'en est-il de l'évolution du régime linguistique ? Est-il bien défini, clair, applicable et capable d'être mis en œuvre ?

---

27. Welsh Language Commissioner, *Standards and the Welsh Language*, Cardiff, 2012.

Comment pouvons-nous améliorer les relations entre les fonctions du système, les droits individuels et la vitalité communautaire ? Nous pouvons déjà prévoir qu'une jurisprudence propre au nouveau régime linguistique s'élaborera afin d'y asseoir les fondements juridiques de son application et influencera vraisemblablement tout le système juridique gallois.

Certaines questions demeurent et il sera intéressant de voir comment elles seront traitées dans un avenir plus ou moins rapproché. Quelle sera la relation entre la promotion de la langue, la réglementation et la mise en œuvre du plan d'action ? Qu'arrivera-t-il des fonctions de la Commission du Conseil de la langue galloise qui n'ont pas été insérées dans le mandat du Commissaire de la langue galloise ? À l'heure actuelle, certaines de ces fonctions ont été attribuées au ministère de la Culture et seront peut-être transférées entièrement au ministère de l'Éducation du gouvernement gallois. Comment les droits linguistiques se développeront-ils ? Est-ce que les nouveaux arrangements soutiendront la créativité et l'approche globale de la politique et de l'aménagement linguistiques ? Est-ce que les interventions du Commissaire de la langue galloise auront un mordant d'autorité ou la procédure d'enquête se caractérisera-t-elle par une série de recours administratifs ?

Seul l'avenir nous donnera réponse à ces questions. Il reste à espérer pour le moment que, au-delà des réponses qu'on leur donnera, les mesures qui seront prises, adoptées et mises en application assureront harmonieusement l'essor et l'épanouissement de la langue galloise.

Le droit international

Langues et cultures : les trois voies d'une protection des droits linguistiques dans un droit international en pleine évolution

Dr Fernand de VARENNES*

INTRODUCTION

> Facteur essentiel d'une communication harmonieuse entre les peuples, le multilinguisme revêt une importance toute particulière pour l'Organisation des Nations Unies. Favorisant la tolérance, il assure aussi une participation effective et accrue de tous au processus de travail de l'Organisation, ainsi qu'une efficacité plus grande, de meilleurs résultats et une plus grande implication. Le multilinguisme doit être préservé et encouragé par différentes actions au sein du système des Nations Unies, dans un esprit de partage et de communication[1].

Dans la première moitié de 2012, le Parlement ukrainien a considéré l'adoption d'une loi permettant l'usage de la langue russe et d'autres langues minoritaires en plus de l'ukrainien – langue officielle du pays – là où le nombre de locuteurs dépasserait 10 % de la population. Plusieurs députés parlementaires issus de la majorité ukrainienne s'opposèrent farouchement à ce projet de loi, allant jusqu'à se bagarrer à coups de poing au sein même du Parlement de

* Professeur invité, Université de Hong Kong (Chine), Université de Pretoria (Afrique du Sud) et Université Vytautas Magnus (Lituanie).

1. *Rapport du Secrétaire général sur le multilinguisme en 2006*, UN Doc. A/61/317, para. 3, en ligne : Nations Unies <http://daccess-dds-ny.un.org/doc/UNDOC/GEN/N06/490/69/PDF/N0649069.pdf?OpenElement>.

Kiev le 24 mai 2012, affirmant que l'unicité de l'État exigeait nécessairement une seule et unique langue officielle afin de protéger la « nation » contre la menace que poseraient, selon eux, les langues minoritaires. Pas question donc de reconnaître un multilinguisme qui donnerait une place aux langues minoritaires – aussi minime soit-elle – auprès des instances administratives du pays. Selon ces députés, l'État ne peut être associé qu'à la nation ukrainienne et, par conséquent, une seule langue doit s'imposer au sein de ses instances, d'où le besoin de défendre à tout prix et par tous les moyens le monolinguisme de l'État[2].

Cet exemple signale des difficultés bien réelles quand vient le temps d'accepter ou d'accommoder la diversité linguistique étatique. Comme le présent texte le montrera, ces difficultés – pour ne pas dire certaines oppositions – ne commencent à être écartées que très timidement et tardivement par les textes juridiques internationaux et pour des raisons très différentes, et ce, malgré la fragilité de cette diversité.

I - DES LANGUES PARTOUT MENACÉES

> L'universalité des Nations Unies et son corollaire le multilinguisme impliquent pour chaque État Membre de l'Organisation, quelle que soit la langue officielle dans laquelle il s'exprime, le droit et le devoir de se faire comprendre et de comprendre les autres[3].

Malgré tous les vœux pieux souvent exprimés par les organisations internationales et européennes quant à l'importance de la diversité linguistique et culturelle, la réalité d'aujourd'hui semble nettement contredire ces désidératas[4].

2. « Une bagarre entre russophones et ukrainophones en plein parlement ukrainien », 25 mai 2012, en ligne : Association Francophonie Avenir <http://www.francophonie-avenir.com/presse_LeE_Bagarre_entre_russophones_et_ukrainophones_au_Parlement_ukrainien.htm>.
3. Résolution 50/11 adoptée par l'Assemblée générale de l'ONU le 15 novembre 1995, en ligne : Nations Unies <www.un.org/french/documents/view_doc.asp?symbol=A/RES/50/11&Lang=F>.
4. Voir, par exemple, la décision n° 1934/2000/CE du Parlement européen et du Conseil du 17 juillet 2000 établissant l'Année européenne des langues 2001, en ligne : <http://eu.vlex.com/vid/parlement-europeen-juillet-annee-langues-37729985> , la résolution du 23 novembre 2001 du Conseil sur la diversité linguis-

Une diversité linguistique mondiale en voie de disparition

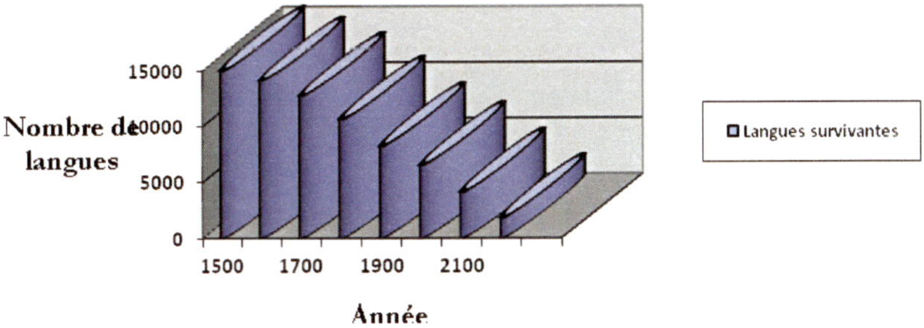

La diversité linguistique sur la scène mondiale est clairement menacée de façon alarmante et immédiate ; d'ici moins d'un siècle à peu près la moitié des langues actuelles auront disparu. De plus, au sein de plusieurs organisations internationales, le plurilinguisme formel est en train d'être remplacé par un monolinguisme de fait, presque exclusivement au profit de l'anglais et aux dépens de langues comme le français, l'allemand et l'espagnol.

Ce mouvement vers le monolinguisme croissant touche même un pays comme l'Afrique du Sud, souvent présenté comme un modèle de plurilinguisme puisque sa constitution reconnaît onze langues officielles. Or, de plus en plus, le gouvernement impose exclusivement la langue anglaise comme seule langue du gouvernement, affirmant devant un tribunal il y a deux ans qu'il fallait tout simplement ignorer la constitution en matière de diversité linguistique au sein de l'appareil étatique[5]. La Géorgie, la Lettonie et l'Estonie, membres du Conseil de l'Europe, et la Chine depuis plus d'une dizaine d'années,

---

tique et l'apprentissage des langues, la résolution sur les langues et cultures des minorités régionales et ethniques de la Communauté européenne du Parlement européen, ainsi que la recommandation 1177 relative aux droits des minorités du Conseil de l'Europe, parmi bien d'autres.

5. Voir *Lourens c. President van die Republiek van Suid Afrika en Andere* (49807/09) [2010] ZAGPPHC 19, 16 mars 2010, en ligne : Southern African Legal Information Institute <http://www.saflii.org/za/cases/ZAGPPHC/2010/19.html>. Pour un rapport sur la question des droits linguistiques en Afrique du Sud et la tentative *de facto* de son gouvernement de ne faire usage que de l'anglais comme langue officielle de service, voir Fernand de Varennes, *International and Comparative Perspectives in the Use of Official Languages: Models and Approaches for South Africa* (2012), étude préparée pour le Afrikaanse Taalraad sur l'usage des langues officielles en Afrique du Sud, Pretoria (Afrique du Sud), en ligne : <http://www.academia.edu/2361055/International_and_Comparative_Perspectives_in_the_Use_of_Official_Languages_Models_and_Approaches_for_South_Africa>.

réduisent de plus en plus l'usage de langues minoritaires comme l'arménien, le russe ou le tibétain dans l'enseignement public et les services administratifs[6].

Ces observations servent à montrer jusqu'à quel point, contrairement aux affirmations de soutien de la diversité linguistique, plusieurs gouvernements et organismes internationaux pratiquent non seulement le monolinguisme, mais refusent carrément de se servir des langues régionales, minoritaires ou même nationales.

II - LES PREMIERS PAS VERS UNE PROTECTION INTERNATIONALE

> L'importance des droits en matière linguistique est fondée sur le rôle essentiel que joue la langue dans l'existence, le développement et la dignité de l'être humain. C'est par la langue que nous pouvons former des concepts, structurer et ordonner le monde autour de nous. Le langage constitue le pont entre l'isolement et la collectivité, qui permet aux êtres humains de délimiter les droits et obligations qu'ils ont les uns envers les autres, et ainsi vivre en société[7].

Si la langue remplit un rôle essentiel dans la dignité de l'être humain, il n'en demeure pas moins surprenant que ce rôle aurait jusqu'à maintenant été plutôt négligé en droit international, surtout compte tenu de l'importance du respect de la dignité humaine en matière de droits de la personne et quant aux menaces qui guettent la diversité linguistique. Le droit international ou régional se dirige, timidement il est vrai, vers une reconnaissance de certains droits ou de certaines obligations linguistiques. Pour s'y rendre, trois voies s'offrent à lui :

1. les droits relatifs à l'emploi d'une ou plusieurs langues au sein ou auprès d'organisations gouvernementales internationales et régionales comme les Nations Unies ou l'Union européenne ;

---

6. Fernand de Varennes, « Language Rights and Tibetans in China: A Look at International Law » dans *Minority Language in Today's Global Society*, Dendzom Series, Trace Foundation, New York (États-Unis), 2012 aux pp. 14-38 (en anglais), pp. 39-61 (en tibétain), et Fernand de Varennes, « Minority Rights in Georgia: Analysis of the Situation of Armenians » dans *Europe Ethnica*, Salzburg (Autriche) nº 3/4, 2009 aux pp. 109-121.
7. *Renvoi relatif aux droits linguistiques au Manitoba*, [1985] 1 R.C.S. 721 à la p. 744.

2. les obligations linguistiques d'un État de protéger ou de promouvoir la diversité linguistique ou les langues menacées ;

3. les droits linguistiques pouvant découler de la mise en œuvre des droits humains (liberté d'expression, non-discrimination, Convention-cadre pour la protection des minorités nationales).

A – Diversité linguistique et organisations internationales et régionales

> [The] EU has consciously opted for the preservation of linguistic diversity, as a matter of political necessity, in the firm belief that European integration can only be achieved if this diversity is respected. Thus, because language is a fundamental component of national identity, it is possible to also view the EU's respect for each Member State's language and the resulting principle of linguistic equality as aspects of its respect for national identity, as manifestations of its clear commitment to the general principle of (political) equality between the citizens of the EU and as unambiguous indications of its concern to avoid linguistic discrimination, capable of undermining the European integration project[8].

La première voie ressemble à la pratique préconisée dans plusieurs pays où les gouvernements choisissent un nombre restreint de langues officielles ou de langues de travail. Au début du XXe siècle, quoique le nombre de ces organisations ne fût pas très élevé, le français était la langue principale de la communauté internationale[9]. Malheureusement, c'est tout le contraire aujourd'hui : entre autres, à peu près 85 % des organisations internationales et régionales ont l'anglais comme langue officielle et le tiers ont adopté l'anglais comme seule langue officielle[10]. D'ailleurs, même au sein des organisations comptant plus d'une langue officielle ou d'une langue de

8. Phoebus Athanassiou, *The Application of Multilingualism in the European Union Context*, Banque central européenne, 2006 aux pp. 7-8. Ce document, comble de l'ironie, n'est diffusé qu'en anglais.

9. Pour une étude plus approfondie de cette question, voir Fernand de Varennes, « Language policy at the supranational level » dans Bernard Spolsky, dir., *Cambridge Handbook of Language Policy*, Cambridge University Press, Cambridge (Royaume-Uni), 2012 aux pp. 149-173.

10. Fernand de Varennes, « Mondialisation, monde du travail et droits linguistiques » dans *Plurilinguisme et monde du travail. Professions, opérateurs et acteurs de la diversité linguistique : Actes des Cinquièmes Journées des Droits Linguistiques*, Rome (Italie), Éditions Aracne, 2013 à la p. 535.

travail, un phénomène de monolinguisme croissant apparaît manifestement depuis quelques décennies :

Langue de rédaction des documents de la Commission européenne (%) (l'allemand, l'anglais et le français sont les langues de travail de la Commission)

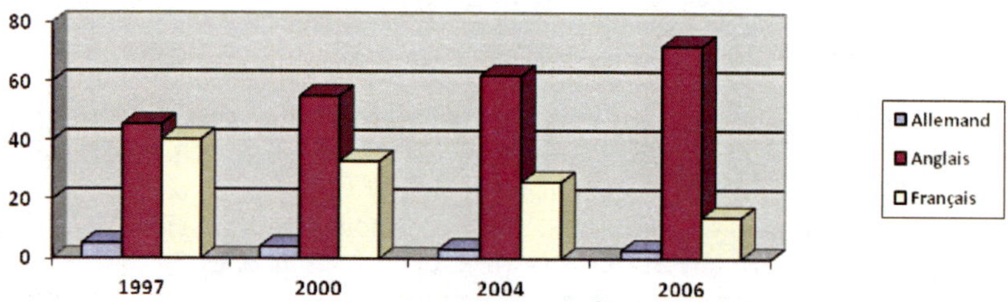

Ainsi, le terme langues officielles ne signifie pas nécessairement diversité linguistique dans le travail quotidien des organisations internationales, surtout s'il y a peu ou s'il n'y a pas de volonté politique de ce côté. Malheureusement, la Francophonie tarde à agir efficacement pour endiguer ce phénomène. En partenariat avec l'ONU, elle a organisé en 2010 et en 2011 des manifestations linguistiques, lesquelles se sont révélées vaines pour ce qui concerne l'emploi de la langue française. L'initiative privée d'une association de journalistes francophones en Suisse – l'Observatoire des langues – chargée de surveiller l'usage du français dans les organismes des Nations Unies ayant des bureaux à Genève semble s'avérer plus efficace. Cette association a même nommé à cette fin un observateur permanent à l'ONU.

De façon générale, la tendance au sein de la plupart des organisations internationales n'est toutefois pas très favorable, puisque, comme le notait tout récemment un rapport de l'ONU publié en 2011 : « Les langues de travail des organismes des Nations Unies ne sont pas utilisées sur un pied d'égalité, la tendance prédominante étant d'utiliser l'anglais comme seule langue de travail »[11].

11. Papa Louis Fall et Yishan Zhang, *Situation du multilinguisme dans les organismes du système des Nations Unies*, Doc. JIU/REP/2011/4, Nations Unies, Genève 2011, en ligne : <https ://www.unjiu.org/fr/reports-notes/JIU%20Products/JIU_REP_2011_04_French.pdf>.

B – Droits assurant la protection de la diversité linguistique ou des langues menacées

> On entend tous les jours qu'à l'avenir il n'y aura qu'une seule langue et une seule culture, c'est ce qu'on appelle la mondialisation. Travailler pour la promotion et la préservation de la diversité culturelle dans notre Amérique, c'est enrichir le patrimoine culturel de l'humanité. S'ouvrir à la culture du monde est un défi, mais on ne pourra le faire que sur les bases solides de notre propre identité culturelle. Protéger les langues menacées est la tâche de tous, parce que toutes les langues méritent un espace dans le dialogue interculturel de notre société moderne. De ne pas le faire, nous serons, en tant que citoyens d'une société démocratique, les responsables de nouvelles disparitions[12].

La deuxième voie ouverte quant aux mesures à prendre concernant les questions linguistiques en droit international et régional a trait à « l'apparition plutôt récente de traités pour protéger la diversité linguistique ou les langues menacées ». L'une de ces mesures émane de l'UNESCO – la *Convention sur la protection et la promotion de la diversité des expressions culturelles* de 2005[13] – et les deux autres proviennent de l'Europe : la *Charte européenne des langues régionales ou minoritaires* du Conseil de l'Europe[14], sans oublier une disposition expresse de la *Charte des droits fondamentaux de l'Union européenne*[15].

Ce premier traité international de l'UNESCO affirme sans ambiguïté que la diversité culturelle doit être célébrée et préservée et que le multiculturalisme est, en soi, une situation normale et positive, comme le souligne, entre autres, la disposition suivante :

---

12. Lelia Inés Albarracín, *Le droit au multiculturalisme*, Asociacion Tucumana de investigadores en lengua quechua, Tucumán, Argentina, (sans date), en ligne : <http://www.adilq.com.ar/Ledroit.html>.
13. *Convention sur la protection et la promotion de la diversité des expressions culturelles*, adoptée par la 33e session de la Conférence générale de l'UNESCO, Paris, le 20 octobre 2005, en ligne : <http://unesdoc.unesco.org/images/0014/001429/142919f.pdf> [*Convention sur la protection et la promotion de la diversité des expressions culturelles*].
14. *Charte européenne des langues régionales ou minoritaires*, Conseil de l'Europe, Strasbourg, 5 novembre 1992, en ligne : <http://conventions.coe.int/treaty/fr/Treaties/html/148.htm> [*Charte européenne des langues régionales ou minoritaires*].
15. Parlement Européen, Commission Européenne, Conseil de l'Europe, JOUE no C303, 14/12/2007.

> 3. Principe de l'égale dignité et du respect de toutes les cultures
> La protection et la promotion de la diversité des expressions culturelles impliquent la reconnaissance de l'égale dignité et du respect de toutes les cultures, y compris celles des personnes appartenant aux minorités et celles des peuples autochtones[16].

Ce traité et cette disposition paraissent prometteurs à première vue, mais, à y regarder de plus près, ils exigent fort peu juridiquement parlant : la reconnaissance de l'égale dignité et du respect de toutes les cultures n'impose pas de mesures concrètes pour les pratiques linguistiques et, en particulier, pour ce qui est des préférences de l'État en la matière. De plus, la *Convention* de l'UNESCO ne peut exercer de rôle efficace ou réel quant à la protection de la diversité linguistique. Elle n'est ni justiciable – elle ne peut être invoquée devant un tribunal – ni ne crée pour un État d'obligation directe au regard de la protection, de la reconnaissance ou de l'usage d'une langue menacée, minoritaire ou non officielle. Quant à la *Charte européenne* de 1992, il est vrai qu'il s'agit du premier traité visant à protéger la diversité linguistique et comportant des obligations très précises quant à l'emploi de différentes langues par les instances gouvernementales. Toutefois, même s'il s'agit d'un traité et, par conséquent, d'un texte ayant force exécutoire, ce document n'est malheureusement pas contraignant puisqu'il vise à promouvoir et à protéger certaines langues et qu'il ne crée aucun droit justiciable :

> 11. La charte vise à protéger et à promouvoir les langues régionales ou minoritaires, non les minorités linguistiques. Pour cette raison, l'accent est mis sur la dimension culturelle et l'emploi d'une langue régionale ou minoritaire dans tous les aspects de la vie de ses locuteurs. La charte ne crée pas de droits individuels ou collectifs pour les locuteurs de langues régionales ou minoritaires. Néanmoins, les obligations des Parties en ce qui concerne le statut de ces langues et la législation interne qui devra être mise en place conformément à la charte devront avoir un effet évident sur la situation des communautés intéressées et de leurs membres pris individuellement[17].

Il ne faudra tout de même pas en sous-estimer la contribution symbolique et juridique. On trouve ainsi dans son préambule cette déclaration on ne peut plus précise qu'un État démocratique doit res-

16. *Convention sur la protection et la promotion de la diversité des expressions culturelles*, *supra* note 12.
17. *Rapport explicatif de la Charte européenne des langues régionales ou minoritaires*, en ligne : <http://conventions.coe.int/treaty/fr/reports/html/148.htm>.

pecter *de facto* la diversité linguistique de sa population, ce qui peut exiger l'application de certaines mesures relatives à la protection et à la promotion des langues régionales ou minoritaires :

> Conscients du fait que la protection et la promotion des langues régionales ou minoritaires dans les différents pays et régions d'Europe représentent une contribution importante à la construction d'une Europe fondée sur les principes de la démocratie et de la diversité culturelle, dans le cadre de la souveraineté nationale et de l'intégrité territoriale[18].

Enfin, depuis décembre 2009 et l'entrée en vigueur du traité de Lisbonne, la *Charte des droits fondamentaux de l'Union européenne* a été investie de la même force juridique obligatoire qu'un traité, et son article 22 prévoit ce qui suit : « L'Union respecte la diversité culturelle, religieuse et linguistique ». La *Charte* garantit aussi plusieurs droits de la personne qui pourraient comporter une incidence linguistique considérable, notamment l'interdiction de la discrimination. Toutefois, il faut reconnaître ses limites : que l'Union « respecte » la diversité linguistique sera, à vrai dire, plutôt étranger au droit auquel une personne pourra prétendre ou à celui qu'elle pourra invoquer. Cette disposition ne pourra créer une obligation juridique quelconque à l'égard d'un gouvernement national puisqu'elle ne s'applique qu'aux seules activités et aux seules compétences de l'Union européenne.

Par conséquent, si ces initiatives du droit international représentent un pas dans la bonne direction, elles demeurent encore très loin de constituer des outils propres à modifier du tout au tout les pratiques étatiques qui nuisent à la diversité linguistique ou à l'usage des langues régionales ou minoritaires, même s'il faut admettre, dans le cas de la *Charte européenne*, que, malgré tout, elle impose aux États signataires des obligations très précises en droit international et qu'un comité d'experts y sert de mécanisme de contrôle[19]. Elle

18. *Charte européenne des langues régionales ou minoritaires*, *supra* note 13.

19. Voir, à ce sujet, *De la théorie à la pratique – la Charte européenne des langues régionales ou minoritaires*, Conseil de l'Europe, Strasbourg (France), novembre 2001, p. 13, en ligne : <http://www.coe.int/t/dg4/education/minlang/publications/minoritylanguages3_fr.pdf> :
Le Comité d'experts de la Charte étudie en toute indépendance les rapports nationaux et les informations complémentaires qui lui sont fournies. Il évalue l'application par chaque État signataire des dispositions qu'il s'est engagé à appliquer pour chacune des langues concernées dans toutes les régions. Le comité attache une grande importance non seulement aux dispositions légales existantes

prévoit ainsi des obligations juridiques pour les États adhérents : ils doivent choisir des engagements parmi la liste prévue à la partie III pour chaque langue régionale ou minoritaire assujettie à cette partie. L'engagement peut varier selon la langue, puisque ces mesures concrètes doivent être adoptées et mises en œuvre en fonction des situations qui sont propres aux différentes langues. Ainsi, un principe de proportionnalité est généralement inscrit dans le traité[20].

C – Droits linguistiques et droits de la personne

> Le soleil ne brille-t-il pas sur le monde entier de manière égale ? Ne respirons-nous pas tous également l'air ? N'avez-vous pas honte de condamner les autres à devenir aveugles et sourds en n'autorisant que trois langues ? Dites-moi, vous croyez que Dieu est incapable et ne peut accorder l'égalité, ou qu'il est envieux et ne veut la donner[21] ?

La troisième voie en droit international par laquelle peuvent être reconnus certains droits linguistiques est le domaine des droits de la personne où certains droits peuvent entraîner des conséquences linguistiques décisives pour des individus et pour certaines communautés linguistiques. Les textes comme le *Pacte international des droits civils et politiques*,[22] la *Convention européenne des droits de l'homme*[23] et la *Convention-cadre pour la protection des minorités nationales*[24], qui protègent des droits individuels comme la liberté

---

et aux politiques gouvernementales, mais aussi à leur application effective. Pour contrôler cet aspect des choses, le comité effectue des visites dans les États, afin de rencontrer les personnes directement concernées par l'utilisation de la langue en question, qu'il s'agisse des locuteurs, des autorités locales et régionales ou, bien entendu, des autorités nationales. Cela contribue à assurer la transparence et la pertinence du mécanisme de contrôle.

20. Pour une description détaillée de l'historique et du fonctionnement de la *Charte*, voir Jean-Marie Woehrling, *La Charte européenne des langues régionales ou minoritaires : Un commentaire analytique*, Conseil de l'Europe, (2005), en ligne : <http://lecanardrépublicain.net/IMG/pdf/2586.pdf>.
21. *Saint Cyril*, traduction de l'auteur de la version anglaise de l'œuvre du IXe siècle intitulée *La vie de Constantin* (Saint Cyril) de Clément d'Ohrid, reproduite dans Marvin Kantor, *Medieval Slavic Lives of Saints and Princes*, University of Michigan, Dept. of Slavic Languages and Literatures, 1983.
22. Adopté et ouvert à la signature, à la ratification et à l'adhésion par l'Assemblée générale dans sa résolution 2200 A (XXI) du 16 décembre 1966, en ligne : <www2.ohchr.org/french/law/ccpr.htm>.
23. Conseil de l'Europe, Rome, 4 novembre 1950, en ligne : <www.echr.coe.int/NR/rdonlyres/086519A8-B57A-40F4-9E22-3E27564DBE86/0/Convention_FRA.pdf>.
24. Conseil de l'Europe, Strasbourg, 1er février 1995, en ligne : <http://conventions.coe.int/treaty/fr/Treaties/Html/157.htm>.

d'expression ou l'interdiction de la discrimination, en ont surpris plusieurs lorsqu'ils ont mené à la reconnaissance de certaines protections linguistiques depuis un peu plus d'une dizaine d'années. Par exemple :

- le droit de parler la langue de son choix dans le domaine privé, associé à la liberté d'expression dans l'affaire *Ballantyne c. Canada* (1995)[25] ;
- le droit d'une personne appartenant à une minorité linguistique de parler sa langue avec les autres membres de son groupe dans l'affaire *Lovelace c. Canada* (1981)[26] ;
- le droit à un enseignement public de niveau secondaire dans sa langue, droit à la vie privée sans discrimination, semble-t-il, dans l'affaire *Chypre c. Turquie* (2000)[27] ;
- le droit à des services publics ou administratifs dans une langue « là où c'est justifié » fondé sur l'interdiction de la discrimination linguistique dans les affaires *Diergaardt c. Namibie* (2000)[28] et *Gunme c. Cameroun* (2009)[29] ;
- le droit d'avoir ses nom et prénom dans sa propre langue associé au droit à la vie privée dans les affaires *Coeriel et Aurik c. Pays-Bas* (1994),[30] *Burghartz c. Suisse* (1994)[31] et *Raihman c. Lettonie* (2010)[32].

Pour la plupart fort récentes, ces décisions reconnaissent en quelque sorte une série impressionnante de « droits linguistiques » émanant de droits humains traditionnels. Ainsi, toute activité privée

25. *Ballantyne, Davidson, McIntyre c. Canada*, 31 mars 1993, Communications n°s 359/1989 et 385/1989, U.N. Doc. CCPR/C/47/D/359/1989 et 385/1989/Rev.1 (1993).
26. *Sandra Lovelace c. Canada*, Communication nº 6/24, Doc. ONU Supp. nº 40 (A/36/40), p. 166, 1981.
27. *Chypre c. Turquie*, arrêt du 10 mai 2001, Cour européenne des droits de l'homme, Strasbourg.
28. *Feu J.G.A. Diergaardt et consort c. Namibie*, Communication nº 760/1997, CCPR/C/69/D/760/1997 (2000) [*Feu J.G.A. c. Namibie*].
29. *Kevin Mgwanga Gunme et al. c. Cameroon*, Commission africaine des droits de l'homme et des peuples, 27 mai 2009, Communication nº 266/03, en ligne : <www.achpr.org/files/sessions/45th/comunications/266.03/achpr45_266_03_ fra.pdf>.
30. Comité des droits de l'homme de l'ONU, 31 octobre 1994, CCPR/C/52/D/453/1991.
31. Arrêt de la Cour européenne des droits de l'homme, 22 février 1994, Série A 280-B.
32. Communication nº 1621/2007, Comité des droits de l'homme de l'ONU, CCPR/C/100/D/1621/2007, 28 octobre 2010.

mettant en cause la liberté d'expression – et dans laquelle on emploie la langue de son choix – fait l'objet d'une protection rigoureuse en droit international pouvant viser de nombreuses activités économiques, artistiques, culturelles et sociales relevant du domaine privé[33]. Toujours dans la perspective du rôle significatif pour les droits de la personne au regard des conséquences des « préférences linguistiques » de l'État, le Comité des droits de l'homme de l'ONU et la Cour européenne des droits de l'homme ont tous deux reconnu que les nom et prénom d'une personne sont protégés en droit international par le droit à la vie privée. Il s'ensuit que cette protection peut comprendre la forme linguistique du nom ou du prénom : il y aurait donc généralement reconnaissance du « droit » international de garder le nom de Pierre LeBlanc plutôt que d'être obligé par l'État – contre son gré – de se servir d'une version conforme à langue officielle, comme, dans cet exemple, « Peter White ».

Quant à l'affaire *Diergaardt c. Namibie*, elle donne à entendre que le refus d'employer une langue, en plus de la langue nationale ou officielle, quand cet emploi est juste et raisonnable dans les relations entre le public et les autorités administratives peut être discriminatoire suivant l'article 26 du *Pacte international des droits civils et politiques*.

Dernier exemple, l'arrêt de la Cour européenne des droits de l'homme dans l'affaire *Chypre c. Turquie* a ajouté une nouvelle dimension au droit international que plusieurs avaient jusqu'à récemment écartée d'emblée : dans certaines situations, le droit à l'éducation pouvait inclure en droit international le droit à un enseignement dans sa langue maternelle au sein d'une école publique, même si ce droit s'exerçait à l'encontre de la politique de l'État en matière de langue officielle. Il est ainsi possible que ces droits – qui, eux, peuvent être invoqués devant un tribunal national (sauf dans les pays de common law) ou des instances internationales contrairement aux droits ou aux obligations que prévoient la *Charte européenne* et la *Convention-cadre* – pourraient conduire à des résultats favorables pour la diversité culturelle ou linguistique et contrecarrer le « monoculturalisme » encore imposé par certains États en violation des droits de la personne.

---

33. Voir, à ce sujet, Fernand de Varennes, « Language and Freedom of Expression in International Law » dans *Human Rights Quarterly*, vol. 16, Johns Hopkins University Press, U.S.A., 1994 aux pp. 163-186.

Cette troisième voie demeure relativement nouvelle, encore très incertaine à plusieurs égards et, même, controversée, plusieurs experts étant ouvertement perplexes devant cette proposition ou même hostiles à ce qu'un gouvernement puisse être obligé de faire usage d'une langue non officielle[34]. Il convient aussi de préciser que cette démarche ne met en cause que des droits individuels et non des droits collectifs et qu'elle ne vise nullement la protection des langues elles-mêmes, de sorte qu'il ne faut pas exagérer la pleine mesure de leur effet au regard de la protection des droits linguistiques. Néanmoins, à défaut d'un traité contraignant au titre de la reconnaissance de droits linguistiques, bon nombre d'individus et de communautés linguistiques dans le monde n'ont tout simplement pas d'autre choix que d'invoquer, là où cette invocation est possible, les droits humains fondamentaux et individuels dans l'espoir d'obtenir un minimum de protection linguistique[35].

CONCLUSION

> Nous remplaçons dans nos sociétés hypercomplexes l'idée que l'efficacité est liée à l'homogénéité et à l'uniformité par l'idée contraire qu'elle est liée à la quantité d'informations créée ou maintenue dans le système, c'est-à-dire à sa diversité. Nous ne considérons plus que ce soit un enrichissement que d'abandonner les cultures et les langues locales pour participer tous à l'image universaliste de la culture française ou anglaise ; au contraire il nous semble de plus en plus que la richesse d'un ensemble est faite de sa diversité et de sa souplesse[36].

Il est indéniable que s'amplifie de nos jours un mouvement favorable à la diversité linguistique. Plus nombreux maintenant s'alignent les pays qui ratifient les traités comme la *Charte européenne des langues régionales ou minoritaires* et la *Convention-cadre pour la protection des minorités nationales* et qui acceptent de mettre en œuvre une forme plus réaliste et adaptée d'un plurilinguisme respectueux de la diversité humaine. Somme toute, une progression

34. Voir, en particulier, les commentaires des membres dissidents du Comité des droits de l'homme dans l'affaire *Feu J.G.A. c. Namibie*, *supra* note 28.
35. Pour ce qui est des documents non contraignants dans ce domaine, voir, aussi, les *Recommandations d'Oslo portant sur les droits linguistiques des minorités nationales*, en ligne : <www.osce.org/item/31527.html?ch=1149&lc=FR>, et les *Recommandations de La Haye sur les droits en éducation des minorités nationales*, en ligne : <www.osce.org/item/2931.html?lc=FR>.
36. Alain Touraine, *Le retour de l'acteur. Essai de sociologie*, Paris, Fayard, 1984 à la p. 170.

réelle et nette s'accélère dans la perception et le comportement de la plupart des États concernant les langues et elle augure bien ou peut-être devrait-on dire qu'elle augure mieux pour l'avenir. Le contexte actuel paraît plus favorable qu'il ne l'était au début du XXe siècle. Des outils sociaux, politiques et juridiques peuvent dorénavant venir en aide aux organismes non gouvernementaux et aux secteurs de la société civile œuvrant dans le domaine des droits des minorités et des droits linguistiques, même si le défi semble représenter toujours une montagne abrupte qui paraît difficile à gravir.

Si ces trois voies internationales au moyen desquelles il est possible de protéger la diversité linguistique ou ses locuteurs sont à la fois nouvelles et porteuses de possibilités, elles demeurent néanmoins très incomplètes et peu contraignantes. Pour les défenseurs et les partisans de la diversité linguistique, il reste encore beaucoup à faire, surtout quand on constate que la plupart des États ne semblent pas prêts à adopter des mesures concrètes afin d'assurer la reconnaissance formelle de droits linguistiques inviolables, puis à les mettre effectivement en œuvre sur leur territoire.

RÉFLEXION DE SYNTHÈSE

Michel BASTARACHE*

Je ne veux évidemment pas résumer les présentations. Il me faut plutôt voir s'il y a des points de convergence dans les présentations eu égard au thème du colloque – l'aménagement de la coexistence des langues dans l'espace francophone.

La première constatation c'est qu'il y a deux approches divergentes eu égard au pluralisme des langues. Dans le contexte canadien notamment, l'on cherche des moyens juridiques pour assurer la sécurité culturelle de communautés linguistiques menacées par l'hégémonie économique et culturelle de l'anglais. Le pluralisme est plutôt un constat qui force les gouvernements à chercher de meilleurs outils pour l'intégration des immigrants au plan linguistique quitte à exercer une grande ouverture au plan du multiculturalisme. L'idée de protéger les langues en perdition se limite aux efforts encore faibles pour revitaliser certaines langues autochtones. C'est en fait là le cadre dans lequel s'articule la question identitaire, la nécessité de renforcer les représentations linguistiques véhiculées dans une francophonie élargie. La légitimité de la langue supporte son usage, mais elle est fragilisée souvent par le sentiment de ne pas être à la hauteur dans les communautés minoritaires hors Québec. Au Québec, la situation se présente différemment. L'on fait pratiquement tout reposer sur l'action gouvernementale pour contraindre les immigrants à adopter le français comme langue d'usage principale et les intervenants économiques à se donner un visage français, et à créer un milieu de travail français. Les moyens coercitifs ont fait leur preuve et le consensus social sur la place du français comme langue patrimoniale est solide. La diversité culturelle est acceptée en principe, mais le multiculturalisme reste une notion sans définition ou objectif

* Ancien juge à la Cour suprême du Canada, avocat-conseil au sein du cabinet Heenan Blaikie et expert en matière de droits linguistiques.

clairs. L'autre question qui se pose est celle de l'unicité de la langue française, mais à ce jour la question ne semble intéresser qu'une tranche mince, plus instruite, de la population.

En Europe française on ne parle pas d'identité culturelle, de sécurité culturelle, de légitimité des lois et pratiques gouvernementales. On s'inquiète de la perte de prestige et d'influence du français en raison de la mondialisation des échanges commerciaux et de la prolifération de la culture anglaise sous l'impulsion des nouveaux média. Le plurilinguisme y est vu sous un autre angle, celui de la nécessité d'assurer le service public aux usagers en raison d'importants flux de population. Mais en définitive c'est le statut territorial des langues qui demeure pour réguler le système. La France a une seule langue nationale et se refuse à reconnaître un statut particulier aux minorités linguistiques, même celles qui ont un fondement historique. La Suisse et la Belgique ont établi des régimes juridiques complexes en vue de créer des zones unilingues pour faciliter l'épanouissement culturel des citoyens dans le respect de leur langue. La notion du marché des langues est plutôt reliée aux affaires, à la mondialisation, aux relations internationales. Tolérance, altérité, universalité sont des thèmes qui ont plutôt une portée culturelle. On a suggéré l'élargissement des moyens légaux disponibles aux minorités linguistiques, la mise en œuvre de la subsidiarité, mais il n'y a pas de tendance forte en ce sens malgré les garanties de pluralisme dans les conventions européennes plus récentes.

L'on constate rapidement que les exigences pratiques auxquelles sont confrontés les gouvernements laissent peu de place à l'analyse scientifique, à l'examen attentif de la sociologie du langage et de ce que l'on pourrait en tirer. On a parlé sous ce rapport de l'autonomie culturelle comme moyen pour revitaliser les communautés linguistiques minoritaires et réaménager les rapports de force qui conditionnent les comportements langagiers. Cela suppose notamment que l'on donne plus de place à la société civile pour modeler le système et que l'on s'éloigne un peu de l'approche juridique. Il reste que l'identification des moyens à mettre en œuvre pour une action efficace est difficile. Il est clair que chez les petites populations minoritaires le problème le plus urgent est celui de la continuité linguistique, de la transmission de la langue maternelle dans un contexte de dénatalité, d'exogamie et de l'immigration. Au Canada, sur le plan social, on a mis l'accent sur la complétude institutionnelle et on a favorisé l'élargissement de la base des usagers du français par l'immersion française dans les écoles de la majorité anglaise. Ceci semble coïncider avec la volonté politique en milieu minoritaire de réaliser une forme d'autonomie culturelle. Au plan juridique, par exemple, on est passé de l'égalité des langues à l'égalité des locuteurs, avec une approche individualiste. Ensuite nous avons reconnu les droits collectifs et sommes passés à la reconnaissance d'institutions homogènes gérées par la minorité. En même temps, les tribunaux ont renoncé à la notion d'égalité formelle en faveur de l'égalité réelle – créant de ce fait des obligations positives pour les gouvernements. Les progrès sont importants, mais le train semble s'être arrêté là.

Il y a aussi des minorités françaises en Europe dont on a fait état et qui sont confrontées à une réalité juridique et sociale bien particulière. En France notamment, on a constaté qu'il existe nombre de contradictions au sein du régime normatif global. Le droit est individuel, l'État indivisible, la langue unique et universelle. Dans les faits il y a une minorité linguistique et des langues locales, et l'Europe a une politique de reconnaissance des cultures régionales, lesquelles sont considérées par la France elle-même comme une partie de son patrimoine culturel. Les engagements envers l'UNESCO se heurtent aussi à une politique centriste. De là l'incertitude juridique et l'absence d'équilibre au sein du régime. En Belgique, pays du compromis et du paradoxe, l'étranger se perd facilement quand il cherche à comprendre les protections à géométrie variable et comment s'exercent les rapports de force entre les deux principaux groupes linguistiques. Tout le monde est minoritaire à un point de vue et cherche la protection d'une loi. Au Jura, on a vécu une expérience unique qui a mis à l'épreuve le pluralisme linguistique suisse. Ici encore le pragmatisme s'est imposé même si l'on admet qu'il y a encore un pas pour passer du rêve à la réalité.

De fait c'est l'histoire qui conditionne les régimes linguistiques et définit leurs particularités. La volonté des Suisses de vivre ensemble a atténué les tensions linguistiques d'une manière qui semble peu probable dans un autre pays.

Sommairement, on peut conclure sur ce volet du colloque que les aménagements linguistiques sont très contextuels et que les régimes juridiques ne sont pas transposables. Les intérêts communs sont surtout afférents aux dangers de la mondialisation et des attitudes relatives à l'unicité de la langue française, des moyens pour donner réalité à la solidarité des populations qui ont en commun l'usage du français.

L'autre volet du colloque porte sur la situation du français en Afrique, en Asie, en Océanie et à l'extérieur de la francophonie, notamment en Amérique du Sud.

On a d'abord parlé de la place du français comme langue coloniale imposée à une population qui ne la parlait pas et qui s'est trouvée isolée des institutions publiques parce que le français s'est substitué aux langues vernaculaires. Le problème demeure après l'indépendance parce que l'emploi du français est dans les faits essentiels, bien qu'il ait un effet d'acculturation et de perte d'identité. L'on cherche une solution en développant un multiculturalisme fonctionnel où les langues régionales seront réhabilitées grâce à la transformation du système d'éducation. C'est notamment le cas au Mali où l'on veut rétablir les langues africaines dans l'enseignement et les administrations locales en favorisant le pluralisme linguistique, où le français continuera de jouer un rôle utilitaire sur le plan interne et sur le plan interétatique. Le français est dans ce cas une langue utilitaire plutôt qu'identitaire bien qu'en permettant la participation à la francophonie elle ait un effet positif sur le développement de la nation.

On a beaucoup parlé du fait que le régime juridique est parfois déconnecté de la réalité. Au Maroc la langue officielle est celle de personne. Le centralisme à la française est artificiel et on ne fait pas de place dans les lois ou les politiques au français qui pourtant joue encore un rôle majeur. Les tensions linguistiques sont importantes – une tentative d'accommodement est parue en 2011 avec la création prochaine du Conseil national des langues et de la culture. Le français est encore ici utilitaire et non identitaire. Reste que le problème est difficile à régler parce que les changements législatifs ne peuvent survivre sans engagement communautaire à une politique consensuelle. En Algérie le discours n'est pas très différent sauf que l'on constate une radicalisation des populations minoritaires et des volontés autonomistes.

La Côte d'Ivoire vit aussi assez mal la transition après l'indépendance sur le plan linguistique. Le français s'impose encore dans les faits et exclut les locuteurs des langues africaines. Son enseignement mène à l'échec scolaire et de ce fait empêche le développement social. Ici encore il faut compter sur un multiculturalisme fonctionnel qui vise à faire une place importante aux langues africaines. L'acculturation y est si forte que l'on y retrouve des Ivoiriens de souche unilingues français. Quelle serait leur identité ?

En Océanie on a des situations diverses, mais le modèle type est celui du multilinguisme où l'on cherche à favoriser une approche égalitaire.

En Amérique latine il a été question de la colonisation, de peuplement et de la politique d'assimilation totale. On a fait un portrait historique du régime linguistique et mentionné les développements récents en faveur du plurilinguisme.

Revenant à l'Europe on a parlé des régions autonomes en Espagne. L'approche, qui n'est pas fédérale, est intéressante ; elle utilise néanmoins la constitution pour instrumentaliser une communauté régionale. Le modèle n'est pas facilement transposable, mais les modalités adoptées peuvent servir d'inspiration dans d'autres contextes. La minorité linguistique est ainsi instrumentalisée par la constitution nationale, mais on constate que ces moyens ne réussissent qu'en présence d'un engagement communautaire assez fort pour développer ou renforcer le transfert linguistique intergénérationnel. Les conditions de réussite élaborées par une conférencière sont de fait intéressantes pour quiconque envisage d'adopter une Loi linguistique.

Le pays de Galles me semble vouloir s'inspirer de divers régimes en place ailleurs pour créer un nouveau régime linguistique. Le plus difficile est de largement renverser une situation de fait, ce qui ne peut se faire sans engagement sérieux de la société civile.

À l'international, il y a peu de volonté politique d'aller plus loin. On a tendance à adopter des principes sans établir des droits et des recours. Le tribunal des droits de l'Homme est aussi peu légitime et ses décisions sans sanction. La francophonie doit agir indépendamment.

Ce tour d'horizon ne saurait faire ressortir suffisamment la richesse du dialogue et la volonté manifeste de lutter pour une meilleure reconnaissance des droits linguistiques.